《禮記注疏長編》編委會

「十三五」國家重點圖書出版規劃項目
國家古籍整理出版專項經費資助項目
江蘇省「十三五」重點圖書出版規劃項目

禮記注疏長編

王鍔 井超 主編

曲禮注疏長編

壹

廣陵書社

王鍔 編纂

圖書在版編目（CIP）數據

曲禮注疏長編 / 王鍔編纂. -- 揚州 : 廣陵書社,
2018.12
（禮記注疏長編 / 王鍔，井超主編）
ISBN 978-7-5554-1151-2

Ⅰ. ①曲… Ⅱ. ①王… Ⅲ. ①禮儀－中國－古代②《禮記》－注釋 Ⅳ. ①K892.9

中國版本圖書館CIP數據核字(2018)第284099號

書　　名　曲禮注疏長編
編　　纂　王　鍔
責任編輯　李　佩　王志娟　劉　棟　李　潔
出 版 人　曾學文

出版發行　廣陵書社
揚州市維揚路 349 號　　郵編 225009
（0514）85228081（總編辦）　85228088（發行部）
http://www.yzglpub.com　　E-mail:yzglss@163.com
印　　刷　無錫市海得印務有限公司
裝　　訂　無錫市西新印刷有限公司

開　　本　889 毫米 ×1194 毫米 1/32
印　　張　61
字　　數　1248 千字
版　　次　2019 年 1 月第 1 版第 1 次印刷
標準書號　ISBN 978-7-5554-1151-2
定　　價　480.00 圓（全 4 册）

禮記注疏長編序

伏俊璉

孔子曰：「民之所由生，禮爲大。」（禮記哀公問）人類從蒙昧至文明，禮儀乃第一縷曙光，先秦諸子多有論述，至現代英國考古學家丹尼爾最初文明：文明起源之考古學所倡言，全世界遂篤信爲文明之標誌也。荀子一書，最爲講禮。其編排首勸學，終堯問，蓋仿論語之首學而，終堯曰者。勸學論證嚴謹，理直氣壯，開後來諸子首篇「勸學」之先河。大戴禮記、賈子皆有勸學，潛夫論有贊學，抱朴子有勗學，顏氏家訓有勉學，皆踵武荀子者也。荀子勸學論禮曰：「禮者，法之大分，類之綱紀也。故學至乎禮而止矣。夫是之謂道德之極。禮之敬文也，樂之中和也，詩、書之博也，春秋之微也，在天地之間者畢矣。」又曰：「禮、樂法而不説，詩、書故而不切，春秋約而不速。」又曰：「原先王，本仁義，則禮正其經緯蹊徑也。若挈裘領，詘五指而頓之，順者不可勝數也。」又曰：「故隆禮，雖未明，法士也；不隆禮，雖察辯，散儒也。」荀子言禮之重要若是！其中所言「禮」與「法」之關係，「禮」爲「原先王，本仁義」之「經緯蹊徑」，至爲精辟，蓋爲荀學之燦爛光芒！孔子云：「禮云禮云，玉帛云乎哉！」（論語陽貨）禮之本質絶非揖讓送迎，乃是制度和途徑。禮爲人倫之規範，含道德、法制兩義：論道德要求人們自覺遵守，講法制則要求人們必須遵守，其有西人所言契約精神在焉。荀子禮法結合，其弟子韓非棄禮專任於法，引繩墨，切事情，明是非，然極其刻薄寡恩，而終不爲世所用。

戰國而降，荀學遂漸爲絶唱。司馬遷儒林列傳論及禮學，云孔甲持禮器往歸陳勝，漢興則禮家講習大射、鄉飲之禮，叔孫通作漢禮儀，爲天子壯威。至於禮書，獨有士禮，唯高堂生能言之。禮之法制契約精神，遂不提及。鄭康成以禮學注五經，卓然一代巨擘，其以禮説詩，論及二雅，荀學精神尚有餘光。越八代而有司馬光，温公無專門禮學著作，然其資治通鑒，浸含禮學之精髓。是書始於周威烈王二十三年（公元前四〇三年）三家分晉，首句云：「初命晉大夫魏斯、趙籍、韓虔爲諸侯。」此「初命」二字乃全書關鍵，温公懼讀者不解，乃加按語一段，其首句曰：「臣聞天子之職莫大於禮，禮莫大於分，分莫大於名。」胡氏三省深得温公之意：「三卿竊晉之權，暴蔑其君，剖分其國，此王法所必誅也。威烈王不惟不能誅之，又命之爲諸侯，是崇奬奸名犯分之臣也。通鑒始於此，其所以謹名分歟！」惜哉，温公知「禮」以「分」「名」爲大，而不知「分」「名」需「法」而後立也！

三禮之學，號稱絶學。先師郭晉稀先生曾言，太老師曾運乾研究儀禮，嘗以舊紙繪製禮圖，剪作喪服等。余以爲儀禮一書，乃古代祭司陳俎豆、設禮容之説明文也，大致相當於今之導演説明詞，其北面南向左揖右趨之説，有司瞭然於心，時過境遷，後人乃不明白其主語爲誰。鄭氏之注，乃從師傳之説並據所見漢代禮儀補充之，故訓釋名物，往往與齊魯之地出土文物合，而與晉楚文物相抵牾。今傳先秦禮學之精粹，在二戴禮記而不在儀禮也。

王鍔教授，吾同門師兄也。一九八八年季冬吉日，我們同聚西北師範大學古籍整理研究所辦公室讀儀禮，五人一組，其中一人讀書，其餘校其上下，斷句標點，數月遂通讀胡培翬儀禮正義。接著同讀黄侃批注白文本，劃分詞語作訓詁，分篇分段作注譯，兩年而完成儀禮辭典、儀禮注譯。嗣後，余轉而校注敦煌俗賦，又協助郭晉稀師抄校聲類疏證，於三禮之書再無染指矣。王鍔兄雖有隴右文獻研究之任務，而受十三經辭典編纂處委托，編纂三禮論著目録，與禮學再度結緣，至此遂確定禮學爲今後研究之方向。禮學自周公始，三千餘年矣。其早期著述之集成，劉向、劉歆父子用力甚多。王鍔兄從目録入手，廣搜群書，孜孜矻矻，數年而成三禮研究論著提要一百二十萬言（甘肅教育出版社二〇〇一年初版，二〇〇七年增訂本）。是書上編收録漢代至二〇〇四年歷代學者研究周禮、儀禮、禮記、大戴禮記專著凡二千七百九十五部，民國以前專著撰有提要，提要内容包括書名、卷數、作者簡介、内容、價值、版本、存佚狀況及藏書單位，亦考證其版本源流。下編收録一九〇〇年至二〇〇四年國内外研究三禮論文凡三千二百七十五篇，每篇論文著録篇名、作者、刊物名稱、發表時間、卷（期）號和頁碼。吾國史學發展甚早，然古來無專門之經學史、史學史、文學史著作，學者或謂吾國此類著作，皆受西人（日人）著述之影響而成。余竊以爲不然，吾國之學術史論著，其形式與西人不同。概而言之，以下數種形式最爲重要：一是目録提要形式，從别録、七略到四庫全書總目，皆辨章學術、考鏡源流者也。總目之經部，即一部中國經學史；總目之史部，爲一部中國史學史；總目之子部，即一部中國哲學史；總目之集部，爲一部中國文學史。二是文章選集形式，昭明文選通過選文定篇，辨章文學發展理路於其中，可謂昭明太子之文學史。曾國藩經史百家雜鈔雖曰雜鈔，其中寓含曾氏之經學史觀、史學史觀、文學史觀，非細讀不足以明其真。三是文章評論形式，劉勰文心雕龍上篇，「原始以表末，釋名以章義，選文以定篇，敷理以舉統」（序志），則是分體文學史。鍾嶸詩品，分五言詩爲上中下三等，「一品之中，略以世代爲先後，不以優劣爲詮次」，亦爲一部五言詩史。如此説來，王鍔三禮研究論著提要不啻爲一部中國禮學史，亦爲一部中國禮學傳播史和禮學研究史！至此，禮學家、經學家之桂冠，可以奉給王鍔教授了！

二〇〇一年，王鍔兄師從趙逵夫先生攻讀博士學位，其博士學位論文即爲禮記成書考。論文之寫作，用功頗勤。他細讀禮記四十九篇，分類全書，每篇重新分段，每段再分層次。王鍔兄本科階段學歷史學，考古學爲必修課程。用考古類型理論研究文本，乃王鍔兄採用之法。禮記之檀弓、王制、月令、樂記、中庸、緇衣、表記、坊記八篇，漢儒皆謂作者可考。以此爲坐標，從其體例、套語、用事、文勢諸方面確定時代特徵，由此對照其他篇章，求其同異，攝取内證；再與傳世文獻、出土文獻類比，尋求旁證。於是禮記之四十九篇，大致可考其時代矣。是書之完成，則王鍔兄儼然爲禮學大家矣。於是，魯、滬、寧、杭諸大學，競向西北高樓抛來橄欖緑枝，而南京師大金臺早築，梧桐成蔭，隨園金釵，仙林雙樹，孔雀東南，已爲必然之勢。南京乃人文薈萃之地，名師雲集，群星燦爛，學苑宏闊，厚德載物。此情此境，真所謂山高鳥飛，海闊魚躍。王鍔兄在這樣自由之學術平臺，精神輕鬆，能量能够釋放，厚積得以薄發。十餘年間，與方向東先生合作整理五禮通考六百萬言，協助趙生群教授從事點校本史記修訂，率江東弟子馳騁學術江湖，已發憤完成禮記鄭注彙校、禮記鄭注定本、禮記版本研究等著作數千萬字，歷代學者有關禮記之成果，已收入囊中矣。

近年，王鍔兄率弟子編纂禮記注疏長編。長編爲體，蓋濫觴於南朝裴松之之注三國志。其名確立，則爲北宋司馬光，温公彙集相關史料成資治通鑒長編，然後删繁考證，成資治通鑒、資治通鑒考異二書，爲史學名著。南宋李燾仿温公之體，編訂北宋一代編年史，自謙不敢名續通鑒，而曰續資治通鑒長編。李氏一代良史，廣徵博採，校其同異，訂其疑誤，考證詳慎，多有依據。故「長編」者，非謂資料彙集也，需彙校衆本，集合諸説，刪繁就簡，按斷是非，具有經緯總體，非挂一漏萬者可比。今觀禮記注疏長編凡例及曲禮注疏長編三十卷，博徵其材，約守其例，條理秩然。一編在手，則漢唐以來研究禮記之重要成果，燦然盈矚；學者用此鈎稽参互，則可事半功倍。王鍔兄禮記鄭注彙校成，始有禮記鄭注定本之作；今禮記注疏長編成，則站在現代學術高度之禮記彙校集注亦當腹中待産矣。

二〇一七年十一月十三日

禮記注疏長編前言

中國文化的核心是經學，經學的核心是禮學。周禮、儀禮、禮記合稱三禮，自漢鄭康成作注，三禮之學即禮學興盛。禮學是以三禮研究爲中心，旁及中國禮儀制度演變之學。禮源於俗，是俗之粉飾化；禮作於情，是爲人處世之原則；禮者理也，是區別人與禽獸之標誌；禮是制度，乃維護社會和諧之法寶。禮記曲禮上曰：「夫禮者，所以定親疏、決嫌疑、别同異、明是非也。」「太上貴德，其次務施報。禮尚往來。往而不來，非禮也；來而不往，亦非禮也。人有禮則安，無禮則危。故曰：禮者，不可不學也。夫禮者，自卑而尊人，雖負販者，必有尊也，而況富貴乎！富貴而知好禮，則不驕不淫；貧賤而知好禮，則志不懾。」人與社會，有禮則安，無禮則亂。

西漢東漢，重視禮經，設置禮經博士，傳習禮學。戴德、戴聖，分編大、小戴記，依附於經，教授生徒。魏晉以降，因禮記便於誦讀，切於實用，受到朝廷和士大夫之重視，地位逐漸提高，及至唐代，禮記與周易、尚書、詩經、春秋並稱五經。兩宋時期，理學興起，禮記儒行，單獨刊刻，作爲禮品，皇帝賞賜新科進士；大學、中庸與論語、孟子，合稱四書，朱子作四書章句集注。四書、五經，成爲科舉考試必讀之書，禮記更是深入人心。清儒焦里堂禮記補疏敍曰：「周官、儀禮，一代之書也；禮記，萬世之書也。必先明乎禮記，而後可學周官、儀禮。記之言曰：『禮以時爲大。』此一言也，以蔽千萬世制禮之法可矣。」誠哉斯言！

孔夫子曰，夏禮能言，杞不足徵，殷禮能言，宋不足徵，文獻不足，足則能徵。今言周禮，亦復如是。三禮文字簡奥，禮節繁縟，因革損益，歷時彌久，故司馬子長云：「累世不能通其學，當年不能究其禮。」黄季剛先生謂治禮之難有四：一曰古書殘缺，二曰古制茫昧，三曰古文簡奥，四曰異説紛紜。皆爲確論。清代經學昌盛，疏經之作，層出不窮，章太炎先生甄別抉擇，挑選新疏，謂周易等十一經皆有新作，獨禮記、穀梁缺如。余讀禮廿餘載，不自量力，於小戴竊有志焉。

戊子仲夏，余以禮記彙校集注爲題申報高校古委會項目，獲准立項。時正忙於整理五禮通考，校勘史記，彙校禮記，時斷時續。甲午仲夏，五禮通考交付中華書局，始專心於禮記彙校集注之作，此書需彙校衆本，集合諸説，删繁就簡，按斷是非。丙申歲末，禮記鄭注彙校、禮記注整理本寫定，彙校禮記，遂得蕆事。禮記自漢唐以來，注家衆多，鄭注孔疏，最爲根本。説禮諸家，或專尚鄭孔，或喜自立説，聚訟紛紜，令人目眩。集注工作，乃效仿司馬君實撰資治通鑒之法，先爲長編。癸巳仲春，余發凡起例，率弟子瞿林江、王寧玲、張琪、邱亮、井超、李佩等編纂禮記注疏長編，首以中華書局影印阮刻本十三經注疏之附釋音禮記注疏六十三卷爲底本，迻録經注疏文，標點分段；次選取衛湜禮記集説、吴澄禮記纂言、陳澔禮記集説、郝敬禮記通解、納喇性德陳氏禮記集説補正、方苞禮記析疑、江永禮記訓義擇言、甘汝來等欽定禮記義疏、杭世駿續禮記集説、孫希旦禮記集解、王引之經義述聞、朱彬禮記訓纂、郭嵩燾禮記質疑之注解，分别整理，彙編於相應經文之後，漢唐以還，專訓禮記者，俱集於斯。歲末，整理諸書曲禮注解成，彙總爲曲禮注疏長編初稿，作爲學禮堂每周會讀禮記之資料。曲禮以下，仿效曲禮注疏長編，分工編纂，諸如王寧玲彙編檀弓、雜記、喪大記，孫術蘭彙編王制、冠義，劉曉詠、吕梁彙編月令，蔣林佳彙編曾子問、鄉飲酒義，侯婕彙編文王世子，張琪彙編禮運、禮器，瞿林江彙編郊特牲、明堂位、喪服小記，井超彙編内則、玉藻，李佩彙編大傳、少儀、學記、樂記，李學辰彙編祭法、祭義、祭統，趙之劼彙編經解、哀公問、仲尼燕居、孔子閒居，董政彙編坊記、中庸、表記、緇衣，李猛元彙編奔喪，葉靜燕彙編問喪、燕義，劉婧恩彙編服問、深衣、昏義、聘義，金子楊彙編間傳、喪服四制，劉佳怡彙編三年問、射義，王少帥彙編投壺、儒行、大學。時至今日，初稿已成。

禮記注疏長編是學禮堂會讀禮書之資料，亦學禮堂整理禮學文獻之成果。丙申孟冬，弟子李佩在廣陵書社曾學文、孫葉鋒先生支持下，將曲禮注疏長編申報出版資助，榮獲丁酉年度國家古籍整理出版專項經費資助，並先後被列入江蘇省「十三五」重點圖書出版規劃和「十三五」國家重點圖書出版規劃項目，學禮堂師生，深受鼓舞！丁酉仲春，命弟子井超、張琪主事，瞿林江、王寧玲、李學辰、侯婕、李佩、劉曉詠、陶曉婷、李猛元、曹晉婷、吕梁、董政、王少帥等協作，依據凡例和學禮堂會讀意見，修改曲禮注疏長編，歷時半載，成曲禮注疏長編二稿。暑假期間，余衡石量書，將書稿審讀一過，修改標點，統一格式，謄清寫定，約百萬言。宋元明清，解説禮記，或尊鄭孔，或立新説，或删正義，或襲舊注，或疑注疏，或補罅漏，是非對錯，莫衷一是。禮記注疏長編之作，彙集諸家之説，編爲一書，於研讀禮學，不無裨益。曲禮注疏長編業已殺青，如約交付廣陵書社付梓，整理之當否，冀希方家賜教。

戊戌年寒露王鍔於學禮堂

禮記注疏長編凡例

一、禮記注疏長編之經、注、疏、釋文，以中華書局一九八〇年影印之阮刻本附釋音禮記注疏爲底本，以脚注的形式保留阮刻本所附校勘記。曲禮注疏長編是禮記注疏長編之一，因卷帙浩繁，析爲三十卷。

二、禮記注疏長編將阮刻本附釋音禮記注疏每卷前「附釋音禮記注疏卷第幾」「禮記」「漢鄭氏注」「孔穎達疏」等文字删除，以免繁冗。禮記每篇參照阮刻本分段，依據四十九篇次序用漢字編號，如「一・一」代表曲禮上第一段，「二・一」代表曲禮下第一段，他篇類推。

三、禮記每段經注疏下，依次彙入宋衛湜禮記集説、元吴澄禮記纂言、陳澔禮記集説、清納喇性德陳氏禮記集説補正、明郝敬禮記通解、清方苞禮記析疑、江永禮記訓義擇言、甘汝來等欽定禮記義疏、杭世駿續禮記集説、孫希旦禮記集解、王引之經義述聞、朱彬禮記訓纂、郭嵩燾禮記質疑等十三部書之注解。

四、爲閲讀方便，清納喇性德陳氏禮記集説補正置於陳澔禮記集説之後，其他著作，各依作者年代順序編排。所彙之書各擬簡稱，置於段首，以示區分。禮記注疏長編所彙各書簡稱及版本如下：

（一）衛湜禮記集説——衛氏集説，文淵閣四庫全書本。
（二）吴澄禮記纂言——吴氏纂言，文淵閣四庫全書本。
（三）陳澔禮記集説——陳氏集説，文淵閣四庫全書本。
（四）納喇性德陳氏禮記集説補正——納喇補正，文淵閣四庫全書本。
（五）郝敬禮記通解——郝氏通解，續修四庫全書本。
（六）方苞禮記析疑——方氏析疑，文淵閣四庫全書本。
（七）江永禮記訓義擇言——江氏擇言，文淵閣四庫全書本。
（八）甘汝來等欽定禮記義疏——欽定義疏，文淵閣四庫全書本。
（九）杭世駿續禮記集説——杭氏集説，續修四庫全書本。
（十）孫希旦禮記集解——孫氏集解，續修四庫全書本。
（十一）王引之經義述聞——王氏述聞，續修四庫全書本。
（十二）朱彬禮記訓纂——朱氏訓纂，續修四庫全書本。
（十三）郭嵩燾禮記質疑——郭氏質疑，續修四庫全書本。

五、所彙各書之注解，或依解經者區分，或依論述方式分段，如包含鄭玄、孔穎達、朱熹等多家之説者，每家獨自成段；類似欽定禮記義疏，包含「正義」「通論」「案」等不同論述者，亦各自成段。禮記纂言一書，吴澄對經文進行了段落排序調整，今按照附釋音禮記注疏順序重新排列。陳澔禮記集説、朱彬禮記訓纂二書，言簡意賅，層次簡單，故多不分段。經文後接以注疏文字，若其徵引注釋有多家，各家注解之間空兩格以示分别。

六、禮記注疏長編每段起始之經文用四號黑體字；鄭注、孔疏、陸德明釋文及所彙各書之疏解，皆爲五號宋體字，隨文夾注六號宋體字，校勘記小五號宋體字。每段之下，彙入之書本有經文，爲避免疊床架屋，若該書未將本段經文細分，則不録經文；如細分爲若干段落，則録出相應經文；所彙之書解經，如糅合若干段經文，則將其置於最後一段下，并依該書録出所有經文。所録經文，一律用黑體五號字，經文末施以句號。

七、陸德明禮記釋文，衹保留阮刻本經注下之釋文，所彙各書釋文文字，一律删除。

八、禮記注疏長編全書施以新式標點，人名、地名、朝代名等加專名線（——），書名加波浪線（～～），引號之使用，一般不超過三層。爲減省引號層級，各家之説單獨成段者，不加前後引號，段内又有引文時，方加引號。

九、爲求簡明，注、疏、正義、傳、箋等字，在不影響文意的情況下，一律不加波浪線。

十、禮記注疏長編中的異體字，若不影響文意，一律改爲規範的繁體字，避諱字統一回改，皆不出校。

目録

曲禮注疏長編卷一

禮記[一]

○陸德明音義曰：「此記二禮之遺闕，故名禮記。」【疏】正義曰：夫禮者[二]，經天地，理人倫。本其所起，在天地未分之前。故禮運云：「夫禮，必本於大一[三]。」是天地未分之前，已有禮也。禮者，理也。其用以治則與天地俱興，故昭二十六年左傳稱晏子云：「禮之可以爲國也久矣，與天地並。」但于時質略，物生則自然而有尊卑，若羊羔跪乳，鴻鴈飛有行列，豈由教之者哉！是三才既判，尊卑自然而有。但天地初分之後，即應有君臣治國。但年代縣遠，無文以言。案易緯通卦驗云：「天皇之先，

[一] 禮記 閩、監、毛本同，考文云：「宋板無『禮記』二字。」案：此「禮記」二字，不當冠此節正義上，當次在「曲禮上第一」下，如此本二卷以後題式，庶爲得之。

[二] 正義曰夫禮者 閩、監、毛本同，考文引宋板無「正義曰」三字。

[三] 故禮運云夫禮必本於大一 惠棟校宋本同，閩、監、毛本「大」作「太」。案：禮運作「大」，經典「太」字多作「大」。荀子禮論「以歸大一」楊倞注云：「大，讀爲太。」

與乾曜合元〔一〕。君有五期，輔有三名。」注云：「君之用事五行，王亦有五期〔二〕。輔有三名，公、卿、大夫也。」又云：「遂皇始出握機矩。」注云：「遂皇謂遂人〔三〕，在伏犧前，始王天下也。矩，法也。言遂皇持斗機運轉之法，指天以施政教。」既云「始王天下」，是尊卑之禮，起於遂皇也。持斗星以施政教者，即禮緯斗威儀云：「宫主君，商主臣，角主父，徵主子，羽主夫，少宫主婦，少商主政，是法北斗而爲七政。」七政之立，是禮迹所興也。鄭康成六藝論云：「易者，陰陽之象，天地之所變化。政教之所生，自人皇初起。」人皇，即遂皇也。既政教所生初起於遂皇，則七政是也。六藝論又云：「遂皇之後，歷六

〔一〕天皇之先與乾曜合元　閩、監、毛本同。浦鏜云：「『元』，繹史作『德』，『天皇』下有『氏』字。」案：今本通卦驗「天皇」作「太皇」，「元」亦作「元」，鄭注謂「皇，君也。元，天之始也」，不當如繹史所引。

〔二〕君之用事五行王亦有五期　閩、監、毛本同。浦鏜云：「『君』疑『天』字誤，『王』當『皇』字誤。」案：今本通卦驗鄭注作「君」字，與此同。又「王」上有「代」字。然則「王」當讀爲「生王」之「王」，浦鏜説非也。

〔三〕遂皇謂遂人　閩、監、毛本同。浦鏜從周禮序校，「遂人」改「人皇」。案通卦驗又云：「燧人之皇，故可稱遂皇，可稱遂人，可稱人皇，其實一也。」疏下文云「自人皇初起。人皇，即遂皇也」，使此處已作「遂皇謂人皇」，下又何必申言「人皇，即遂皇也」。

紀九十一代，至伏犧，始作十二言之教[一]。」然則伏犧之時，易道既彰，則禮事彌著。案譙周古史考云：「有聖人以火德王，造作鑽燧出火，教民熟食，人民大悅，號曰遂人。次有三姓，乃至伏犧制嫁娶，以儷皮爲禮，作琴瑟以爲樂。」又帝王世紀云：「燧人氏没，包犧氏代之。」以此言之，則嫁娶嘉禮始於伏犧也。但古史考遂皇至於伏犧，唯經三姓。六藝論云「歷六紀九十一代」，其文不同，未知孰是。或於三姓而爲九十一代也。案廣雅云「一紀二十七萬六千年[二]」。方叔機注六藝論云[三]：「六紀者，九頭紀、五龍紀、攝提紀、合洛紀、連通紀、序命紀，凡六紀也。九十一代者，九頭一，五龍五，攝提七十二，合洛三，連通六，序命四，凡九十一代也。」但伏犧之前，及伏犧之後，年代參差，所説不一，緯候紛紜，各相乖背，且復煩而無用，今並略之，唯據六藝論之文，及帝王世紀以爲説也。案易繫辭云：「包犧氏没，神農氏作。」案帝王世紀云：伏犧之後女媧氏，亦風姓也。女媧氏没，次有大庭氏、柏皇氏、中央氏、栗陸氏、驪連氏、赫胥氏、尊盧氏、渾沌氏、昊英氏、有巢氏、朱襄氏、葛天氏、陰康氏、無懷氏，凡十五代，皆襲伏犧之號。然鄭玄以大庭氏是

[一] 至伏犧始作十二言之教　閩、監、毛本同。案：左氏定四年傳正義引「虙羲作十言之教，曰：乾、坤、震、巽、坎、離、艮、兑、消、息。」此疏「二」字誤衍。段玉裁校本云「『二』字衍」，是也。

[二] 一紀二十七萬六千年　「七」「六」二字誤倒。段玉裁云：「禮運正義可證也。」

[三] 方叔機注六藝論云　閩、監、毛本同，惠棟校宋本「機」作「璣」。

神農之別號。案封禪云[一]無懷氏在伏犧之前，今在伏犧之後，則世紀之文，未可信用。世紀又云：神農始教天下種穀，故人號曰神農。案禮運云：「夫禮之初，始諸飲食，燔黍捭豚，蕢桴而土鼓。」又明堂位云：「土鼓葦籥，伊耆氏之樂。」又郊特牲云：「伊耆氏始爲蜡。」蜡即田祭，與種穀相協；「土鼓葦籥」又與「蕢桴土鼓」相當，故熊氏云：「伊耆氏即神農也。」既云始諸飲食，致敬鬼神，則祭祀吉禮，起於神農也。又史記云黄帝與蚩尤戰於涿鹿，則有軍禮也。易繫辭「黄帝九事」章云古者葬諸中野，則有凶禮也。又論語撰考云：「軒知地利，九牧倡教。」既有九州之牧，當有朝聘，是賓禮也。若然，自伏犧以後至黄帝，吉、凶、賓、軍、嘉，五禮始具。皇氏云：「禮有三起：禮理起於太一[二]，禮事起於遂皇，禮名起於黄帝。」其「禮理起於太一」，其義通也；其「禮事起於遂皇，禮名起於黄帝」，其義乖也。且遂皇在伏犧之前，禮運「燔黍捭豚」在伏犧之後，何得以祭祀在遂皇之時？其唐堯，則舜典云：「修五禮。」鄭康成以爲公、侯、伯、子、男之禮。又云命伯夷「典朕三禮」。五禮其文，亦見經也。案舜典云「類于上帝」，則吉禮也；「百姓如喪考妣」，則凶禮也；「羣后四朝」，則賓禮也；「舜征有苗」，則軍禮也；「嬪于虞」，則嘉禮也。是舜時五禮具備。直云「典朕三禮」者，據事天、地與人爲三禮。其實

[一] 案封禪云　閩、監、毛本同，惠棟校宋本「云」作「書」。

[二] 禮理起於太一　閩、監、毛本同。惠棟校宋本「太」作「大」，下「其禮理起於太一」同。按：作「大」是。

事天、地唯吉禮也，其餘四禮，並人事兼之也。案論語云「殷因於夏禮」，「周因於殷禮」，則禮記總陳虞、夏、商、周，則是虞、夏、商、周各有當代之禮，則夏、商亦有五禮。鄭康成注大宗伯，唯云：「唐、虞有三禮，至周分爲五禮。」不言夏、商者，但書篇散亡，夏、商之禮絶滅，無文以言，故據周禮有文者而言耳。

武王没後，成王幼弱，周公代之攝政，六年致太平，述文、武之德而制禮也。故洛誥云：「考朕昭子刑，乃單文祖德。」又禮記明堂位云：「周公攝政六年，制禮作樂，頒度量於天下。」但所制之禮，則周官、儀禮也。鄭作序云：「禮者，體也，履也。」統之於心曰體，踐而行之曰履。鄭知然者。禮器云：「禮者，體也。」祭義云：「禮者，履此者也。」禮記既有此釋，故鄭依而用之。禮雖合訓體、履，則周官爲體，儀禮爲履，故鄭序又云：然則三百三千，雖混同爲禮，至於並立俱陳，則曰此經禮也，此曲禮也。或云此經文也，此威儀也。是周禮、儀禮有體、履之别也。所以周禮爲體者，周禮是立治之本，統之心體，以齊正於物，故爲禮[一]。賀瑒云：「其體有二：一是物體，言萬物貴賤、高下、小大、文質，各有其體；二曰禮體，言聖人制法，體此萬物，使高下、貴賤，各得其宜也。」其儀禮但明體之所行，踐履之事，物雖萬體，皆同一履，履無兩義也。于周之禮，其文大備，故論

[一] 統之心體以齊正於物故爲體　惠棟校宋本作「爲體」。此本「爲體」誤「爲禮」，閩、監、毛本同。

語云「周監於二代，郁郁乎文哉！吾從周」也。然周既禮道大用[一]，何以老子云，失道而後德，失德而後仁，失仁而後義，失義而後禮，禮者忠信之薄、道德之華、争愚之始？故先師準緯候之文，以爲三皇行道，五帝行德，三王行仁，五霸行義。若失義而後禮，豈周之成、康在五霸之後？所以不同者，老子盛言道德質素之事，無爲静默之教，故云此也。禮爲浮薄而施，所以抑浮薄，故云「忠信之薄」。且聖人之王天下，道德仁義及禮，並蕴于心，但量時設教，道德仁義及禮，須用則行，豈可三皇五帝之時全無仁義禮也？殷、周之時，全無道德也？老子意有所主，不可據之以難經也。既周禮爲體，其周禮見於經籍，其名異者見有七處。案孝經説云「經禮三百[二]」，一也；禮器云「經禮三百」，二也；中庸云「禮儀三百」，三也；春秋説云「禮經三百」，四也；禮説云「有正經三百」，五也；周官外題謂「爲周禮」，六也；漢書藝文志云「周官經六篇」，七也。七者皆云「三百」，故知俱是周官。周官三百六十，舉其大數而云「三百」也。其儀禮之别，亦有七處，而有五名：一則孝經説、春秋及中庸並云「威儀三千」，二則禮器云「曲禮三千」，三則禮説云「動儀三千」，四則謂「爲儀禮」，五則漢書藝文志謂儀禮爲古禮經。凡此七處五名，稱謂並承「三百」之下，故知即儀禮也。所以「三千」者，其履行周官五禮之别，其事委曲，

[一] 然周既禮道大用　閩、監、毛本同。浦鏜校云：「『用』疑『備』字誤。」

[二] 案孝經説云經禮三百　閩、監、毛本同，惠棟校宋本「經禮」作「禮經」。

條數繁廣，故有三千也。非謂篇有三千，但事之殊别有三千條耳。或一篇一卷[一]，則有數條之事。今行於世者，唯十七篇而已。故漢書藝文志云「漢初，高堂生傳禮十七篇」是也。至武帝時，河間獻王得古禮五十六篇，獻王獻之。又六藝論云：「後得孔子壁中古文禮，凡五十六篇，其十七篇與高堂生所傳同，而字多異，其十七篇外，則逸禮是也。周禮爲本，則聖人體之；儀禮爲末，賢人履之。」故鄭序云「體之謂聖，履之爲賢」是也。既周禮爲本，則重者在前，故宗伯序五禮以吉禮爲上；儀禮爲末，故輕者在前，故儀禮先冠、昏，後喪、祭。故鄭序云：「二者或施而上，或循而下。」其周禮，六藝論云：「周官，壁中所得六篇。」漢書説河間獻王開獻書之路，得周官有五篇，失其冬官一篇，乃購千金，不得，取考工記以補其闕。漢書云得五篇，六藝論云得其六篇，其文不同，未知孰是。

其禮記之作，出自孔氏。但正禮殘缺，無復能明，故范武子不識殽烝，趙鞅及魯君謂儀爲禮。至孔子没後，七十二之徒共撰所聞[二]，以爲此記。或録舊禮之義，或録變禮所由，或兼記體、履，或雜序得失，故編而録之，以爲記也。中庸是子思伋所作。緇衣，公孫尼子所撰。鄭康成云：「月令，吕不韋所修。」盧植云：「王制，謂漢文時博士所録。」

[一] 或一篇一卷　閩、監、毛本同，惠棟校宋本「或」作「故」。

[二] 七十二之徒共撰所聞　惠棟校宋本有「子」字。此本「子」字脱，閩、監、毛本同。衛氏集説亦作「七十二子之徒」。

其餘衆篇，皆如此例，但未能盡知所記之人也。

其周禮、儀禮，是禮記之書[一]，自漢以後，各有傳授。鄭君六藝論云：「案漢書藝文志、儒林傳云：傳禮者十三家，唯高堂生及五傳弟子戴德、戴聖名在也。」又案儒林傳云：「漢興，高堂生傳禮十七篇，而魯徐生善爲容。孝文時，徐生以容爲禮官大夫。瑕丘蕭奮以禮至淮陽太守。孟卿，東海人。事蕭奮以授戴德、戴聖。」六藝論云「五傳弟子」者，熊氏云則高堂生、蕭奮、孟卿、后倉及戴德、戴聖爲五也。此所傳皆儀禮也。六藝論云：「今禮行於世者，戴德、戴聖之學也。」又云「戴德傳記八十五篇」，則大戴禮是也；「戴聖傳禮四十九篇」，則此禮記是也。儒林傳云：大戴授琅邪徐氏；小戴授梁人橋仁字季卿、揚榮字子孫。仁爲大鴻臚[二]，家世傳業。其周官者，始皇深惡之[三]，至孝武帝時，始開獻書之路，既出於山巖屋壁，復入祕府，五家之儒，莫得見焉。至孝成時，通人劉歆校理祕書，始得列序，著于録、略，爲衆儒排棄。歆獨識之，知是周公致太平之

[一] 其周禮儀禮是禮記之書　閩、監、毛本同。案：此「是禮記」之「是」，猶下「則此禮記是也」之「此」，非謂周禮、儀禮皆爲禮記也。浦鏜從衛氏集説校，於「是」上補「亦」字，大誤。

[二] 楊榮字子孫仁爲大鴻臚　閩、監、毛本同，惠棟校宋本「孫仁」二字倒。山井鼎云：「漢書儒林傳注：子孫，楊榮字。宋板爲非，仁即橋仁。」○按：宋刻漢書作「楊子榮子孫」，師古曰：「子孫，子榮之字也。」

[三] 其周官者始皇深惡之　閩、監、毛本同，惠棟校宋本「皇」誤「星」，「之」字脱。

道。河南緱氏杜子春，永平時初能通其讀，鄭衆、賈逵往授業焉[一]。其後馬融、鄭玄之等，各有傳授，不復繁言也。

曲禮上第一[二]〇陸曰：「本或作『曲禮上』者，後人加也。檀弓、雜記放此。曲禮者，是儀禮之舊名，委曲説禮之事。」

【疏】正義曰：案鄭目録云：「名曰曲禮者，以其篇記五禮之事。祭祀之説，吉禮也；喪荒去國之説，凶禮也；致貢朝會之説，賓禮也；兵車旌鴻之説，軍禮也；事長敬老、執贄納女之説，嘉禮也。此於别録屬制度。」案鄭此説，則此曲禮篇中有含五禮之義，是以經云「禱祠祭祀之説」，當吉禮也。「送喪不由徑」「歲凶，年穀不登」，又云「大夫、士去國」，如此之類，是喪荒去國之説，當凶禮也。「五官致貢曰享」「天子當宁而立曰朝」

[一] 鄭衆賈逵往授業焉　閩、監、毛本同，衛氏集説「授」改「受」，杜佑通典亦云：「鄭衆、賈逵皆往受業。」

[二] 曲禮上第一　閩、監、毛本同。按：此下當有「禮記鄭氏注」五字，石經、嘉靖本皆有，正義本亦當有。觀此節正義云「禮記者，一部之大名；曲禮者，當篇之小目。既題曲禮於上，故著禮記於下，以配注耳」，是解「曲禮」二字。又「鄭氏者，姓鄭名元」云云，是解「鄭氏」二字。「『注』者，即解書之名」云云，是解「注」字，皆隨文詮解也。此本二卷以後題當篇小目下多有「禮記鄭氏注」五字，亦删除之不盡者。釋文出「曲禮」云：「本或作『曲禮上』者，後人加也。」正義本從作「曲禮上」，所謂「上者，對下生名，本以語多，簡策重大，分爲上、下」是也。

「相見於郤地曰會」，如此之類，是致貢朝會之説，當賓禮也。「兵車不式」「前有水，則載青旌」，如此之類，是兵車旌鴻之説，當軍禮也。「侍坐於長者」「故君子式黄髮」「婦人之贄，椇榛棗栗」「納女於天子」，如此之類，是事長敬老、執贄納女之説，當嘉禮也。必知執贄當婦人之贄者，以其士相見鄭目録以士執贄爲賓禮故也。此篇既含五禮，故其篇名爲曲禮。曲禮之與儀禮，其事是一，以其屈曲行事，則曰曲禮，見於威儀則曰儀禮。但「曲」之與「儀」相對，周禮統心爲號，若總而言之，則周禮亦有「曲」名，故藝文志云：「帝王爲政，世有損益，至周曲爲之防，事爲之制，故曰『經禮三百，威儀三千』，是二禮互而相通，皆有『曲』稱也。」

云「上」者，對「下」生名。本以語多，簡策重大，分爲上、下，更無義也。

「第一」者，小爾雅云：「第，次也。」吕靖云：「一者，數之始。」禮記者，一部之大名；曲禮者，當篇之小目。既題曲禮於上，故著禮記於下，以配注耳。鄭氏者，姓鄭，名玄，字康成，北海高密縣人，前漢僕射鄭崇八世之孫也，後漢徵爲大司農，年七十四乃卒。然鄭亦附盧、馬之本而爲之注[一]。

「注」者，即解書之名。但釋義之人，多稱爲「傳」。傳，謂傳述爲義，或親承聖旨，或

[一] 然鄭亦附盧馬之本而爲之注　閩、監本同，毛本「鄭」誤「後」。案：考文引宋板亦作「鄭」。

師儒相傳，故云「傳」。今謂之「注」者，謙也，不敢傳授，直注己意而已。若然，則「傳」之與「注」，各出己情。皇氏以爲自漢以前爲「傳」，自漢以後爲「注」。然王肅在鄭之後，何以亦謂之「傳」？其義非也。

【衛氏集説】唐陸氏曰：本或作「曲禮上」者，後人加也。檀弓、雜記放此。

藍田吕氏曰：曲禮，禮之細也。禮云「經禮三百，曲禮三千」，其致一也。中庸云：「禮儀三百，威儀三千，待其人而後行。」然則「曲禮」者，威儀之謂，皆禮之細也。布帛之有經，一成而不可變者也，故經禮象之。「經禮三百」，蓋若祭祀、朝聘、燕饗、冠昏、鄉射、喪紀之禮，其節文之不可變者有三百也。布帛之有緯，其文曲折，有變而不可常者也，故「曲禮」象之。「曲禮三千」，蓋大小尊卑，親疏長幼，並行兼舉，屈伸損益之，不可常者有三千也。今之所傳儀禮者，經禮也，其篇末稱「記」者，記禮之變節，則曲禮也。漢興，高堂生傳禮十七篇，今儀禮是也；戴聖傳禮四十九篇，今禮記是也。禮記所載，皆孔子門人所傳授之書，雜收於遺編斷簡者，皆經禮之變節也。特以此篇名「曲禮」者，蓋他篇稍各以類相從，此篇雜記諸禮曲折之文者也。

石林葉氏曰：「經禮三百，曲禮三千」，經禮一，而曲禮十。經禮，其常猶言制之凡也；曲禮，其變猶言文之目也。故言「禮儀三百，威儀三千」。先王之時，皆有書與法，藏於有司，官掌之，士習之，有司守之，謂之執禮。周官大史掌邦之六典，禮居一焉，其曰

「大祭祀，與羣執事讀禮書而協事。祭之日，執書以次位常。大會同、朝覲，以書協禮事。將幣之日，執書以詔王」。小史「大祭祀，讀禮法」，或讀之以喻衆，或執之以行事。至周衰，而二者皆亡，惟孔子獨能知之，故亦謂之執禮。今禮記首載曲禮，此非其書與法之正，漢儒雜記其所聞而纂之爾，故言「曲禮曰」以表之。如「毋放飯」「毋流歠」，孟子亦云，則孟子猶及見其略歟？所謂經禮者，無復聞矣。

新安朱氏曰：禮器作「經禮」「曲禮」，而中庸以「經禮」爲「禮儀」，鄭玄等皆曰『經禮』，即周禮三百六十官。「曲禮」即今儀禮冠昏、吉凶，其中書儀三千，以其有委曲威儀，故有二名。獨臣瓚曰「周禮三百，特官名耳；經禮，爲冠昏、吉凶」，蓋以儀禮爲「經禮」也。而近世括蒼葉夢得曰：「經禮，制之凡也；曲禮，文之目也。先王之世，二者蓋皆有書，藏於有司，祭祀、朝覲、會同。則大史執之以涖事，小史讀之以喻衆，而卿大夫授之以教萬民，保氏掌之以教國子者，亦此書也。」愚意：禮篇三名，禮器爲勝，諸儒之說，瓚、葉爲長。蓋周禮乃制治立法、設官分職之書，於天下事無不該攝，禮典固在其中，而非專爲禮設也。其中或以一官兼掌衆禮，或以數官通行一事，亦難計其官數，以充禮篇之數。至於儀禮，則其冠、昏、喪、祭、燕、射、朝、聘，自爲經禮大目，亦不容專以「曲禮」名之也。但曲禮之篇未見，於今何書爲近？而三百、三千之數又將何以充邪？又嘗考之經禮，固今之儀禮，其存者十七篇，而其逸見於他書者，猶有投壺、奔喪、遷廟、釁廟、中霤等篇；其不可攷者，又有古經，增多三十九篇；而明堂陰陽、王史氏記數十篇，及河間獻王所輯禮樂古事，多至五百餘篇。儻或猶有逸在其間者，大率且以春官所領五禮之目約之，則其初固當有三百餘篇，亡疑矣。所謂「曲禮」，則皆禮之微文小節，如今曲禮、少儀、内則、玉藻、弟子職篇所記事親事長、起居飲食、容貌辭氣之法，制器備物、宗廟宫室、衣冠車旗之等，凡所以行乎經禮之中者，其篇之全數雖不可知，然條而析之，亦應不下三千有餘矣。若或者專以經禮爲常禮、曲禮爲變禮，則如冠禮之「不醴而醮用酒」「殺牲而有折俎」，若「孤子冠，母不在」之類，皆禮之變，而未嘗不在經禮篇中。「坐如尸，立如齊」「毋放飯，毋流歠」之類，雖在曲禮之中，而不得謂之變禮。其説誤也。

東萊吕氏曰：曲禮、少儀，皆是遜志道理，步趨、進退、左右、周旋，若件件要理會，必有不到處。如學者常存此心，則自然不違乎禮。心有時而不存，則禮有時而或失。内有毫釐之礙，則外有毫釐之差，如天之於百物，根莖、枝葉、花實、條幹，豈一一生之哉？氣到，則百物自生；若一枝一葉之病，則是氣不到處也。所謂徐行後長、灑埽應對，皆是遜志氣象。

馬氏曰：直則簡，曲則詳，直有所礙，則曲以通之；簡有所略，則詳以足之。先王制禮，小大曲直如棟梁榱桷，相成而不可以相無也。其威儀法度纖悉完具，視之若甚繁，及考其義而要其歸，則知其支離之所以爲簡易也，故曰先王之制禮也，必有主也，故可述而多學也。後世之不知禮者，以爲繁禮飾貌，無所用之者，是未嘗推明先王之禮意耳。

山陰陸氏曰：小禮之不謹，大禮之所自亡也。

龍泉葉氏曰：曲禮中三百餘條，人情物理，的然不違，餘篇如此，要切言語，可併集爲篇，使初學者由之而入，豈惟初入，固當終身守而不畔。蓋一言行，則有一事之益，如鑑覩像，不得相離也。

【吴氏纂言】吕氏大臨曰：曲禮，禮之細也。禮云：「經禮三百，曲禮三千。」中庸云：「禮儀三百，威儀三千。」「曲禮」者，威儀之謂。經禮，蓋若祭祀、朝聘、饗燕、冠昏、喪紀之禮，今儀禮是也。曲禮，蓋以小大尊卑，親疏長幼，並行兼舉，今禮記是也，所載孔子門人傳授，雜收於遺編斷簡者。

朱子曰：經禮，今之儀禮，其存者十七篇。而其逸者，猶有投壺、奔喪、遷廟、釁廟、中霤等篇。其不可篇者，又有古經，增多三十九篇，而明堂陰陽、王史氏記數十篇，及河間獻王所緝禮樂古事，多至五百餘篇，儻或猶有逸在其間者。且以春官所領「五禮」之目約之，則其初固當有三百餘篇矣。曲禮，則皆禮之微文小節，如今曲禮、少儀、内則、玉藻、弟子職篇所記事親事長、起居飲食、容貌辭氣之法，制器備物、宗廟宫室、衣冠車旗之等，所以行乎經禮之中者，其篇之全數，雖不可知，然條而析之，亦應不下三千有餘矣。或者專以經禮爲常禮，曲禮爲變禮，則如冠禮之「不醴而醮用酒」「殺牲而有折俎」，若

「孤子冠，母不在」之類，皆禮之變，而未嘗不在經禮篇中。「坐如尸，立如齊」「毋放飯、毋流歠」之類，雖在曲禮之中，而不得謂之變禮。其説誤也。

澄曰：曲者，一偏一曲之謂。中庸言「致曲」，易大傳言「曲成」「曲而中」，老子言「曲則全」，莊子言「一偏一曲」「不該不編」，王通氏言「曲而當」。又如地名之曰韋曲、杜曲，皆同義。曲禮者，蓋謂禮之小節雜事，而非大體全文，故曰「曲」，先儒以爲委曲、曲折，非也。

【陳氏集説】經曰：「曲禮三千」，言節目之委曲，其多如是也。此即古禮經之篇名。後人以編簡多，故分爲上下。　張子曰：物我兩盡，自曲禮入。

【郝氏通解】曲禮記行禮節目委曲也。曲，細也，非其大者。

【欽定義疏】正義　孔氏穎達曰：案鄭目録云：「名曲禮者，以其篇記五禮之事。祭祀，吉禮也；喪荒去國，凶禮也；致貢朝會，賓禮也；兵車旌鴻，軍禮也；事長敬老、執贄納女，嘉禮也。」此於别録屬制度，簡策重大，分爲上下。

吴氏澄曰：曲者，一偏一曲之謂。中庸言「致曲」，易大傳言「曲成」「曲而中」，老子言「曲則全」，王氏通言「曲而當」，皆同義。

張子曰：物我兩盡，自曲禮入。

吕氏大臨曰：禮云：「經禮三百，曲禮三千。」中庸云：「禮儀三百，威儀三千。」

「曲禮」者，威儀之謂。布帛有經，經禮象之，今儀禮是也。布帛有緯，曲禮象之，今禮記是也。所載皆孔子門人傳授，雜收於遺編斷簡者。

葉氏夢得曰：經禮制之凡，曲禮文之目。先王之時，皆有書與法，藏於有司，官掌之，士習之，有司守之。周官大史「大祭祀，與羣執事讀禮書而協事。祭之日，執書以次位常。大會同、朝覲，以書協禮事。將幣之日，執書以詔王」。小史「大祭祀，讀禮法」。至周衰，而二者皆亡。今禮記曲禮非其書與法之正，漢儒雜記其所聞而纂之爾。

存異　吕氏大臨曰：今所傳儀禮者，經禮也。其篇末稱記者，記禮之變，則曲禮也。

葉氏夢得曰：經禮其常，曲禮其變。

辨正　朱子曰：鄭康成等皆曰「經禮」即周禮三百六十官，「曲禮」即今儀禮冠、昏、吉、凶，其中書儀三千，以其有委曲威儀，故有二名。獨臣瓚曰：「周禮三百，特官名耳。經禮爲冠、昏、吉、凶，蓋以儀禮爲經禮也。」而葉夢得曰：「經禮其常制之凡，曲禮其變文之目。」愚意：禮篇三名，禮器爲勝，諸儒之說，瓚、葉爲長。蓋周禮乃制治立法，設官分職之書，非專爲禮設，亦難計其官數，以充禮篇之數。至於儀禮，則冠昏、喪祭、燕射、朝聘，自爲經禮大目，亦不容專以「曲禮」名之。今之儀禮存者十七篇，而其逸見於他書，猶有投壺、奔喪、遷廟、釁廟、中霤等禮。又古經增三十九篇，而明堂、陰陽、王史氏記數十篇。及河間獻王所輯禮樂古事，多至五百餘篇。或猶有逸在其間者，大率以春官所領五禮之目約之，其初固當有三百餘篇矣。所謂「曲禮」，皆禮之微文小節，如今曲禮、少儀、内則、玉藻、弟子職篇所記事親事長、起居飲食、容貌辭氣之法，制器備物、宗廟宫室、衣冠車旗之等，凡所以行乎經禮之中者，其篇之全數雖不可知，然條而析之，亦應不下三千有餘矣。若專以經禮爲常，曲禮爲變，則如冠禮之「不醴而醮用酒」「殺牲而有折俎」，「孤子冠，母不在」之類，皆禮之變，而未嘗不在經禮篇中。「坐如尸，立如齊」，「毋放飯，毋流歠」之類，雖在曲禮之中，而不得謂之變禮。其説誤也。

芮氏城曰：此篇所記，要在尋常日用，居處執事，接人應物，至纖至悉處。儀禮固不及載，亦非儀禮之所能載也。成周盛時，禮教洋溢。春秋以後，日就消亡。好禮君子，隨所聞見，得即録之，名曰「曲禮」，庶乎識小之意云爾。或以爲偏曲一端，或以爲細微曲折，皆可通。

案 天高地下，萬物散殊，而禮制行焉。故曰：「禮者，天地之經也。」聖人因天地之自然、人心之同然者，而列其大綱有五：曰吉，曰凶，曰賓，曰軍，曰嘉。於吉之中，分爲禋祀、實柴、槱燎、血祭、貍沈、疈辜、肆灌獻、饋食、祠、禴、嘗、烝，則十二；於凶之中，分爲喪、荒、弔、襘、恤；於軍之中，分爲師、均、田、役、封，各五；於賓之中，分爲朝、宗、覲、遇、會、同、問、視，則八；於嘉之中，分爲飲食、冠昏、賓射、燕享、脤膰、賀慶，則六。而大目三十有六矣。由是節之，而冠有三加，昏有六禮，祭有朝踐、饋熟、事主、事尸、繹祭，田有蒐、苗、獮、狩，師有侵伐、治兵、振旅，喪有復、襲、小斂、大斂、殯、葬、小祥、大祥、禫除，且有天子、諸侯、大夫、士、庶之分。此經禮之三百，猶可得而數者也。至於升降、出入、周旋之威儀，則豈特三千已哉？其曰三千，亦約舉之辭耳。曲禮一書，不特指其威儀，并指出聖人制禮，所以委曲周詳之故，并君子行禮，所以周旋曲當之源，蓋古人説禮之微言也。

【杭氏集説】孔氏穎達曰：案鄭目録云：「名曲禮者，以其篇記五禮之事。祭祀，吉禮也；喪荒去國，凶禮也；致貢朝會，賓禮也；兵車旌鴻，軍禮也；事長敬老、執贄納女，嘉禮也。此於别録屬制度。」簡策重大，分爲上下。

吴氏澄曰：曲者，一偏一曲之謂。中庸言「致曲」，易大傳言「曲成」「曲而中」，老子言「曲則全」，王氏通言「曲而當」，皆同義。

芮氏城曰：此篇所記，要在尋常日用，居處執事，接人應物，至纖至悉處，儀禮固不及載，亦非儀禮之所能載也。成周盛時，禮教洋溢，春秋以後，日就消亡，好禮君子，隨所聞見，得即録之，名曰「曲禮」，庶乎識小之意云爾。或以爲偏曲一端，或以爲細微曲折，皆可通。

姚氏際恒曰：是篇兼記禮之經曲。經者，君臣上下、吉凶朝覲之儀；曲者，飲食居處、進退步趨之節。其曰「曲禮」者，惟舉其細者爲名，蓋謙辭也。諸儒紛紛解釋，俱無是處，若因「曲」字，便以爲有曲而無經，則春秋止紀二時，無冬夏矣。曲禮多精要語，上篇尤爲初學切用，雖不無未醇處，及間雜後世事，然不以累全篇也。又上篇疑有竄入處，詳文下。

陸氏奎勳曰：曲禮，周有其書，遭秦滅學，簡策不存。今禮記首載者，乃漢儒纂録所聞，故言『曲禮曰』以表之，此石林葉氏語也。愚謂小戴所云曲禮，自指后蒼曲臺禮記，篇中亦不專引禮經。如首章「安民哉」，哉音即夷切，宛然三字箴銘。「樂不可極」，滑稽傳淳于髡亦嘗引之。「人生十年曰幼，學」；「二十曰弱，冠」及「牛曰大武，豕曰剛鬣」之類，疑爲爾雅逸文。「名子者不以國，不以隱疾、山川」，本左傳申繻語。「天子不言出，諸侯不生名。諸侯失地，名」；「滅同姓，名」，則公羊家用以説春秋者。就中擇焉不精，如「生曰妻，死曰嬪」，明與詩「曰嬪于京」相反。「取妻曰賀」，與郊特牲「昏禮不賀」自相牴牾。其又甚者，雜漢儀于古禮。「告喪曰天王登假」，周制有之。「措之廟，立之主曰帝」，豈非高祖長陵之尊號乎？「夫曰皇辟」，舍吕后臨朝，從古無此祝辭也。「若夫坐如尸，立如齋」，據大戴禮，上有缺文。「言謚曰類」，「類」必「誄」字之訛。由是推之，小戴舊本，鄭氏已不得而見，祇就馬融所傳，强爲注釋，而孔疏又曲狥鄭説，以故得失交半。今之習禮者，專守陳氏集説，固失之陋，若其參考異同，必欲尊漢抑宋，亦不免於矯枉失中也已。

任氏啟運曰：戴氏編禮時，其書已亡逸，特因首章之幸存者，而雜取諸書所引與他説之相似者，以補續之，故其文錯雜，不甚倫貫。今頗釐而析之，若以爲「曲禮三千」與「經禮三百」爲對，則恐非也。

齊氏召南曰：是作者記舊禮之語，見「禮曰君子抱孫不抱子」疏。按：古以儀禮爲曲禮，故儀禮賈疏曰：「儀禮亦名曲禮」，故禮器云「經禮三百，曲禮三千」，鄭注曰：「曲，猶事也。事禮謂今禮也，其中事儀三千，言儀者見行事有威儀，言曲者見行事有屈曲，故有二名也。」

【孫氏集解】曲禮者，古禮篇之名。禮記多以簡端之語名篇，此篇名「曲禮」者，以篇首引之也。鄭氏謂「篇中記五禮之事」故名「曲禮」，非是。此篇所記，多禮文之細微曲折，而上篇尤致詳於言語、飲食、灑埽、應對、進退之法，蓋將使學者謹乎其外，以致養乎其内，循乎其末，以漸及乎其本。故朱子謂爲小學之支與流裔。而首篇「毋不敬」之一言，則尤貫徹乎精粗内外，而小學、大學皆當以此爲本者也。篇分上下者，以簡策重大故也。後凡分上下篇者放此。○朱子曰：禮器作「經禮」「曲禮」，而中庸以「經禮」爲「禮儀」。鄭玄等皆曰：「經禮即周禮三百六十官，曲禮即今儀禮冠、昏、吉、凶。其中書儀三千，以其有委曲威儀，故有二名。」獨臣瓚曰：「周禮三百，特官名耳。經禮爲冠、昏、吉、凶。」蓋以儀禮爲經禮也。而近世栝蒼葉夢得曰：「經禮，制之凡也；曲禮，文之目也。先王之世，二者蓋皆有書，藏於有司。祭祀、朝覲、會同，則大史執之以涖事，小史讀之以喻衆，而鄉大夫受之以教萬民，保氏掌之以教國子者，亦此書也。」愚意：禮篇三名，儀禮一，經禮一，禮儀三。禮器爲勝。諸儒之説，瓚、葉爲長。蓋周禮乃制治立法、設官分職之書，於天下事無不該攝，禮典固在其中，而非專爲禮設也。其中或以一官兼掌衆禮，或以數官通行一事，亦難計其官數，以充禮篇之數。至於儀禮，則其冠、昏、喪、祭、燕、射、朝、聘，自爲經禮大目，亦不容專以「曲禮」名之也。今儀禮十七篇，而其逸見於他書者，猶有投壺、奔喪、遷廟、釁廟、中霤等篇；其不可見者，又有古經，增多三十九篇；而明堂陰陽、王史氏記數十篇，及河間獻王所輯禮樂古事，多至五百餘篇。儻或猶有逸在其間者，大率且以春官所領五禮之目約之，則其初固當有三百餘篇，亡疑矣。所謂「曲禮」，則皆禮之微文小節，如今曲禮、少儀、内則、玉藻、弟子職篇所記事親事長、起居飲食、容貌辭氣之法，制器備物、宗廟宮室、衣冠車旗之等，凡所以行乎經禮之中者，其篇之全數雖不可知，然條而析之，亦應不下三千有餘矣。或者專以經禮爲常禮，曲禮爲變禮，藍田呂氏之説。石林葉氏雖言「經禮制之凡，曲禮文之目」，而亦云「經禮其常，曲禮其變」。則如冠禮之「不醴而醮用酒」「殺牲而有折俎」，若「孤子冠，母不在」之類，皆禮之變，而未嘗不在經禮篇中。「坐如尸，立如齊」「毋放飯，毋流歠」之類，雖在曲禮之中，而不得謂之變禮，其説誤也。

愚謂經禮、曲禮之説，朱子之所辨論者至矣。蓋經禮即儀禮也，曲禮則經禮中之儀文曲折，如冠禮之三加，昏禮之六禮，士相見之授贄、反見、還贄，鄉飲酒禮之獻賓、獻介、獻衆賓之類皆是。曲禮之合，即爲經禮；經禮之分，即爲曲禮。曲禮之所以爲三千者，蓋據經禮三百而以相十之數言之，而非别有曲禮之書至於三千篇之多也。至禮記中所載曲禮、少儀、内則、玉藻，與夫管子書之弟子職，或詳其儀文，或記其名物，則又皆周末儒者各以其所傳習者記之，而可補禮經之所未詳者也。若此篇所引之曲禮，則别爲古禮篇之名，非禮器所言之曲禮。蓋曲禮三千，即儀禮中之曲折，而此所引「毋不敬」以下，其文與儀禮不類也。而此篇之爲曲禮，則特以篇首引曲禮而名之，不可謂此篇皆曲禮之言，猶檀弓首章載檀弓事而名爲「檀弓」，不可以檀弓一篇皆爲檀弓一人之事也。蓋此篇所言，多雜見於他書，如「坐如尸，立如齊」，見於大戴禮曾子事父母篇；「不登高，不苟訾，不苟笑」，見於大戴禮曾子本孝篇；「天子曰崩」至「庶人曰死」，見大戴禮四代篇；「道德仁義，非禮不成」至「撙節退讓以明禮」，見賈誼新書禮篇；「將上堂，聲必揚，將入户，視必下」，見列女傳及韓詩外傳。雖其與諸書所出，未知孰爲先後，然其言「君子抱孫不抱子」，别引「禮曰」，而「前有車騎」又爲戰國時語，「事君三諫，不從則去」，「天子未除喪，稱名」，「諸侯失地，名」之類，又皆春秋公羊之説，知此非曲禮之完篇明矣。然則曲禮有三：一爲儀禮中之曲折，一則古禮篇之曲禮，一則禮記中之曲禮也。

【朱氏訓纂】曲禮上第一正義：六藝論云：「今禮行於世者，戴德、戴聖之學也。」又云「戴德傳記八十五篇」，則大戴禮是也；「戴聖傳禮四十九篇」，則此禮記是也。儒林傳云：大戴授瑯琊徐氏；小戴授梁人橋仁字季卿、楊榮字子孫。仁爲大鴻臚，家世傳業。案鄭目録云：「名曰曲禮者，以其記五禮之事。祭祀之説，吉禮也；喪荒去國之説，凶禮也；致貢朝會之説，賓禮也；兵車旌鴻之説，軍禮也；事長敬老、執摯納女之説，嘉禮也。此於別録屬制度。」云「上」者，對「下」生名。本以語多，簡策重大，分爲上下，更無義也。弟一者，小爾雅云：「弟，次也。」吕靖云：「一者，數之始。」吕與叔曰：曲禮者，禮之細也。禮器云：「經禮三百，曲禮三千。」中庸云：「禮儀三百，威儀三千。」「曲禮」者，威儀之謂，儀禮是經禮，篇末稱「記」者，是曲禮。高堂生所傳是儀禮，戴聖所傳是禮記。朱子曰：經禮固今之儀禮，其存者十七篇，而其逸見於他書者，猶有投壺、奔喪、遷廟、釁廟、中霤等篇。又有古經增多三十九篇，而明堂陰陽、王史氏記數十篇，及河間獻王所輯禮樂古事，多至五百餘篇。所謂「曲禮」，則皆禮之微文小節，如今曲禮、少儀、内則、玉藻、弟子職篇所記事親事長、起居飲食、容貌辭氣之法，制器備物、宗廟宫室、衣冠車旗之等，凡所以行乎經禮之中者，條而析之，亦應不下三千有餘矣。吴幼清曰：曲者，一偏一曲之謂。中庸言「致曲」，易大傳言「曲成」「曲而中」，老子言「曲則全」，莊子言「一偏一曲，不該不徧」，蓋謂禮之小節雜事，而非大體全文，故曰「曲」。

曲禮注疏長編卷二

一·一 **曲禮曰：毋不敬。** 禮主於敬。○陸曰：毋，音無。說文云：「止之詞。其字從女，内有一畫，象有姦之形，禁止之，勿令姦。」古人云「毋」，猶今人言「莫」也。案「毋」字與「父母」字不同，俗本多亂，讀者皆朱點「母」字以作「無」音，非也。後放此。疑者特復音之。**儼若思**[一]**，** 儼，矜莊貌。人之坐思，貌必儼然。○儼，魚檢反，本亦作「儼」，同，矜莊貌。思，如字，徐息嗣反。矜，君冰反。**安定辭。** 審言語也。易曰：「言語者，君子之樞機。」○樞，昌朱反。**安民哉。** 此上三句，可以安民。說曲禮者，美之云耳。

【疏】正義曰：此一節明人君立治之本，先當肅心、謹身、慎口之事。

[一] 儼若思 閩、監、毛本同，石經同，岳本同，嘉靖本同。釋文出「嚴」云：「本亦作『儼』。」正義本作「儼」。○按：儼，正字；嚴，假借字。○鍔按：「儼若思」上，阮校有「曲禮曰節」四字，標明「校勘記」所在章節，下同。

○「曲禮曰」者，案下文「安民哉」是爲君上所行，故記人引儀禮正經「毋不敬」以下三句而爲實驗也。

○「毋不敬」者，人君行禮，無有不敬，行五禮，皆須敬也。「儼若思」者，儼，矜莊貌也。若，如也。思，計慮也。夫人計慮，狀必端慤，今明人君矜莊之貌，如人之思也。

○「安定辭」者，安定，審也。辭，言語也。人君出言，必當慮之於心，然後宣之於口，是詳審於言語也。

○「安民哉」者，但人君發舉，不離口與身心，既心能肅敬，身乃矜莊，口復審慎，三者依於德義，則政教可以安民也。云「哉」者，記人美此三句者也。

○注「禮主於敬」。○正義曰：孝經云「禮者，敬而已矣」是也。又案鄭目録云，曲禮之中，體含五禮。今云「曲禮曰毋不敬」，則五禮皆須敬，故鄭云「禮主於敬」。然五禮皆以拜爲敬，禮則「祭極敬」「主人拜尸」之類，是吉禮須敬也；「拜而後稽顙」之類，是凶禮須敬也；「主人拜迎賓」之類，是賓禮須敬也；「軍中之拜」「肅拜」之類，是軍禮須敬也。冠、昏、飲酒皆有「賓主拜答」之類，是嘉禮須敬也。「兵車不式」「乘玉路不式〔一〕」，鄭云「大事不崇曲敬」者，謂敬天神及軍之大事，故不崇曲小之敬。熊氏以爲唯

〔一〕乘玉路不式　閩、監、毛本同，浦鏜校「玉」改「王」。

此不敬者，恐義不然也。既云「曲禮曰」，是引儀禮正經，若引「春秋曰」「詩曰」之類。所引者，若冠禮戒辭云「壽考惟祺，介爾景福」之等，今不見者，或在三千散亡之中也。

○注「儼矜」至「儼然」。○正義曰：經唯云「儼若思」，不云「坐」，鄭必知坐思者，案大學云：「定而後能静，静而後能安，安而後能慮。」慮即思，故知思必當坐也。

○注「審言」至「樞機」。○正義曰：論語云：「駟不及舌。」故審言語也。「易曰」者，易繫辭之文也。故彼云：「君子出其言善，則千里之外應之，況其邇者乎？出其言不善，則千里之外違之，況其邇者乎？言行者，君子之樞機。」鄭注：「樞，謂户樞。機，謂弩牙。户樞之發，或明或闇，弩牙之發，或中或否。」以喻君子之言，或榮或辱。引之者，證審言語之事。彼爲言行，鄭云「言語」者，既證經「辭」，無取於行，故變文爲「語」也。

【衛氏集説】鄭氏曰：禮主敬。儼，矜莊貌。人之坐思，貌必儼然。「安定辭」，審言語也。此三句，可以安民。

孔氏曰：此明人君立治之本。「曲禮曰」者，案下文「安民哉」是爲君上所行，故記人引儀禮正經「毋不敬」以下三句而爲實驗也。若，如也。思，計慮也。夫人計慮，狀必端慤，矜莊之貌，如人之思也。

唐陸氏曰：「毋」字，從女，内有一畫，有禁止意。古人云「毋」，猶今人言「莫」也。

廬陵胡氏曰：上三句，聖賢皆當如此，乃可安民，不必人君也，人君尤當謹爾。

河南程氏曰：「毋不敬，儼若思，安定辭，安民哉」，君德也。君德，即天德也。明道。

伊川曰：主一之謂敬，無適之謂一。但整齊嚴肅，則心自一，一則自無非辟之干矣。

建安真氏曰：曲禮一篇，爲禮記之首，而「毋不敬」一言爲曲禮之首，蓋敬者，禮之綱領也。曰「毋不敬」者，謂身心内外不可使有一毫之不敬也。其容貌必端嚴而若思，其言辭必安定而不遽。以此臨民，民有不安者乎？此章凡四言，而脩身治國之道略備，其必聖賢之遺言歟？　又曰：伊川云「主一之謂敬」，主者，念念守此而不離之意也。及其涵養既熟，此心湛然自然，無二不雜，則不待主而自一矣。不待主而自一，即所謂誠也。敬是人事之本，學者用功之要，誠則達乎天道矣，此誠敬之分也。　又曰：伊川又曰「無適之謂一」，適，往也。主於此事，則不移於他事，是之謂「無適」也。　又曰：所謂「主一」者，静時要一，動時亦要一，平居暇日，未有作爲，此心亦要主於一，此是静時敬；應事接物有所作爲，此心亦要主於一，此是動時敬。静時能敬，則無思慮紛紜之患；動時能敬，則無舉措煩擾之患。如此，則本心常存，而不失爲學之要，莫先於此。　又曰：敬，一也，而貫於動静，故有思、不思之異焉。七情未發，天理渾然，此心之存，惟有持養，當是時也，無所事乎思。情之既發，淑慝以分，幾微不察，毫末千里，當是時也，始不容不思矣。無思，所以立本；有思，所以致用。動静相須，其功一也。然聖賢所以敬，尤在於静。深居燕處，怠肆易萌，操存之功，莫此爲要。曰「毋不敬」者，兼動静而言也。曰「儼若思」，則專以静言矣。方静之時，何思何慮，而曰「若思」，何也？猶鏡之明，雖未照物，能照之理，無時不存。心之虚靈，洞達内外，思慮未作，其理具全。正襟肅容，儼焉弗動，而神明昭徹，若有思然。以身體之意象，自見蒙莊，則曰：形可使如槁木，心可使如死灰。異端誤人，每每如此。使心而無用，則參贊化育，貫通神明，何所本之？彌綸萬化，利澤千祀，何所發之？故曰：寂然不動，感而遂通天下之故，論至聖人，然後無弊。動静循理，無往非敬，則其有思者寂之感，無思者感之寂，涵養功深，久將自熟。

北溪陳氏曰：敬者，一心之主宰，萬事之根本，人心不可測，出入無時，莫知其鄉，惟敬便不散。又曰：此心存，則萬理便森然於中，古人謂敬德之聚，正如此。又曰：「誠」與「敬」不相關，「恭」與「敬」却相關，「恭」就貌上説，「敬」就心上説；「恭」主容，「敬」主事。又曰：堯之欽明，舜之温恭，湯聖敬日躋，文王緝熙敬止，工夫都如此。

横渠張氏曰：事主於敬，則無過舉也。「動容貌，正顔色，出辭氣」，則民可望而知也。學者必自此推類。

新安朱氏曰：「毋不敬」，是統言主宰處。「儼若思」，敬者之貌也。「安定辭」，敬者之言也。「安民哉」，敬者之效也。若只以事無過舉，可以安民爲説，則氣象淺迫，無含蓄也。

石林葉氏曰：禮主於敬，敬者所以直内也。内既直，則「儼若思」者，德威也。「安定辭」者，德言也。德威惟畏，德言惟信，非安民哉？

藍田吕氏曰：自天子至於庶人，壹是以脩身爲本，「欲脩其身，先正其心」者，敬之謂也。「脩身」者，正言貌以禮者也。故「毋不敬」者，正其心也。「儼若思」者，正其貌也。「安定辭」者，正其言也。三者正矣，則無所往而非，正此「脩己以安百姓」也。故天下至大，取之脩身而無不足，故曰「安民哉」，此禮之本，故於記之首章言之。

永嘉周氏曰：「毋不敬」，所以戒夫人之不可以不敬也。蓋敬者，君子脩身之道也，所以閑邪而存誠者也。敬斯定，定斯正，正者，德之基也。慢斯怠，怠斯邪，邪者，德之賊也。古之人「相在爾室，不愧屋漏」，「出門如見大賓，使民如承大祭」，何所不用其敬哉？「儼若思」者，非思也。凡思者，其心必有所止，心有所止者，其耳目視聽必有所忘。蓋其心定者其容寂，此儼然所以若思而非思也。古之人知止而慮，善恭默以思道，此有思者也。南郭子綦之隱几，顏淵之坐忘，此無思者也。無思者天也，有思者自人而之天也，古之爲道者如此。「安定辭」者，易所謂易其心而後語也。蓋一辭之不中，皆心之過，孟子所以謂「不得於言，勿求於心不可」，而頤之養正，君子所以慎言語也。此三者，禮之大節，君子學道之要也。自天子達於庶人，自脩身至於爲天下，莫不一於是。故敬則無敢慢，無敢慢則民莫不愛矣；儼則人望而畏之，人望而畏之則民莫不敬矣。「安定辭」，則其言善，其言善，則民莫不應矣。匹夫而有此，必有安民之術；天子而有此，必有安民之事。故曰「安民哉」。

馬氏曰：夫敬者，出於心而無事於外也。在於我者，出入顯晦之無常；待乎物者，貴賤賢否之不一。至於敬而不慢，則無處而不然也。語曰：「君子無衆寡，無小大，無敢慢。」夫小與寡者，人之所易者也，而君子不敢慢者，以其在己者，主敬而已。思者，神之所運而心之所潛也。邪正賢愚之行，積於所思而發於外者也。儼若矜莊於外也，儼然而莊，則心之所思者静而正矣。此君子之所以發而無不中也，安定則有主於中，奠而後發。

吴興沈氏曰：「毋不敬，儼若思，安定辭，安民哉」，此聖人之言也。自此而下，雖至繁至悉，然法度森密，毫髮不可犯，所以爲「曲禮」。

永嘉戴氏曰：學以禮爲先，禮以敬爲本，然而持敬爲難，故去其不敬者，乃所以爲敬也。寡欲，則心可養閑邪，則誠自存。「毋」之爲言「禁止」之辭也。聖人於忿言懲，於慾言窒，於己言克，於心言制，於意、必、固、我言毋，皆用力之辭也。「儼若思」者，非真思也。有所思，則坐馳矣。「安定辭」者，非無辭也，定其辭，而後發也。凡此，皆主敬之功也。「儼若思」，則動容貌，而民莫不服。「安定辭」，則出辭氣，而民莫不信，所謂篤恭而天下平也。其於安民也何有？夫子曰「脩己以敬」，又曰「脩己以安人」「脩己以安百姓」，其本則一而已。

眉山家氏曰：「儼若思」，乃「毋不敬」之象；「毋不敬」，乃「儼若思」之實。

【吴氏纂言】程子曰：主一之謂敬，無適之謂一。

鄭氏曰：禮主於敬。儼，矜莊貌，人之坐思，貌必儼然。安定辭，審言語也。

朱子曰：毋不敬，統言主宰處。儼若思，敬者之貌也。安定辭，敬者之言也。安民哉，敬者之效也。

真氏德秀曰：毋不敬，兼動静言。儼若思，專以静言。静之時何思何慮？而曰若思，猶鏡之明，雖未照物，能照之理，無時不存。正襟肅容，儼焉弗動，而神明昭徹，若有思然。

孔氏曰：若，如也。思，計慮也。夫人計慮，狀必端慤，矜莊之貌，如人之思也。

澄曰：安，静重之意。定，謂不匆遽錯亂。洪範所謂『言曰從』是也。寂而静之時，儼然若有思，静而涵動也。感而動之時，安然定其辭，動而主静也。此四句，蓋古曲禮正經之言，漢時猶可考者，故特引之以冠篇首。其下則雜取他書，所記足成之。

【陳氏集説】毋，禁止辭。朱子曰：首章言君子修身，其要在此三者，而其效足以安民，乃禮之本，故以冠篇。范氏曰：經禮三百，曲禮三千，可以一言蔽之曰：「毋不敬。」程子曰：心定者，其言安以舒；不定者，其辭輕以疾。劉氏曰：篇首三句，如曾子所謂「君子所貴乎道者三，而籩豆之事，則有司存」之意，蓋先立乎其大者也。毋不敬，則「動容貌，斯遠暴慢矣」；儼若思，則「正顔色，斯近信矣」；安定辭，則「出辭姓也。

氣，斯遠鄙倍矣」。三者修身之要，爲政之本。此君子修己以敬，而其效至於安人、安百

【納喇補正】毋不敬，儼若思，安定辭。

集說 程子曰：心定者，其言安以舒。

劉氏曰：篇首三句，如曾子「所貴乎道者三」。毋不敬，則「動容貌，斯遠暴慢矣」；儼若思，則「正顏色，斯近信矣」；安定辭，則「出辭氣，斯遠鄙倍矣」。

竊案「毋不敬」者，無時無處而不敬，即中庸所謂戒慎恐懼，兼動静而言也。惟敬，故寂而静之時，儼然若有思，而容爲德容。感而動之時，安然定其辭，而言爲德言。劉氏乃以動容貌三者强相配合，失其旨矣。安者，安重之意。定者，一定而不游移。皆以辭言。程子謂「心定者，其言安以舒」，不可援爲此記之訓。

【郝氏通解】此四語爲四十九篇之綱，禮之本也。聖人所謂「脩己以安人、安百姓」者，其道不外此。毋，禁止辭，隨事隨處皆當禁止其怠慢之心，勿敢不敬。其容貌端莊，儼然若心有所思，内志愲愲，貌與心符，所謂「正顏色，斯近信也」。多言損志，又當安定舒徐，言不妄發，如此則内齊明而外恭默。心正身脩，時措咸宜，君子所以篤恭而天下平也，有不能安民者哉？禮之體約而功博如此。

【方氏析疑】毋不敬，儼若思，安定辭。安民哉。

貌肅言乂，敬之徵也。外貌斯須不莊不敬，而慢易之心入之。言不昭則無守氣，又所以制於外而養其中也。事無不敬，則天地明著，應之不違其則，民所以安之本也。儼若思，則見者莫不敬。安定辭，則聞者莫不信。自修篤謹，非以求民之安而民自安矣。安者，言有序而不迫促也；定者，言有物而無游移也。

【欽定義疏】正義 鄭氏康成曰：禮主於敬。儼，矜莊貌。人之坐思貌，必儼然。安定辭，審言語也。上三句可以安民。

孔氏穎達曰：孝經云：「禮者，敬而已矣。」鄭氏云：「曲禮之中，體含五禮，行禮皆須敬也。」若，如也。思，計慮也。夫人計慮，狀必端愨。矜莊之貌，如人之思也。安定，審貌，慮之如言，然後宣之於口。心能肅敬，身乃矜莊，口復審慎，可以安民也。

程子曰：主一之謂敬，無適之謂一。又曰：整齊嚴肅，則心自一。一則自無非僻之干矣。又曰：心定者，其言安以舒。不定者，其辭輕以疾。案：程子「定」字義，與「安定辭」「定」字別。

真氏德秀曰：毋不敬，身心內外不可使有一毫之不敬也。其容貌必端嚴而若思，其言辭必安定而不遽。以此臨民，民有不安者乎？

朱子曰：毋不敬，統言主宰處。儼若思，敬者之貌。安定辭，敬者之言。安民哉，敬者之效也。

徐氏師曾曰：「毋不敬」一語，無所不該，而又及言貌者，以其所關尤切也。

【通論】范氏祖禹曰：學者必務知要，知要則能守約，守約則足以盡博矣。詩三百，一言以蔽之，曰「思無邪」。「經禮三百，曲禮三千」，亦可以一言蔽之，曰「毋不敬」。

【存疑】孔氏穎達曰：此明人君立治之本，先當肅心、謹身、慎口之事，下文「安民哉」，是君上所行。

程子曰：此君德也。君德，即天德也。

劉氏彝曰：毋不敬，則「動容貌，斯遠暴慢矣」；儼若思，則「正顏色，斯近信矣」；安定辭，則「出辭氣，斯遠鄙倍矣」。三者修身之要，爲政之本。

吕氏大臨曰：欲修其身，先正其心，敬之謂也。修身者，正言貌以禮者也。故「毋不敬」者，正其心也；「儼若思」者，正其貌也；「安定辭」者，正其言也。三者正矣，則無所往而非正。

【案】「敬」字，是徹上徹下之道，帝王然，士君子亦然。首句本包得下二句，又必著下二句者，以入德言，則存養渾淪，難於著手，且於貌、言上用力，所謂制於外，所以養其中也；以成德言，則至德淵涵處，無可形容，於貌、言上流露處易見，所謂有諸中，自然形諸外也。

【杭氏集説】程子曰：心定者，其言安以舒。不定者，其辭輕以疾。案：程子「定」字義與「安定辭」「定」字别。又曰：主一之謂敬，無適之謂一。整齊嚴肅則心便一，一則自無非僻之干。

朱子曰：此君子修身之要，乃禮之本也。

徐氏師曾曰：「毋不敬」一語無所不該，而又及言貌者，以其所關尤切也。

范氏祖禹曰：學者必務知要，知要則能守約，守約則足以盡博矣。詩三百，一言以蔽之，曰「思無邪」。「經禮三百，曲禮三千」，亦可以一言以蔽之，曰「毋不敬」。

劉氏彝曰：毋不敬，則「動容貌，斯遠暴慢矣」；儼若思，則「正顔色，斯近信矣」；安定辭，則「出辭氣，斯遠鄙倍矣」。三者修身之要，爲政之本。

姚氏際恒曰：夫學者如此，則可以安民矣，不必主出仕者。注疏主人君，言尤非，下同。陳氏集説載劉氏説，黄叔陽曰：「敬不專指容貌，劉氏失之。」按：黄説亦非也。劉以曾子「動容貌」三段分配「毋不敬」三句，固屬紐合，然「敬」字文不從心，説文「肅也」，儀文整肅之義。宋儒全認作心，謂之主一無適，將「敬」字説作老氏「抱一無爲」之旨，使學者流入虚寂上去，最是害事。黄説蓋本宋儒也，因附辨於此。

朱氏軾曰：儼，嚴也。其端莊之度，一若令人望而生畏者，故謂之儼。儼亦形容之辭，而不足盡敬之狀也。又從而擬之曰：若思此言，静而敬也。安定者，安而定也。「定」字爲主，一言而息聚訟，何斷斷也。然嚴正之辭，或失之剛，安則藹如矣。此言動而敬也，動不止辭，舉一辭而凡動可知，蓋無時無事而不敬，斯修己安人，篤恭而天下平矣。

陸氏奎勳曰：「毋不敬」，統詞也。下二句分指貌言，末句乃言安民之效爾。真西山云：「『毋不敬』者，謂身心内外不可使有一毫之不敬也。其説最允。陳經歸引劉氏説，以「毋不敬」爲「動容貌，斯遠暴慢」，「儼若思」爲「正顔色，斯近信」，「安定辭」爲「出辭氣，斯遠鄙倍」，未免牽合之病。

姜氏兆錫曰：程子曰：「主一之謂敬，無適之謂一。」朱子曰：「毋不敬。」是統言主宰處也。儼若思，敬者之貌；安定辭，敬者之言；安民，則敬者之效也。此乃修身之要，爲政之本，君子修己以敬，而其效至于安人、安百姓，蓋以是也。又曰：北溪陳氏曰：「敬者，一心之宰，萬事之本。人心出入無時，莫知其鄉，惟敬則心存萬理，便森然於中。古人謂敬者，德之聚此也。」

真氏曰：曲禮篇爲禮記之首，而「毋不敬」句爲曲禮之首。蓋「敬」者，禮之綱領也。「毋不敬」者，謂身心内外不可使有一毫之不敬也。

方氏苞曰：貌肅言乂，敬之徵也。外貌斯須不莊不敬，而慢易之心入之。言不昭則無守氣，又所以制于外而養其中也。無不敬，則天理昭著，應之不違其則，民所以安之本也。儼若思，則見者莫不敬。安定辭，則聞者莫不信。自修篤謹，非以求民之安而民自安矣。安者，言有序而不迫促也；定者，言有物而無游移也。

【孫氏集解】鄭氏曰：禮主於敬。儼，矜莊貌。人之坐思，貌必儼然。安定辭，審言語也。

孔氏曰：若，如也；思，計慮也。人心有所計慮，則其形狀必端慤也。程子曰：主一之謂敬，無適之謂一。又曰：但整齊嚴肅，則心自一，一則自無非僻之干矣。朱子曰：毋不敬，是統言主宰處。儼若思，敬者之貌也；安定辭，敬者之言也；安民哉，敬者之效也。

愚謂人之治其身心，莫切乎敬，自不睹不聞以至於應事接物，無一時一事之可以不主乎此也。儼若思，謂容貌端嚴，儼然若有所思也。安者氣之和，定者理之確，人能事無不敬，而謹於言貌如此，則其效至於安民也。論語言「修己以敬」，而能「安人」「安百姓」，即此意也。〇范氏祖禹曰：「經禮三百，曲禮三千」，一言以蔽之，曰「毋不敬」。

【朱氏訓纂】**曲禮曰：「毋不敬，**注：禮主於敬。釋文：毋，説文云：「止之詞。」古人云「毋」，猶今人言莫也。**儼若思，**注：儼，矜莊貌。人之坐思，貌必儼然。**安定辭。**注：審言語也。正義：安定，審也。出言必當慮之於心，然後宣之於口，是詳審於言語也。**安民哉。」**注：此上三句，可以安民。正義：心能肅敬，身乃矜莊，口復審慎。三者依於德義，則政教可以安民也。朱子曰：毋不敬，是統言主宰處。儼若思，敬者之貌。安定辭，敬者之言。安民，敬者之效。

【郭氏質疑】曲禮曰：毋不敬。

鄭注：「禮主於敬。」孔疏引鄭目録：「曲禮之中，體含五禮」，「則五禮皆須敬」，「然五禮皆以拜爲敬」。

嵩燾案：疏「以拜爲敬」，又引熊氏以兵車不式爲不敬，而辨其不然，以釋「毋不敬」之義，極爲迂曲，論語「君子所貴乎道者三，曰動容貌，曰正顔色，曰出辭氣」，皆禮之行於其身者，故曰「脩己以安百姓」。戴氏記禮引此以冠全經之首，所以爲行禮之本也，「毋不敬」是總括語。儼若思，敬之形於容色者也；安定辭，敬之發於辭氣者也。曲禮一書詳論居處言動之節，而挈其大綱於篇首，足徵三代立教之旨，內外交養，本末兼賅，自起居言動，推至經世宰物之大用，其道無以逾此。鄭注「禮主於敬」，亦略盡之，疏家創爲「以拜爲敬」之文，稍失鄭意矣。

一·二　○**敖不可長，欲不可從**[一]**，志不可滿，樂不可極。**四者慢遊之道，桀、紂

[一] 敖不可長欲不可從　閩、監、毛本同，石經同，岳本同，嘉靖本同。考文引古本「敖」作「傲」，「從」作「縱」。案：古「傲」「縱」多止作「敖」「從」。釋文出「敖」字，並引王肅「遨遊」訓，「遨遊」決不作「傲」字。出「可從」云「放縱也」，以「縱」訓「從」，知亦不作「縱」也。○鍔按：「敖不」上，阮校有「敖不可長節」五字。

所以自禍。○敖，五報反，慢也；王肅五高反，遨遊也。長，丁丈反，盧植、馬融、王肅並直良反。欲，如字，一音喻。從，足用反，放縱也。樂，音洛，皇侃音岳。極，如字，皇紀力反。桀，其列反，夏之末主，名癸。紂，直丑反，殷之末主，名辛。

【疏】「敖不」至「可極」[一]。○正義曰：此一節承上人君敬慎之道。此亦據人君恭謹節儉之事，故鄭引桀、紂以證之。

○「敖不可長」者，敖者，矜慢在心之名。長者，行敖著迹之稱。夫矜我慢物，中人不免。若有心而無迹，則於物無傷；若迹著而行用，則侵虐爲甚，傾國亡家，必由乎此[二]，故戒不可長。

○「欲不可從」者，心所貪愛爲欲，則「飲食男女，人之大欲存焉」是也。人皆有欲，但不得從之也。

○「志不可滿」者，六情徧覩，在心未見爲志。凡人各有志意，但不得自滿。故六韜云：「器滿則傾，志滿則覆。」

○「樂不可極」者，樂者，天子「宫縣」以下皆得有樂，但主歡心，人情所不能已，當

[一] 敖不至可極　閩、監、毛本同，惠棟校宋本無此五字。
[二] 必由乎此　閩、監、毛本同，惠棟校宋本「乎」作「於」。

自抑止，不可極爲，故樂記云：「樂盈而反，以反爲文。」

○注「四者」至「自禍」。○正義曰：案尚書、史記説紂惡甚多，不可具載。皇氏云：「斮朝涉之脛，剖賢人之心，是長敖也。糟丘、酒池之等，是從欲也。玉杯、象箸之等[一]，是志滿也。靡靡之樂，是樂極也。」桀之爲惡，唯有民隊塗炭，淫於妹嬉之事[二]，雖史傳不言四事，亦應俱有四者之惡。故紂焚宣室，桀放南巢。但「天作孽，猶可違；自作孽，不可逭」，桀、紂皆自身爲惡，以致滅亡，故云「自禍」也。

【衛氏集説】鄭氏曰：四者慢遊之道，桀、紂所以自禍。

孔氏曰：此亦據人君恭謹節儉之事。敖者，矜慢在心之名。長者，行敖著迹之稱。矜己慢物，中人不免。若有心而無迹，則於物無傷；若迹著而行用，則侵虐爲甚，傾國亡家，必由乎此，故戒不可長。心所貪愛爲欲，飲食男女是也。人皆有欲，但不得縱。在心未見爲志，但不得自滿，六韜云「器滿則傾，志滿則覆」。樂者，人情所不能已，當自抑止，不可極爲，樂記云「樂盈而反，以反爲文」。

廬陵胡氏曰：四者，聖賢所同戒，鄭意專指人君，非也。從，如字，春秋傳云：「魯君世從其失。」長，久也，盧植、馬融、王肅並同。

[一] 玉杯象箸之等　閩本同，監、毛本「箸」作「著」。案：作「箸」是也。

[二] 唯有民隊塗炭淫於妹嬉之事　惠棟校宋本同，閩本「隊」作「墜」，監、毛本「隊」作「墜」，「嬉」作「喜」。

藍田呂氏曰：「敖」者，人之所自恃也，長之則慢物。一命而呂旅，再命而車上舞，三命而名諸父，長傲者也。欲者，人之所不能無也，從之，則喪己而滅天理，好惡無節，於内從欲者也。志者，務存於遠大，故不可滿也。齊桓公葵丘之會，振而矜之，叛者九國，其滿可知矣。致樂以治心，則君子未嘗不欲樂也，亦使樂而不流，感動人之善心而已。姦聲以濫，溺而不止，此極樂者也。四者皆人情之所不免，過則害也。

永嘉周氏曰：君子所以知天者，知其性也。所以事天者，事其心也。性之不明，心之不存，則在我者與天不相似，故有長傲以悖天德，從欲以喪天性，所見者小，則其志易滿，天道虧矣。所慕者外，則其樂易極，天理滅矣。此其喪精失靈，皆可哀之民也。凡人之所以有傲者何也？以其有我而已，彼我既分，勝心生焉，强此而劣彼，此所謂傲也。傲且不足以輕彼，適所以害我，是心也且不可有，況可長乎？彼有傲睨乎萬物之上者，是非世俗之鄙心也。凡人之所以有欲者何也？以其有物而已。物我既交，愛心生焉，忘己而狥物，此所謂欲也。且不足以益我，適所以喪我，是心也且不可有，況可從乎？彼有「從心所欲不踰矩」者，是非世俗之鄙心也。凡人之志，所以有滿者，所志者利也。其心在利者，利得其志，必滿志，滿者必驕，由志道者觀之，不亦隘乎？凡人之樂，所以有極者，所樂者僞也。故所樂在物，物得其樂，必極樂。極者必淫，由樂道者觀之，不亦鄙乎？

馬氏曰：「敖不可長」者，欲消而絶之也。「欲不可縱」者，欲克而止之也。「志不可滿」者，欲損而抑之也。「樂不可極」者，欲約而歸於禮也。「有周公之才之美，使驕且吝，其餘不足觀」，則驕敖之喪德也甚矣，此所以不可長也。孟子曰：「其爲人也多欲，雖有存焉者寡矣。」蓋欲者出於人爲，遂之而不克以義，則無所不至矣，此所以不可從也。夫聰明聖知，守之以愚，功被天下，守之以謙，有高世之行、過人之功，而侈然有自大之心，則失其所以爲善，此所以不可滿也。樂者，人情之所不能免也。蕩而無節，則悖天理而窮人欲矣。聖人知其不可絶也，故立中禮以防之。蓋酒者，所以合歡，必使之賓主百拜而不敢醉。樂者，所以導和，必使之正以雅、止以敔而不敢流。凡人情之所樂者，皆有禮以制之，而不敢放焉，此所以不可極也。

嚴陵方氏曰：心有所放之謂敖，有所放而不能禁則慢矣；有所慕之謂欲，有所慕而不能制則淫矣；有所之之謂志，不能持則溢；有所湛之謂樂，不能反則荒。此四者，皆生於心而已。禮節人心者也，故於此言之。

永嘉戴氏曰：天理人欲，相爲消長，故克己者始能復禮。四害不除，人欲方熾，天理不存，何禮之云？雖然，傲，凶德也，一毫不可萌矣，而曰「不可長」。欲者，禁而絶之可也，而曰「不可從」。意聖人誘進學者，其立訓猶若是其恕乎？或者猶曰：禮者，聖人所以强人。其亦不察諸此矣。

王氏子墨曰：有勝心，則敖必長；有侈心，則欲必從；有驕心，則志必滿；有淫心，則樂必極。不正其心，而徒戒其已甚者，何也？是固欲正其心也，吾何爲而傲？何自而有欲？所志者安在？所樂者何事？四者從何而生？而其漸至於不可遏。反觀吾心，四者何有？當知是心不可萌矣。使徒遏其末流，則隨止隨起，終亦必甚而已矣。

費氏曰：此四戒者，皆所以持其敬也。傲長則忽易而無所畏，欲從則流蕩而不知反，志滿則驕惰而不加脩，樂極則荒惑而無所覺，有一於斯，敬不存矣，此君子所以亟言其不可也。

金華應氏曰：君子之學，莫累乎有己，尤莫累乎有物。凡累乎物，皆私乎己者也。矜己凌物爲傲，而其病根則生乎志滿。志大則常虛而能容物，志小則易滿而能拒物。彼傲者自以己大而物小，孰知乃所以爲己之小哉？逐物快己曰欲，而其條暢，則發於樂極。夫樂節而止，則轉物而不流；蕩而極，則狥物而忘反。彼縱者自以物常順乎己而無逆，孰知乃非所以爲己之適哉？四者蠹心之蟊賊，溺身之酖毒，學者所宜深戒。

毛氏信卿曰：人皆曰禮所以强人，吾獨謂禮所以適人。蓋聖人不能使人之忘情，而能使人之節情，不能絕人之情，而能制人之情。傲不能盡無也，不長之足矣；欲不能盡無也，不從之足矣。蓋强人以其所難，則人有所不堪，且將蕩然無所限隔，反自肆而莫之止，故不若即其情而爲之制，使行焉而自著，居焉而自安，則物或牽而心不應，身或作而心不隨，尚何傲欲之有？

又曰：禮者何？天理是也；非禮者何？人欲是也。心無一物，是謂天理；心有一物，是謂人欲。然天理人欲，相爲消長，有一分之人欲，即滅一分之天理；存一分之天理，即勝一分之人欲。聖人所以爲聖人，以其得天理而忘人欲；衆人所以爲衆人，以其滅天理而窮人欲。學者將欲反其天理，果何所事哉？塵去而鑑明，鑛盡而金見，人欲去而天理全矣。故聖人之教，不急於反天理，而先於節人欲也。傲也，欲也，皆人欲也，不爲血氣所使，自然明於親賢，公於好惡，天理豈不自此得乎？苟得苟免，皆人欲也。不爲人欲所使，則心肅而體莊，貌誠而意敬，天理豈不自此復乎？記者先之以四不可，與夫六毋，皆戒人之節人欲也。繼之以敬愛賢者，以至於「坐如尸，立如齊」，皆誘夫人之反天理也。學者苟欲至乎天理，當自節人欲始。

【吴氏纂言】孔氏曰：「敖」者，矜慢之名。心所貪愛爲欲，飲食男女是也。在心未見爲志，不得自滿。六韜云：「器滿則傾，志滿則覆。」樂者，人情所不能已，當自抑止，不可極爲。樂記云：「樂盈而反，以反爲文。」

馬氏曰：「不可長」者，當消而絶之。「不可從」者，當克而止之。「不可滿」者，當損而益之。「不可極」者，當約之歸於禮。

應氏鏞曰：矜以凌物爲敖，而其病根則生乎志滿。逐物快己曰欲，而其條暢則發於樂極。四者，蠹心之蟊賊，溺身之酖毒，學者所宜深戒。

【陳氏集説】朱子曰：此篇雜取諸書精要之語，集以成篇，雖大意相似，而文不連屬。

如首章四句，乃曲禮古經之言。「敖不可長」以下四句，不知何書語，又自爲一節，皆禁戒之辭。

【郝氏通解】應氏曰：敬之反爲敖，情之動爲欲，志滿則溢，樂極則反。

四不可，皆申致上文「毋不敬」之戒，學禮之本，存心主敬之目。

【欽定義疏】正義 孔氏穎達曰：敖者，矜慢在心之名。心所貪愛爲欲，飲食男女是也。在心未見爲志，不得自滿。六韜云：「器滿則傾，志滿則覆。」樂者，人情所不能已，當自抑止，不可極爲。

馬氏晞孟曰：敖，欲消而絶之。欲，欲克而止之。志，欲損而抑之。樂，欲約而歸於禮也。

方氏慤曰：心有所放之謂敖，有所慕之謂欲，有所之之謂志，有所湛之謂樂。四者生於心，而禮節人心者也。

徐氏師曾曰：長敖則喪德，從欲則敗度，志滿則人離，樂極則生悲。四者皆人情所有，而不可過，故約之，使合於中也。

餘論 應氏鏞曰：矜己凌物爲敖，而其病根則生乎志滿；逐物快己曰欲，而其條暢則發於樂極。四者蠹心之蟊賊，溺身之酖毒，學者所宜深戒。

黄氏震曰：志指其虛大而言，樂指其逸樂而言。四者，敖尤凶德。

存疑 毛氏信卿曰：敖與欲不能盡無，不長之、從之，足矣。蓋强人以所難，則人不堪，且將蕩然而莫之止。故不若即其情而爲之制，使行焉自著，居焉自安，尚何敖欲之有？

存異　鄭氏康成曰：四者，慢遊之道，桀、紂所以自禍。

辨正　胡氏銓曰：四者，聖賢所同戒。鄭意專指人君，非也。

楊氏鼎熙曰：四不可，乃深戒之辭。故雖一念之矜便是敖，一意之貪亦是欲，稍有伐善之心仍是滿，偶有燕安之習即是極。蓋恐積小成大，正當省察於所忽也。若徒去其太甚而止，則非君子克己工夫。

案　四者，人情所易溺。故亟言不可以見，克之必力，除之務盡。檢身之君子亦惟敬以勝之而已。

【杭氏集說】徐氏師曾曰：長敖則喪德，從欲則敗度，志滿則人離，樂極則生悲，四者皆人情所有而不可過，故約之，使合於中也。

黄氏震曰：志指其虚大而言，樂指其逸樂而言。四者，敖尤凶德。

楊氏鼎熙曰：四不可，乃深戒之辭。故雖一念之矜便是敖，一意之貪亦是欲，稍有伐善之心仍是滿，偶有燕安之習即是極。蓋恐積小成大，正當省察於所忽也。若徒去其太甚而止，則非君子克己功夫。

姚氏際恒曰：敖，王肅音五高反，遨遊也。長，盧植、馬融竝音直良反。樂，皇氏音岳，皆可從。從，胡邦衡謂如字，左傳云「魯君世從其失」，亦非，然則孔子不云「從心欲」乎？

姜氏兆錫曰：此章與丹書相表裏。敖不可長，所謂敬吉而怠滅也。欲不可從，所謂義從而欲凶也，豈但敖哉？即志不可滿，滿則必覆，豈但欲哉？即樂不可極，極則生悲，蓋分言之，敬義夾持以進，而統言之，祇一敬也。又曰：朱子曰：「此篇雜取詩、書精要之語，集以成篇，雖大意相似，而文不連屬。如首章四句，乃曲禮古經之言。『敖不可長』以下，不知何書語，又自爲一節，皆禁戒之辭。」

齊氏召南曰：疏依皇侃説，音岳，以四句文義相連推，不如陸氏音「洛」爲長。又按：疏此節承上人君敬慎之道云云，此疏家解經之陋。記文雜取諸書精要之語，文不聯屬，且是人人所當戒者，亦不專指人君言也。

【孫氏集解】矜己淩物謂之敖。敖者德之凶，欲者情之私，志滿則招損，樂極則必淫。四者，皆害於性情學問之大者，克己者之所當力戒也。

【朱氏訓纂】注：四者慢游之道，桀、紂所以自禍。釋文：敖，慢也。從，放縱也。

應子和曰：敬之反爲敖，情之動爲欲，志滿則溢，樂極則反。

一·三　○**賢者狎而敬之，**狎，習也，近也，謂附而近之，習其所行也。月令曰：「雖有貴戚近習[一]」。○狎，户甲反。近，「附近」之近，下注内不出者，皆同。戚，音戚，本亦作「戚」。**畏而愛之。**心服曰畏。曾子曰：「吾先子之所畏。」**愛而知其惡，憎而知其善。**謂凡與人交，不可以己心之愛憎，誣人之善惡。○誣，音無，後並同。**積而能散，**謂己有蓄積，見貧窮者，則當能散以賙救之，若宋樂氏。○蓄，敕六反。賙，音周。樂，音岳，謂宋司城樂喜。**安安而能遷。**謂己今安此之安，圖後有害，則當能遷。晉咎犯[二]與姜氏醉重耳而行，近之。○害，如字，本亦作「難」，乃旦反。咎，其九反。重，直龙反。**臨財毋苟得，**爲傷廉也。○爲，于僞反。下「爲傷」「爲近」皆同。**臨難毋苟免。**爲傷義也。○難，乃旦反。**很毋求勝，分毋求多。**爲傷平也。很，鬩也，謂争訟也。詩云：「兄弟鬩於牆。」○很，胡懇反。勝，舒證反。分，扶問反。鬩，

[一]　雖有貴戚近習　閩、監、毛本同，岳本同，嘉靖本同。案：釋文出「貴傶」云：「音戚，本亦作『戚』。」正義本作「戚」。○鍔按：「雖有」上，阮校有「賢者狎而敬之節」七字。

[二]　晉咎犯　閩、監、毛本同，岳本同。惠棟校宋本「咎」作「舅」，嘉靖本同，宋監本同。案：作「咎」者，釋文本也；作「舅」者，正義本也。今正義本亦作「咎」，則後人依釋文改之，疏中「舅」字尚仍其舊，衛氏集説亦作「晉舅犯」。○凡宋監本與監本同者，不載。

呼歷反，猶鬪也。争，「争鬪」之争，下文皆同。**疑事毋質，**質，成也，彼巳俱疑而巳成言之[一]，終不然，則傷知。○知，音智。**直而勿有。**直，正也，己若不疑，則當稱師友而正之，謙也。

【疏】「賢者」至「勿有」[二]。○正義曰：此一節總明愛敬、安危、忠信之事，各隨文解之。

○「賢者狎而敬之」者，賢是有德成之稱[三]。狎，謂近也，習也。賢者身有道藝，朋類見賢思齊焉，必須附而近之，習其德藝。儕倫易相褻慢，故戒令相敬也。

○注「狎習」至「近習」。○正義曰：引月令者，案月令仲冬之月，禁戒婦功，不得奢慢。貴戚，謂王之姑、姊妹。近習，謂王之所親幸嬪御之屬。言近習者，王附而近之，習其色。引之者，證賢者附而近之，習其道藝。連引「貴戚」，於義無所當也。

○「畏而愛之」。○正義曰：賢者有其德行，人皆心服畏之。既有所畏，必當愛其德義，不可疏之。

[一] 彼巳俱疑而巳成言之　閩、監、毛本同，嘉靖本同。惠棟校宋本「巳」作「己」，宋監本同，岳本同。案：「巳」「己」二字不同，惟唐石經及宋本不誤，此本以下率混作之。此當作「己」，下「巳若不疑」同，後可意會者不出。

[二] 賢者至勿有　惠棟校宋本無此五字。

[三] 賢是有德成之稱　閩、監、毛本同。浦鏜謂「成」字衍，從衛氏集説也。

○注「心服」至「所畏」。○正義曰：引「曾子曰『吾先子之所畏』」者，孟子云：「或問曾西曰：『吾子與子路孰賢？』曾西蹴然曰：『吾先子之所畏也。』」先子謂祖曾參，不在四科，○而子路入四科[一]，故曾參心服子路。引之者證經「畏」是心服之義。

○「愛而知其惡，憎而知其善」。○正義曰：愛謂己所親幸。憎謂巳所嫌慢[二]。人多愛而不知其惡，憎而不知其善，故記人戒之云：凡人，雖愛必當知其心懷惡行。崔氏云：若石碏知子厚是也；心雖憎疾，亦當知其善能，若祁奚知其解狐是也[三]。若然，乃可審知人之賢愚。

○「積而能散」。○正義曰：凡人貪嗇，皆好積而不好散。今謂巳有畜積[四]，能賑乏賙無，則是仁惠也。

○注「謂己」至「樂氏」。○正義曰：引宋樂氏者，案襄二十九年左傳云，鄭國飢，

[一] 不在四科而子路入四科　監、毛本如此。此本「而」上誤間一「○」，閩本同。
[二] 憎謂巳所嫌慢　閩、監、毛本同，惠棟校宋本「巳」作「己」，考文云：「宋板『慢』作『恨』。」
[三] 若祁奚知其解狐是也　惠棟校宋本同，閩、監、毛本「其」下有「仇」字。
[四] 今謂巳有畜積　惠棟校宋本「畜」同，「巳」作「已」，閩、監、毛本「畜」作「蓄」。案：古「蓄」多作「畜」。

子皮貸民粟，户一鐘[一]。樂氏者，宋司城官，姓樂，名喜，字子罕。宋亦飢，樂喜請於平公云「鄰於善，民之望」，請貸民粟，并使諸大夫亦貸之。今不引鄭罕氏而引宋樂氏者，鄭罕氏施而斂之，宋樂氏施而不斂，故晉叔向聞之曰：「鄭之罕、宋之樂，施而不德，樂氏加焉。」熊氏云：「禮，『家施不及國，大夫不收公利』，二家皆非也。今鄭爲能散者，直取一邊能散之義是同，不據家施非禮之事。」鄭不言「是」，而言「若」者，但禮與諸經，事實是一，惟文字不同，鄭則言「是」。若檀弓云：「諸侯伐秦，曹桓公卒於會。」鄭注引春秋傳云「曹伯廬卒於師」是也。以其一事，故云「是」也。此禮本不爲樂氏而作，但事類相似，引以爲證，故云「若」也。

○「安安而能遷」。○正義曰：上「安」據心，下「安」據處。凡人多居危如安，故記人戒之云：謂己心安於此所處之安，當圖謀於後有害以否[二]，若後當有害，必須早遷，則離害也。

[一] 鄭國飢子皮貸民粟户一鐘　閩、監、毛本同。浦鏜校「飢」改「饑」，「鐘」改「鍾」。案五經文字云：「饑，穀不熟；飢，餓也。經典或借用『飢』字。」是「飢」「饑」二字通也。

[二] 有害以否　惠棟校宋本同，閩、監本「以」作「與」，毛本作「於」。案：以、與、於，一聲之轉。詩擊鼓「不我以歸」鄭箋：「以，猶『與』也。」儀禮鄉射「各以其耦進」鄭注：「今文『以』爲『與』。」以，古文；與，今文；於，誤字。○按：唐人正義多作「以否」。

○注「謂己」至「近之」。○正義曰：晉舅犯者，案左傳僖二十三年，晉重耳自翟之齊，齊桓公妻之，有馬二十乘。重耳心安於齊，不欲歸晉。從者重耳之舅，字子犯，謀於桑下，蠶妾在其上，以告姜氏。姜氏殺之，而謂公子曰：「子有四方之志，其聞之者，吾殺之矣。」公子曰：「無之。」姜氏曰：「行也！懷與安，實敗名。」公子不可，姜氏與子犯謀，醉而遣之。醒，以戈逐子犯。至秦，秦伯納之，卒爲霸主。是「安安而能遷」之事。鄭不云「是」，又不云「若」，而言「近之」者，安安能遷，亦不爲重耳而作，不得云「是」，遷又非重耳之意，不得云「若」，故云「近之」也。

○「臨財毋苟得」。○正義曰：財利，人之所貪，非義而取，謂之苟得，故記人戒之。今有財利，元非兩人之物，兩人俱臨而求之，若苟得入己，則傷廉隅，故鄭云「爲傷廉也」。○「臨難毋苟免」。○正義曰：難，謂有寇仇謀害君父，爲人臣子，當致身授命以救之。故記人戒之云：若君父有難，臣子若苟且免身而不鬬，則陷君父於危亡，故云「毋苟免」。「見義不爲，無勇也」，故鄭云「爲傷義也」。

○「很毋求勝，分毋求多」。○正義曰：很，謂小小鬩很。凡人所争，皆欲求勝，故記人戒之云：而有小小鬩很[一]，當引過歸己，不可求勝。

[一] 而有小小鬩很　閩本同，惠棟校宋本同，監、毛本「而」作「如」。案：而、如，一聲之轉，古通用。

○「分毋求多」者，此元是衆人之物，當共分之，人皆貪欲，望多入己，故記人戒之云：所分之物，毋得求多也。

○注「爲傷」至「於牆」。○正義曰：所引詩者，是小雅常棣閔管、蔡失道之詩也。彼云「兄弟鬩於牆，外禦其侮」。引之者，證經「很」亦是小小鬩很之事，若大很則當報之，故論語孔子云「以直報怨」是也。

○「疑事毋質」。○正義曰：人多專固，未知而爲已知，故戒之云：彼己俱疑，而來問己。質，成也，若己亦疑，則無得成言之。若成言疑事，後爲賢人所譏，則傷己智也。故孔子戒子路云「不知爲不知」也[一]。

○「直而勿有」。○正義曰：此謂彼疑己不疑者，仍須謙退。直，正也。彼有疑事而來問己，己若不疑而答之，則當稱師友所説以正之，勿爲己有此義也。

【衛氏集説】賢者狎而敬之，畏而愛之。愛而知其惡，憎而知其善。積而能散，安安而能遷。

鄭氏曰：狎，習也，近也，謂附而近之，習其所行也。心服曰畏，凡與人交，不可以己心之愛憎誣人之善惡。積，謂己有蓄積，見貧窮者，則當能散以賙救之，若宋樂氏。安安，

[一] 不知爲不知也　閩、監、毛本同，惠棟校宋本「也」上有「是知」二字，考文引宋板「不知也」下有「是知也」三字。

謂己今安此之安，圖後有害，則當能遷。晉舅犯與姜氏醉重耳而行，近之。

孔氏曰：自此至「勿有」一節，總明愛敬、安危、忠信之事。賢是有德之稱，朋類附近，習其德藝，易相褻慢，戒令相敬。賢者，人心服畏，不可疏之。鄭引宋樂氏，見左傳襄二十九年；引舅犯，見左傳僖二十三年。

藍田呂氏曰：君子之於賢者，狎之非徒愛也，以其道可尊，故敬之；畏之非徒敬也，以其德可慕，故愛之。狎而敬之，交可久也；畏而愛之，情可親也。君子之於衆人，則有私愛也，不敢蔽其惡；有私惡也，不敢掩其善。臧伯曰：「孟孫之惡我，藥石也；季孫之愛我，疾疢也。美疢不如惡石。」此知其善惡者也。「積」者，不能散懷於聚也。「安安」者，不能遷懷於居也。「貨惡其棄於地，不必藏於己也」，孟子曰：「王如好貨，與百姓同之。」此能散者也。「士而懷居，不足以爲士矣」，「孔子去齊，接淅而行；去魯，曰『遲遲吾行也』」，當可去也，雖父母之國去之，況於他乎？此能遷者也。

嚴陵方氏曰：「狎」有近習意，狎以迹而敬以心，畏其威而愛其德，非特言人之於賢當如是也。又以見賢於人者，能使人如是焉。愛憎，私情也；善惡，公義也。情之所愛，不必皆善，故必知其爲惡；情之所憎，不必皆惡，故必知其爲善。

山陰陸氏曰：狎而敬之則尊，畏而愛之則親。

馬氏曰：狎則生侮，必將之以敬；畏則不親，必輔之以愛。四者並行，則待賢之義具矣。夫天下之是非善惡，所以不明者，蔽於人之憎愛，不能徇理以察物也，故曰「公生明，偏生暗」。好惡正，則天下之是非瞭然而不惑矣。「積而能散」者，以財發身也。「安安而能遷」者，義之與比也。

永嘉周氏曰：天下之人，莫不善也，賢者先得乎其善者也，故其温良可親也，其威嚴可畏也。親之而不知敬，則其流必易。畏之而不知愛，則其漸必疏。狎而敬之而不失其尊，畏而愛之而不失其親，君子之親賢有如此者。天下之蔽，莫大乎私；天下之明，莫大乎公。君子之於人也，無私好，無私惡，惟能公於好惡，故能不以一己之愛憎而易天下之善惡，君子之至公有如此者。凡人之所以厚積者，必以爲己私分也。惟公者能以天下爲度，則不累乎物，在人者猶在己也，奚積而不能散乎？凡人之所以居安者，必以爲我所安也。惟公者，能以天下爲宅，則不累其居。在彼者，猶在此也，奚安而不能遷乎？惟其能散也，故散而不失其所積。惟其能遷也，故遷而不失其所安。君子之無累有如此者。

東萊吕氏曰：狎而敬之，畏而愛之，須將「狎」與「敬」作一字看，「畏」與「愛」作一字看，方見得親近賢者氣象。愛而知其惡，憎而知其善，此天理人欲之所以分也。大凡人胸中著一件所愛所憎，非特不見其惡，不見其善，凡其所見，却被人欲障礙，並不見了。君子純乎天理，故是是非非，兩不相奪。

李氏曰：君子之親賢也，狎以致其愛，而以禮存心。其尊賢也，畏以致其敬，而以仁存心，無作好則知其惡，無作惡則知其善，是以能好人，能惡人也。聖人順性命之理，則安其所安，而不安其所不安，故所安者有不必遷也。易曰「介于石」，子曰「知幾其神乎」。小人暗於善惡之積，則安其所不安，而不安其所安，故於所不安有不知遷也。易曰「困于石」，子曰「非所困而困焉，名必辱」。夫石，物之安者也，惟聖人則能介於所安而至於吉，小人則困於所安而至於凶。安之則同，而安之者則異也。故「察其所安」，則君子、小人見矣。

新安朱氏曰：人之常情，與人親狎則敬弛，有所畏敬則愛衰，惟賢者乃能狎而敬之，是以雖褻而不慢；畏而愛之，是以貌恭而情親也。己之愛憎，或出私心，而人之善惡，自有公論，唯賢者存心中正，乃能不以此而廢彼也。六句文意大同，皆蒙『賢者』二字爲文，言皆衆人所不能，唯賢者乃能之耳。舊注非是。

王氏曰：人之學，莫急於與賢人處，然親之而不敬，則其漸必易；畏之而不愛，則其漸必疏。易之疏之，在賢者本無恤也，而我何所得哉？若是者，其於賢者本無所見也。人以爲賢，吾從而賢之耳。使有所見，則必知所以可尊，所以可親者矣。從夫子者，至於久而不去，何也？彼於聖人有所見也，故曰「子温而厲，威而不猛」，然則欲與賢者遊，要必有所見。

廬陵胡氏曰：魏徵云：「憎者惟見其惡，愛者止知其善，愛憎之間，所宜詳謹。」春秋傳：「好不廢過，惡不去善。」

長樂劉氏曰：「積而能散」者，積其學而能散之於政，上也；積其財而能散之於民，次也；積而不能散，下矣。「安安而能遷」者，國雖安，必防其危，而遷其德善，以除其危，不可以安其安而弗遷也。湯之盤銘曰「苟日新，日日新，又日新」，能遷之謂也。

毛氏說見前。

臨財毋苟得，臨難毋苟免。狠毋求勝，分毋求多。疑事毋質，直而勿有。

鄭氏曰：毋苟得，爲傷廉也。毋苟免，爲傷義也。狠，鬩也，謂爭訟也。毋求勝、毋求多，爲傷平也。質，成也。彼已俱疑，而己成言之，終不然，則傷知。直，正也。己若不疑，則當稱師友而正之，謙也。

孔氏曰：臨財苟得入已，則傷廉隅。難，謂有寇讎謀害君父，爲人臣子，當致身授命以救之。狠，謂小小鬩狠，當引過歸己，不可求勝。所分之物，人皆貪欲，望多入已，故戒求多。人多專固，未知而爲已知，故彼已俱疑，勿得成言之也。勿有，勿謂己有此義也。

藍田吕氏曰：趨利避害，人之情也，雖君子亦然，特主於義而不苟也。義可得則受，義不可得則不受，則得、不得有義矣。義可免則免，義不可免則不免，則免、不免有義矣。君子所趨，惟義而已，何利害之擇哉？狠者，與人争者也。「君子無所争」「犯而不校」而已，故不求勝也。分者，與人共者也，如勞逸憂樂，方與人共，而獨求多焉，是自私也。「道途不争險易之利，冬夏不争陰陽之和」，故不求多也。多聞闕疑，孔子之所許也。疑而質之，自欺也。信以傳信，疑以傳疑，則寡尤矣。可疑而不疑，則道不信。可直而不直，則道不見，我且直之。又曰：「予豈好辨哉？予不得已也。」然則直者，直吾道而已，吾何與乎？故終日與人辯而不自有也。理義者，人心之所同，然君子之於天下，唯義理所在而已。

永嘉周氏曰：累於物者，則臨財必求苟得；累於身者，則臨難必求苟免。惟君子忘物，所以立我，故不累於物；忘我，所以立道，故不累於身。内外無累，故可以得而得，無心於得，非所謂苟得也；可以免而免，無心於免，非所謂苟免也。君子之所以自立有如此者，今天下之所以好勝者，爲其不能忘我也。天下之所以多得者，爲其不能遺物也。苟能忘我，而常處其弱，則人之狠者不求勝而天下莫能勝矣。苟能遺物，而常處其不足，則人之分者不求多而天下莫能損矣。苟持是於天下，雖之蠻貊而必行，入麋鹿而不亂。君子之所以與人有如此者，君子之知，衆人之所以疑也。衆人之曲，君子之所以直也。然而君子有同天下之志，而無善一己之心。故致其大知，以釋其疑，使天下之疑者不疑。質其所疑，則天下疑矣。推其大直，以直其未直，使天下之不直者直。有其直，則天下不直矣。故不質其疑，所以欲天下之皆致其知也。不有其直，所以欲天下之皆得其直也。君子之善世有如此者，凡此數者，君子之所當務，而衆人之所深戒也。

馬氏曰：曾子避越寇，而子思獨不去衛，以義所不得免也。孟子受宋、薛之贐，而却齊之餽兼金，義所不宜得也。『狠毋求勝』，君子所以懲忿也。「分毋求多」，君子所以安命也。蓋剛而不輔以道，則至於鬬而危其身矣，此狠之所以不可求勝也。自天子以達於公侯，以至於士，上下有職，而尊卑有制，不能安其所受，而以辭卑疾貧爲志，則至於犯分而戕義矣。於行有疑，以之行己，則不智；在理有疑，以之授人，則不忠。此所以無敢質也。王制曰「司會以歲之成質於天子」，周禮曰「聽賣價以質劑」，蓋質者，有決而正之之意也。孟子曰「言語必信，非以正行也」，然則君子之所以直己而無枉者，豈自以爲善而矜於世哉？循理而適然耳。書曰「有其善，喪厥善」，此所以直而不敢有也。

山陰陸氏曰：毋，禁辭。勿，戒辭。

李氏曰：君子見得思義，見危授命，故臨財而不訾，臨難而不避，君子不以爲苟難。然可以取，可以無取，取傷廉；可以與，可以無與，與傷惠；可以死，可以無死，死傷勇。故廉者重取，勇者重死，而君子不以爲苟易。無難也，無易也，不苟而已矣。故冉子爲子華請粟，爲不可則；原憲之辭粟，君子亦未嘗可也。以曾子寇至而去爲是，則子思之不去，君子亦未嘗以爲非是也。表記曰「義者，天下之制也」。不忮，故毋求勝；不求，故毋求多。不忮近仁，不求近義。

王氏子墨曰：君子財有所當得，難有所可免。得其所當得，天下不以爲貪；免其所可免，天下不以爲怯。至於非所當得，君子泊然無欲心，非所可免，君子毅然無難色。蓋惟義所在，故其處利害若此。若懷苟得、苟免之心，則將何所不至？曰苟云者，在乎若可得、可免之間。自衆人觀之，亦不爲無辭也。然君子所爲，豈直爲有議己者慮哉？君子所以過人者，以其容物也，樂天也。待小人以君子，何所不容？彼狠也，而求勝之，則隘矣。得喪窮達之來，我何往而不樂？忘其分，而過望之，則戚矣。是二者，其患生於有我。有我，故與物爲敵，必至於好勝。有我，則不知天，必至於不安分。質，實也。學以疑，故進事以疑，故立。蓋疑則問，問則明，疑則思，思則得，故君子以亡所疑爲能，而以有所疑爲幸也。事疑矣，而自以爲實，其能無咎乎？直者，順理之謂也。世本無直名，有不直而後直名立，事上無隱忠，與人無隱情，理當然耳，我何有哉不幸？正直之士，天下不多有，有一人焉，則相與咨嗟嘆息以爲難事，而斯人亦且有自得之色，以爲能人所不能爲，固已淺矣，而又坐悻悻以速禍者，遂以直道爲不可行。噫！此豈直之罪哉？罪在於有之耳。使天下皆知爲理之當然，而我無與焉，尚復有不直者邪？後世至有爲人臣者，置君於惡而已。安受其名，獨何心哉？

永嘉戴氏曰：「積而能散」「臨財毋苟得」「分無求多」，皆爲財利言也。此人所甚病者，故三言之。天下之患，莫大於苟，可爲而止。故苟者，自恕之辭也。毋苟免，則於死生之際嚴矣。夫人心不可有所求也，有所求，則經營必得而後止。毋求勝、求多，則血氣有時而定矣。此皆私欲之難制者，學者能其所當，能毋爲其所不爲，則幾於禮矣。

費氏曰：欲富不欲貧，欲得不欲喪，人之常情也。臨財不嫌於得，雖君子無異於衆人，然苟得財者，無所不爲，而不思義之可不可，則君子不爲也。好生惡死，好安惡危，人之常情也。臨難冀其或免，雖君子無異於衆人，然苟可免難者，無所不爲，而不顧義之可不可，則君子不爲也。若曰吾於財必不欲得，於難必不欲免，則是矯情行怪，非中道也。故「毋苟得」「毋苟免」中之見於臨利害者然也。争而必求己勝，分而必求己多，是徒知有己，而不知有人，皆偏也，故「毋求勝」「毋求多」中之見於處物我者然也。事可疑而未決，必持一説，證而成之，不已偏乎？三代直道而行，不直則道不見，君子固無惡乎直，然昭昭然自表其直，振而矜之，以爲我所獨有，而他人所無，是亦私而已矣，是亦偏而已矣。「有其善，喪厥善」，此言善之不可有也。不直固不可，直而有之又不可，故「疑事毋質，直而勿有」，此君子制行之適中者也。

廬陵胡氏曰：狠毋求勝，懲忿也。分毋求多，平施也。疑事毋質，質正也。事有可疑，勿以臆決，正之所謂闕疑。直而勿有，不以己直彰彼曲。

新安朱氏曰：「疑事毋質，直而勿有」兩句，連説爲是。疑事毋質，即少儀所謂「毋身質言語」是也。直而勿有，謂陳我所見，聽彼決擇，不可據而有之。專事彊辯，不能如此，則是以身質言語矣。

毛氏説見前「敖不可長」章。

【吴氏纂言】賢者狎而敬之，畏而愛之。愛而知其惡，憎而知其善。積而能散，安安而能遷。

鄭氏曰：狎，習也，近也，謂附而近之，習其所行也。心服曰畏，凡與人交，不可以己心之愛憎誣人之善惡。積，謂己有蓄積，見貧窮者則當能散以賙救之。安安，謂己今安此之安，圖後有害則當能遷。

朱子曰：人之常情，與人親狎則敬弛，有所畏敬則愛衰。唯賢者乃能狎而敬之，是以雖褻而不慢。畏而愛之，是以貌恭而情親也。己之愛憎，或出私心，而人之善惡自有公論。唯賢者存心中正，乃能不以此而廢彼也。六句皆蒙「賢者」二字爲文，言衆人所不能，唯賢者乃能之爾。

臨財毋苟得，臨難毋苟免。很毋求勝，分毋求多。疑事毋質，直而勿有。

鄭氏曰：毋苟得，爲傷廉也。毋苟免，爲傷義也。很，鬩也，謂争訟也。求多，爲傷平也。質，成也。彼己俱疑而己成言之，終不然則傷知。直，正也。己若不疑，則當稱師友而正之，謙也。

孔氏曰：臨財苟得入己，則傷廉隅。難，謂有寇讎謀害君父，爲人臣子當致身授命以救之。很，謂小小鬩很，當引過歸己，不可求勝。所分之物，人皆貪欲，望多入己，故戒求多。人多專固，未知而爲已知，故彼已俱疑，無得成言之也。勿有，勿謂己有此義也。吕氏曰：趨利避害，人之情也。君子特主於義而不苟，義可得則受，義不可得則不受；義可免則免，義不可免則不免。得不得，免不免，惟義而已，何利害之擇哉？很者，與人争犯而不校，故不求勝。分者，與人共勞佚憂樂，方與人共而獨求多焉，是自私也。信以傳信，疑以傳疑。疑而質之，自欺也。可疑而不疑則道不信，可直而不直則道不見。我且直之，直者，直吾道而已，吾何與乎？故不身有也。李氏格非曰：見得思義，見危授命，故臨財而不訾，臨難而不避。不忮，故毋求勝；不求，故毋求多。不忮近仁，不求近義。戴氏溪曰：積而能散，臨財毋苟得，分毋求多，皆爲財利言也，此人所甚病者，故三言之。

【陳氏集説】賢者狎而敬之，畏而愛之。愛而知其惡，憎而知其善。積而能散，安安而能遷。朱子曰：此言賢者於其所狎能敬之，於其所畏能愛之。於其所愛能知其惡，於其所憎能知其善。雖積財而能散施，雖安安而能徙義。可以爲法，與上下文禁戒之辭不同。應氏曰：安安者，隨所安而安也。安者，仁之順；遷者，義之決。**臨財毋苟得，臨難毋苟免。狠毋求勝，分毋求多。**毋苟得，見利思義也；毋苟免，守死善道也。狠無求勝，忿思難也；分無求多，不患寡而患不均也。況求勝者未必能勝，求多者未必能多，徒爲失已也。**疑事毋質，直而勿有。**朱子曰：兩句連説爲是。疑事無質，即少儀所謂「毋身質言語」也。直而勿有，謂陳我所見，聽彼決擇，不可據而有之，專務强辯。不然，則是以身質言語矣。

【納喇補正】很毋求勝，分毋求多。

集説　況求勝者未必能勝，求多者未必能多。

竊案　「毋求勝」「毋求多」，乃不忮不求，懲忿窒欲之事。「毋求多」即與「毋苟得」相似，財利者，人所最易惑者也，故再言之。陳氏乃云求勝未必勝，求多未必多，却不免計校得失，若是則可以必勝、必多，將不難爲之矣。

【郝氏通解】賢者狎而敬之，畏而愛之。愛而知其惡，憎而知其善。積而能散，安安而能遷。

此舉居敬行禮之人爲學禮之法，皆就恒情易偏者融之，所謂允執厥中，從心不踰矩，盛德之至也。賢者舉其能敬之人。恒情，狎則易慢，畏則易疏，惟賢者所褎能敬，所畏能親也。恒情，溺愛則忘醜，過憎則棄善，惟賢者愛知其惡，憎知其美也。恒情，貪得則無厭，適意則重遷，惟賢者財有餘能散，居雖安不懷也。六者惟不長敖，不縱欲，不盈滿，不極樂者能之。蓋敬雖主一之心，即時中，咸宜之道。執中無權，非禮之禮也。六者時中，脩已安民之道端在此。按大學論誠意、正心以至治國、平天下，不外好惡兩者。此人情之矩，居敬之要。于此能「毋不敬」，則用中不偏，絜矩篤恭而天下平矣。積而能散二語，即財貨居處，以言仁者克己復禮之事。夫子毋固，顔淵屢空，積而能散也。子貢貨殖，積而不散也。蓋情動氣感，如雲翳生空，雖賢聖不能無。而聚散起滅，各有天則，苟非涵養精純者，不能化也。安安而能遷，則積散無心，所謂從容中道，順帝之則，從心所欲，無入不自得，如是而後，大禮與天地同節矣。或曰：「安而能遷、遷而能安同否？」曰：「遷而能安者，止於至善。安而能遷者，介于石。不終日，可與幾也。兩者相因，所謂仕止久速，無可不可，周旋中禮，盛德之至者矣。」

【方氏析疑】安安而能遷。

安安者，安其所安也。處境者，每安於所便習而自頽；務學者，每安於所已得而自畫，故能遷者鮮。子路終身誦雄雉之末章，安於所已得也，夫子抑之，欲其遷也。

狠毋求勝。

己無以狠接人之禮，而人以狠來，亦不可求勝也。

疑事毋質，直而勿有。

有爲人所疑之事，苟無惡於己志，久將自明，不可急於質辨以求伸也。直雖在己，若據而有之，則形人之曲，君子所不敢。先儒或謂質爲成言之，或謂決而正之，苟事爲衆人所疑，而己實有見，何妨決正，何妨成言。若己心有疑，又無從決正，而成言之矣，此以知爲質辨也。

【江氏擇言】很毋求勝，分毋求多。

草廬吴氏引鄭氏曰：「求多，爲傷平也。」

按：鄭注「爲傷平也」，總解「毋求勝」「毋求多」。蓋與人鬩争必求勝，亦是傷平。吴氏引舊注，增「求多」二字，專釋下一句，非也。

【欽定義疏】賢者狎而敬之，畏而愛之。愛而知其惡，憎而知其善。積而能散，安安而能遷。

正義　鄭氏康成曰：狎，習也，近也。心服曰畏。凡與人交，不可以己心之愛憎，誣人之善惡。積，謂己有蓄積，見貧窮者，則當能散以賙救之。安安，謂今已安此之安，圖後有害，則當能遷。

孔氏穎達曰：心雖親幸，亦當知其惡；雖憎疾，亦當知其善。安安，上「安」指心，下「安」指處。

朱子曰：人之常情，與人親狎則敬弛，有所畏敬則愛衰，惟賢者乃能狎而敬之。是以雖褻而不慢，畏而愛之，是以貌恭而情親也。己之愛憎或出私心，而人之善惡自有公論，惟賢者存心中正，乃能不以此而廢彼也。

徐氏師曾曰：愛而知惡，小過則規，大過則絶，不溺愛也；憎而知善，一言不廢，寸長必録，不偏惡也。財不務自封而吝出，安不圖自便而憚改。六者皆中道，惟賢者主敬功深。故察理精而物不能淆，充養熟而情無所溺耳。

楊氏鼎熙曰：此舉賢者爲法，六「而」字都是轉語。狎，平居親暱之人。畏，尊重嚴恪之意。

通論 孔氏穎達曰：愛而知其惡，若石碏知子厚。憎而知其善，若祁奚知解狐。積而能散，若宋饑，樂喜請君及諸大夫貸民粟。安安而能遷，若齊姜語公子「懷與安，實敗名」。

朱子曰：賢者狎而敬之，如「晏平仲善與人交，久而敬之」，既愛之而又敬之也。畏而愛之，如「畏大命，畏大人，畏聖人之言」之「畏」，畏中有愛也。

胡氏銓曰：魏徵云：「憎者，惟見其惡。愛者，止知其善。愛憎之閒，所宜詳謹。」春秋傳：「好不廢過，惡不去善。」

存疑 孔氏穎達曰：見賢者附而近之，習其德藝。然朋儕易褻，又當敬之。賢有德行，心所畏服，必當親愛，不可疏之。

呂氏祖謙曰：須將「狎」與「敬」作一字看，「畏」與「愛」作一字看，方見得親近賢者氣象。

劉氏彝曰：積其學而能散之政，上也；積其財而能散之民，次也；積而不能散，下矣。國欲安，必防其危，而遷其德善，以除其危。湯之盤銘曰：「苟日新，日日新，又日新。」能遷之謂也。

應氏鏞曰：「安安」者，隨所安而安也。安者，仁之順；遷者，義之決。

馬氏晞孟曰：積而能散，以財發身也。安安而能遷者，義之與比也。

辨正 朱子曰：上六句文意大同，皆蒙「賢者」二字爲文，言皆衆人所不能，惟賢者乃能之，舊注非是。

案 經文「賢者」二字提起，蓋其辨既精，涵養有素。所以接於人者，皆出於大公處，於己者不膠於一定。末二句亦只是不私財、不懷居之意。朱子雖安安而能徙義，正謂不貪便安而能徙於義，非謂今安於義而又當日進也。劉、應二家，似過求深。

臨財毋苟得，臨難毋苟免。很毋求勝，分毋求多。

正義 鄭氏康成曰：毋苟得，爲傷廉也。毋苟免，爲傷義也。很，鬩也，謂爭訟也。毋求多，爲傷平也。

孔氏穎達曰：臨財苟得，入己則傷廉隅。難，謂有寇仇，爲人臣子當致身授命以救之。很，謂小小鬩很，當引過歸己，不可求勝。所分之物，人皆貪欲，望多入己，故戒求多。

馬氏晞孟曰：「很毋求勝」，君子所以懲忿也。「分毋求多」，君子所以安分也。

朱子曰：「很毋求勝」，如與人爭鬭，分辨曲直便令理明，不必求勝在我也。

則爲過分矣。

朱氏申口：很固有勝負之理，然務求勝，則爲鬭很矣。分固有多寡之數，然必求多，

徐氏師曾曰：臨財亦有當得者，苟得則傷義。臨難亦有當免者，苟免則害道。鬭很

非禮，且有忘身及親之禍。義利不明，有分外求得之心，故皆戒之。

於非所當得，君子泊然無欲心；非所可免，君子毅然無難色。待小人以君子，何所不容？至

餘論 王氏子墨曰：得其所當得，天下不以爲貪。免其所可免，天下不以爲怯。至

彼很也而求勝之，則隘矣。得喪窮達之來我，何往而不樂？忘其分而過望之，則戚矣。

是二者，其患生於有我。有我故與物爲敵，必至於好勝；有我則不知天，必至於不安分。

案 四「毋」字，皆有裁之以義意。上二句嚴之於大，下二句謹之於小。

疑事毋質，直而勿有。

正義 鄭氏康成曰：質，成也。彼己俱疑，而己成言之，終不然，則傷知。直，正也。

若不疑，則當稱師友而正之，謙也。

孔氏穎達曰：人多專固，未知而爲已知，故彼疑來問，若己亦疑，則無得成言之。即

彼疑而我不疑，仍須謙退，勿謂己有此義也。

朱子曰：兩句連説爲是。疑事毋質，即少儀所謂「毋身質言語」也。直而勿有，謂

陳我所見，聽彼決擇，不可據而有之，專事强辨。不然，則是以身質言語矣。

餘論 徐氏師曾曰：凡人有偏心者，多執己見而不復思。有忌心者，懼形己短而不肯屈。天下事理，本非一人意見所能盡，況於疑事，尤不可執己見者乎！

存異 吕氏大臨曰：可疑而不疑，則道不信。可直而不直，則道不見。我且直之，直吾道而已。故終日與人辨，而不自有也。

周氏行己曰：君子有同天下之志，而無善一己之心。故致其大知以釋其疑，使天下之疑者不疑。質其所疑，則天下疑矣！推其大直以直其未直，使天下之不直者直。有其直，則天下不直矣。

陳氏櫟曰：己雖正直，不可振而矜之，以己直彰彼曲，勿有其直，可也。

案 朱子訓「直」爲我所見，而諸説以爲「直」道直名，且欲以我之直化人之直，不可以我之直彰人之曲，俱非確解。鄭、孔分上句我亦疑，下句我不疑，甚分明。

【杭氏集説】賢者狎而敬之，畏而愛之。愛而知其惡，憎而知其善。積而能散，安安而能遷。

孔氏穎達曰：愛而知其惡，若石碏知子厚；憎而知其善，若祁奚知解狐。積而能散，若宋饑，樂喜請君及諸大夫貸民粟；安安而能遷，若齊姜語公子「懷與安，實敗名」。

朱子曰：賢者狎而敬之，如「晏平仲善與人交，久而敬之」，既愛之而又敬之也。畏而愛之，如「畏天命，畏大人，畏聖人之言」之「畏」，畏中有愛也。

呂氏祖謙曰：須將「狎」與「敬」作一字看，「畏」與「愛」作一字看，方見得親近賢者氣象。

劉氏彝曰：積其學而能散之政，上也；積其財而能散之民，次也；積而不能散，下矣。國欲安，必防其危而遷其德善，以除其危。湯之盤銘曰「苟日新，日日新，又日新」，能遷之謂也。

應氏鏞曰：「安安」者，隨所安而安也。安者，仁之順；遷者，義之決。

徐氏師曾曰：愛而知惡，小過則規，大過則絶不溺愛也。憎而知善，一言不廢，寸長必録，不偏惡也。財不務自封而吝出，安不圖自便而憚改，六者皆中道，惟賢者主敬功深，故察理精而物不能淆，充養熟而情無所溺耳。

楊氏鼎熙曰：此舉賢者爲法，六「而」字都是轉語，狎，平居親暱之人。畏，尊重嚴恪之意。

姚氏際恒曰：安安而能遷，從來鮮有明解。鄭氏曰：「謂己今安此之安，圖有後害，則當能遷。」甚迂曲費解。呂與叔曰：「安安者不能遷，懷于居也。」按，士而懷居，以貧未能安居，故其未免求安。若己自安居，何必欲其遷乎？朱仲晦曰：「雖安安而能徙義。」增「雖」字，既非語氣，又增「義」字，以孟子云「處仁遷義」也，然則記文豈歇後耶？六句中，每二句義自爲對，若將「安安能遷」説入學問，則與上「積而能散」判然不侔。假使積而能散，用字不若此之顯然，恐亦要説入學問矣。宋儒解經，務求幽深，最是弊處。按，此句與易繫辭「井居其所而遷」義同。安安者，安其所安，常若不動而自能遷流及物，與「積而能散」正是一例語。大抵此六字，皆取人所不易能者言之，故冠以「賢者」。狎者不易敬，故貴敬；畏者不易愛，故貴愛；愛者不易知惡，故貴知惡；憎者不易知善，故貴知善；積者不易散，故貴能散；安安者不易遷，故貴能遷也。

朱氏軾曰：積不止財，積學亦積也。安不止居，守道亦安也。即以財與居言，生財有大道，何嘗非積？安土重遷，何嘗非安？但必能散能遷，而後無嫌于積與安耳。

姜氏兆錫曰：此即賢者以示人平情之用，崇德之方，亦敬義之意也。上安，安之也；下安，與論語「懷居」之居相似，謂意所便安處也。朱子曰：「賢者於所狎能敬之，於所畏能愛之，於所愛能知其惡，于所憎能知其善。雖積財而能散施，雖安處而能徙義，凡此皆可以爲法，與上文禁戒之詞不同。」

李氏光坡曰：言人之賢者，雖素相近習，必敬之不可褻，雖畏服之，必愛其德義不可疏，此親仁之道也。又曰：此愛衆之道也。又曰：積，蓄財也。散，施也。上安據心，下安據處。安安，即懷居也。能遷，所謂見懷思威也。此自治之道也。

方氏苞曰：安者，安其所也。處境者，每安於所便習而自頽；務學者，每安於所已得而自畫，故能遷者鮮。子路終身誦雄雉之詩，末章安于所已得也，夫子抑之，欲其遷也。

任氏啟運曰：安安，鄭以懷安敗名證之，極當。應鏞謂「安者，仁之順；遷者，義之決」，求深得謬矣。

齊氏召南曰：鄭注引月令，衹取「近習」二字以解『狎』字耳，觀後文『不好狎』注云：「人則習近爲好狎。」即得其解，疏似誤認。

臨財毋苟得，臨難毋苟免。很毋求勝，分毋求多。

朱子曰：很毋求勝，如與人爭鬭，分辨曲直，便令理明，不必求勝在我也。

朱氏申曰：很固有勝負之理，然務求勝，則爲鬭很矣。分固有多寡之數，然必求多，則爲過分矣。

徐氏師曾曰：臨財亦有當得者，苟得則傷義；臨難亦有當免者，苟免則害道。鬭很非禮，且有忘身及親之禍，義利不明，有分外求得之心，故皆戒之。

余氏心純曰：財亦有當得，難亦有當免，但不可苟耳。

朱氏軾曰：財是非分之獲，分是應得之財，難是君父之難，很是一朝之忿。

姜氏兆錫曰：毋苟得，見利思義也；毋苟免，守死善道也；毋求勝，忿思難也；毋求多，不患寡而患不均也。又曰：此章言利害之機，至爲切實，而充其極，即君子懲忿窒慾、成仁取義之道，不外乎是，乃義之大用，而學者所宜留意也。

方氏苞曰：己無以很接人之禮，而人以很來，亦不可求勝也。

任氏啟運曰：平時亦談廉勇之守，至財與難當前，則思肥家與保身矣，此臨之時難決也。平日亦知懲忿窒慾之功，但狠與分一至，即思快心而盈願矣，則求之心難化也。明以辨之，剛以斷之，其庶幾乎？

疑事毋質，直而勿有。

鄭氏康成曰：質，成也。彼已俱疑而已成言之，終不然，則傷知。直，正也。若不疑，則當稱師友而正之，謙也。

孔氏穎達曰：人多專固，未知而爲已知，故彼疑來問，若已亦疑，則無得成言之。即彼疑而我不疑，仍須謙退，勿謂己有此義也。

吕氏大臨曰：可疑而不疑，則道不信；可直而不直，則道不見。我且直之，直吾道而已，故終日與人辨而不自有也。

周氏行己曰：君子有同天下之志，而無善一已之心，故致其大知以釋其疑，使天下之疑者不疑，質其所疑，則天下疑矣。推其大直以直其未直，使天下之不直者直。有其直，則天下不直矣。

朱子曰：兩句連説爲是。疑事毋質，即少儀所謂「毋身質言語」也。直而勿有，謂陳我所見，聽彼決擇，不可據而有之，專事强辨，不然則是以身質言語矣。

陳氏櫟曰：己雖正直，不可振而矜之，以己直彰彼曲，勿有其直可也。

徐氏師曾曰：凡人有偏心者，多執己見而不復思。有忌心者，懼形己短而不肯屈。天下事理，本非一人意見所能盡，況於疑事，尤不可執己見者乎！

姚氏際恒曰：「疑事毋質」二句，亦從來鮮有明解。凡每節數，不可字數。「毋」字皆一例語，若如舊解，以疑爲心疑，直爲直道，將二句或合說、或分說，不知上四句言財難鬬分之事，下二句必無忽說入學問者，從此爲解，所以愈不明耳。按，少儀「毋身質言語」即此義。今合兩處參之，疑事爲人所疑之事，凡爲人所疑，毋亟面質于人，久之其事自直。待其直也，彼甚愧悔，仍勿自有可也。漢直不疑爲人疑盜金，正得此意。少儀「毋身質言語」，亦謂人之言語及我，毋身質之。毋身質，猶言毋面質也。

朱氏軾曰：疑者，見爲如是，而又不敢必其如是。質者，本不能必其如是，而强以爲必如是。直，正也，人疑而我信，固不得不正其是非，然不敢自有，但曰「吾師吾友」云然耳。

姜氏兆錫曰：按上數章，皆言敬義之德之意，雖不言禮而禮之全體大用具是矣。自此以下，或雜言禮之節目，或統言禮之指歸，或指言禮之本質，至「人生十年」以下，乃即禮而類言之也。

方氏苞曰：有爲人所疑之事，苟無惡於己志，久將自明，不可急於質辨以求伸也。直雖在己，若據而有之，則形人之曲，君子所不敢。先儒或謂質爲成言之，或謂決而正之，苟事爲衆人所疑，而已實有見，何妨決正，何妨成言？若己心有疑，又無從決正而成言之矣，此以知爲質辨也。

李氏光坡曰：如縣子譏子游之汰，正所謂有之也。疑事毋質，闕疑也；直而勿有，慎言也。

【孫氏集解】**賢者狎而敬之，畏而愛之。愛而知其惡，憎而知其善。積而能散，安安而能遷。**

朱子曰：人之常情，與人親狎則敬弛，有所畏敬則愛衰，惟賢者乃能狎而敬之，是以雖褻而不慢，畏而愛之，是以貌恭而情親也。己之愛憎，或出私心，而人之善惡，自有公論，惟賢者存心中正，乃能不以此而廢彼也。

愚謂狎，謂所親習之人；畏，謂德位之可嚴憚者。安安，謂心安於所安，凡身之所習、事之所便者，皆是也。狎而敬之，則無玩人喪德之失；畏而愛之，則有事賢友仁之益；財物之積聚而能散以與人，則不至於專利而害義；心安於所安而能遷以從善，則不至於懷安而溺志。六者皆脩身進德之事，惟賢者爲能行此，而學者之所當自勉也。

臨財毋苟得，臨難毋苟免。狠毋求勝，分毋求多。

鄭氏曰：毋苟得，爲傷廉也。毋苟免，爲傷義也。毋求多，爲傷平也。

愚謂很者，血氣之争。毋求勝，爲其傷和，而且將有忘身及親之禍也。

疑事毋質，直而勿有。鄭氏曰：質，成也。彼己俱疑而己成之，終不然，則傷知。直，正也。己若不疑，則當稱師友而正之，謙也。

孔氏曰：彼己俱疑而來問己，己亦疑，則毋得成之；己若不疑，仍須謙退稱師友所說以正之，勿爲己有此義也。

朱子曰：疑事毋質，即少儀所謂「毋身質言語」也。直而勿有，謂陳我所見，聽彼決擇，不可據而有之。專事强辨，不然，則是以身質言語矣。

愚謂據而有之，若子游以禮許人是也。

【朱氏訓纂】**賢者狎而敬之，**注：狎，習也，近也。**畏而愛之。**注：心服曰畏。**愛而知其惡，憎而知其善。**注：凡與人交，不可以己心之愛憎，誣人之善惡。正義：愛，謂己所親幸。憎，謂己所嫌恨。朱子曰：人之常情，與人親狎則敬弛，有所畏敬則愛衰。賢者乃能狎而敬之，是以雖褻而不慢，畏而愛之，是以貌恭而情親也。己之愛憎，或出私心。人之善惡，自有公論。唯賢者存心中正，乃能不以此而廢彼也。**積而能散，**注：謂己有蓄積，見貧窮者，則當能散以賙救之。**安安而能遷。**注：謂己今安此之安，圖後有害，則當能遷。晉咎犯與姜氏醉重耳而行，近之。正義：上安據心，下安據處。朱子曰：六句皆蒙「賢者」二字爲文。

臨財毋苟得，注：爲傷廉也。正義：非義而取，謂之苟得。**臨難毋苟免，**注：爲傷義也。正義：君父有難，爲人臣子當致身授命以救之。若苟且免身而不鬬，則陷君父於危亡。**很毋求勝，分毋求多。**注：爲傷平也。很，鬩也，謂争訟也。正義：分毋求多者，元是衆人之物，當共分之。人皆貪欲，望多入己。故記戒之。

疑事毋質，直而勿有。注：質，成也。朱子曰：兩句連説爲是，疑事毋質，即少儀所謂「毋身質言語」也。直而勿有，謂陳我所見，聽彼決擇，不可據而有之，專務强辨，不然，則是以身質言語矣。胡邦衡曰：質，正也。事有可疑，勿以臆決正之，所謂闕疑。直而勿有，不以己直彰彼曲。

【郭氏質疑】疑事毋質，直而勿有。

鄭注：彼己俱疑而己成言之，終不然，則傷知。己若不疑，則當稱師友以正之，謙也。

嵩燾案：朱子經説以兩句相連爲文。疑事毋質，即少儀所謂「毋身質言語」也。直而勿有，謂陳我所見，聽彼抉擇，不可據而有之。經言疑事，自不得直陳所見，直陳所見即質也。少儀「毋身質言語」，謂自往證成之，此云「疑事毋質」，則或有問者，彼此均有疑焉，不與質正也。然事有疑而理可自信，則亦直陳之，證以理之當否，而行止進退不以己有所見而强使從，猶疑事之不可定以己見也。鄭注析分上句爲疑，下句爲不疑，語自分明，而於義仍有未盡。

曲禮注疏長編卷三

一·四 〇**若夫，**言若欲爲丈夫也。春秋傳曰：「是謂我非夫。」〇夫，方于反，丈夫也。**坐如尸，**視貌正。**立如齊，**磬且聽也。齊，謂祭祀時。〇齊，側皆反，本亦作「齋」，音同，注同。**禮從宜，**事不可常也。晉士匄帥師侵齊[一]，聞齊侯卒，乃還，春秋善之。〇丐，本亦作「匄」，音蓋。還，音旋，後放此。**使從俗。**亦事不可常也。牲幣之屬，則當從俗所出。禮器曰：「天不生，地不養，君子不以爲禮，鬼神不饗。」〇使，色吏反。幣，徐扶世反。饗，許兩反。

【疏】「若夫」至「從俗」[二]。〇正義曰：此一節論爲丈夫之法，當「坐如尸」以下四行並備，乃可立身，各依文解之。

[一] 晉士匄　閩、監、毛本同，岳本同，嘉靖本同。釋文出「士丐」云：「本亦作『匄』。」正義本亦作「匄」，是也。丏，別爲一字，音彌兖切。〇鍔按：「晉士」上，阮校有「若夫節」三字。

[二] 若夫至從俗　惠棟校宋本無此五字。

○「若夫」者，凡人若爲丈夫之法，必當如下所陳，故目丈夫於上，下乃論其行以結之。

○注「言若」至「非夫」。○正義曰：案左傳宣十二年：邲之戰，楚侵鄭，晉救之。及河，聞鄭既及楚平，中軍將荀林父欲還不濟，上軍將士會曰：「善。」中軍佐先縠曰：「不可。成師以出，聞敵彊而退，非夫也。」又哀十一年齊伐魯，魯武叔初不欲戰，爲冉求所非。武叔曰：「是謂我不成丈夫也。」退而蒐乘[一]。二傳之言，當是先縠之辭也。彼無「是謂我」，鄭君足之也。

○「坐如尸」者，尸居神位，坐必矜莊。言人雖不爲尸，若所在坐法，必當如尸之坐，故鄭云「視貌正」也。

○「立如齊」者，人之倚立，多慢不恭，故戒之云：倚立之時，雖不齊，亦當如祭前之齊，必須磬折屈身。

○注「磬且」至「祀時」。○正義曰：「磬且聽」，案士虞禮云：「無尸者，主人哭，出，復位，祝闔牖户，如食間。」是祭時主人有聽法。云「磬」者，謂屈身如磬之折殺。案考工記云：「磬氏爲磬，倨句一矩有半。」鄭云：「必先度一矩爲句，一矩爲股，而求其

[一]　退而蒐乘　此本「乘」字模糊，監、毛本作「乘」，閩本作「集」，非。

弦。既而以一矩有半觸其弦，則磬之倨句也。」是磬之折殺，其形必曲，人之倚立，亦當然也。又云「齊，謂祭祀時」者，凡齊，皆在祭前，自整齊之名，並於適寢之中，坐而無立。今云「立如齊」者，齊有立者。但祭前有齊，所以自整齊也，則祭日神前亦當齊，則齋者是先後通稱。此言「立如齋」，非祭前坐齋，故鄭云「齋，謂祭祀時」也。若然，此立謂侍尊者之時，故玉藻云「凡侍於君，紳垂，足如履齋，視下聽上」是也。

○「禮從宜」者，皇氏云：「上二事，丈夫爲儼恪之儀；此下二事，丈夫爲君出使之法。」義或然也。「禮從宜」者，謂人臣奉命出使、征伐之禮，雖奉命出征，梱外之事，將軍裁之，知可而進，知難而退，前事不可準定，貴從當時之宜也。

○注「事不」至「善之」。○正義曰：案春秋襄十九年，齊侯還卒〔一〕，晉士匄帥師侵齊，至穀，聞齊侯卒，乃還。公羊云：「還者何？善辭也。何善爾？大其不伐喪也。此受命於君而伐齊，則何大其不伐喪也？大夫以君命出使，進退在大夫也。」

○「使從俗」者，使，謂臣爲君出聘之法，皆出土俗，牲幣以爲享禮，土俗若無，不可境外求物，故云「使從俗」也。皇氏云：「上『禮從宜』，與此『使從俗』互而相通，皆是以禮而使。」義或然也。

〔一〕齊侯還卒　閩本同。監、毛本「還」作「環」，是也。

○注「亦事」至「不饗」。○正義曰：「牲幣之屬，當從俗所出」者，謂若郊特牲及聘禮朝聘，皆有皮、馬、龜、金、竹、箭、璧、帛之等，有則致之，無則已，故云「不可常」也[一]。禮器曰「天不生」者，謂天不以四時而生，若李梅冬實；「地不養」者，謂居山以魚鼈，居澤以鹿豕；「君子不以爲禮」者，謂天不生、地不養之等，君子不將爲饗禮；「鬼神不饗」者，言君子不以爲禮者，祇由鬼神不歆饗此非常之物，明鬼神依人也。

【衛氏集説】鄭氏曰：言若，欲爲丈夫也。春秋傳曰「是謂我非夫」。如尸，視貌正。如齊，磬且聽也。齊，謂祭祀時。禮從宜，事不可常也。晉士匄帥師侵齊，聞齊侯卒，乃還，春秋善之。使從俗，謂牲幣之屬，當從俗所出，亦不可常也。禮器曰：「天不生，地不養，君子不以爲禮。」

孔氏曰：尸居神位，坐必矜莊。言人雖不爲尸，當如尸之坐立之時。雖不齊，亦當如祭前之齊，必須磬折屈身。士虞禮云「無尸者，主人哭，出，復位，祝闔牖户，如食間」，是主人有聽法，故鄭云「磬且聽」。禮從宜，謂梱外之事，將軍裁之，知可而進，知難而退，鄭引士匄，見公羊襄十九年。使，謂臣爲君出聘之法。朝聘皆有皮、馬、龜、金、竹、箭、璧、帛之等，有則致之，土俗若無，不可境外求物。

[一] 故云不可常也　惠棟校宋本作「也」。此本「也」誤「云」，閩、監、毛本同。

清江劉氏曰："「若夫坐如尸，立如齊，弗信不言，言必齊色，此成人之善者也，未得爲人子之道也。」此曾子之文，記禮者取之，非誤留「若夫」二字，則全脱「弗信」以下一簡。

河南程氏曰："「坐如尸，立如齊」，大要養其志也，豈徒欲養氣乎哉？

藍田吕氏曰："禮者，敬而已矣。敬者，禮之常也。禮，時爲大。時者，禮之變也。「坐如尸，立如齊」，盡其敬也。「禮從宜，使從俗」，適其時也。體常盡變，則禮達之天下，周還而無窮也。「若夫」者，發語之端，蓋舉禮之大旨而言之也。莊氏云「尸居而龍見」，居即坐也。推是意也，則坐容莊可知矣。齊者，專致其精明之德，必見其所祭者，則立容端可知矣。禮有不可行者，必變而從宜，如「老者不以筋力爲禮，貧者不以貨財爲禮」之類。使於他邦，必從其俗，故有「入境而問禁，入國而問俗」之禮。

永嘉周氏曰："君子之所以必莊必敬者，非以飾外貌，所以養其中也。蓋其心肅者其貌必莊，其意誠者其體必敬。必莊必敬，然後可以爲尸，故君子之坐如之。必莊必敬，然後可以爲齊，故君子之立如之。當是時也，其心寂然而無一物，有孚顒若，而無他慮。是心也，聖人之心也。顏子「三月不違仁」，不違此心也，其餘日月至焉。至此心也，聖人「從心所欲，不踰矩」，不踰此心也。聖人常，顏子久，其餘暫，百姓日用而不知也。古之人，何獨坐立，然後如此，無須臾之離，終食之違，「造次必於是，顛沛必於是」，此學者入德之要，不可以不思也。

永嘉戴氏曰：此論起居動作之禮也。古之君子，其律己甚嚴，而酬酢萬物，不爲崖異怪僻之行。故麻冕純儉，夫子從衆；魯人獵較，夫子亦獵較。彼之君子，或異乎是，視聽言動，不爲非禮，而好爲是異世驚俗之舉，取惡於人，甚以納侮，是亦不明夫禮之故也。儒行曰「君子之學也博，其服也鄉」，雖聖人，亦不敢爲異以駭俗也。夫人心所甚嚴者，莫嚴於祭祀，如尸如齊，其嚴甚矣。宜者，義也。禮與義俱，禮不合宜，是爲非禮之禮。俗非流俗之謂，風俗各有所尚，故曰「入國而問俗」。苟非俗之所安，君子不以爲禮。

王氏曰：君子之所以然者，凡以養其中也。君子之學，要在於存養耳，非特坐立之際爲然。若几杖之銘，盤盂之戒，出門如賓，在輿有見，無所不用其敬。譬猶高其閈閎，厚其垣墉，則處乎室中者，固泰然自若也。而昧者不知，啟户以延盜，乃始操戈以逐之，禦其東而攻其西也。復至，惴惴然，視外物如寇讎，而以心累之，何其惑也。安得如顏子者，從事於視聽言動之際，以傳聖學於千載之後乎？又曰：言禮者多失於拘攣，故人病其難行，正如法家守紙上語，不求人情所在，則動輒有礙而法始弊矣。夫禮者，天下萬世所通行，非止爲一槩設也。使知時中之義，務當其可而已，則委巷之人皆可以爲禮，故曰「禮從宜」。禮不從宜，夏裘而冬葛也。使不從俗，山魚鼈而澤鹿豕也，而可乎？

長樂陳氏曰：記曰「禮可以義起」，從宜之謂也；又曰「入國而問俗」，從俗之謂也。

孔子曰「誦詩三百，不足以一獻，毋輕議禮」，又曰「誦詩三百，使於四方，不能專對，雖多亦奚以爲？」夫以誦詩之多，不足以議禮與爲使，則禮之與使，其可不知變哉？

廬陵胡氏曰：「禮從宜」，從時之宜；「使從俗」，役使人，必從俗所便。舊讀爲「色吏反」，恐非。

新安朱氏曰：宜，謂事之所宜，若「男女授受不親」爲禮，而祭與喪則相授器之類。俗，謂彼國之俗，若魏李彪以吉服弔齊，齊裴昭明以凶服弔魏，蓋得此義。

【吴氏纂言】鄭氏曰：如尸，視貌正。如齊，磬且聽也。齊，謂祭祀時。

孔氏曰：尸居神位，坐必矜莊。人雖不爲尸，所在坐，必當如尸之坐。凡祭之前有齊，於適寢中，坐而無立。今云立者，謂祭之日立於神前，特非祭前齊戒之齊。人之倚立，多慢不恭，故倚立之時，雖不祭祀，必須磬折屈身，如祭時之齊也。

澄曰：齊，謂祭者齊敬之容。蓋祭之日，爲尸者有坐而無立，故坐以尸爲法。主祭者有立而無坐，故立以祭者之齊爲法。「坐如尸，立如齊」六字，大戴記曾子事父母篇之辭曰：「孝子唯巧變，故父母安之。若夫坐如尸，立如齊，弗訊不言，言必齊色。此成人之善者，未得爲人子之道也。」記禮者取此六字，而誤留上文「若夫」二字。坐如尸，立如齊，敬以持己也；禮從宜，使從俗，義以制事也。

吕氏曰：若夫，發語端。禮者，敬而已矣。敬者，禮之常也。禮，時爲大。時者，禮之變也。如尸如齊，盡其敬也。從宜從俗，適其時也。禮常盡變，則禮達之天下而無窮。禮有不可行者，必變而從宜，如「老者不以筋力爲禮，貧者不以貨財爲禮」之類。使於他邦，必從其俗，故有「入境而問禁，入國而問俗」之禮。

【陳氏集説】若夫，坐如尸，立如齊。 疏曰：尸居神位，坐必矜莊，坐法必當如尸之坐。人之倚立，多慢不恭，雖不齊，亦當如祭前之齊。朱子曰：劉原父云：「此乃大戴禮曾子事父母篇之辭，曰：『孝子惟巧變，故父母安之。若夫坐如尸，立如齊，弗訊不言，言必齊色。此成人之善者也，未得爲人子之道也。』此篇蓋取彼文，而『若夫』二字，失於删去。鄭氏不知其然，乃謂此二句爲丈夫之事，誤矣。」**禮從宜，使從俗。** 鄭氏曰：事不可常也。呂氏曰：敬者，禮之常。禮，時爲大。時者，禮之變，體常盡變，則達之天下，周旋無窮。應氏曰：大而百王百世質文損益之時，小而一事一物泛應酬酢之節。又曰：五方皆有性，千里不同風，所以入國而必問俗也。

【納喇補正】立如齊。

集説 疏曰：雖不齊，亦當如祭前之齊。

竊案 祭前有散齊、致齊，人皆知之，不知祭時齊敬之容，亦齊也。故中庸云「齊明盛服，以承祭祀」。此記「立如齊」，乃祭時之齊，非祭前之齊。蓋祭前主祭者齊於適寢，有坐亦有立。祭時齊於廟中，有立而無坐。故立以祭時之齊爲法。鄭氏謂「立如齊，磬且聽也，齊謂祭祀時」，其義精矣。孔氏亦云「立者，謂祭之日立於神前，時非祭前齊戒之齊。人之倚立，雖不祭祀，必須罄折屈身，如祭時之齊也」。陳氏引疏文而改爲祭前，誤矣。

【郝氏通解】臨財毋苟得，臨難毋苟免。很毋求勝，分毋求多。疑事毋質，直而勿有。若夫，坐如尸，立如齊，禮從宜，使從俗。

承上言居敬學禮者，當法賢以自脩也。利害、學問、容貌、習俗，四者皆學禮之地。禮，非廢財也，苟得則不可；禮，非犯難也，苟免則不可。横逆雖很，勝負有定理，求勝則不可；分所當取，多寡有常數，求多則不可。此處利害「毋不敬」也。事理雖嘗學問而未深信，勿輕以己之所信正衆之所疑，非遂隱而不發也，惟當直陳所見，待人自擇。蓋道本公共，我知之非我自有之，所謂「博聞强記而讓」，雖有周公之才而驕吝，無足觀。此處學問「毋不敬」也。至于出入起居，各有矩度。時坐則如尸，尸象神，坐必敬也。時立則如齊，齊對神，立必敬也。而視聽言動可知。此動容貌「毋不敬」也。君子用禮，義以爲質。苟生今反古，矯世絶俗，非禮之禮，大人弗爲。故一敬常主，萬變隨時。「使從俗」，舉一事明之。使，謂以君命使于四方；從俗，謂因其國俗，如居宋章甫之類。蓋禮强世則難行，宜民則可久。此處世羣俗「毋不敬」也。

【方氏析疑】禮從宜，使從俗。

聖人制禮，乃從義之所宜。而使民行禮，則必因其俗而利導之。「居山以魚鼈爲禮，居澤以鹿豕爲禮，君子謂之不知禮」。義所必革，則因其俗而變通之，可也。

【江氏擇言】立如齊。

按：齊，嚴敬貌。「如齊」者，正立自定，不跛不倚，儀禮所謂「疑立」是也。

【欽定義疏】若夫，坐如尸，立如齊。

正義　鄭氏康成曰：如尸，視貌正。如齊，磬且聽也。孔疏：士虞禮「祝闔户牖，如食間」，祭義「出户而聽」，是主人有聽法。齊，謂祭祀時。孔疏：祭前齊於適寢中，坐而無立。今謂祭時立於神前，非祭前齊戒之齊。

孔氏穎達曰：尸居神位，坐必矜莊。言人雖不爲尸，所在坐法，必當如尸之坐。人之倚立，多慢不恭，故必須磬折屈身，如祭時之齊。

吴氏澄曰：祭之日，爲尸者，有坐而無立。案：古立尸，殷坐尸，周拜妥尸，則尸無不坐。故坐以尸爲法。立祭者，有立而無坐，故立以祭者之齊爲法。

徐氏師曾曰：二者主敬之目。

存異　鄭氏康成曰：若夫，言若欲爲丈夫也。春秋傳曰：「是謂我非夫。」

辨正　朱子曰：劉原父云：「大戴禮曾子事父母篇曰：『孝子惟巧變，故父母安之。若夫坐如尸，立如齊，此成人之善者，未得爲人子之道也。』記者取此六字，而『若夫』二字失於刪去。鄭康成以『丈夫』解之，繆。」

禮從宜，使從俗。

正義 鄭氏康成曰：事不可常也。

孔氏穎達曰：「從宜」者，前事不可準定，貴從當時之宜也。使，謂臣爲君出聘也。

應氏鏞曰：從宜，大而百王百世質文損益之時，小而一事一物泛應酬酢之節。又曰：五方皆有性，千里不同風，所以入國而必問俗也。

呂氏大臨曰：禮有不可行者，必變而從宜。如「老者不以筋力爲禮，貧者不以貨財爲禮」之類。

陳氏祥道曰：記曰「禮可以義起」，從宜之謂也。又曰「入國而問俗」，從俗之謂也。

朱子曰：宜，謂事之所宜，若「男女授受不親」爲禮，而祭與喪則相授器之類。俗，謂彼國之俗，若魏李彪以吉服弔齊，齊裴昭明以凶服弔魏，蓋得此義。

戴氏溪曰：宜者，義也。禮與義，俱禮。不合宜，是爲非禮之禮。俗，非流俗之謂。風俗各有所尚，苟非俗之所安，君子不以爲禮。

通論 戴氏溪曰：古之君子，其律己甚嚴，而酬酢萬物，不爲崖異怪僻之行。故麻冕純儉，夫子從衆。魯人獵較，夫子亦獵較。今之君子或好爲異世驚俗之舉，以取惡納侮，是亦不明夫禮之故也。

存疑　鄭氏康成曰：從宜，若晉士匄帥師侵齊，聞齊侯卒，乃還，春秋善之。孔疏：魯襄公十九年公羊傳云：「還者何？善辭也。何善爾？大其不伐喪也。」俗，謂牲幣之屬，從俗所出。禮器曰：「天不生，地不養，君子不以爲禮。」

胡氏銓曰：使從俗，役使人必從俗所便。

林氏光朝曰：禮從宜，大夫無遂事，有可以安國家、利社稷，則爲之。

吕氏大臨曰：敬者，禮之常；時者，禮之變。坐如尸，立如齊，盡其敬。禮從宜，使從俗，適其時也。體常盡變，則禮達之天下，周旋而無窮也。

正義　朱子曰：禮從宜，使從俗，當又是一書。案：舊本與上節合爲一，今從朱子分之。

【杭氏集説】若夫，坐如尸，立如齊。

朱子曰：劉原父云：「大戴禮曾子事父母篇曰：『孝子惟巧變，故父母安之。若夫坐如尸，立如齊，此成人之善者，未得爲人子之道也。』記者取此六字，而『若夫』二字未於刪去。鄭康成以丈夫解之，繆。」

吴氏澄曰：祭之日，爲尸者有坐而無立，案：古立尸，殷坐尸，周拜安尸，則尸無不坐。故坐以尸爲法；祭者有立而無坐，故立以祭者之齊爲法。

徐氏師曾曰：二者主敬之目。

朱氏軾曰：如尸，謂如尸之坐而享祭；如齊，謂如主人之立而祭尸。鄭氏訓「齊」

曰「磬且聽也」，磬謂磬折屈身而俯，若有聽者然。

姜氏兆錫曰：尸謂祭時之尸，其坐必莊，故坐當如尸。齊謂祭前之齊，其立必敬，故立當如齊。

齊氏召南曰：凡書中用「若夫」二字，俱轉語之語。按，宋儒以夫音扶，作發語辭，較順。

禮從宜，使從俗。

朱子曰：「禮從宜，使從俗」，當又是一書。案：舊本與上節合爲一，今從朱子分之。

姚氏際恒曰：二「如」字一例，二「從」字一例，「禮」與「使」非一例，祇取「從宜」「從俗」爲一例耳。解者疑「禮」與「使」非一例，多作别解。疏引皇氏，謂「禮從宜」亦屬出使。郝仲輿謂「禮從宜」爲統語，「使從俗」爲舉一事明之，俱非。使謂出使，或謂役使人，亦非。

姜氏兆錫曰：從宜者，合于時宜；從俗者，因乎土俗也。吕氏曰：「敬者，禮之常；時者，禮之變。體常盡變，則達之天下，周旋無窮。」應氏曰：「五方皆有性，千里不同風，所以入國必問俗也。」

方氏苞曰：聖人制禮，乃從義之所宜，而使民行禮，則必因其俗而利導之。「居山以魚鼈爲禮，居澤以鹿豕爲禮，君子謂之不知禮」。義所必革，則因其俗而變通之可也。

【孫氏集解】若夫，坐如尸，立如齊。

鄭氏曰：坐如尸，視貌正。立如齊，磬且聽也。齊，謂祭祀時。

孔氏曰：尸居神位，坐必矜莊。言人雖不爲尸，所在坐處，必當如尸之坐。人之立時雖不齊，亦當如祭前之齊，磬折屈身。案士虞禮云：「無尸者，主人哭，出，復位，祝闔牖户，如食間。」是祭時主人有聽法。

吴氏澄曰：祭之日，爲尸者有坐而無立，故坐以尸爲法；祭者有立而無坐，故立以齊爲法。

愚謂齊，鄭氏以祭時言，孔氏以祭前言。祭時有立無坐，故立言如齊，注説爲長。又注以「磬且聽」言。如齊，蓋謂祭祀之時，主人磬折致恭，而僾見愾聞如將受命然也。疏引士虞禮「祝闔户，如食間」，以釋注義，亦非是。尸之坐，齊之立，因事而致其敬者也。君子之坐立常如此，則整齊嚴肅，而惰慢邪僻之氣無自而入矣。○朱子曰：劉原父云：「大戴禮曾子事父母篇曰：『孝子惟巧變，故父母安之。若夫坐如尸，立如齊，弗訊不言，言必齊色，此成人之善者也，未得爲人子之道也。』此篇蓋取彼文，而『若夫』二字失於删去。鄭氏不知其然，乃謂二句爲丈夫之事，誤矣。」

禮從宜，使從俗。

鄭氏曰：事不可常也。

朱子曰：宜，謂事之所宜，若男女授受不親，而祭與喪則相授受之類。俗，謂彼國之俗，若魏李彪以吉服弔齊，齊裴昭明以凶服弔魏，蓋得此意。

愚謂禮之爲體固有一定，然事變不一，禮俗不同，故或權乎一時之宜，或隨乎他國之俗，又有貴乎變而通之者也。

【朱氏訓纂】若夫坐如尸，注：視貌正。正義：尸居神位，坐必矜莊。立如齊。注：磬且聽也。齊，謂祭祀時。劉原父曰：此乃大戴禮曾子事父母篇之辭，曰：「孝子惟巧變，故父母安之。若夫坐如尸，立如齊，弗訊不言，言必齊色，此成人之善者也，未得爲人子之道。」此篇蓋取彼文。「若夫」二字，失於删去。江氏永曰：齊，嚴敬貌。如齊者，正立自定，不跛不倚，儀禮所謂「疑立」是也。

禮從宜，使從俗。正義：皇氏曰，此二事爲君出使之法。禮從宜者，謂人臣奉命出使征伐之禮。梱外之事，將軍裁之。知可而進，知難而退，前事不可準定，貴從當時之宜也。使從俗者，爲君出聘之法，皆出土俗牲幣以爲享禮。土俗若無，不可境外求物，故云使從俗也。

一·五 ○**夫禮者，所以定親疏、決嫌疑、别同異、明是非也。禮不妄説人，**爲近佞媚也。君子説之不以其道，則不説也。○夫，音扶。凡發語之端皆然，後放此。疏，所居反，或作「疏」。決，徐古穴反。嫌，户恬反。别，彼列反，下注、下文同。説，音悦，又始悦反，注同。佞，乃定反，口才曰佞。媚，眉忌反，意向曰媚。**不辭費。**爲傷信。君子先行其言而後從之。○辭，本又作「詞」，同。説文以「詞」爲言詞之字；辭，不受也。後皆放此。費，芳味反，言而不行爲辭費。**禮不踰節，不侵侮，不好狎。**爲傷敬也。人則習近爲好狎。○侮，徐云撫反，輕慢也。好，呼報反，注同。**修身踐言，謂之善行，**踐，履也。言履而行之。○行，下孟反，下「行脩」同。**行修言道，禮之質也。**言道，言合於道。質，猶本也，禮爲之文飾耳。**禮聞取於人，不聞取人。**謂君人者。取於人，謂高尚其道；取人，謂制服其身。○取於，舊七樹反，謂趣就師求道也；皇如字，謂取師之道。取人，如字，謂制師使從己。**禮聞來學，不聞往教。**尊道藝。

【疏】「夫禮」至「往教」[一]。○正義曰：此一節總明治身立行，交接得否，皆由於禮，故以禮爲目，各隨文解之。

○「夫禮者，所以定親疏」者，五服之内，大功已上服麤者爲親，小功已下服精者爲疏，故周禮「小史掌定繫世，辨昭穆」也。

[一] 夫禮至往教　惠棟校宋本無此五字。○鍔按：「夫禮」上，阮校有「夫禮者節」四字。

○「決嫌疑」者，若妾爲女君期，女君爲妾，若報之則太重[一]，降之則有舅姑爲婦之嫌，故全不服，是決嫌疑者。孔子之喪[二]，門人疑所服，子貢曰：「昔者夫子喪顔回，若喪子而無服。喪子路亦然，請喪夫子若喪父而無服。」是決疑也。

○「别同異」者，賀瑒云：「本同今異，姑、姊妹是也；本異今同，世母、叔母及子婦是也。」

○「明是非也」者，得禮爲是，失禮爲非。若主人未斂[三]，子游裼裘而弔，得禮是也；曾子襲裘而弔，失禮非也。但嫌疑、同異、是非之屬，在禮甚衆，各舉一事爲證，而皇氏具引，今亦略之。

○「禮不妄説人」者，禮動不虚。若説人之德則爵之，問人之寒則衣之。若無爵無衣，則爲妄説，近於佞媚也。

[一] 女君爲妾若報之則太重　惠棟校宋本同，閩、監、毛本「報」誤「服」。案：喪服有「報」。程瑶田云「報者，同服相爲之名」，「是故以期報期，以大小功報大小功，以緦報緦，無此重彼輕之殊，故謂之報」。三本不知「報」義，妄改爲「服」，誤甚。

[二] 是決嫌疑者孔子之喪　閩、監、毛本同。惠棟校宋本「嫌」下有「也」字，無「疑者」二字，是也，衛氏集説同。

[三] 若主人未斂　閩、監、毛本同，考文引宋板「斂」上有「小」字。○按：檀弓有「小」字。

○注「君子」至「説也」。○正義曰：論語文，孔子曰：「君子説之不以其道，則不説也。」不以其道説之，是妄説，故君子不説也。引證經「禮不妄説人」之事。

○「不辭費」者[一]，正義曰：凡爲人之道，當言行相副。今直有言而無行，爲辭費。

○「禮不」至「好狎」。○禮者，所以辨尊卑，别等級，使上不逼下，下不僭上，故云「禮不踰越節度」也。「不侵侮」者，禮主於敬，自卑而尊人，故戒之不得侵犯侮慢於人也。

○「不好狎」者，賢者當狎而敬之，若直近而習之，不加以敬，則是好狎，故鄭云「習近爲好狎」也。

○「行脩」至「質也」。○凡爲禮之法，皆以忠信仁義爲本，禮以文飾[二]。「行脩」者，忠信之行脩。「言道」者，言合於仁義之道。質，本也，則可與禮爲本也。

○「禮聞取於人，不聞取人」者，熊氏以爲此謂人君在上招賢之禮，當用賢人德行，不得虚致其身。禮聞取於人者，謂禮之所聞，既招致有賢之人，當於身上，取其德行，用爲政教。不聞直取賢人，授之以位，制服而已。故鄭云「謂君人者」。皇氏以爲人君取師受學之法，取於人，謂自到師門取其道藝。

[一] 不辭費者　閩、監、毛本同，惠棟校宋本無「者」字。

[二] 禮以文飾　閩、監、毛本同，考文引宋板「以」下有「爲」字。○按：當作「文」下有「爲」字，考文誤。

○「禮聞來學，不聞往教」[一]。○「禮聞來學」者，凡學之法，當就其師處，北面伏膺。「不聞往教」者，不可以屈師親來就己。故鄭云「尊道藝」也。

【衛氏集説】夫禮者，所以定親疏、決嫌疑、别同異、明是非也。

孔氏曰：自此至「往教」一節，總明人之所行，皆當由禮，故以禮爲目。「定親疏」者，五服之内，大功已上，服麤者爲親；小功已下，服精者爲疏。故周禮「小史掌定繫世，辨昭穆」也。「決嫌疑」者，若妾爲女君期，女君爲妾，若服報之則太重，降之則有舅姑爲婦之嫌，故全不服，是決嫌也。孔子之喪，門人疑所服，子貢引夫子喪顏淵若喪子而無服，喪子路亦然，請喪夫子若喪父而無服，是決疑也。「别同異」者，本同今異，姑、姊妹是也；本異今同，世母、叔母及子婦是也。「明是非」者，得禮爲是，失禮爲非。若主人未小斂，子游裼裘而弔，得禮是也；曾子襲裘而弔，失禮非也。但嫌疑、同異、是非之屬，在禮甚衆，各舉一事爲證。

藍田吕氏曰：伯母、叔母疏衰，踊不絶地；姑、姊妹之大功，踊絶於地；爲祖父母齊衰期，爲曾祖父母齊衰三月，此所以「定親疏」也。嫂叔不通問，嫂叔無服；君沐粱，大夫沐稷，士沐粱；燕，不以公卿爲賓，以大夫爲賓，此所以「決嫌疑」也。己之子與兄弟

[一] 禮聞來學不聞往教　惠棟校宋本此節以上爲第一卷，卷末標「禮記正義卷第一終」。案：各本俱六十三卷，故無此標題。惠棟又記云「凡十三頁」。

之子異矣，引而進之，同服齊衰期；天子至於庶人，其貴賤異矣，而父母之喪、齊疏之服、饘粥之食無貴賤，一也；大夫爲世父母、叔父母、衆子、昆弟、昆弟之子降服大功，尊同則不降，此所以「别同異」也。禮之所尊，尊其義也。其文是也，其義非也，君子不行也；其義是也，其文非也，君子行也。故「麻冕，禮也，今也純，儉，吾從衆」，「男女不授受，禮也，嫂溺，則援之以手」，此所以「明是非」也。

馬氏曰：喪期有遠近之殺，宗廟有遷毁之制。恩之隆者，服之三年而不以爲厚；族之遠者，殺於袒免而不以爲薄，所以因人情而定親疏也。宗廟之儀，迎牲而不迎尸，燕飲之禮，宰夫爲獻主，而以大夫爲賓，所以斷君臣之疑。男女非有行媒不相知名，非受幣不交不親，所以别男女之嫌。凡爲此者，所以「決嫌疑」也。夫同異、是非之所以不明者，以無主於内也，故曰「規矩誠設，不可欺以方圓；繩墨誠陳，不可欺以曲直」，又曰「欲察物而不由禮，弗之得矣」。有禮，則有主於内，同異、是非之際，判然可辨矣，故曰「無節於内者，觀物弗之察矣」。

石林葉氏曰：親疏，位也；嫌疑，情也，故言「定」言「決」。同異，事也，故言「别」。是非，理也，故言「明」。禮至於明，則禮之達也。

永嘉戴氏曰：夫禮者，定天下之邪正。凡天下之事，其疑似而難明，參差而不齊，可否而莫之定者，皆取證於禮，非但爲制禮言也。其定於禮，何也？定於理而已矣。

王氏子墨曰：天下之事，使其自有定分，即禮矣，又奚取必於禮？惟其在疑似之間，人所易惑而不能處者，於是一舉而斷之以禮，而後天下定，何也？禮無心而人有情也。方圓曲直，固不假規矩繩墨者，然毫釐之差，非質之規矩繩墨，則容有可欺者矣。夫子作春秋，褒貶之際，斷然不易，蓋作春秋者，夫子也，所以爲褒貶者，非夫子也，禮也。後世之褒貶，乃以意爲之，宜其紛紛無定論。

費氏曰：樂統同，禮辨異，故禮主乎辨，所以辨天下之理，使之各得其當也。夫物理各有攸當，物理之自然也，聖人制禮，亦因其自然而辨之，使不亂耳。人不能無親疏，理之自然也，聖人制禮以定之，而人處親疏之間，無不得其當，如五服之制，有精麤重輕之類是也。事不能無嫌疑，理之自然也，聖人制禮以決之，而人處嫌疑之際，無不得其當，如「男女不親授受」「嫂叔不通問」之類是也。同異有自然之理，聖人制禮以別之，而同異判然得其當，如車服器用之有等殺、鼎俎籩豆之有奇耦之類是也。是非有自然之理，聖人制禮以明之，而是非昭然得其當，如「麻冕，禮也，今也純，儉，吾從衆」之類是也。夫親疏、嫌疑、同異、是非，非聖人之所爲也，特因其理之所在而定之、決之、別之、明之而已爾，故曰「禮者，理也」。

長樂陳氏曰：易曰「陰疑於陽」，又曰「爲其嫌於無陽」，燕義曰「不以公卿爲賓，爲疑也，明嫌之義也」，蓋兩物相似爲疑，以此兼彼爲嫌。

禮不妄説人，不辭費。禮不踰節，不侵侮，不好狎。

鄭氏曰：不妄説人，爲近佞媚也。君子説之不以其道，則不説也。辭費，爲傷信。君子先行其言而後從之。好狎，爲傷敬。

孔氏曰：禮動不虚，若説人之德則爵之，問人之寒則衣之，若無爵無衣，則爲妄説。爲人當言行相副，有言無行爲辭費。禮者，所以辨尊卑、别等級，使上不逼下、下不僭上，故云「禮不踰越節度」也。「不侵侮」者，禮主於敬，自卑而尊人，故戒之不得侵犯侮慢於人也。賢者當狎而敬之，若直近而習之，不加於敬，則是好狎。

藍田吕氏曰：「妄説人」者，説之不以道也。「辭費」者，情不直也。踰節，則長幼、貴賤、親疏亂矣，啓侵之道也。好狎，則親暱、慢易之心生矣，啓侮之道也。儉者自約而不侵人，恭者自下而不侮人，故君子之恭儉，不侵侮於人，人無侵侮之者，所謂「我不欲人之加諸我，予亦欲無加諸人」也，三者不除，則行不脩。

長樂劉氏曰：五常之道，同本乎性，待禮然後著，而不可挾之以七情也。挾之以情者，則是以禮妄説於人也。辭費而輕義也，踰節以縱欲也，侵侮以慢人也，狎玩以喪德也。情作於心，斯賊其性，五常之道，由之以亡，則禮失其本，枝葉曷從而生？

永嘉周氏曰：禮者，正而已矣。妄説人，非正也；辭費，非正也。何也？今人之所以妄説人者，不有求於人，必欲逭己責也。人之所以辭費者，不有矜己能，必欲辭己過也。

君子無求而安於命，不矜而過必改。説以其道者，正説也；辭取其達者，正辭也。禮者分而已矣，居下而犯上，則踰上之節，不知下之分也；居上而逼下，則踰下之節，不知上之分也。侵侮者失人，不知人之分也；好狎者失己，不知己之分也。君子明禮而知分，故居上不驕，爲下不亂，與人不争，處己必敬，其所以作事可法，容止可觀，而爲萬夫之望者也。

廬陵胡氏曰：禮不妄説人，惡容説也。不辭費，禮雖不可輕費妄用，亦不可以煩費爲辭，貴於合禮。説文云：「辭，不受也。」

新安朱氏曰：禮有常度，不爲佞媚以求説於人也。不辭費，辭達則止，不貴於多。不好狎，狎謂親褻。

毛氏信卿曰：禮不能不説人，特不妄説耳。禮不能無辭，但不費辭耳。説之以道，何惡於説？辭達而已，何惡於辭？

石林葉氏曰：説人不以其道，則其言多而煩也。故不妄説人，則無辭費。處非其分，則終必至於凌物也。故不踰節，則無狎侮於人，無狎侮於人，故能脩身。無辭費，故能踐言，踐言而行之，則行可久，言可道，此禮之本所以立也。

金華應氏曰：不妄説人，不辭費，所以養其正大簡易之心也。不踰節，所以致其審謹密察之功也。不侵侮，不好狎，所以持其莊敬純實之誠也。

馬氏曰：辭者，達意而已，非君子之所尚也。費則過辭，而傷於信矣。禮所以有節者，以其不敢過也，故喪非不能極隆而終於三年者，爲其不敢過哀也。一獻之禮，賓主百拜，終日飲酒而不得醉者，爲其不敢過樂也。凡爲此者，皆所以不踰節。

金華邵氏曰：禮所以防人之情，妄以説人，則與情俱靡矣。禮不可以菲廢，有費而辭，則以菲廢禮矣。東坡曰：「用器之爲便，而祭器之爲貴。褻衣之爲便，而衮冕之爲貴。哀欲其速，而伸之三年。樂欲其不已，而不得終日。」此「不妄説人」之謂也。或貴於多而大，或貴於高而文，庭實旅百之儀，四海九州之薦，此「不辭費」之謂，舊説以爲不費於言辭，豈經意乎？踰節不已，則至於僭上逼下；侵侮不已，則至於紛争鬭辨；好狎不已，則至褻瀆慢忽。禮皆在所禁焉。

永嘉戴氏曰：孟子曰：「禮之實，節文斯二者。」禮者，節文之謂也，故禮亦謂之節，猶規矩防閑不可越也。書曰：「德盛不狎侮。」故狎侮人者，皆德薄者也。數侵侮人，而好與人狎，不特失人，必且失己，其爲無禮也大矣。

脩身踐言，謂之善行。行脩言道，禮之質也。

鄭氏曰：踐，履也。言履而行之。言道，言合於道。質，猶本也，禮爲之文飾耳。

孔氏曰：凡爲禮之法，皆以忠信仁義爲本，禮以爲文飾。「行脩」者，忠信之行脩。「言道」者，言合於仁義之道，則可與禮爲本也。

藍田呂氏曰：君子之善行，以脩身踐言爲之本，其行禮也，以行脩言道爲之本。以是爲質，則所見於外者皆文也。

長樂劉氏曰：敬用乎五事，所以脩身也；允蹈乎五常，所以踐言也。是禮有其本，可謂善行矣。行以此脩，則言協於道。禮之體質，於是成矣。

永嘉周氏曰：人不可以不爲善也，雖小善而必爲，然後能爲大善。舜之所以爲舜者，以其樂取諸人以爲善，聞一善言，見一善行，從之莫能禦也。然則如之何斯可以爲善矣？曰：脩身也，踐言也。脩身者必敬，踐言者必忠。忠與敬者，爲善之大端，入德之要也，故謂之善行。行篤敬，則行脩矣；言忠信，則言道矣。故曰「義以爲質，禮以行之」，又曰「忠信之人，可以學禮」。此行脩、言道，所以爲禮之質也。苟無其質，雖習於曲禮威儀之多，君子不謂之知禮。

金華應氏曰：曲禮三千，以敬爲首，然容貌辭氣，雖持敬之所先，而脩身踐言謂之善行，尤爲禮之所本。故自「安民」而下，歷陳夫長敖、從欲、志滿、樂極之戒，與夫事賢、交衆、持己、接物之道。凡皆所以脩身善行，而不欲從事於空言焉，是所以爲禮之質也。不反之於質，而徒區區於繁文末節之間，亦外焉而已。

嚴陵方氏曰：禮之文，則見乎事；禮之質，則存乎人。言行，存乎人者也，故曰「禮之質」也。樂記又以中正無邪爲禮之質者，蓋惟行脩言道，乃能中正無邪。曲禮言其始，樂記言其終，所以爲質，則一也。

禮聞取於人，不聞取人。禮聞來學，不聞往教。

鄭氏曰：謂君人者。取於人，謂高尚其道；取人，謂制服其身。來學不往教，尊道藝。

横渠張氏曰：行脩言道，則當爲人取，不務徇物强施，以引取乎人，故往教妄説，皆取人之弊也。

藍田吕氏曰：禮聞取於人，不聞取人，學者之道也；禮聞來學，不聞往教，教者之道也。取，猶致也。致於人者，我爲人所致而教之，在教者言之，則來學者也。取人者，我致人以教己，在教者言之，則往教者也。猶言勞心者治人，乃我治其人；勞力者治於人，乃我爲人所治也。師嚴然後道尊，道尊然後民知敬學，致人以教己，非誠有志於學也。學而非誠，則教亦無益，此其所以不可也。古者友不可以有挾也，況於師乎？雖天子不召師，況於學者乎？

永嘉周氏曰：君子有財以給天下之求，有道以應天下之問，其心必欲無一夫之不獲其所，而天下之人皆至於道。聖人在上，則行其道；聖人在下，則懷其志。故堯、舜所以猶病於博施濟衆，而孔子乃於其「老者安之，朋友信之，少者懷之」，此豈取人而往教所得周哉？蓋取人則失己，往教則枉道，聖人中道而立，使天下之人皆得取於我而來學，以求正焉，則己立而給不匱，道大而應無方，然後天下之人皆得與被其澤。

長樂陳氏曰：禮聞取於人，不聞取人，所以勉其學者。禮聞來學，不聞往教，所以戒其教者。

馬氏曰：夫規矩準繩之所以爲平者，謂夫物以爲揆而不揆乎物也。君子正己爲法於後世，亦猶規矩準繩而已，故曰「天下有道，以道狥身；天下無道，以身狥道。未聞以道狥乎人也」。取人而不取於人，則所謂狥乎人者也。孟子曰：「爲其多聞也，則天子不召師，而況諸侯乎？」君子所以不往教者，非矜奮以自高也，其禮然也。

廬陵胡氏曰：取於人，以身下人也，舜取於人以爲善是也。取人，謂屈人從己，齊王欲見孟子，而使之朝是也。禮聞來學，不聞往教，漢孫寶答張忠云：「君男欲學文，而移寶自近。禮有來學，義無往教，道不可詘」是也。

新安朱氏曰：此雖兩節，其實互明一事也。取於人者，童蒙求我，朋自遠來也。取人者，好爲人師，我求童蒙也。禮有取於人，所以彼有來學；無取人，所以我無往教也。

永嘉戴氏曰：夫取者，非取諸人，爲善之取，蓋可以取、可以無取之意也。夫物所以將禮，因物之不至而失禮者有之，故行禮者使人取於我，不當使我取於人。禮雖自卑而尊人，然師嚴然後道尊，道尊然後民知敬學。故學者當致敬盡禮，潔己以求進，毋寧教者卑辭悦色，俯首以求售其説也。禮不聞往教，在己者若過高；不聞取人，在己者無所利。

故禮之所以爲可貴也。

王氏子墨曰：取於人，不聞取人，爲有餘者言也；聞來學，不聞往教，爲不足者言也。道者，天下之所共，而欲爲君子者，人心所同。有餘者教人，不足者求教於人，此亦理之當然者也。有餘者不以與人，是以道自私，而不與天下同爲君子也。不足者不肯尊師，是自遠於道，而不以君子待其身也。二者之失，宜若不足者之所急，而非有餘者之患。然使己爲君子，而使衆人不與焉，其用心果安在哉？亦有道所不取也。

【吴氏纂言】夫禮者，所以定親疏、決嫌疑、别同異、明是非也。

孔氏曰：「定親疏」者，五服之内，大功以上服麄者爲親，小功以下服精者爲疏。「決嫌疑」者，若妾爲女君期，女君爲妾，若報之則大重，降之則有舅姑爲婦之嫌，故全不服，是決嫌也。孔子之喪，門人疑所服，子貢引夫子喪顔淵若喪子而無服，喪子路亦然，請喪夫子若喪父而無服，是決疑也。「别同異」者，本同今異，姑、姊妹是也；本異今同，世母、叔母及子婦是也。「明是非」者，得禮爲是，失禮爲非。若主人未小斂，子游裼裘而弔，得禮而是；曾子襲裘而弔，失禮而非。但嫌疑、同異、是非之屬，在禮甚衆，各舉一事爲證。

吕氏曰：伯母、叔母疏衰，踊不絶地；姑、姊妹之大功，踊絶於地；爲祖父母齊衰期，爲曾祖父母齊衰三月，此所以「定親疏」也。嫂叔不通問，嫂叔無服；君沐粱，大夫沐稷，士沐粱；燕，不以公卿爲賓，以大夫爲賓，此所以「決嫌疑」也。己之子與兄弟之子異矣，引而進之，同服齊衰期；天子至於庶人，貴賤異矣，而父母之喪、衰疏之服、饘粥之食無貴賤，一也；大夫爲世父母、叔父母、衆子、昆弟、昆弟之子降服大功，尊同則不降，此所以「别同異」也。禮之所尊，尊其義也。其文是也，其義非也，君子不行也；其義是也，其文非也，君子行之。故「麻冕，禮也，今也純，儉，吾從衆」「男女不授受，禮也，嫂溺，則援之以手」，此所以「明是非」也。

費氏曰：人不能無親疏，定之如五服之制，有精麤輕重之類是也。事不能無嫌疑，決之如「男女不親授」「嫂叔不通問」之類是也。理有同異是非别之，而判然如車服器用之有等殺、鼎俎籩豆之有奇耦之類是也。明之而昭然如「麻冕，禮也，今也純，儉，吾從衆」之類是也。

馬氏晞孟曰：喪期有遠近之數，宗廟有遷毁之制。恩之隆者，服之三年而不爲厚；族之遠者，殺於袒免而不爲薄。定親疏也。宗廟之儀，迎牲而不迎尸，燕飲之禮，宰夫爲獻主，而以大夫爲賓，所以斷君臣之疑。男女非有行媒，不相知名，非受幣不交不親，所以别男女之嫌。決嫌疑也。

陳氏曰：兩物相似爲疑，以此兼彼爲嫌。

葉氏夢得曰：親疏，位也；嫌疑，情也：故言「定」言「決」。同異，事也，故言「别」。

是非，理也，故言「明」。

澄曰：定親疏，禮之仁也。決嫌疑，禮之義也。别同異，禮之禮也。明是非，禮之智也。

禮不妄説人，不辭費。禮不踰節，不侵侮，不好狎。

邵氏淵曰：禮所以防人之情，妄以悦人，則與情俱靡矣。禮不可以菲廢，有費而辭，則以菲廢禮矣。用器之爲便而祭器之爲貴，褻衣之爲便而衮冕之爲貴。哀欲其速而伸之三年，樂欲其不已而不得終日，此不妄説人之謂。或貴於多而大，或貴於高而文。庭實旅百之儀，四海九州之薦，此不辭費之謂。舊説以爲不費於言辭，豈經意乎？踰節不已，則至於僭上逼下；侵侮不已，則至於紛争鬭辨；好狎不已，則至於褻瀆慢忽。禮皆在所禁焉。

胡氏銓曰：禮雖不可輕費妄用，亦不可以煩費爲辭，貴於合禮。

澄曰：或謂「説人」之「説」，當與檀弓「税人」之「税」同，謂以物遺人也。妄説，謂不當説而説之。辭與「不辭貧」「不辭賤」之「辭」同，費與「不問其所費」之「費」同。用財以行禮，於所不當用者，妄以説人而無所揆度，是不當用而用也。於所當用者，辭以費之多而有所吝惜，是當用而不用也。一過一不及，皆非禮也。節，如竹之節，謂有分限。不逾者，不可不及，亦不可過。或嚴而苛，由侵刻而至於凌侮，是剛惡也；或和而流，由歡好而全於褻狎，是柔惡也：二者亦皆非禮。

脩身踐言，謂之善行。行脩言道，禮之質也。

鄭氏曰：踐，履也，謂履而行之。言道，言合於道。質，猶本也，禮爲之文飾爾。

孔氏曰：凡爲禮之法，皆以忠信仁義爲本，禮以爲文飾。行脩者，忠信之行脩。言道者，言合於仁義之道，則可與禮爲本也。

吕氏曰：君子之善行，以脩身踐言爲之本。其行禮也，以行脩言道爲之本。以是爲質，則所見於外者皆文也。

應氏曰：曲禮三千，以敬爲首。然容貌辭氣，雖持敬之所先，而脩身踐言謂之善行，尤爲禮之所本。故自「安民」而下，歷陳長敖、從欲、志滿、樂極之戒，與夫事賢、交衆、持己、接物之道，皆所以脩身善行，而爲禮之質也。不反之於質，而徒區區於繁文末節之間，亦外焉而已。

禮聞取於人，不聞取人。禮聞來學，不聞往教。

朱子曰：此雖兩節，其實互明一事也。取於人者，童蒙求我，朋自遠來也。取人者，好爲人師，我求童蒙也。禮有取於人，所以彼有來學；無取人，所以我無往教也。

吕氏曰：禮聞取於人，不聞取人，學者之道。禮聞來學，不聞往教，教者之道也。取，猶致也。取於人者，我爲人所致而教之，在教者言之，則來學者也。取人者，我致人以教己，在教者言之，則往教者也。

陳氏祥道曰：上二句勉學者，下二句戒教者。

【陳氏集説】**夫禮者，所以定親疏、決嫌疑、別同異、明是非也。** 疏曰：五服之内，大功以上服麤者爲親，小功以下服精者爲疏。若妾爲女君期，女君爲妾，若服之則太重，降之則有舅姑爲婦之嫌，故全不服，是決嫌也。孔子之喪，門人疑所服，子貢請若喪父而無服，是決疑也。本同今異，姑、姊妹是也；本異今同，世母、叔母及子婦是也。得禮爲是，失禮爲非。若主人未小斂，子游裼裘而弔，得禮是也；曾子襲裘而弔，失禮非也。**禮不妄説人，不辭費。** 求以悦人，已失處心之正，況妄乎？不妄悦人，則知禮矣。躁人之辭多，君子之辭達意則止。言者煩，聽者必厭。**禮不踰節，不侵侮，不好狎。** 踰節則招辱，侵侮則忘讓，好狎則忘敬，三者皆叛禮之事。不如是，則有以持其莊敬純實之誠，而遠於恥辱矣。**修身踐言，謂之善行。行修言道，禮之質也。** 人之所以爲人，言行而已。忠信之人，可以學禮，故曰「禮之質也」。鄭氏曰：言道，言合於道也。**禮聞取於人，不聞取人。禮聞來學，不聞往教。** 朱子曰：此與孟子治人、治於人、食人、食於人語意相類。「取於人」者，爲人所取法也；「取人」者，人不來而我引取之也。來學往教，即其事也。

【納喇補正】**夫禮者，所以定親疏、決嫌疑、別同異、明是非也。**

集説　引疏曰：「五服之内，大功以上服麤者爲親，小功以下服精者爲疏。若妾爲女君期，女君爲妾，若服之則太重，降之則有舅姑爲婦之嫌，故全不服，是決嫌也。孔子之喪，門人疑所服，子貢請若喪父而無服，是決疑也。本同今異，姑、姊妹是也；本異今同，世母、叔母及子婦是也。得禮爲是，失禮爲非。若主人未小斂，子游裼裘而弔，得禮是也；曾子襲裘而弔，失禮非也。」

竊案 禮指五禮，不特喪禮爲然。疏以喪禮明之，謂餘可類推耳。集説惟引喪以釋之，近陋。

禮不踰節，不侵侮，不好狎。

集説 踰節則招辱，侵侮則忘讓，好狎則忘敬。

竊案 孔氏云：「禮所以辨尊卑，別等級，使上不過下，下不僭上，故云『禮不踰越節度』也。」永嘉周氏亦云：「禮者，分而已矣。居下而犯上，則踰上之節；居上而偪下，則踰下之節。」是不知上下之分也。然細繹「不踰節」之義，殆專爲犯上越分而言。乃集説反謂「踰節則招辱」，一似所謂恭過於禮者，失之遠矣。

禮聞取於人，不聞取人。禮聞來學，不聞往教。

集説 引朱子曰：「取於人者，爲人所取法也；取人者，人不來而我引取之也。來學往教，即其事也。」

竊案 黄氏玉巖日録云：記者兩舉禮聞，似不專明一事。注當云枉己者未有能正人者，故「禮聞取於人，不聞取人」。師嚴然後道尊，道尊然後民知敬學，故「禮聞來學，不聞往教」。又曰：取於人，若伊尹之三聘於成湯、傅説之爰立於高宗之類；取人，若韓愈之三上相書、張師德之兩及相門之類。

【方氏析疑】禮不踰節。

「踰節」與「踰等」異義，或當後者而先之，當緩者而急之，皆「踰節」也。如婦人職當縫紝，而有女縫裳，則風人刺之。

【江氏擇言】禮不妄説人，不辭費。

朱子云：禮有常度，不可爲媚以求説於人。辭達則止，不貴於多。

按：當從朱子説。不妄説人，若孟子不與王驩言。不辭費，若冠禮祝辭、昏禮戒女及主賓之辭、祝嘏之辭，皆不尚多也。

禮不踰節，不侵侮，不好狎。

按：「踰節則招辱」，未確，當云「踰節則無度」。

【欽定義疏】夫禮者，所以定親疏、決嫌疑、別同異、明是非也。

正義　孔氏穎達曰：自此至「往教」一節，總明人之所行，皆當由禮，故以禮爲目。

葉氏夢得曰：親疏，位也；嫌疑，情也，故言「定」言「決」。同異，事也，故言「別」。是非，理也，故言「明」。禮至於明，則禮之達也。

陳氏祥道曰：兩物相似爲疑，以此兼彼爲嫌。

朱氏申曰：親疏定，則分不差；嫌疑決，則情不壅；同異别，則文不雜；是非明，則理不蔽。

通論 孔氏穎達曰：「定親疏」者，五服之内，大功以上服麤者爲親，小功以下服精者爲疏。「決嫌疑」者，若妾爲女君期，女君爲妾，若報之則大重，降之則有舅姑爲婦之嫌，故全不服，是決嫌也。孔子之喪，門人疑所服，子貢引夫子喪顔淵若喪子而無服，喪子路亦然，請喪夫子若喪父而無服，是決疑也。「别同異」者，本同今異，姑、姊妹是也；本異今同，世母、叔母及子婦是也。「明是非」者，得禮爲是，失禮爲非。若主人未小斂，子游裼裘而弔，得禮而是；曾子襲裘而弔，失禮而非。但嫌疑、同異、是非之屬，在禮甚衆，各舉一事爲証。

吕氏大臨曰：伯母、叔母疏衰，踊不絶地；姑、姊妹之大功，踊絶於地；爲祖父母齊衰期，爲曾祖父母齊衰三月，此所以「定親疏」也。嫂叔不通問，嫂叔無服；君沐粱，大夫沐稷，士沐粱；燕，不以公卿爲賓，以大夫爲賓，此所以「别嫌疑」也。己之子與兄弟之子異矣，引而進之，同服齊衰期；天子至於庶人，貴賤異矣，而父母之喪、衰疏之服、饘粥之食無貴賤，一也；大夫爲世父母、叔父母、衆子、昆弟、昆弟之子降服大功，尊同則不降，此所以「别同異」也。禮之所尊，尊其義也。其文是也，其義非也，君子不行也；其義是也，其文非也，君子行之。故「麻冕，禮也，今也純，儉，吾從衆」，「男女不授受，禮也，嫂溺則援之以手」，此所以「明是非」也。

馬氏晞孟曰：喪期有遠近之殺，宗廟有遷毀之制。恩之隆者，服之三年而不爲厚；族之遠者，殺於袒免而不爲薄，「定親疏」也。宗廟之儀，迎牲而不迎尸；燕飲之禮，宰夫爲獻主，而以大夫爲賓，所以斷君臣之疑。男女非有行媒不相知名，非受幣不交不親，所以別男女之嫌，「決嫌疑」也。

案 周禮以吉禮事鬼神，以凶禮哀邦國，以賓禮親邦國，以軍禮同邦國，以嘉禮親萬民，則禮有五，所包甚廣，非特喪禮爲然。孔氏、呂氏舉喪禮言之，欲人類推耳，其實泛言禮之用也。

禮不妄説人，不辭費。

正義 鄭氏康成曰：不妄説人，爲近佞媚也。君子説之不以其道，則不説也。不辭費，爲傷信，君子先行其言而後從之。

朱子曰：禮有常度，不爲佞媚以求説於人也。不辭費，辭達則不貴於多。

毛氏信卿曰：禮不能不説人，特不妄説耳。禮不能無辭，但不費辭耳。説之以道，何惡於説？辭達而已，何惡於辭？

應氏鏞曰：皆所以養其正大簡易之心也。

陳氏澔曰：求以説人，已失處心之正，况妄乎？不妄説人，則知禮矣。躁人之辭多，君子之辭，達意則止。言者煩，聽者必厭。

存疑 孔氏穎達曰：禮動不虚，若説人之德則爵之，問人之寒則衣之。若無爵無衣，則爲妄説。爲人當言行相副，有言無行爲辭費。

胡氏銓曰：不辭費，禮雖不可輕費妄用，亦不可以煩費爲辭，貴於合禮。

吴氏澄曰：或謂「説人」與檀弓「税人」同，謂以物遺人也。妄説，謂不當説而説之。辭與「不辭貧」「不辭賤」之「辭」同。妄以説人而無所揆度，是不當用而用也。辭以費之多而有所吝惜，是當用而不用也。

禮不踰節，不侵侮，不好狎。

正義 鄭氏康成曰：爲傷敬也。

孔氏穎達曰：禮者，所以辨尊卑，别等級，使上不逼下，下不僭上，故云「禮不踰越節度」也。「不侵侮」者，禮主於敬，自卑而尊人，故不得侵犯侮慢於人也。賢者當狎而敬之，若直近而習之，不加於敬，則是好狎。

馬氏晞孟曰：喪終三年，不敢過哀也；一獻百拜，不敢過樂也：皆不踰節。

吴氏澄曰：節，謂有分限。不踰者，不可不及，亦不可過。或嚴而苛，由侵刻而至於凌侮，是剛惡也；或和而流，由歡好而至於褻狎，是柔惡也：二者亦皆非禮。

周氏行己曰：居下而犯上，則逾上之節；居上而逼下，則逾下之節。侵侮者失人，好狎者失己。君子居上不驕，爲下不倍，與人不争，處己必敬。

餘論　吕氏大臨曰：踰節，則長幼、貴賤、親疏亂矣，啓侵之道也。好狎，則親暱、慢易之心生矣，啓侮之道也。儉者自約而不侵人，恭者自下而不侮人。

脩身踐言，謂之善行。行脩言道，禮之質也。

正義　鄭氏康成曰：踐，履也，言履而行之。言道，言合於道。質，猶本也，禮爲之文飾耳。

孔氏穎達曰：忠信仁義爲本，禮以爲文飾。「行脩」者，忠信之行脩。「言道」者，言合於仁義之道，則可與禮爲本也。

陳氏櫟曰：脩身而能踐其言者，方謂之善行。躬行之行既脩，而所言又合於道，此行禮之本也。

朱氏申曰：脩身，故行脩。踐言，故言合於道。

陳氏澔曰：人之所以爲人，言行而已。忠信之人，可以學禮，故曰「禮之質也」。

通論　應氏鏞曰：曲禮三千，以敬爲首。故自「安民」而下，歷陳長敖、從欲、志滿、樂極之戒，與夫事賢、交衆、持己、接物之道，皆所以脩身善行，而爲禮之質也。不反之於質，而徒區區於繁文末節之閒，亦外焉而已。

方氏慤曰：樂記以中正無邪爲禮之質，蓋惟行脩言道，乃能中正無邪。曲禮言其始，樂記言其終。

禮聞取於人，不聞取人。禮聞來學，不聞往教。

正義 鄭氏康成曰：來學不往教，尊道藝也。

孔氏穎達曰：凡學之法，當就其師處，北面服膺，不可以屈師親來就己。

朱子曰：此與孟子治人、治於人、食人、食於人語意相類。「取於人」者，爲人所取法也。「取人」者，人不來而我引取之也。禮有取於人，所以彼有來學；無取人，所以我無往教。

陳氏櫟曰：彼有求道之誠，則尊嚴而道可傳。我有枉道之教，即褻瀆而道終不可傳也。

存疑 呂氏大臨曰：禮聞取於人，不聞取人，學者之道也。禮聞來學，不聞往教，教者之道也。取，猶致也。致於人者，我爲人所致而教之。在教者言之，則來學者也。取人者，我致人以教己，在教者言之，則往教者也。師嚴然後道尊，道尊然後民知敬學。友不可以有挾，況於師乎？雖天子不召師，況於學者乎？

存異 鄭氏康成曰：謂君人者。取於人，謂高尚其道；取人，謂制服其身。孔疏：熊氏云此謂人君招賢之禮。「取於人」，既招致賢人，當於身上，取其德行，用爲政教。不聞直取賢人，授之以位，制服而已。

朱氏申曰：上二句言尊君之禮，謂君道當爲人取法。

楊氏鼎熙曰：上以爲仕言，下以爲師言，謂皆自重也。

胡氏銓曰：取於人，以身下人，舜取於人以爲善是也。取人，謂屈人從己，齊王欲見孟子，而使之朝是也。

戴氏溪曰：可以取、可以無取之意，物所以將禮，因物之不至而失禮者有之，故行禮者使人取於我，不當使我取於人。

辨正 語類：問：「此説如何？」朱子曰：「據某所見，都只就教者身上説。取於人者，是人來求我，我因而教之。取人者，是我求人以教。取於人者，便是有朋自遠方來，童蒙求我。取人者，便是好爲人師，我求童蒙。」

案 事有兩端，故本文兩用「禮」字提起，意只一樣，故朱子合言之。若鄭謂「取人」者，制服其身，則與「往教」不類。朱氏謂君不可取人爲法，於義尤悖。周氏、戴氏以「取」爲取財，則聖人公溥未必以一人之財給天下之求。

【杭氏集説】夫禮者，所以定親疏、決嫌疑、别同異、明是非也。

孔氏穎達曰：自此至「往教」一節，總明人之所行皆當由禮，故以禮爲目。「定親疏」者，五服之内，大功以上服麤者爲親，小功以下服精者爲疏。「決嫌疑」者，若妾爲女君期，女君爲妾，若服之則大重，降之則有舅姑爲婦之嫌，故全不服，是決嫌也。孔子之喪，門人疑所服，子貢引夫子喪顏淵若喪子而無服，喪子路亦然，請喪夫子若喪父而無服，是決疑也。「别同異」者，本同今異，姑、姊妹是也；本異今同，世母及子婦是也。「明是非」者，得禮爲是，失禮爲非。若主人未小斂，子游裼裘而弔，得禮而是；曾子襲裘而弔，失禮而非。但嫌疑、同異、是非之屬，在禮甚衆，各舉一事爲證。

葉氏夢得曰：親疏，位也，嫌疑，情也，故言「定」言「決」。同異，事也，故言「别」。是非，理也，故言「明」。禮至於明，則禮之達也。

陳氏祥道曰：兩物相似爲疑，以此兼彼爲嫌。

朱氏申曰：親疏定則分不差，嫌疑決則情不壅，同異别則文不雜，是非明則理不蔽。

吕氏大臨曰：伯母、叔母疏衰，踊不絶地；姑、姊妹之大功，踊絶於地；爲祖父母齊衰期，爲曾祖父母齊衰三月，此所以「定親疏」也。嫂叔不通問，嫂叔無服；君沐粱，大夫沐稷，士沐粱；燕，不以公卿爲賓，以大夫爲賓，此所以「别嫌疑」也。己之子與兄弟之子異矣，而引進之，同服齊衰期；天子至於庶人，貴賤異矣，而父母之喪、齊疏之服、饘粥之食，無貴賤，一也；大夫爲世父母、叔父母、衆子、昆弟、昆弟之子降服大功，尊同則不降，此所以「别同異」也。禮之所尊，尊其義也。其文是也，其義非也，君子不行也；其義是也，其文非也，君子行之。故「麻冕，禮也，今也純，儉，吾從衆」；「男女不授受，禮也，嫂溺，則援之以手」，此所以「明是非」也。

馬氏晞孟曰：喪期有遠近之殺，宗廟有遷毀之制。恩之隆者，服之三年而不爲厚；族之遠者，殺於袒免而不爲薄，定親疏也。宗廟之儀，迎牲而不迎尸，燕飲之禮，宰夫爲獻主，而以大夫爲賓，所以斷君臣之疑。男女非有行媒不相知名，非受幣不交不親，所以別男女之嫌，決嫌疑也。

姚氏際恒曰：徐伯魯曰：「孔氏曰『嫌疑、同異、是非之屬，在禮甚衆，今姑各舉一事爲證』。愚按疏義如此，而集說引之不詳，遂使讀者謂此章專爲喪禮而發，誤矣。」按，徐氏之說是已，然疏獨引喪禮，誤在疏而不在集說，咎集說不當引則可，奈何咎其引之不詳乎？疏見集說。

姜氏兆錫曰：費氏曰：「樂統同，禮辨異，主於辨天下之理，使各得其當也。定親疏，如五服有精麤重輕之類；決嫌疑，如男女不親授、嫂叔不通問之類；別同異，如車服器皿有等殺、鼎俎籩豆有奇耦之類；明是非，如冕純從衆、拜上違衆之類。凡皆因其理之自然而爲之，故曰『禮者，理也』。」按，前後章多言禮之節目，而此章特言禮之指歸。諸篇言禮，皆匯于此，乃五禮之綱維、萬事之總會也。疏姑引服制，以例言之，讀者勿以辭害意，則得矣。後凡引以明例者放此。

任氏啟運曰：四者所該甚廣，由吕說而推類以盡其餘，且究其所以然之故，則于禮意亦庶乎得之矣。

齊氏召南曰：按疏文以決嫌、決疑分證，陳氏集説引此條甚明，此句當作「是決嫌也」，與下「是決疑也」相對。

禮不妄説人，不辭費。

陳氏澔曰：求以説人，已失處心之正，況妄乎？不妄説人，則知禮矣。躁人之辭多，君子之辭，達意則止。言者煩，聽者必厭。

吴氏澄曰：或謂「説人」與檀弓「税人」同，謂以物遺人也。妄説，謂不當説而説之。辭與「不辭貧」「不辭賤」之辭同。妄以説人而無所揆度，是不當用而用也。辭以費之多而有所吝惜，是當用而不用也。

姚氏際恒曰：此二句下三句，兩舉「禮」字，各一例。禮不妄求説人，辭即「辭命」之「辭」，不煩費以爲佞，亦不妄説人之類也。胡邦衡謂不辭煩費，殊與聖人寧儉之旨反。且貧者不以貨財爲禮，不可通矣。吴幼清之祖以「説」作「税」，謂以物遺人，妄説人是不當用而用，辭費是當用而不用，益穿鑿。孫文融評「辭費」二字爲例字法，知言哉。

姜氏兆錫曰：禮以遠恥辱，邦家必遠可也，豈妄説人乎？躁人之辭多，若君子達意則止矣。

尹氏需曰：不辭費，言禮固不妄悦人，而有時當爲人而費，亦所不辭。鄭謂一作詞不多言以傷信，似與上句不類。

禮不踰節，不侵侮，不好狎。

周氏行已曰：居下而犯上，則踰上之節；居上而偪下，則踰下之節。侵侮者失人，好狎者失己。君子居上不驕，爲下不亂，與人不争，處己必敬。

吴氏澄曰：節謂有分限。不踰者，不可不及，亦不可過。或嚴而苛，由侵刻而至於陵侮，是剛惡也；由歡好而至於褻狎，是柔惡也：二者亦皆非禮。

朱氏軾曰：妄説者過，禮足恭是也；辭費者不及，禮簡棄是也。踰節承妄説，惟務以説人，故踰越節度；侵侮承辭費，惟簡棄放蕩，故侮人狎人。費兼貨財筋力言。

姜氏兆錫曰：踰節過于禮，侵侮好狎不及于禮，中則無過，恭則不侮，敬則不瀆，如是乃守其齊莊中正，而遠於恥辱矣。　又曰：應氏曰：「不妄悦人，不辭費，所以養其正大簡易之心；不踰節，所以致其審謹密察之功也；不侵侮，不好狎，所以持其莊敬純實之誠也。」

方氏苞曰：「踰節」與「踰等」異義，或當後者而先之，當緩者而急之，皆踰節也。如婦人職當縫紝，而有女縫裳，則風人刺之。

修身踐言，謂之善行。行修言道，禮之質也。

陳氏櫟曰：修身而能踐其言者，方謂之善行。躬行之行既修，而所言又合於道，此行禮之本也。

朱氏申曰：修身故行修，踐言故言合於道。

姜氏兆錫曰：修身以踐其言，則行修而言以道矣，所謂「言忠信、行篤敬」也。忠信之人可以學禮，故爲禮之本質。此與篇首諸章敬、義之意略同。

禮聞取於人，不聞取人。禮聞來學，不聞往教。

孔氏穎達曰：凡學之法，當就其師處，北面服膺，不可以屈師親來就己。

朱子曰：此與孟子治人、治於人、食人、食於人語意相類。取於人者，爲人所取法也；取人者，人不來，而我引取之也。禮有取于人，所以彼有來學；無取人，所以我無往教。

朱氏申曰：上二句言尊君之禮，謂君道當爲人取法。

陳氏櫟曰：彼有求道之誠，則尊嚴而道可傳；我有枉道之教，即褻瀆而道終不可傳也。

楊氏鼎熙曰：上以爲仕言，下以爲師言，謂皆自重也。

姚氏際恒曰：朱仲晦曰：「此兩段其寔互明一事。取于人者，童蒙求我；取人者，我求童蒙。取于人，所以彼有來學；無取人，所以我無往教。」黄叔陽曰：「記者兩舉『禮聞』，似不專明一事。禮聞取于人，必待君求而後出；不取于人，必不枉道以徇人。

禮聞來學，童蒙求我；不聞往教，匪我求童蒙。」按：朱説合四句爲一，黄説分四句爲二，皆有未安。此處二「禮」字，既各一例，四「聞」字又共一例，分而合者也。陳用之曰：「禮聞取于人，不聞取人，所以勉其學者；禮聞來學，不聞往教，所以戒其教者。」此説得之。

陸氏奎勳曰：黄氏玉巖日録云：「記者兩舉禮文，似不專明一事。」愚謂此以入仕言，伊尹三聘而就湯，取於人也；若割烹要湯，則取人矣。

任氏啟運曰：學至成己，則自然及物，然彼不知來學，亦無往教之理。若夫學未至，而好爲人師，則自足而不復有進，尤人之大患也。

齊氏召南曰：皇、熊既各爲説，朱子又謂「取于人，爲人所取法也；取人，人不來而我引取之也」，與下一例。

【孫氏集解】夫禮者，所以定親疏、決嫌疑、别同異、明是非也。

孔氏曰：「定親疏」者，五服之内，大功以上服麤者爲親，小功以下服精者爲疏。「決嫌疑」者，若妾爲女君期，女君爲妾，若報之則大重，降之則有舅姑爲婦之嫌，故全不服，是決嫌也。孔子之喪，門人疑所服，子貢請喪夫子若喪父而無服，是決疑也。「别同異」者，本同今異，姑、姊妹是也；本異今同，世母、叔母及子婦是也。「明是非」者，得禮爲是，失禮爲非。若主人未小斂，子游裼裘而弔是也；曾子襲裘而弔，非也。但嫌疑、同異、是非之屬，在禮甚衆，各舉一事爲證，而皇氏具引，今亦略之。

愚謂彼此相淆謂之嫌，是非相似謂之疑。四者所該甚廣，孔氏各舉喪禮一端以言之，其餘亦可以類推矣。

禮不妄説人，不辭費。

鄭氏曰：不妄説人，爲近佞媚也。不辭費，爲傷信。

朱子曰：禮有常度，不爲佞媚以求説於人也。辭達則止，不貴於多。

禮不踰節，不侵侮，不好狎。

鄭氏曰：不好狎，爲傷敬也。

孔氏曰：禮者所以辨尊卑、别等級，使上不逼下、下不僭上，故不踰越節度。禮主於敬，自卑而尊人，故不得侵犯侮慢於人也。

朱子曰：狎，謂親褻。

愚謂禮主於恭敬退讓，踰節則上僭，侵侮則不讓，好狎則不敬。

脩身踐言，謂之善行。行脩言道，禮之質也。

鄭氏曰：踐，履也。言履而行之。言道，言合於道。質，本也，禮爲之文飾耳。

孔氏曰：禮以忠信仁義爲本，禮爲文飾。忠信之行脩，言合於仁義之道，則可與禮爲本也。

愚謂脩身踐言，脩身以踐其所言也。行顧言則行無不脩矣，言顧行則言皆合道矣。人之言行篤實，乃行禮之本，所謂「忠信之人，可以學禮」也。

禮聞取於人，不聞取人。禮聞來學，不聞往教。

鄭氏曰：禮不往教，尊道藝。

朱子曰：取於人者，爲人所取法也。取人者，人不來而我引取之也。禮聞取於人，故有來學；不聞取人，故無往教。

愚謂君子有教無類，然必彼有求道之心，而後我之教有所施，若往而教之，則道不尊而教不行矣。

【朱氏訓纂】夫禮者，所以定親疏，決嫌疑，别同異，明是非也。正義：「定親疏」者，五服之内，大功已上服麤者爲親，小功已下服精者爲疏。「決嫌疑」者，若妾爲女君期，女君爲妾，報之則太重，降之則有舅姑爲婦之嫌，故全不服，是決嫌也。孔子之喪，門人疑所服。子貢曰：「昔者夫子喪顔回，若喪子而無服，喪子路亦然。請喪夫子若喪父而無服。」是決疑也。「别同異」者，賀瑒云：「本同今異，姑、姊妹是也。本異今同，世母、叔母及子婦是也。」「明是非」者，得禮爲是，失禮爲非。若主人未小斂，子游裼裘而弔，得禮是也；曾子襲裘而弔，失禮非也。但在禮甚衆，各舉一事爲證。呂與叔曰：伯母、叔母疏衰，踊不絶地；姑、姊妹大功，踊絶於地，此所以定親疏。嫂叔不通問，嫂叔無服；燕，不以公卿爲賓，以大夫爲賓，此所以決嫌疑。己之子與兄弟之子異矣，引而進之，同服齊衰期；天子至於庶人，貴賤異矣，而父母之喪、衰疏之服、饘粥之食，無貴賤，一也；大夫爲期親，降服大功，尊同則不降，此所以别同異也。馬彦醇曰：喪期有遠近之數，宗廟有遷毁之制，定親疏也。宗廟之儀，迎牲而不迎尸，燕飲之禮，宰夫爲獻主而以大夫爲賓，所以斷君臣之疑。男女非有行媒，不相知名，非受幣，不交不親，所以别男女之嫌。

禮不妄説人，注：爲近佞媚也。君子説之不以其道，則不説也。**不辭費。**王氏懋竑曰：禮必有辭，如冠、昏、士相見皆有辭，數語而已，不多也。**禮不踰節，不侵侮，不好狎。**注：爲傷敬也。人則習近爲好狎。釋文：侮，輕慢也。正義：禮者，所以辨尊卑、别等級，使上不逼下、下不僭上，故曰「禮不踰越節度」也。「不侵侮」者，禮主於敬，自卑而尊人，故戒之。「不好狎」者，賢者狎而敬之，若近而習之，不加於敬，則是好狎。

修身踐言，謂之善行。注：踐，履也，言履而行之。**行修言道，禮之質也。**注：言道，言合於道。質，猶本也，禮爲之文飾耳。正義：凡爲禮之法，皆以忠信仁義爲本。禮以文爲飾。行修者，忠信之行修。言道者，言合於仁義之道。

禮聞取於人，不聞取人。注：謂君人者。取於人，謂高尚其道。取人，謂制服其身。釋文：取，謂趣就師求道也。取人，謂制師使從己。正義：既招致賢人，當於身上取於德行，用爲政教，不聞直取賢人，授之以位，制服而已。**禮聞來學，不聞往教。**注：尊道藝。　正義：凡學之法，當就其師，北面伏膺，不可以屈師親來就己。　胡邦衡曰：取於人，以身下人也，舜取於人以爲善是也。取人，謂屈人從己，齊王欲見孟子，而使之朝是也。禮聞來學，不聞往教，漢孫寶答張忠云「君男欲學文，而移寶自近。禮有來學，義無往教，道不可詘」是也。

【郭氏質疑】禮聞取於人，不聞取人。

鄭注：此謂君人者。取於人，謂高尚其道。取人，謂制服其身。

嵩燾案：朱子經説以此與治人、治於人、食人、食於人語意相類。取於人者，爲人所取法也，取人者，人不來而我引取之也。禮有取於人，所以彼有來學；無取人，所以我無往教。鄭意以此節分屬之君、師，朱子并爲一義，而經兩發「禮聞」之言，似不當合爲一事，疑此云「取」，即「取與」之「取」。禮務施報，取與者，施報之大經也，而禮之德主於辭讓，故有養欲給求之施，而無懷惠責報之意。下云往來行禮之大常，此云取於人而不取人，君子守禮之微旨，宜與下「來學」「往教」參看，不往教者以道自重，不取人者以義自守。孟子「分人以財謂之惠，教人以善謂之忠」，二者事同而義各有取，故連類及之。胡氏銓云「取於人者，以身下人也，即舜取於人以爲善之意。取人者，屈人從己」，意亦近之。然屈人從己而謂之取人，於文義仍未曙然。以經詁經，自然明曉，不必深求。

一・六 〇道德仁義[一]，非禮不成；教訓正俗，非禮不備；分爭辨訟[二]，非禮不決；君臣上下，父子兄弟，非禮不定；宦學事師，非禮不親；班朝治軍，涖官行法[三]，非禮威嚴不行；禱祠祭祀，供給鬼神[四]，非禮不誠不莊。分、辨，皆別也。官，仕也。班，次也。涖，臨也。莊，敬也。學，或爲「御」。〇辨，皮勉反，徐方勉反。上下，上謂公卿，下謂大夫、士。宦，音患。朝，直遥反。涖，本亦作「莅」，徐音利，沈力二反，又力位反。禱，丁老反，鄭云：「求福曰禱。」祠，音詞，求得曰祠。共，音恭，本或作「供」。莊，側良反，徐側

[一] 道德仁義節 惠棟校宋本自此節起至「幼子常視毋誑」節止爲第二卷，卷首題「禮記正義卷第二」。

[二] 分爭辨訟 石經同，嘉靖本同。閩、監、毛本「辨」作「辯」，岳本同，釋文出「辯訟」，衛氏集説亦作「辯」。案五經文字云：「辯，理也。辨，別也。經典或通用之。」此注「辨」訓「別」，固當以「辨」爲本字也。

[三] 涖官行法 石經同，宋監本同，岳本同，嘉靖本同。閩、監、毛本「法」作「灋」，衛氏集説同。案釋文不爲「灋」字作音，是亦作「法」，不作「灋」。盧文弨校云：「此書不應用周官字，俱當作『法』爲是。」

[四] 供給鬼神 閩、監、毛本同，石經同，岳本同，嘉靖本同。釋文出「共給」云：「本或作『供』。」正義本作「供」。賈誼新書禮篇亦作「供給」。〇按：「供給」字，古亦借「共」字爲之。

亮反。學或爲「御」，鄭此注爲見他本也，後放此。**是以君子恭敬、撙節、退讓以明禮**[一]。撙，猶趨也[二]。○撙，祖本反。趨，士俱反，就也，向也。**鸚鵡能言**[三]，**不離飛鳥；猩猩能言，不離禽獸**[四]。**今人而無禮，雖能言，不亦禽獸之心乎！夫唯禽獸無禮，故父子聚麀。**聚，猶共也。鹿牝曰麀。○嬰，本或作「鸚」，厄耕反。母，本或作「鵡」，同音武，諸葛恪茂后反。離，力智反，下同。狌，本又作「猩」，音生。禽獸，盧本作「走獸」。麀，音憂，牝鹿也。牝，頻忍反，徐扶盡反，舊扶允反。**是故聖人作**[五]，**爲禮以教人，使人以有禮，知自别於禽獸。**

[一] 是以君子恭敬撙節退讓以明禮　各本同，案説文無「撙」字。錢大昕云：「『撙』，當爲『剸』。説文：『剸，減也。』又荀子不苟篇『恭敬繜屈』，仲尼篇『尊貴之則恭敬而僔其義』，皆與『撙』同。」○按：剸、撙，古今字。

[二] 撙猶趨也　段玉裁云：「案『趨』同『趣』，疾也，當音促，非『趨走』之『趨』。」

[三] 鸚鵡能言　閩、監、毛本同，石經同，岳本同，嘉靖本同。釋文出「嬰母」云：「本或作『鸚鵡』。」正義本作「鸚鵡」。○按：説文作「鸚䳇」。

[四] 不離禽獸　閩、監、毛本同，石經同，岳本同。釋文出「禽獸」云：「盧本作『走獸』。」案正義云：「鸚鵡不曰獸，而猩猩通曰禽。」是正義本從作「禽」之證。

[五] 是故聖人作　閩、監、毛本同，岳本同，嘉靖本同，衛氏集説同。石經「故」作「以」，考文引古本、足利本同。

【疏】「道德」至「禽獸」[一]。○正義曰：此一節明禮爲諸事之本，言人能有禮，然可異於禽獸也。

○「道德仁義，非禮不成」者，道者通物之名，德者得理之稱，仁是施恩及物，義是裁斷合宜，言人欲行四事，不用禮無由得成[二]，故云「非禮不成」也。道德爲萬事之本，仁義爲羣行之大，故舉此四者爲用禮之主，則餘行須禮可知也。道是通物，德是理物，理物由於開通，是德從道生，故「道」在「德」上。此經「道」謂才藝，「德」謂善行，故鄭注周禮云：「道多才藝，德能躬行。」非是老子之「道德」也。熊氏云：「此是老子『失道而後德，失德而後仁，失仁而後義』。」今謂道德，大而言之，則包羅萬事，小而言之，則人之才藝善行。無問大小，皆須禮以行之，是禮爲道德之具，故云「非禮不成」。然人之才藝善行得爲道德者，以身有才藝，事得開通，身有美善，於理爲得，故稱「道德」也。

○「教訓正俗，非禮不備」者，熊氏云：「教，謂教人師法。訓，謂訓説義理。以此教訓，正其風俗，非得其禮，不能備具，故云非禮不備。」但教之與訓，小異大同。

「分争辨訟[三]，非禮不決」者，周禮司寇「以兩造禁民訟」，又云「以兩劑禁民獄」，

[一] 道德至禽獸　惠棟校宋本無此五字。
[二] 不用禮無由得成　惠棟校宋本作「禮」。此本「禮」誤「理」，閩、監、毛本同。
[三] 小異大同分爭辨訟　閩、監本同，惠棟校宋本同，毛本「分」上有「○」。

故鄭云「争罪曰獄，争財曰訟」。則萬事通名[一]。故左傳云「凡有血氣，皆有争心」，又云「錐刀之末，當盡争之」是也。此「争財曰訟」，對文異耳，散則通名，故左傳云「衛侯與元咺訟」，是争罪亦曰訟也。

○「君臣上下，父子兄弟，非禮不定」者，上，謂公卿大夫，下，謂士也。君父南面，臣子北面，公卿大夫則列位於上，士則列位於下，兄前弟後，唯禮能定也。白虎通云：「君，羣也，羣下之所歸心也。臣，堅也，厲志自堅也。父，矩也，以法度教子也。子，孳也，孳孳無已也。兄，況也，況父法也。弟，悌也，心順行篤也。」

「宦學事師，非禮不親」者，熊氏云：「宦謂學仕宦之事，學謂學習六藝，此二者俱是事師，非禮不親。」左傳宣二年：趙盾見靈輒餓，問之，云：「宦三年矣。」服虔云：「宦，學也。」是學職事爲官也[二]。

○「班朝治軍，涖官行法，非禮威嚴不行」者，班，次也。朝，朝廷也。次，謂司士正朝儀之位次也。治軍，謂師旅卒伍，各正其部分也。涖，臨也。官，謂卿、大夫、士各有職

[一] 争則萬事通名　惠棟校宋本有「争」字。此本脱「争」字，閩、監、毛本同。

[二] 是學職事爲官也　閩、監、毛本同，惠棟校宋本「官」作「宦」。案此本注、疏中「宦」字皆作「官」，即經文「宦」字，亦爲有修改，疑初是「官」字，後改作「宦」，若閩、監、毛本則皆作「宦」，唯此一字，尚仍作「官」也。

掌。行法，謂司寇、士師明刑法也。皆用禮，威嚴乃行也。

「禱祠祭祀，供給鬼神，非禮不誠不莊」者，周禮都宗人云：「國有大故，則令禱祠。」鄭注云：「祠謂報塞[一]。」又小宗伯注云：「求福曰禱，得求曰祠。」熊氏云：「祭祀者，國家常禮，牲幣之屬，以供給鬼神，唯有禮乃能誠敬。」

○「是以君子恭敬、撙節、退讓以明禮」者，君子是有德有爵之通稱。王肅云：「君上位，子下民。」又康成注少儀云：「君子，卿大夫若有異德者。」凡禮有深疑，則舉君子以正之。恭敬者，何胤云：「在貌爲恭，在心爲敬。」何之所説，從多舉也。夫貌多心少爲恭，心多貌少爲敬。所以知者，書云：「奉先思孝，接下思恭。」又云：「貌曰恭。」又少儀云：「賓客主恭，祭祀主敬。」論語云：「巧言令色足恭。」又云：「至於犬馬，皆能有養，不敬，何以別乎？」又孝經説：「君父同敬，爲母不同敬。」以此諸文言之，凡稱敬多爲尊，故知貌多爲恭，心多爲敬也。又通而言之，則恭敬是一。左傳云「敬恭父命」，士昏禮云「敬恭聽宗父母之言」，孝經云「恭敬安親」，此並「恭敬」連言，明是一也。撙者，趨也。節，法度也。言恒趨於法度。「退讓以明禮」者，應進而遷曰退，應受而推曰讓。

[一] 祠謂報塞　惠棟校宋本同，閩、監、毛本「塞」作「賽」。案文選勸晉王牋云「西塞江源」，李善注：「塞，謂報神恩也。」後漢書曹節傳云「詔大官給塞具」，李賢注：「塞，報祠也。」是古「報賽」通作「邊塞」字。○按：周禮注正作「塞」。塞、賽，古今字。

「以明禮」者，既道德仁義已下[一]，並須禮以成，故君子之身，行恭敬，趨法度及退讓之事，以明禮也。

○「猩猩」至「禽獸」。○正義曰：爾雅云：「猩猩小而好啼。」郭注山海經云：「人面豕身，能言語，今交阯封谿縣[二]出猩猩，狀如貛狆，聲似小兒啼。」今案禽獸之名，經記不同。爾雅云：「二足而羽謂之禽，四足而毛謂之獸。」今鸚鵡是羽，曰禽；猩猩四足而毛，正可是獸。今並云「禽獸」者，凡語有通別，別而言之，羽則曰禽，毛則曰獸。所以然者，禽者，擒也，言鳥力小，可擒捉而取之；獸者，守也，言其力多，不易可擒，先須圍守，然後乃獲，故曰獸也。通而爲説，鳥不可曰獸，獸亦可曰禽，故鸚鵡不曰獸，而猩猩通曰禽也。故易云「王用三驅，失前禽」。則驅走者亦曰禽也。又周禮司馬職云：「大獸公之，小禽私之。」以此而言，則禽未必皆鳥也。又康成注周禮云：「凡鳥獸未孕曰禽。」

[一] 既道德仁義已下　閩、監、毛本同，浦鏜校「既」作「自」。

[二] 今交阯封谿縣　閩、監本同，毛本「阯」作「趾」。案：交趾，古通作「交阯」。説文無「趾」字。爾雅釋木注「交阯」，釋文云：「本亦作『趾』。」

周禮又云：「以禽作六摯[一]，卿羔，大夫鴈。」白虎通云：「禽者，鳥獸之總名[二]。」以此諸經證禽名通獸者，以其小獸可擒，故得通名禽也。

【衛氏集説】道德仁義，非禮不成；教訓正俗，非禮不備；分争辯訟，非禮不決；君臣上下，父子兄弟，非禮不定。

鄭氏曰：分、辯，皆別也。

藍田呂氏曰：道德仁義，所以成己也；教訓正俗，所以成人也；分争辯訟，所以決疑事也；君臣上下、父子兄弟，所以正大倫也：皆有待於禮者也。兼天下而體之之謂仁，理之所當然之謂義，由仁義而之焉之謂道，有仁義於己之謂德，節文乎仁義之謂禮。仁義道德，皆其性之所固有，本於是而行之，雖不中，不遠矣。然無節無文，則過與不及害之，以至於道之不明，且不行此，所以非禮不成也。先王制禮，教民之中而已，教不本於禮，則設之不當，設之不當，則所以教者不備矣。教訓正俗，其義皆教也。立教之謂教，訓説理義之謂訓，皆所以正風俗之不正，故曰非禮不備也。理有可否則争，情有曲直則訟，惟禮爲能決之，蓋分争者合於禮則可，不合於禮則不可。辯訟者，有禮則直，無禮則

[一] 以禽作六摯　閩、監、毛本作「摯」，此本「摯」誤「鷙」，考文引宋板作「贄」。五經文字云：「摯，握持也。經典通以爲『執摯』之『摯』與『贄』同。」○按：依説文，當作「𡡜」，假借作「摯」。

[二] 禽者鳥獸之總名　按：白虎通是也。「王用三驅，失前禽」，則驅者，亦曰禽矣。

不直，故曰非禮不決。君臣上下，父子兄弟，人之大倫，由禮而後定也，故冠昏、喪祭、射鄉、朝聘，所以明者，人倫而已，故曰非禮不定。

長樂劉氏曰：古者聖王用其中以建天下之中者，未始不由於道者也，故仁也、義也、知也、信也，雖有其理而無定形，附於行事而後著者也。惟禮也，同出於中，同根於性，而事爲之物，物爲之名，有數有度，有文有質，或吉、或凶、或軍、或賓、或嘉，咸有等降上下之制，以載乎五常之道，適於民心，致其中和者也。然則五常之道，同本乎性，待禮之行，然後四者附之以爲著，此禮之所以爲大，而百行資之以成其德焉。其能配天地、動鬼神、厚人倫、成教化也，不亦宜乎？

石林葉氏曰：道德有禮，所以體之；仁義有禮，所以節之。禮自其末推及於其本，則始於道德；自其顯推至於其幽，則終於鬼神。

四明沈氏曰：道德仁義，混然無偏倚之謂成。楊、墨之仁義，去道德而言之也；老子之道德，去仁義而言之也。二者皆有弊，以執一偏，不知禮也。道德仁義，理一而名二，體同而用殊，各行於其所當行，而不偏於一曲，非禮不能也。

馬氏曰：周之盛時，民之祭祀喪紀，冠昏飲射，皆董於鄉閭之吏，動作起居，無一日而不在於禮，此教訓正俗，所以待禮而備也。原父子之親，立君臣之義，意論輕重之序，慎測淺深之量，此分争辯訟，所以待禮而決也。君臣上下主於義而不可以無分，無分則夷而終於亂；父子兄弟出於恩而不可以無敬，無敬則瀆而至於離。此君臣上下、父子兄弟所以待禮而定也。

永嘉戴氏曰：學者始乎禮，成乎禮，何也？五常之道，惟禮有所據依，不假事而見，故學者當以執禮爲先；執禮則存敬，存敬則非僻之心不入，由是而之焉，可與爲善矣。風俗不易正也，將欲教訓而整齊之，非刑政所能及也。使天下各安其分，則風俗正矣。備之爲言無一不順之謂也。「伯夷降典，折民惟刑」，典禮者，折獄之道也。獄之所以不決者，由其無以服人心也。決争訟而一於禮，則人心服矣，其功可至於無訟。君臣上下，父子兄弟，雖有自然之分，然輕重厚薄必定於禮，此禮之功，所以與天地並也。

王氏子墨曰：夫禮者，所以節文乎仁義者也。仁義之實，始於人心惻隱羞惡之間，赤子愛親敬兄之際，本與生俱生之物，率而行之，固無非道，存而有之，固無非德。然人之得於天者，不能無厚薄、昏明之小異，苟無禮以節文之，則或過或不及，將有發而不中節者，不足以爲仁義道德之至矣，故曰「道德仁義，非禮不成」。授人以己之所知所能之謂教，訓説義理，使人之昭明之謂訓，君子之教訓，凡以正俗也。俗之不正，自夫民情之無節，喜怒哀樂之縱恣，視聽言動之無所防制者，始惟有禮以節之，則邪止於未形，而百善自此生，百不善自此熄。教訓之要，具足於禮，無有餘事，故曰「教訓正俗，非禮不備」。凡人意氣相凌而不相下，則有争有訟，争訟者，起於人之不能，各以禮自持也。今欲分其争，辯其訟，亦在乎斷之以禮而已，禮一明而曲直之情判，故曰「分争辯訟，非禮不決」。自天地定位，而君臣上下、父子兄弟之大倫已存於其間。而生民之初，巢居穴處，未有宫室棟宇之制；衣鳥獸之皮，未有冠冕服章之文；茹毛飲血，未有簠簋籩豆之數；林然羣居，未有拜起坐立之節。聖人因其自然之分，制爲尊卑、貴賤、長幼之禮，寓於宫室、衣服、飲食、拜起、坐立之間，以正君臣，以辯上下，以别父子，以序兄弟，於是人之大倫始昭然明白而不可亂，故曰「君臣上下，父子兄弟，非禮不定」。

宦學事師，非禮不親；班朝治軍，涖官行法，非禮威嚴不行；禱祠祭祀，供給鬼神，非禮不誠不莊。

鄭氏曰：宦，仕也。班，次也。涖，臨也。莊，敬也。

孔氏曰：左傳宣二年，趙盾見靈輒餓，問之，云：「宦三年矣。」服虔云：「宦，學也。」是學職事爲官也。朝，朝廷也。次，謂司士正朝儀之位次也。治軍，謂師旅卒伍，各正其部分也。涖官，謂卿、大夫、士各有職掌。行法，謂司寇、士師明刑法。皆用禮，威嚴乃行。周禮都宗人「禱祠」鄭注云：「祠謂報賽。」又小宗伯注云：「求福曰禱，得求曰祠。」案熊氏曰：「宦謂學仕宦之事，學謂習學六藝，此二者俱是事師，非禮不親。祭祀者，國家常禮，牲幣之屬，以供給鬼神，惟有禮乃能誠敬。」

藍田吕氏曰：宦學事師，學者之事也；班朝治軍，涖官行法，仕者之事也；禱祠祭祀，供給鬼神，交神明之事也：皆有待於禮者也。宦，家臣也。雜記云：「宦於大夫者之爲之服也。」蓋仕爲家臣而未升諸公，蓋亦學爲仕者也。故宦者，學爲仕之稱也。學者，學道藝者也。二者之學，皆有師，師弟子之分不正，則學之意不誠，學之意不誠，則師弟子之情不親，而教不行，故曰「非禮不親」。「班朝」者，正朝位也。「治軍」者，齊軍政也。「涖官行法」者，臨官府以行法令也。三者皆仕者所以治衆也。禮明乎尊卑上下之別，則分無不守，令無不從，此所以「非禮威嚴不行」也。禱祠祭祀，則郊社宗廟之常祀也。内則盡志，外則盡物，所以供給鬼神。鬼神無常享，享於克誠。禮者敬而已，無敬則不誠，故曰「非禮不誠不莊」。

東萊呂氏曰：此通前段，只是一「禮」字，孝經只是一「孝」字。凡事皆歸之孝，此類須參求其所以然。

李氏曰：於「宦學事師」也，有以治其内，故曰「非禮不親」。於「班朝治軍，涖官行法」也，有以治其外，故曰「非禮威嚴不行」。於「禱祠」，則禮者所以成内而成外也，故曰「非禮不誠不莊」。

永嘉戴氏曰：夫禮主於分，分主於嚴，疑非所以爲親也。然粲然有文以相接，而情意交通，乃其所以爲親也。狎則不敬，不敬則乖戾隨之矣，故曰「非禮不親」。夫厲威嚴以服人者在法令，法令不從，則在刑戮。今而曰「班朝治軍，涖官行法，非禮威嚴不行」，何也？夫人之所以畏者，非死也，惟有以回復其心，使人知自畏而已矣。上下嚴整肅然，皆有敬心，故雖董之以文辭，而人知懼；上下偷惰傲然，皆有慢心，雖刀鋸鼎鑊，人何畏焉？漢儀略就禁止喧譁，晉軍有禮戰勝可用，其麤者猶且若是，而況斯民？瞻其顏色，望其容貌，而敢生慢易者乎？禱祠祭祀，謂行禮之時也。供給鬼神，謂祭祀之物也。

是以君子恭敬、撙節、退讓以明禮。

鄭氏曰：撙，猶趨也。

孔氏曰：君子，有德有爵者之通稱。王肅云：「君上位，子下民。」何胤云：「在貌爲恭，在心爲敬。」節，法度也，言恒趨於法度。應進而遷曰退，應受而推曰讓，自道德仁義以下，皆須禮以成，故君子之身，行恭敬，趨法度及退讓之事，以明禮也。

横渠張氏曰：恭敬、撙節、退讓以明禮，仁之至也，愛道之極也。

藍田吕氏曰：禮者，敬而已矣。君子恭敬，所以明禮之實也。禮，節文乎仁義者也。君子撙節，所以明禮之文也。辭遜之心，禮之端也。君子退遜，所以明禮之用也。

東萊吕氏曰：恭敬、撙節、退讓以明禮，字字親切，指示須當留意。

馬氏曰：禮者，即事之治也。有其事必有其治，君子知禮不可一日而廢也。故恭敬、撙節、退讓以明禮之義，使天下之人曉然知禮之意，循而行之。蓋禮之不明，道之不行，常出於在上者，太高而不中，雖善而無徵，故東晉之士以爲禮不爲君子設，遂放棄而不用，指法度爲拘俗之士，然則禮何由而明，道何由而行哉？

廬陵胡氏曰：鄭氏云：「撙，趨也。」有自抑之意。柳公綽「撙節用度」，褚無量云「撙奢靡」。

王氏子墨曰：自「道德仁義」以下，皆不可無禮，故君子之道，明禮爲先。而禮之大本有三：一曰敬，一念之頃，無不敬也；二曰節，品節之，使之中節也；三曰遜，自卑而尊人也。禮之尚明，則内之脩身，外之治人，幽之交神明者，無不得其當，而天下以治，君民以安；禮之不明，則内之脩身，外之治人，幽之交於神明者，無不失其當，而天下以亂，君臣以危：故曰「有禮則安，無禮則危」。

鸚鵡能言，不離飛鳥；猩猩能言，不離禽獸。今人而無禮，雖能言，不亦禽獸之心乎！夫唯禽獸無禮，故父子聚麀。是故聖人作，爲禮以教人，使人以有禮，知自別於禽獸。

鄭氏曰：聚，猶共也。鹿牝曰麀。

孔氏曰：山海經云：「猩猩，人面豕身，能言語。」爾雅云：「二足而羽謂之禽，四足而毛謂之獸。」鸚鵡是羽，曰禽；猩猩四足而毛，本獸。今云「禽獸」者，凡語有通別，別而言之，羽則曰禽，毛則曰獸；通而爲説，鳥不可曰獸，獸亦可曰禽，故易曰「王用三驅，失前禽」，則驅走者亦曰禽。周禮司馬職云：「大獸公之，小禽私之。」則禽未必皆鳥也。又周禮：「以禽作六摯，卿羔、大夫鴈。」白虎通云：「禽者，鳥獸之總名。」以此諸經證禽名通獸者，以小獸可擒，故得通名禽也。

藍田吕氏曰：人之血氣、嗜慾、視聽、食息，與禽獸異者幾希，特禽獸之言與人異耳。然猩猩、鸚鵡，亦或能之。是則所以貴於萬物者，蓋有理義存焉。聖人因理義之同然而制爲之禮，然後父子有親，君臣有義，男女有别，人道所以立，而與天地參也。縱慾怠敖，滅天理而窮人欲，將與馬牛犬彘之無辨，是果於自棄，而不欲齒於人類者乎？

長樂陳氏曰：禽獸有知而無義，有知故能言，無義故未嘗有禮。人則有知有義，有知而無義，不亦禽獸之心乎？樂記曰「作爲鞉鼓椌楬」，則作者爲之始，爲者作之繼也。聖人作爲禮以教人，使之行脩言道，其大有以同天地之節，其極有以合天地之化，豈特使自别於禽獸哉？然則自别於禽獸者，衆人而已。於明禮言君子，於爲禮言聖人，與「作者之謂聖，述者之謂明」同意。

馬氏曰：孟子曰：「人之所以異於禽獸者幾希，庶民去之，君子存之。」夫人於禽獸，其肖象性識固有間矣，而曰「幾希」者，在去存之間爾，故曰「飽食、煖衣、逸居而無教，則近於禽獸」。此聖人所以作爲禮以教人，使知獨貴於萬物，而不失其良心也。

永嘉戴氏曰：孟子曰：「人之所以異於禽獸者幾希。」幾希之際，甚可畏也。夫人爲物最靈，聖人待人至重也，而聖賢之論至曰「與禽獸奚擇焉？」甚者至以爲禽獸之不如也。詩曰：「相鼠有體，人而無禮，人而無禮，胡不遄死？」聖賢之論迫矣，學者可不知自畏邪？民生之初，其與禽獸等耳，及其自知貴重，自别異於禽獸者，蓋聖人制禮之功也，不然則與庶類同一嗜慾而已，同一鬭争而已。夫篤厚以崇禮，其功至於參天地、育萬物，禮之不行，其禍乃至於與禽獸並，善惡相絶，如此，學者兢兢自持，猶懼不免，而況肆然無忌憚乎？

新安朱氏曰：陸農師點「聖人作」是一句，「爲禮以教人」是一句。

【吴氏纂言】道德仁義，非禮不成；教訓正俗，非禮不備；分争辯訟，非禮不決；君臣上下，父子兄弟，非禮不定。

仁者愛之理，義者宜之理，由之之謂道，得之之謂德，禮則節文斯二者是也。仁義無禮之節文，則或過或不及，故必有禮，然後成完而無虧缺。爲其不知不能而使之效之之謂教，因其所知所能而使之馴之之謂訓，或率之以身，或諭之以言，皆所以正民之俗也。然非定爲禮制，使民有所法式，則教之訓之以正之者，終不具備。以力校之謂争，以言校之謂訟。分辯，謂剖别其是非曲直，合於禮者爲是爲直，不合於禮者爲非爲曲，故非禮不足以決之。國之倫，君臣爲大，上下次之；家之倫，父子爲大，兄弟次之。有分有義，有恩有情，其尊卑厚薄，非禮有一定之制不能定之。蓋所謂道德者，仁義而已矣。道者，以其通於天地者言也；德者，以其得於吾心者言也。禮本乎仁義，而仁義又以禮而後成，成者仁義之全於己也。教訓之備，分辯之決者，仁義之及於人也。教訓以導其善仁也，因此使之不入于不善，則仁之義。分辯以禁其不善義也，因此使之歸於善，則義之仁。定君臣上下，而人合之義截然；定父子兄弟，而天屬之仁藹然。

宦學事師，非禮不親；班朝治軍，涖官行法，非禮威嚴不行；禱祠祭祀，供給鬼神，非禮不誠不莊。

宦學，猶言游學也。趙盾見靈輒餓，問之，云「宦三年矣」。蓋離家遠出，臣伏於師之家，如仕宦然。有事師之禮，然後師友之情親。班次朝儀，各有位次；整治軍伍，各有部分；臨涖官府，各有職掌。三者皆有其法，惟其有禮，是以有威嚴，而其法行如叔孫通之立朝儀是也。求福曰禱，報賽曰祠，祭謂祭地祇，祀謂祀天神，亦通言之，則享人鬼在其中也。禱祠者，因事之祭。祭祀者，常事之祭。皆有牲幣之屬以供給鬼神，必依於禮，然後其心誠實，其容莊肅。蓋欲成己者，必學而有所事之師；欲治人者，必在朝、在軍、在官有所行之法。事師而親者，充其父子兄弟之仁也；行法而威嚴者，充其君臣上下之義也。明則脩己治人，幽則事鬼神於禱祠，祭祀而供給鬼神者，仁之至，義之盡也。誠則仁之實於中，莊則義之形於外。凡此，皆禮之所爲也。

鄭氏曰：班，次也。涖，臨也。

孔氏曰：朝，朝廷也，謂司士正朝儀之位次也。治軍，謂師旅卒伍各正其部分也。涖官，謂卿、大夫、士各有職掌。

呂氏曰：宦學事師，學者之事也；班朝治軍，涖官行法，仕者之事也；禱祠祭祀，供給鬼神，交神明之事也：皆有待於禮者也。學有師，師弟子之分不正，則學之意不誠，學之意不誠，則師弟子之情不親，而教不行，故曰「非禮不親」。正朝位、齊軍政、臨官府以行法令，三者皆仕者所以治衆也。禮明乎尊卑上下之別，則分無不守，令無不從，此「非禮威嚴不行」也。郊社宗廟，內則盡志，外則盡物。鬼神享於克誠，無敬則不誠。禮者，敬而已矣，故曰「非禮不誠不莊」。

是以君子恭敬、撙節、退讓以明禮。

孔氏曰：君子，有德有爵者之通稱。

王氏子墨曰：自道德仁義以下，皆不可無禮，故君子之道，明理爲先。而禮之大本有三：一曰敬，二曰節，三曰讓。

澄曰：撙，裁抑不過之謂。敬、節、讓，禮之實也。實諸內者必徵諸外，故於貌之恭而見其敬焉，於事之撙而見其節焉，於步趨之退而見其讓焉。君子之務此三者，以明禮也。

鸚鵡能言，不離飛鳥；猩猩能言，不離禽獸。今人而無禮，雖能言，不亦禽獸之心乎！夫唯禽獸無禮，故父子聚麀。是故聖人作，爲禮以教人，使人以有禮，知自別於禽獸。

孔氏曰：猩猩人面豕身，能言。二足而羽謂之禽，四足而毛謂之獸。

鄭氏曰：聚，猶共也。鹿牝曰麀。

吕氏曰：人之血氣、嗜慾、視聽、食息，與禽獸異者幾希，特禽獸之言與人異爾。然猩猩、鸚鵡，亦或能之。是則所以貴於萬物者，蓋有理義存焉。聖人因禮義之同然而制爲之禮，然後父子有親，君臣有義，男女有别，人道所以立，而與天地參也。縱恣怠敖，滅天地而窮人欲，將與馬牛犬彘之無辯，是果於自棄，而不欲齒於人類者乎？

朱子曰：陸農師點「聖人作」是一句，「爲禮以教人」是一句。

【陳氏集説】**道德仁義，非禮不成**：道，猶路也，事物當然之理，人所共由，故謂之道。行道而有得於身，故謂之德。仁者，心之德，愛之理；義者，心之制，事之宜。四者皆由禮而入，以禮而成，蓋禮以敬爲本。敬者，德之聚也。**教訓正俗，非禮不備**：立教於上，示訓於下，皆所以正民俗。然非齊之以禮，則或有教訓所不及者，故「非禮不備」。**分争辯訟，非禮不決**：朱氏曰：争見於事而有曲直，分争則曲直不相交；訟形於言而有是非，辯訟則是非不相敵。禮所以正曲直、明是非，故此二者，非禮則不能決。**君臣上下，父子兄弟，非禮不定**：一主於義，一主於恩，恩義非禮則不能定。**宦學事師，非禮不親**：宦，仕也。仕與學皆有師，事師所以明道也，而非禮則不相親愛。**班朝治軍，涖官行法，非禮威嚴不行**：班朝廷上下之位，治軍旅左右之局，分職以涖官，謹守以行法，威則人不敢犯，嚴則人不敢違。四者非禮，則威嚴不行。**禱祠祭祀，供給鬼神，非禮不誠不莊**。禱以求爲意，祠以文爲主，祭以養爲事，祀以安爲道，四者皆以供給鬼神。誠出於心，莊形於貌，四者非禮，則不誠不莊。今按：「供給」者，謂奉薦牲幣器皿之類也。**是以君子恭敬、撙節、退讓以明禮。**是以，承上文而言。撙，裁抑也。禮主其減。**鸚鵡能言，不離飛鳥；猩猩能言，不離禽獸。今人而無禮，雖能言，不亦禽獸之心乎！夫惟禽獸無禮，故父子聚麀。**鸚鵡，鳥之慧者，隴、蜀、嶺南皆有之。猩猩，人面豕身，出交趾封谿等處。禽者，鳥獸之總名。鳥不可曰獸，獸亦可曰禽，故鸚鵡不曰獸，而猩猩則通曰禽也。聚，猶共也。獸之牝者曰麀。**是故聖人作，爲禮以教人，使人以有禮，知自别於禽獸。**朱子曰：「聖人作」絶句。

【納喇補正】涖官行法。

集説 分職以涖官，謹守以行法。

竊案 涖官行法，涖官府之事而行其法也。今以分職、謹守分屬，殊無意義。

鸚鵡能言，不離飛鳥；猩猩能言，不離禽獸。

集説 禽者，鳥獸之通名。鳥不可曰獸，獸亦可曰禽，故鸚鵡不曰獸，而猩猩則通曰禽也。

竊案 此本孔疏也。然周禮「禽作六摯」，易「從禽」「失前禽」，及月令「戮禽」，皆省文單舉，非與飛鳥對舉者也。爾雅「二足而羽謂之禽，四足而走謂之獸」，故孟子曰「麒麟之於走獸，鳳凰之於飛鳥」。然則以走獸對飛鳥，其稱不易矣。此記鸚鵡曰飛鳥，猩猩自當曰走獸，盧植本正作「走獸」，可正俗本之訛。

【郝氏通解】夫禮者，所以定親疏、決嫌疑、别同異、明是非也。禮不妄説悦人，不辭費。禮不踰節，不侵侮，不好狎。脩身踐言，謂之善行，行脩言道，禮之質也。禮聞取於人，不聞取人。禮聞來學，不聞往教。道德仁義，非禮不成；教訓正俗，非禮不備；分争辨訟，非禮不決；君臣上下，父子兄弟，非禮不定；宦學事師，非禮不親；班朝治軍，非禮威嚴不行；禱祠祭祀，供給鬼神，非禮不誠不莊。是以君子恭敬、撙節、退讓以明禮。鸚鵡能言，不離飛鳥；猩猩能言，不離禽獸。今人而無禮，雖能言，不亦禽獸之心乎！夫惟禽獸無禮，故父子聚麀。是故聖人作，爲禮以教人，使人以有禮，知自别於禽獸。

此言禮之用甚切，人當學禮也。禮有隆殺則親疏定，有分辨則嫌疑決，有等級則同異明，有從違則是非分，此禮之用也。妄悦人爲禮則卑諂，辭費用廢禮則鄙陋，奢侈則踰節，倨傲則侵侮，戲謔則好狎。此五者，皆不明于親疏、嫌疑、同異、是非之禮者也。禮以脩身爲本，踐言善行，所以脩身也。善則行脩矣，踐則言道矣。言道，言可爲道也。質，猶本也。取於人，謂爲上所徵用達行之事。來學，謂爲學者所就正窮居之事。苟人不我取而取人，則辱己；人不來學而往教，則貶道：君子行脩言道之身不爲也。道德仁義，同出于性，禮即斯四者之節文，成體而可履者也。共由曰道，同得曰德，生理曰仁，時宜曰義。必有禮，然後道德仁義行之而成也。教，傚也。訓，循也。上之立教以身，下之循訓以言，惟禮品節詳悉，然後教訓備也。客遊曰宦，宦學，從師遠學也。班朝，班朝廷位次也。治軍，治軍陳行伍也。禱，祈求也。祠，報賽也。祭以接神，祀以嗣續。供給，謂牲幣器皿之類。貌肅曰恭，心存曰敬，裁盈曰撙，制過曰節，謙卑曰退，推與曰讓。六者，所以操心脩身、踐言善行、定決親疏嫌疑、辨别同異是非而明禮者也。人所以異于禽獸唯此。鸚鵡，鳥名；猩猩，獸名。人與禽獸，血氣嗜慾、視聽食息同，但人能言，而禽獸不能言，然禽獸中有若鸚鵡、猩猩，言亦與人同，而卒未免爲禽獸者，心無人禮耳。苟人無禮，口雖能言，而心固禽獸，又何别于鸚鵡、猩猩乎？鹿性善淫，鹿牝曰麀。

【方氏析疑】道德仁義，非禮不成。

道德必以禮實之，然後順於性命；仁義必以禮達之，然後察於倫物。老、莊之道德，楊、墨之仁義，所以自賊而禍天下者，不知有禮故也。

教訓正俗，非禮不備。

衆不可以徧告，俗不可以相通。先王制禮事，舉其中物爲之節，故惟是爲能備。

【江氏擇言】道德仁義，非禮不成；教訓正俗，非禮不備。

按：共由者爲道，同得者爲德。仁與義，其大目也，非禮則仁義無節文，而道德亦爲虚位。此論其理如此，未論人之所以修身，下文亦無分承之意。

宦學事師，非禮不親。

鄭注：宦，仕也。

疏引熊氏云：「宦謂學仕宦之事，學謂習六藝。」左傳：趙盾見靈輒餓，問之，云：「宦三年矣。」服虔云：「宦，學也。」是學職事爲宦也。

吴氏云：宦學猶言游學也。有事師之禮，然後師友之情親。

按：注疏分「仕」「學」爲二事，陳氏集説從之，未當。當從吴文正之説。

班朝治軍，涖官行法，非禮威嚴不行。

按：班朝、治軍、涖官、行法，孔疏、陳氏皆分爲四事。吴氏謂班朝、治軍、涖官三者各有其法，似皆未安。愚謂二句分三事，涖官行法，言當官而行法令也。

是故聖人作爲禮以教人。

按：樂記「聖人作爲父子君臣，以爲紀綱」，與此句文勢正相似，宜作一句讀，「作」字勿絶句。

【欽定義疏】道德仁義，非禮不成。

正義 孔氏穎達曰：道者通物之名，德者得理之稱，仁是施恩及物，義是裁斷合宜，言人欲行四事，不用禮無由得成。

王氏子墨曰：仁義之實，始於赤子愛親敬兄之際，本與生俱生之物，率而行之，固無非道，存而有之，固無非德。然人之得於天者，不能無厚薄、昏明之小異。無禮以節文之，則或過或不及，將有發而不中節者，不足以爲仁義道德之至矣。

周氏諝曰：禮，出乎道德仁義，而爲之節文者也。方其出於道德仁義者，禮之本，故曰「仁者人也，親親爲大；義者宜也，尊賢爲大。親親之殺，尊賢之等，禮所生也」。及其爲之節文，則道德仁義反有資於禮矣，故曰「道德仁義，非禮不成」。

徐氏師曾曰：此成己之資於禮也。

餘論 沈氏焕曰：道德仁義，渾然無偏倚之謂成。楊、墨之仁義，去道德而言之也；老子之道德，去仁義而言之也。二者皆有弊，以執一偏，不知禮也。道德仁義，理一而名二，體同而用殊，各行於其所當行，而不偏於一曲，非禮不能也。

教訓正俗，非禮不備。

正義 孔氏穎達曰：教，謂教人師法。訓，謂訓説義理。以此教訓，正其風俗，非得其禮，不能備具。

馬氏晞孟曰：周之盛時，民之祭祀、冠婚、飲射，皆董於鄉閭之吏。動作、起居，無一日而不在於禮，此「教訓正俗」，所以「非禮不備」也。

黄氏炎曰：率之以身而使傚之之謂教，諭之以言而使循之之謂訓。

吴氏澄曰：爲其不知不能而使之效之之謂教，因其所知所能而使之馴之之謂訓。

陳氏澔曰：立教於上，示訓於下，皆所以正民俗。然非齊之以禮，則或有教訓所不及者，故「非禮不備」。

徐氏師曾曰：此教民之資於禮也。

分争辯訟，非禮不決。

正義 鄭氏康成曰：分、辨，皆别也。

吕氏大臨曰：理有可否則争，情有曲直則訟。

朱子曰：争見於事而有曲直，分争則曲直不相交；訟形於言而有是非，辨訟則是非不相敵。禮所以正曲直、明是非，故此二者，非禮則不能決。

吴氏澄曰：以力校之謂争，以言校之謂訟。

戴氏溪曰：「伯夷降典，折民惟刑」，典禮者，折獄之道，其功可至於無訟。

徐氏師曾曰：此治民之資於禮也。

通論 馬氏晞孟曰：原父子之親，立君臣之義，意論輕重之序，慎别淺深之量，此分争辨訟，所以待禮而決也。

案 争者訟之端，訟者争之成。決者，即所分所辨而不淆於兩可之謂。

君臣上下，父子兄弟，非禮不定。

正義 馬氏晞孟曰：君臣上下主於義而不可以無分，無分則夷而至於亂；父子兄弟出於恩而不可以無敬，無敬則瀆而至於離：此所以待禮而定也。

陳氏櫟曰：禮達則分定，故非禮則其分不定。

吴氏澄曰：國之倫，君臣爲大，上下次之；家之倫，父子爲大，兄弟次之。有分有義，有恩有情，其尊卑厚薄，非禮有一定之制不能定之。

徐氏師曾曰：上下所包者廣，官民僚屬在在有之，此正大倫之資於禮也。

通論 吴氏澄曰：所謂道德者，仁義而已矣。禮本乎仁義，而仁義又以禮而成，此仁義之全於己也。教訓之備，分辨之決，仁義之及於人也。教訓以導其善仁也，使之不入於不善，則仁之義。分辨以禁其不善義也，使之歸於善，則義之仁。定君臣上下，而人合之義截然；定父子兄弟，而天屬之仁藹然。

宦學事師，非禮不親。

正義 鄭氏康成曰：宦，仕也。孔疏：左傳靈輒曰：「宦三年矣。」服虔云：「宦，學也。」是學職事爲宦也。

熊氏安生曰：宦謂學仕宦之事，學謂習學六藝，此二者俱是事師。

吕氏大臨曰：師弟子之分不正，則學之意不誠，學之意不誠，則師弟子之情不親，而教不行。

戴氏溪曰：禮主於分，分主於嚴。然粲然有文以相接，乃其所以爲親也。

【存異】吴氏澄曰：宦學，猶言游學。離家遠出，臣伏於師，如仕宦然。有事師之禮，然後師友之情親。案：「宦」字不可訓「游」。

【案】白虎通云：「弟子有君臣、父子、朋友之道，故生則敬而親之。」此事師之在乎親也，惟有禮，則恩義兼盡。所謂無犯無隱，就養無方，於畏敬之中見愛慕之篤，故能傳道授業而解其惑也。

班朝治軍，涖官行法，非禮威嚴不行。

【正義】鄭氏康成曰：班，次也。涖，臨也。

孔氏穎達曰：朝，朝廷也。次，謂司士正朝儀之位次。治軍，謂軍旅卒伍各正其部分。涖官，謂卿、大夫、士各有職掌。

吕氏大臨曰：班朝者，正朝位也。治軍者，齊軍政也。涖官行法者，臨官府以行法令也。三者皆所以治衆。禮明乎尊卑上下之别，則分無不守，令無不從。

陳氏澔曰：威則人不敢犯，嚴則人不敢違。

徐氏師曾曰：非禮，則上不敬而下玩之，欲其令行禁止，不可得矣，故曰「威嚴不行」。此治衆之資於禮也。

【通論】朱子曰：下以「誠」對「威嚴」，則涖官當以威嚴爲本，然恐其太嚴，又當以寬濟之。

存異 陳氏澔曰：分職以涖官，謹守以行法。周禮「八法制官府」，「六曰官法」，謂官府所舉行之法，涖官行法乃是一事。

案 禮以明體統，飭紀律，修職業。吴氏澄謂「三者皆有其法」是也。三者有禮則莊敬，莊敬則威嚴，而易慢之心無自而入，此法之所以行也。非禮，則三者之法皆虚矣，故不行。

禱祠祭祀，供給鬼神，非禮不誠不莊。

正義 鄭氏康成曰：莊，敬也。

孔氏穎達曰：周禮都宗人「禱祠」，鄭注云：「祠，謂報賽。」小宗伯注云：「求福曰禱，得求曰祠。」

戴氏溪曰：禱祠祭祀，行禮之時；供給鬼神，行禮之物。

吴氏澄曰：祭謂祭地祇，祀謂祀天神，通言之則享人鬼在其中也。禱祠者，因事之祭。祭祀者，常事之祭。皆有牲幣之屬以供給鬼神，必依於禮，然後其心誠實，其容莊肅。

陳氏澔曰：禱以求爲意，祠以文爲主，祭以養爲事，祀以安爲道。

徐氏師曾曰：此事神之資於禮也。

通論 葉氏夢得曰：禮自其末推及於其本，則始於道德；自其顯推至於其幽，則終於鬼神。

呂氏祖謙曰：此通前段，只是一箇「禮」字，孝經只是一「孝」字。此類須參求其所以然。

吳氏澄曰：欲成己者，必學而有所事之師；欲治人者，必在朝、在軍、在官有所行之法。事師而親者，充其父子兄弟之仁也。行法而威嚴者，充其君臣上下之義也。明則修己治人，幽則事鬼神於禱祠。祭祀而供給鬼神者，仁之至義之盡也。誠則仁之實於中，莊則義之形於外。凡此皆禮之所爲也。

是以君子恭敬、撙節、退讓以明禮。

正義　鄭氏康成曰：撙，猶趨也。孔疏：節，法度也。言恒趨於法度。

孔氏穎達曰：君子，有德有爵之通稱。在貌爲恭，在心爲敬。應進而遷曰退，應受而退曰讓。

黃氏炎曰：斂容正色，肅然端莊之外著以爲恭；閑邪主一，凛然敬惕之中存以爲敬；裁抑自居，確守持盈之戒以爲撙；儉約不放，常遵中正之規以爲節；卑以自牧，操無欲上人之心以爲退；推以與人，懷不居其有之念以爲讓。此六者，即上所謂禮也。君子務此，則無往非道德仁義之周流，而教民以至事神，各得其宜矣。

徐氏師曾曰：此章言禮爲衆事之紀。

通論　張子曰：恭敬、撙節、退讓以明禮，仁之至也，愛道之極也。

【存疑】吴氏澄曰：敬、節、讓，禮之實也。實諸内者必徵諸外，故於貌之恭而見其敬焉，於事之撙而見其節焉，於步趨之退而見其讓焉。君子務此三者，以明禮也。

【案】「撙」字，古訓「聚」。鄭訓「趨」，大約是不敢不及之意，故文從「尊」，如執尊者之器、奉尊者之手，毫不敢忽易也。六字平分，吴氏説太鑿。

鸚鵡能言，不離飛鳥；猩猩能言，不離禽獸。今人而無禮，雖能言，不亦禽獸之心乎！夫惟禽獸無禮，故父子聚麀。

【正義】鄭氏康成曰：聚，猶共也。鹿牝曰「麀」。

孔氏穎達曰：猩猩，人面豕身，能言。爾雅云：「二足而羽謂之禽，四足而毛謂之獸。」又力小可擒捉謂之禽，力大須圍守乃獲謂之獸。通説，鳥不可曰獸，獸亦可曰禽。周禮「以禽作六摯，卿羔，大夫鴈」。

朱氏申曰：鸚鵡能言而無禮，故不離飛禽之類；猩猩能言而無禮，故不離走獸之類。設使人而無禮，能言，其形則人，其心則禽獸也。

黄氏震曰：甚言禮之不可無。聚麀，父子之配無别。

陳氏澔曰：鸚鵡，鳥之慧者，隴、蜀、嶺南皆有之。猩猩，出交趾封谿等處。

【案】考工記「天下之大獸五：脂者、膏者、臝者、羽者、鱗者」，則羽屬、鱗屬亦通謂之獸。國語「水虞登川禽」，韋注：「鼈蜃之屬。」是水族亦通謂之禽。但古有散文，有對文，易「失前禽」，周禮「小禽私之」，及「禽作摯」，俱散文也，與「飛鳥」對文。盧植本作「走獸」，吴氏澄從之。

是故聖人作，爲禮以教人，使人以有禮，知自別於禽獸。

正義　吕氏大臨曰：人之血氣、嗜慾、視聽、食息，與禽獸異者幾希，特禽獸之言與人異爾。然猩猩、鸚鵡，亦或能之。是則所以貴於萬物者，蓋有理義存焉。聖人因理義之同然而制爲之禮，然後父子有親，君臣有義，男女有別，人道所以立，而與天地參也。縱恣怠傲，滅天理而窮人欲，將與馬牛犬彘無辨，是果於自棄，而不欲齒於人類者乎？

馬氏晞孟曰：孟子曰：「人之所以異於禽獸者幾希，庶民去之，君子存之。」曰「幾希」者，在去存之閒爾，故曰「飽食，煖衣，逸居而無教，則近於禽獸」。此聖人所以作爲禮以教人，使知獨貴於萬物，而不失其良心也。

陳氏祥道曰：禽獸有知而無義，有知故能言，無義故未嘗有禮。於明禮言君子，於爲禮言聖人，與「作者之謂聖，述者之謂明」同意。

徐氏師曾曰：此章原禮之所由始。

戴氏溪曰：夫人爲物最靈，聖人待人至重也，而曰「與禽獸奚擇」，甚至以爲禽獸之不如。聖賢之論迫矣，民生之初，與禽獸等耳，其自知貴重，自別異於禽獸者，聖人制禮之功也。

存疑 陳氏祥道曰：作者爲之始，爲者作之繼。

朱子曰：陸農師點「聖人作」是句，「爲禮以教人」是一句。

案 於「聖人作」絶句，朱子亦偶有取於陸農師之説耳，其實不必然也。樂記一言「然後聖人作爲父子君臣，以爲紀綱」，一言「然後聖人作爲鞉鼓、椌楬、壎篪」，可皆於「作」字絶句乎？陳氏分「作」「爲」兩訓，亦太鑿。

【杭氏集説】道德仁義，非禮不成。

孔氏穎達曰：道者通物之名，德者得理之稱，仁是施恩及物，義是裁斷合宜，言人欲行四事，不用禮，無由得成。

周氏諝曰：禮，出乎道德仁義，而爲之節文者也。方其出於道德仁義，則道德仁義者，禮之本，故曰「仁者人也，親親爲大；義者宜也，尊賢爲大」。親親之殺，尊賢之等，禮所生也。」及其爲之節文，則道德仁義反有資於禮矣，故曰「道德仁義，非禮不成」。

徐氏師曾曰：此成己之資於禮也。

沈氏煥曰：道德仁義，渾然無偏倚之謂成。楊、墨之仁義，去道德而言之也；老子之道德，去仁義而言之也。二者皆有弊，以執一偏，不知禮也。道德仁義，理一而名二，體同而用殊，各行於所當行，而不偏于一曲，非禮不能也。

王氏子墨曰：仁義之實，始于赤子愛親敬兄之際，本與生俱生之物，率而行之，固無非道，存而有之，固無非德。然人之得於天者，不能無厚薄、昏明之小異，苟無禮以節文之，則或過或不及，將有發而不中節者，不足以爲仁義道德之至也。

姚氏際恒曰：共由之謂道，存心之謂德。禮之所共由處即是道，禮之存心處即是德。道德統名，禮則實有是心，而行之一端也，不得將禮與道德分別比論，況可謂道德由禮而成乎？中庸言「親親爲仁，尊賢爲義」，其等殺禮之所生，是禮由仁義而生，豈可謂仁義由禮而成乎？孟子謂仁義禮智根于心，而分爲惻隱、羞惡、辭讓、是非之四端，又豈可謂惻隱、羞惡之心由辭讓之心而成乎？以理按之，無一是處。

方氏苞曰：道德必以禮實之，然後順於性命；仁義必以禮達之，然後察於倫物。老、莊之道德，楊、墨之仁義，所以自賊而禍天下者，不知有禮故也。

姜氏兆錫曰：道，猶路也，事物當然之理，人所共由，故謂之道。德，猶得也，行道而有得於心，故謂之德。仁者，心德之全。義者，制事之妙。凡此皆非禮不成者，禮以敬爲本，敬者，德之聚也。

教訓正俗，非禮不備。

孔氏穎達曰：教，謂教人師法。訓，謂訓説義理。以此教訓，正其風俗，非得其禮，不能備矣。

王氏炎曰：率之以身而使倣之之謂教，諭之以言而使循之之謂訓。

吴氏澄曰：爲其不知不能而使之效之之謂教，因其所知所能而使之馴之之謂訓。

陳氏澔曰：立教於上，示訓於下，皆所以正民俗。然非齊之以禮，則或有教訓所不及者，故「非禮不備」。

徐氏師曾曰：此教民之資於禮也。

方氏苞曰：衆不可以偏告，俗不可以相通。先王制禮事，舉其中物爲之節，故惟是爲能備。

分争辨訟，非禮不決。

朱子曰：争見於事而有曲直，分争則曲直不相交訟；形於言而有是非，辨訟則是非不相敵。禮所以正曲直、明是非，故此二者，非禮則不能決。

吴氏澄曰：以力校之謂争，以言校之謂訟。

徐氏師曾曰：此治民之資於禮也。

君臣上下，父子兄弟，非禮不定。

陳氏櫟曰：禮達則分定，故非禮則其分不定。

吴氏澄曰：國之倫，君臣爲大，上下次之；家之倫，父子爲大，兄弟次之。有分有義，有恩有情，其尊卑厚薄，非禮有一定之制，不能定之。

徐氏師曾曰：上下所包者廣，官民僚屬在在有之，此正大倫之資於禮也。

姜氏兆錫曰：君臣上下主於義，父子兄弟主於恩，非禮則恩義缺而不定。

宦學事師，非禮不親。

服氏虔曰：宦，學也，學職事。爲職事，爲官也。宦以治事，學以窮經，二者皆必有師，而非事之以禮，則師之情不親，而無以受薰陶之益也。

吴氏澄曰：宦學，猶言游學。離家遠出，臣伏於師，如任宦然。有事師之禮，然後師友之情親。案：「宦」字不可訓「游」。

姜氏兆錫曰：宦，仕也。仕與學，皆有師，事師所以明道也，非禮則道隔而不親。

班朝治軍，涖官行法，非禮威嚴不行。

朱子曰：下以「誠」對「威嚴」，則涖官當以威嚴爲本，然恐其太嚴，又當以寬濟之。

陳氏澔曰：威則人不敢犯，嚴則人不敢違。分職以涖官，謹守以行法。周禮「八法制官府」，「六曰官法」，謂官府所舉行之法，涖官行法乃是一事。

徐氏師曾曰：非禮則上不敬而下玩之，欲其令行禁止，不可得矣，故曰「威嚴不行」。此治衆之資於禮也。

姜氏兆錫曰：班朝者，正朝位。治軍者，齊軍政。涖官行法者，臨官府以行法令也。禮則有威而人不敢犯，有嚴而人不違，故「非禮則威嚴不行」。

禱祠祭祀，供給鬼神，非禮不誠不莊。

葉氏夢得曰：禮自其末推及於其本，則始於道德；自其顯推至於其幽，則終於鬼神。

吕氏祖謙曰：此通前段只是一箇「禮」字，孝經只是一「孝」字。此類須參求其所以然。

吴氏澄曰：祭謂祭地祇，祀謂祀天神。通言之，則享人鬼在其中也。禱祠者，因事之祭。祭祀者，常事之祭。皆有牲幣之屬以供給鬼神，必依於禮，然後其心誠實，其容莊肅。又曰：欲成己者，必學而有所事之師；欲治人者，必在朝、在軍、在官有所行之法。事師而親者，充其父子兄弟之仁也；行法而威嚴者，充其君臣上下之義也。明則修己治人，幽則事鬼神於禱祠，祭祀而供給鬼神者，仁之至，義之盡也。誠則仁之實於中，莊則義之形於外。凡此，皆禮之所爲也。

陳氏澔曰：禱以求爲意，祠以文爲主，祭以養爲事，祀以安爲道。

徐氏師曾曰：此事神之資於禮也。

朱氏軾曰：道德仁義言治己，教訓正俗言治人。下四段分承此二句，「禱祠」一段，又言不獨治人，即事神亦不可無禮。

姜氏兆錫曰：禱者祈求，祠者報賽，祭祀自常祀而言，凡皆以供給鬼神也。禮則誠本於心，莊見于貌，故「非禮則不誠不莊」。

李氏光坡曰：七者之序，自「道德」至「不決」，三者以修己治人之道言也。自「君臣」至「不行」，三者以事上臨下言也。末及祭祀，自人以及神也。先盡其道，則宜于上下，協于神人矣。

是以君子恭敬、撙節、退讓以明禮。

王氏炎曰：斂容正色，肅然端莊之外著以爲恭；閑邪主一，凜然敬惕之中存以爲敬；裁抑自居，確守持盈之戒以爲撙；儉約不放，常遵中正之規以爲節；卑以自牧，操無欲上人之心以爲退；推以與人，懷不居其有之念以爲讓。此六者，即上所謂禮也。君子務此，則無往非道德仁義之周流，而教民以至事神，各得其宜矣。

吴氏澄曰：敬、節、讓，禮之實也。實諸内者必徵諸外，故於貌之恭而見其敬焉，於事之撙而見其節焉，於步趨之退而見其讓焉。君子務此三者，以明禮也。

姚氏舜牧曰：禮雖散於事物之間，而實具於吾心之體。不恭敬則敖慢而昏，不撙節則放逸而昏，不退讓則矜肆而昏，是故君子恭敬、撙節、退讓以明之也。禮明而後幽明，人己之間處之，無不當矣。

徐氏師曾曰：此章言禮爲衆事之紀。

姚氏際恒曰：自「道德仁義」至「則志不懾」，凡五段，皆舉「禮」字極論之。文既淺率，義亦乖舛，與前後文不類。曲禮本摭拾羣言，其不加以簡擇與？抑後之庸妄者有所竄入與？摘出各詳其下。

陸氏奎勳曰：何氏曰：「在貌爲恭，在心爲敬。」「應進而遷曰退，應受而推曰讓。」訓義皆的，而「撙節」則云「節，法度也」，言「恒趨於法度也」，蓋沿鄭注而失之。胡氏、陳氏以裁抑爲訓，亦非。按，博雅「僔，僔衆也」，僔同撙。甘泉賦「齊總總以撙」，撙亦衆多之意。禮貴得中，無不及之謂撙，無過之謂節，如此訓，乃成其爲六者。

姜氏兆錫曰：撙節，裁抑之意，所謂禮主其減也。恭敬以心言，撙節以事言，退讓以儀言。恭敬爲本，撙節、退讓爲用。此結上文之意也。

鸚鵡能言，不離飛鳥；猩猩能言，不離禽獸。今人而無禮，雖能言，不亦禽獸之心乎！夫惟禽獸無禮，故父子聚麀。

朱氏申曰：鸚鵡能言而無禮，故不離飛禽之類；猩猩能言而無禮，故不離走獸之類。設使人而無禮，能言，其形則人，其心則禽獸也。

黄氏震曰：甚言禮之不可無。聚麀，父子之配無别。

陳氏澔曰：鸚鵡，鳥之慧者，隴、蜀、嶺南皆有之。猩猩出交阯封谿等處。

姜氏兆錫曰：鸚鵡，慧鳥，隴、蜀、嶺南皆有之。猩猩，人面豕身，出交阯封谿等處。「不離禽獸」，盧植本作「走獸」。一云「禽者，鳥獸之總名」，故猩猩通稱禽也。聚，猶共也。獸牝曰麀。父子且然，况其他乎？甚言人之不可無别于禽獸也。

是故聖人作，爲禮以教人，使人以有禮，知自别於禽獸。

陳氏祥道曰：禽獸有知而無義，有知故能言，無義故未嘗有禮。於明禮言君子，於爲禮言聖人，與「作者之謂聖，述者之謂明」同意。

朱子曰：陸農師點「聖人作」是一句，「爲禮以教人」是一句。　又曰：作者爲之始，爲者作之繼。

姚氏際恒曰：説得聖人制禮，全是爲使人别于禽獸，免爲聚麀之行耳，何以鄙至此？

姜氏兆錫曰：作，猶易象所謂「聖人作也」。爲，猶制也。有禮，如父子有親、君臣有義、男女有别之類。

【孫氏集解】**道德仁義，非禮不成。**

劉氏彝曰：仁也、義也、知也、信也，雖有其理而無定形，附於行事而後著者也。惟禮，事爲之物，物爲之名，有數有度，有文有質，咸有等降上下之制，以載乎五常之道。然則五常之道，同本乎性，待禮之行，然後四者附之以行，此禮之所以爲大，而百行資之以成其德焉。

愚謂仁義禮知之爲人所由謂之道，仁義禮知之有得於身謂之德。仁義與禮，雖同出於性，然惟禮者天理之節文，人事之儀則，而細微曲折之間，參差等級之度，莫不有一定之矩矱。故道非禮則無以爲率由之準，德非禮則無以爲持守之實，仁非禮則無以酌施恩厚薄之等，義非禮則無以得因事裁制之宜。是四者非禮則不能成也。

教訓正俗，非禮不備。

黄氏炎曰：率之以身而使傚之謂教，諭之以言而使循之謂訓。

愚謂禮者經緯萬端，事爲之制，曲爲之坊，故教訓以正民俗。而苟不以禮，則闕略而不備也。

分争辨訟，非禮不決。

朱子曰：争見於事而有曲直，分争則曲直不相交；訟形於言而有是非，辨訟則是非不相敵。禮所以正曲直、明是非，故此二者，非禮則不能決。

君臣上下，父子兄弟，非禮不定。

孔氏曰：上謂公、卿、大夫，下謂士也。公、卿、大夫列位於上，士列位於下。

吴氏澄曰：國之倫，君臣爲大，上下次之；家之倫，父子爲大，兄弟次之。有分有義，有恩有情，其尊卑厚薄，非禮有一定之制，不能定之。

愚謂大功以上謂之昆弟，小功以下謂之兄弟。不言昆弟而言兄弟者，舉疏以包親也。

宦學事師，非禮不親。

鄭注：學，或爲「御」。釋文：鄭此注爲見他本也，後放此。

鄭氏曰：宦，仕也。

孔氏曰：熊氏云：「宦，謂學仕宦之事；學，謂習學六藝。此二者俱是事師。」左傳宣二年，趙盾見靈輒餓，問之，云：「宦三年矣。」服虔云：「宦，學也。」是學職事爲宦也。

愚謂宦，謂已仕而學者；學，謂未仕而學者。故學記云：「凡學，官先事，士先志。」王制云：「六十不親學。」明未六十，雖已仕，猶親學也。宦、學皆有師，然非事之以禮，則學者怠，教者倦，而師弟之情不親矣。

班朝治軍，涖官行法，非禮威嚴不行。

鄭氏曰：班，次也。涖，臨也。

孔氏曰：朝，朝廷也。次，謂司士正朝儀之位次也。治軍，謂師、旅、卒、伍各正其部分也。涖，臨也。官，謂卿、大夫、士各有職事。行法，謂司寇、士師明刑法也。

愚謂四者之事，必以禮肅之，不然則上慢下怠而徒爲文具矣。

禱祠祭祀，供給鬼神，非禮不誠不莊。

孔氏曰：周禮注云：「求福曰禱，得求曰祠。」

吴氏澄曰：禱祠者，因事之祭；祭祀者，常事之祭。皆有牲幣以供給鬼神，必依於禮，然後其心誠實，其容莊肅。

是以君子恭敬、撙節、退讓以明禮。

鄭氏曰：撙，趨也。

何氏允曰：在貌爲恭，在心爲敬。

孔氏曰：君子是有德有爵之通稱。又康成注少儀云：「君子，卿大夫若有異德者。」

凡禮，有深疑則稱君子以正之。撙，趨也。節，法度也。言恒趨於法度。應進而却曰退，應受而辭曰讓。

愚謂君子，以德言之。恭、敬、撙、節、退、讓六字平列。荀子「不恤是非、然不然之情，以相薦撙」，楊倞注曰：「撙，抑也。」漢書王吉傳「伏軾撙銜」，臣瓚曰：「撙，促也。」師古曰：「撙，挫也。」楊雄賦曰：「齊總總撙撙，其相膠葛」，亦是相迫促之意。鄭氏訓爲「趨」，當讀爲「趨數煩志」之「趨」，疏以「趨向」之義解之，非矣。有所抑而不敢肆，謂之撙；有所制而不敢過，謂之節。恭敬所以盡禮之實，撙節所以約禮之用，退讓所以達禮之文。凡事不可以無禮，故君子必恭敬、撙節、退讓以明之，禮主其減故也。○凡君子，有專以德言者，鄭注鄉飲酒禮云：「君子，國中有德者。」此篇「君子恭敬、撙節、退讓以明禮」，「博聞强識而讓，敦善行而不怠，謂之君子」，「君子不盡人之歡」，皆此義也。有兼德與位言之者，鄭注少儀云「君子，卿大夫若有異德者」，又注士相見禮云：「君子，謂卿大夫及國中賢者」，此篇屢言「侍坐於君子」，皆此義也。又有專以人君言者，「君子式黄髪，下卿位」，「君子將營宫室，宗廟爲先」是也。

鸚鵡能言，不離飛鳥；猩猩能言，不離禽獸。今人而無禮，雖能言，不亦禽獸之心乎！夫唯禽獸無禮，故父子聚麀。

○今經文係孔疏本，陸氏本經文與孔間有不同，故此經「鸚鵡」字，釋文作「嬰母」，後放此。

鄭氏曰：聚猶共也。鹿牝曰麀。

孔氏曰：爾雅云：「猩猩小而好啼。」郭璞注山海經云：「人面豕身，能言語。今交趾封谿縣出猩猩，狀如獾狆，聲如兒啼。」爾雅云：「二足而羽謂之禽，四足而毛謂之獸。」鸚鵡是禽，猩猩是獸，今並云「禽獸」者，凡語有通別，別而言之，羽則曰禽，毛則曰獸。所以然者，禽者擒也，言鳥力小，可擒捉而取之；獸者守也，言其力多，不易可擒，須圍守乃獲也。通而言之，鳥不可曰獸，獸亦可曰禽，故易云：「王用三驅，失前禽。」周禮司馬職云：「大獸公之，小禽私之。」周禮又云：「以禽作六摯，卿羔，大夫雁。」白虎通云：「禽者，鳥獸之總名。」以其小獸可擒，故得而名禽也。

愚謂鸚鵡、猩猩能言而不離乎禽獸者，以其無禮故也。人而無禮，則與禽獸無以別矣。聚，共也。麀，牝獸也。父子共麀，言其無別之甚。

是故聖人作，爲禮以教人，使人以有禮，知自別於禽獸。

「是故」，石經作「是以」。

呂氏大臨曰：夫人之血氣、嗜欲、視聽、食息，與禽獸異者幾希，特禽獸之言與人異爾。然猩猩、鸚鵡，亦或能之。是則所以貴於萬物者，蓋有理義存焉。聖人因理義之同，制爲之禮，然後父子有親，君臣有義，男女有别，人道之所以立，而與天地參也。縱恣怠敖，滅天理而窮人欲，將與馬牛犬彘之無辨，是果於自暴自棄，而不欲齒於人類者乎？

【王氏述聞】⊙撙節

曲禮：「是以君子恭敬、撙節、退讓以明禮。」

鄭注曰：撙，猶趨也。

釋文：趨，七俱反，就也，向也。

正義曰：撙者，趨也。節，法度也。言恒趨於法度。

段氏若膺校本曰：案：「趨，同趣，疾也，當音促，非『趨走』之趨。」家大人曰：釋文誤解「趨」字，正義并誤解「節」字。段謂「趨，音促」是也，薛瓚注漢書王吉傳曰：「撙，促也。」義本鄭注。而訓趨爲疾，於義尚有未安。今案：恭、敬、撙、節、退、讓六字平列，恭與敬義相因，撙與節義相因，退與讓義相因，而撙節與退讓義亦相因。撙，猶趨也者。趨，讀「局促」之促，謂自抑損也，撙之言損也。管子五輔篇曰「整齊撙詘以辟刑僇」，尹知章注「撙，節也，言自節而卑詘」；五輔篇又曰「節飲食，撙衣服」，是撙與節義相因也。荀子仲尼篇曰「恭敬而僔」，楊倞注：「僔與撙同，卑退也。」是「撙節」與

「退讓」，義亦相因也；五輔篇又曰「夫人必知禮，然後恭敬，恭敬然後尊讓」，尊，亦與撙同。恭敬尊讓，即曲禮之「恭敬、撙節、退讓」也。

【朱氏訓纂】道德仁義，非禮不成：正義：道者，通物之名。德者，得理之稱。仁是施恩及物，義是裁斷合宜。道德爲萬事之本，仁義爲羣行之大。熊氏云：「道德，大而言之，則包羅萬事，小而言之，則人之才藝善行，皆須禮以行之。故云『非禮不成』」。劉氏台拱曰：禮者，道德之品節，仁義之等殺。循禮，則斯四者無過不及之偏。成，猶裁成。教訓正俗，非禮不備：正義：熊氏云：「教，謂教人師法；訓，謂訓説義理。以此教訓，正其風俗。非得其禮，不能備具。」劉氏台拱曰：事爲之制，曲爲之防，故備。分争辯訟，非禮不決：注：分、辯，皆别也。呂與叔曰：仁義道德，皆性之所固有，然無節無文，則過與不及，此所以非禮不成也。教不本於禮，則設之不當。立教訓説，皆所以正風俗之不正，故曰「非禮不備」。理有可否則争，情有曲直則訟，惟禮爲能決之。蓋合於禮則可，不合於禮則不可。有禮則直，無禮則不直。故曰「非禮不決」。朱氏曰：争見於事，而有曲直。訟形於言，而有是非。禮所以正曲直、明是非，故非禮不能決。君臣上下，父子兄弟，非禮不定：正義：上謂公、卿、大夫，下謂士也。君父南面，臣子北面；公、卿、大夫則列位於上，士則列位於下；兄前弟後，唯禮能定也。宦學事師，非禮不親：注：宦，仕也。正義：熊氏云：「宦，謂學仕宦之事。學，謂習學六藝。」左傳宣二年，趙盾見靈輒餓，問之，曰：「宦三年矣。」服虔云：「宦，學也。」是學職事爲宦也。

班朝治軍，涖官行法，非禮威嚴不行；注：班，次也。涖，臨也。　正義：朝，朝廷也。次，謂司士正朝儀之位次也。治軍，謂師、旅、卒、伍各正其部分也。官，謂卿、大夫、士各有職掌。行法，謂司寇、士師明刑法也。皆用禮，威嚴乃行也。**禱祠祭祀，供給鬼神，非禮不誠不莊。**注：莊，敬也。　正義：周禮都宗人云：「國有大故，則令禱祠。」鄭注：「祠謂報塞。」又小宗伯注云：「求福曰禱，得求曰祠。」熊氏云：「祭祀者，國家常禮，牲幣之屬，以供給鬼神，唯有禮乃能誠敬。」**是以君子恭敬、撙節、退讓以明禮。**注：撙猶趨也。　正義：君子，有德有爵之通稱。何胤云：「在貌爲恭，在心爲敬。」少儀云：「賓客主恭，祭祀主敬。」節，法度也。應進而遷曰退，應受而推曰讓。「道德仁義」已下，並須禮以成。故君子之身，行恭敬，趨法度，及退讓之事，以明禮也。　錢氏大昕曰：說文：「𠟃，減也。」荀子不苟篇「恭敬繜屈」，仲尼篇「尊貴之，則恭敬而僔」，其義皆與撙同。　工氏念孫曰：恭、敬、撙、節、退、讓六字平列，恭與敬、撙與節、退與讓，義並相因。撙，猶趨也者。趨，讀「局促」之「促」，謂自抑損也，撙之言損也。管子五輔篇曰「整齊撙詘，以辟刑僇」，尹知章注「撙，節也」。言自節而卑詘」。是「撙節」與「退讓」義亦相因也。　彬謂撙、𠟃、繜、僔並同。

鸚鵡能言，不離飛鳥；猩猩能言，不離禽獸。鸚鵡，說文作「鸚䳇」，能言鳥也。　釋文：禽獸，盧本作「走獸」。　正義：爾雅云：「猩猩小而好啼。」郭璞山海經注云：「人面豕身，能言語。今交趾封谿縣出猩猩，狀如貛㹠，聲似小兒啼。」**今人而無禮，雖能言，不亦禽獸之心乎！夫唯禽獸無禮，故父子聚麀。**注：聚，猶共也。鹿牝曰麀。**是故聖人作爲禮以教人，使人以有禮，知自別於禽獸。**江氏永曰：此與樂記「聖人作爲父子君臣以爲紀綱」，文勢正相似，宜作一句讀，至「教人」絕句。

曲禮注疏長編卷四

一・七 ○**太上貴德**[一]，太上，帝皇之世，其民施而不惟報。○大，音泰，注同。大上，謂三皇五帝之世。施，始豉反，下同。**其次務施報。**三王之世，禮始興焉。**禮尚往來。往而不來，非禮也；來而不往，亦非禮也。人有禮則安，無禮則危。故曰：禮者，不可不學也。夫禮者，自卑而尊人，雖負販者，必有尊也，而況富貴乎！**負販者尤輕恌志利[二]，宜若無禮然[三]。○販，方萬反。恌，吐彫反。**富貴而知好禮，則不驕不淫；貧**

[一] 太上貴德　衛氏集説亦作「太」。閩、監、毛本「太」作「大」，石經同，岳本同，嘉靖本同。案釋文出「大」云：「音泰。」五經文字：「『大』爲『太』假借字，經典通用。」○按：大、太，古今字。○鍔按：「太上」上，阮校有「太上貴德節」五字。

[二] 負販者尤輕恌志利　閩、監、毛本作「恌」，岳本同，嘉靖本同。此本「恌」誤「桃」，釋文作「佻」。

[三] 宜若無禮然　惠棟校宋本同，宋監本同，岳本同，嘉靖本同，衛氏集説同。閩、監、毛本「然」誤「焉」。考文引古本、足利本亦作「然」。

賤而知好禮，則志不懾。懾，猶怯、惑。○好，呼報反，下同。懾，之涉反。怯，丘劫反。何胤云：「憚所行爲怯。」

【疏】「大上」至「不懾」[一]。○正義曰：此一節明世變道殊，所貴有異，雖負販者，必須有禮，各隨文解之。

○「大上貴德」者，大上，謂三皇五帝之世也。其時猶淳厚其德，不尚往來之禮，所貴者在於有德，故曰「貴德」也。德主務施其事，但施而不希其反也。皇是三皇，帝是五帝，不云「皇帝」者，恐是一事不分，故鄭升「帝」於「皇」上，以殊異代矣。然五帝雖有三禮五玉，陟方朝會，而猶是揖讓，故上同三皇，是以禮運注謂五帝爲大道之時也。熊氏云：「三皇稱皇者，皆行合天皇之星。故詩緯含神務[二]宋均注云：『北極天皇大帝，其精生人。』然則稱皇者，皆得天皇之氣也。鄭玄意則以伏犧、女媧、神農爲三皇，故注中候敕省圖引運斗樞伏犧、女媧、神農爲三皇也。然宋均注援神契引甄耀度數燧人、伏犧、神農爲三皇，譙周古史考亦然。白虎通取伏犧、神農、祝融爲三皇，孔安國則以伏犧、神農、黄帝爲三皇，並與鄭不同。此皆無所據，其言非也。鄭數伏犧、女媧、神農，非謂其人

[一] 大上至不懾　惠棟校宋本無此五字。

[二] 故詩緯含神務　閩、監、毛本同。惠棟校宋本「務」作「霧」，不誤。

身自相接，其間代之王多矣。六藝論云：『燧人至伏犧，一百八十七代。』宋均注文耀鈎云：『女媧以下，至神農七十二姓。』譙周以爲伏犧以次有三姓始至女媧，女媧之後五十姓至神農，神農至炎帝一百三十三姓。是不當身相接。譙周以神農、炎帝爲别人，又以神農爲木德，女媧爲水德，皆非鄭義也。其五帝者，鄭注中候敕省圖云：『德合五帝坐星者稱帝。』則黄帝、金天氏、高陽氏、高辛氏、陶唐氏、有虞氏是也。實六人而稱五者，以其俱合五帝坐星也。五帝所以稱帝者，坤靈圖云：『德配天地，在正不在私，稱之曰帝。』三王稱王者，莊三年穀梁傳曰：『其曰王者，人所歸往也。』散而言之，則三皇亦稱帝，則月令云『其帝太昊』是也；五帝亦稱皇，則吕刑云『皇帝清問下民』是也。至三王德劣，不得上同於天，唯稱王而已。此云『太上貴德』，鄭云『帝皇之世』，則帝皇以上皆行德也。所以中候握河紀云：『皇道帝德，非朕所事[一]。』是三皇行道，五帝行德。不同者，但德由道生，道爲其本，故道優於德。散而言之，德亦是道，故總云『貴德』。既三皇行道，五帝行德，以次推之，則三王行仁，五霸行義。五帝雖行德，亦能有仁，故大學云『堯、舜率天下以仁』是也。案老子云：『道常無名。』河上公云：『能生天地人，則當大易之氣也。』道德經云『上德不德』，其德稍劣於常道，則三皇之世，法大易之道行之也，然則可

[一] 皇道帝德非朕所事　惠棟校宋本作「事」。此本「事」誤「專」，閩、監、毛本同。

行之道，則伏犧畫八卦之屬是也，三皇所行者也。『下德不失德』，河上公云：『下德，謂號謚之君。』則五帝所行者也。但三皇則道多德少，五帝則道少德多。」此皆熊氏之説也。今謂道者，開通濟物之名，萬物由之而有，生之不爲功，有之不自伐，虚無寂莫，隨物推移，則天地所生，微妙不測，聖人能同天地之性，其愛養如此，謂之爲道。此則常道，人行大道也。其如此善行爲心，於己爲得，雖不矜伐，意恒爲善，謂之爲德。此則劣於道也。既能推恩濟養，惻隱矜恤於物，謂之爲仁，又劣於德。若其以仁招物，物不從己，征伐刑戮，使人服從，謂之爲義，又劣於仁。以義服從，恐其叛散，以禮制約，苟相羈縻，是之謂禮，又劣於義。此是人情小禮，非大禮也。聖人之身，俱包五事，遇可道行道，可德行德，可仁行仁，可義行義，皆隨時應物。其實諸事並有，非是有道德之時無仁義，有仁義之時無道德也。此道德以大言之，則天地聖人之功也；以小言之，則凡人之行也。故鄭注周禮云：「道多才藝，德能躬行。」謂於一人之上，亦能開通，亦於己爲德。以此言之，則周禮三德、六德，及臯陶九德，及洪範三德，諸經傳道德，皆有分域，小大殊名，不足怪也。

○注「其民施而不惟報」。○正義曰：惟，思也。世既貴德，但有施惠而不思求報也。

○「其次務施報」。○正義曰：其次，謂三王之世也。務，猶事也。三王之世，獨親其親，獨子其子，貨力爲己，施則望報，以爲恒事，故云「務施報」。

○「禮尚往來」者，言三王之世，其禮主尚往來。

○「貧賤而知好禮，則志不慴」者，慴，怯也，惑也。貧者之容，好怯惑畏人，使心志不遂。若知禮者，則持禮而行之，故志不慴怯，是以於負販之中必有所尊也。

○注「慴，猶怯惑」。○正義曰：何胤云：「憚所行爲怯，迷於事爲惑。」義或當然。

【衛氏集説】太上貴德，其次務施報。禮尚往來。往而不來，非禮也；來而不往，亦非禮也。

鄭氏曰：太上，帝皇之世，其民施而不惟報。其次，三王之世，禮始興焉。

孔氏曰：自此至「不慴」一節，明世變道殊，所貴有異，雖負販者，必須有禮。皇是三皇，帝是五帝，不云「皇帝」者，鄭恐是一事不分，故升「帝」於「皇」上，禮運注亦謂大道行爲五帝時。其時猶淳厚，不尚往來之禮，所貴者在於有德。德主務施，但施而不希其反也。三王之世，施則望報。務，猶事也。以爲常事，故其禮主尚往來。

藍田呂氏曰：「太上」者，「大道之行，天下爲公」之時也，其治也，文不勝質，務存其實，直情徑行，無所事於禮，故禮有不答，而人不非也。後聖有作，通其變，使民不倦，由是交際之道興焉。

長樂劉氏曰：「太上」者，至極之稱，猶言大備全德之人也。全德之人，自得而已，奪之不以爲損，予之不以爲益，愛之不自以爲仁，利之不自以爲義，所謂不知、有之者也。其次，奪之知損，予之知益，愛之爲仁，利之爲義，所謂親之、譽之者也。故施則必報，是以不可無禮也。自禮記、左氏、老子，凡所言「太上」者皆若此，繫其人，不繫其時。

馬氏曰：禮之設，所以緣人情也，故曰「報者，天下之利也」。又曰「禮得其報則樂」，聖人因人情之所樂，制爲往來之禮，所以使天下之人亹亹而不倦也。夫獻而必有酬，酬而必有酢，此往來之禮見於燕飲也。主人出迎，則客固辭，客就東階，則主人固辭，此往來之禮見於際接也。「服之三年」者，其報必期，「服之期」者，報亦如之，此往來之禮見於喪紀也。其往而不來，來而不往，則禮失其報，而爲禮者有時而怠矣。

王氏子墨曰：貴德之世，人以德爲當然，而不知其爲德，故恩怨之心不生，相與羣於天地間者，蓋澹如也，何其至哉？迨夫後世人知爲德而出於有心，故以施報爲美事，一往一來，禮之所在，宜不能忘懷也。及其衰，則情文之繁而忠信之薄，廉於責己，而重於責人，一拜一言之不酬，而怨有不可弭者。甚者且施於君臣之際，而以國士、衆人二其心。又甚則父子之間，一借耰鋤，而慮有德色。其不可解於心者且若是，況相望於等夷之人乎？蓋嘗謂禮之本意，使人恩怨之心可銷，而太上之風可還也。魚以泉涸而相與處於陸，相濡以沫，相噓以濕，曾不若相忘於江湖。夫處緩急而知相噓濡，亦可謂有情矣，然有一不以濕沫相沾丐，雖不能言，其中獨無憾乎？處江湖而相忘，處陸則相濡噓，夫豈不善？要不若江湖之無事，故與其有恩怨之心，而爲世俗之紛紛，孰若姑務自盡而求如太上之相忘哉？明乎此，則知所謂施報者禮也，向之所謂「貴德」者亦禮也，尚安有衰世之事？

山陰陸氏曰：「施報」者，往來之情；「往來」者，施報之迹。方其仁義之施報，則存乎情，及禮之往來，則見乎迹。

永嘉戴氏曰：昔人有厭世多事，而爲之説曰「民至老死，不相往來」。嗟夫，使民不相往來，相忘於無事，豈不大善？而人情決無不相往來之理。凡人之情近而不相得則凶，或害之，既悔且吝，故遠近相取而悔吝生，情僞相感而利害生。聖人有憂之，以爲上古之時，其民施而不望報；中古之時，有施斯有報矣。施而不報，禍之所由起也。於是制禮以文之，使民知有往來，柔伏天下好争之心於跪拜、俯伏、辭遜、唯諾之間，人不知其爲功也。聖人制禮之意，固爲夫多事者設也。而曰禮所以爲多事，是亦不察於制禮之本矣。以此坊民，猶有一言之不酬、一拜之不答而兩國爲之暴骨者，況絶滅禮樂，置天下於無事乎？一日無禮，天下之事始不勝其繁矣。

人有禮則安，無禮則危。故曰：禮者，不可不學也。夫禮者，自卑而尊人，雖負販者，必有尊也，而況富貴乎！富貴而知好禮，則不驕不淫；貧賤而知好禮，則志不懾。

鄭氏曰：負販者尤輕恌志利，宜若無禮然。懾，猶怯、惑。

孔氏曰：貧者好怯惑畏人，使心志不遂。知禮者，則持禮而行之，故志不懾怯。

横渠張氏曰：學禮，學者之盡也，未有不須禮以成者也。學之大，於此終身焉，雖德性亦待此而長，惟禮乃是實事，舍此皆悠悠。聖、庸共由此途，成聖人不越乎禮，進庸人莫切乎禮，是透上透下之事也。

東萊吕氏曰：人有禮則安，無禮則危，古人見得分明如此。

藍田吕氏曰：人生於天地之間，其强足以凌弱，其衆足以暴寡，然其羣而不亂，或守死而不變者，畏禮而不敢犯也。人君居百姓之上，惟所令而莫之違者，恃禮以爲治也。一人有禮，衆思敬之，有不安乎？一人無禮，衆思伐之，有不危乎？此所以繫人之安危，而不可不學者。富貴者，人之所共敬者也；貧賤者，人之所共慢者也。禮者，自卑而尊人，雖負販之至賤，猶不敢慢，而必有所尊，況人之所共敬者乎？古之君子，不侮鰥寡，不畏强禦，苟無禮以節於内，則外物之輕重足以移其常心矣。故富貴者知其所當敬，則不驕不淫；貧賤者知其所自敬，則志不懾。

永嘉戴氏曰：安危之機，生死之本也。有禮則安，安則生矣。無禮則危，危不足言也，死將至矣。聖人制禮之意，所以生斯人也。一日無禮，則民有不得其死者矣。禮以卑爲主，以恭爲本。有自是之心者，不可以語禮；有自大之心者，不能以行禮。故禮者，所以柔伏其侈大之意，而習爲退遜謙下之道。故有禮之人，其容肅然，以正其氣，粹然以和，望其顔色，而知其人之可親也。其容狠，其氣暴，望其顔色，而生慢易之心者，必其無禮之人也。富貴之失禮以驕，貧賤之失禮以諂。驕者失於亢，諂者失於卑，其爲失禮，一也。

馬氏曰：孟子曰：「城郭不完，兵甲不多，非國之災；田野不闢，貨財不聚，非國之害。上無禮，下無學，賊民興，喪無日矣。」常人之所先，而聖人以爲後，衆人之所緩，而智者以爲急，蓋知治亂之原，而審乎安危之數也。孔子曰：「人之生也直，罔之生也幸而免。」無禮者，所謂「幸而免」也。先王之禮，如此其急，其可以不學乎？禮之「自卑而尊人」者，所以息暴亂之禍，止邪於未形者也。負販者，庶人之賤，禮之所略者也。王道之行，猶知有尊尊、長長之義，況富貴，禮之所自出，其可以不知禮乎？夫富貴之所以驕淫，貧賤之所以懾怯者，以内無素定之分，而與物爲輕重也。好禮則有得於内，而在外者莫能奪矣。

嚴陵方氏曰：易曰「知崇禮卑，崇效天，卑法地」，而禮以地制，故「自卑而尊人」也。負者惟以力爲事，販者惟以利爲事，以力爲事者，猶有所尊，而況所當好德者乎？以利爲事者，猶有所尊，而況所當貴義者乎？富貴之人，則所當貴義而好德也。富貴則易亢，而失於驕淫；貧賤則易折，而失於志懾。「富貴而知好禮，則不驕不淫」者，以禮能有所節故也。「貧賤而知好禮，則志不懾」者，以禮能有所立故也。

廣安游氏曰：禮有屈有伸，不專主於自卑。然禮之行，所謂謙也、讓也、恭也、和也，如此之類，皆本於自卑而後能成。則夫禮者，要本於自卑而爲主。君子之爲善，必役於善而後可，故恭儉所以求役於仁、信、讓。自卑者，所以求役於禮。古之君子，其志於善，剛果自力，蓋如此也。詩曰「湯降不遲，聖敬日躋」，君子爲善，有降焉，有躋焉。方其始也，自屈降以求役於善；及其久也，其見益明，其道益尊，所謂躋也。世之小人，剛强頑悍，不肯自屈於人，不肯自役於善，終歸於愚人而已。鄭説「負販者輕恌志利，宜若無禮」，此説非也。堯、舜、三代之世，斑白者不負戴於道路，則夫負販者亦皆孝弟之人，非若後世負販者之鄙暴也。所謂負販之人，當勞役之際，宜若簡於禮而從其所安，今也猶必有所尊焉。長者先而少者後，老者輕而壯者重，若此者所謂必有尊也。負販於道途猶爾，況雍容於廟堂之上，而不爲禮哉？故夫富貴之人，則可以行禮之人也；富貴之地，則可以爲禮之地也。若樂於傲，樂於縱，樂於自尊，則負販之不若矣。

王氏子墨曰：夫負販者，豈素學禮者？知有所尊，則禮非人性所有，而人情之所安者乎？在易之大壯曰「君子以非禮，弗履」，夫人而有禮，其何壯如之，故在貧賤則不懾，在富貴則不驕不淫，而物所不能屈也。貧賤、富貴本無二事，以爲貧賤則志必懾，以爲富貴則必驕必淫，是惑於人欲，而不知天理之所在故也。好禮，則在我者皆天理耳，又孰爲貧賤、富貴也哉？古之聖賢，所以處窮達得喪之際，優游閒暇，一無足以動其心者，蓋由其所好如此，故曰「人莫不飲食也，鮮能知味也」，世未有知味而不好者。

【吴氏纂言】太上貴德，其次務施報。禮尚往來。往而不來，非禮也；來而不往，亦非禮也。

劉氏彝曰：「大上」者，至極之稱，猶言大備全德之人也。全德之人，自得而已，愛之不自以爲仁，利之不自以爲義，所謂不知、有之者也。其次，愛之爲仁，利之爲義，所謂親之、譽之者也。故施則必報，是以不可無禮。自禮記、左氏、老子，凡所言「大上」皆若此，繫其人，不繫其時。

孔氏曰：三皇五帝時淳厚，不尚往來之禮，所貴在德。德主施，但施而不希其反。務，猶事也。三王之時，施則望報，以爲常事，故其禮主尚往來。

人有禮則安，無禮則危。故曰：禮者，不可不學也。

吕氏曰：人生天地之間，彊足以凌弱，衆足以暴寡。然其羣而不亂，或守死而不變者，畏禮而不敢犯也。人君居百姓之上，惟所令而莫之違者，恃禮以爲治也。一人有禮，衆思敬之，有不安乎？一人無禮，衆思伐之，有不危乎？此所以繫人之安危，而不可不學者。

夫禮者，自卑而尊人，雖負販者，必有尊也，而況富貴乎！富貴而知好禮，則不驕不淫；貧賤而知好禮，則志不懾。

游氏桂曰：負販之人，當勞役之際，宜若簡於禮而從其所安，今也猶必有所尊焉。長者先而少者後，老者輕而壯者重，若此者所謂必有尊也。負販於道路猶爾，況富貴之人，則可以行禮之人也。富貴之地，則可以爲禮之地也。若傲縱自尊，則負販之不若矣。

王氏子墨曰：負販者，豈素學禮？猶知有所尊。則禮非人性之所有，而人情之所安者乎？

鄭氏曰：懾，猶怯惑。

孔氏曰：貧者怯惑畏人，使心志不遂。知禮者持禮而行之，故志不懾。

方氏慤曰：不驕不淫，以禮能有所節也。志不懾，以禮能有所立也。

【陳氏集說】太上貴德，其次務施報。禮尚往來。往而不來，非禮也；來而不往，亦非禮也。大上，帝皇之世，但貴其德足以及人，不貴其報。其次，三王之世，禮至三王而備，故以施報爲尚。**人有禮則安，無禮則危。故曰：禮者，不可不學也。**禮者安危之所係，自天子至於庶人，未有無禮而安者也。**夫禮者，自卑而尊人，雖負販者，必有尊也，而況富貴乎。**負者事於力，販者事於利，雖卑賤不可以無禮也。**富貴而知好禮，則不驕不淫；貧賤而知好禮，則志不懾。**馬氏曰：富貴之所以驕淫，貧賤之所以懾怯，以內無素定之分，而與物爲輕重也。好禮則有得於內，而在外者莫能奪矣。

【納喇補正】太上貴德，其次務施報。

集說　大上，帝皇之世，但貴其德足及人。其次，三王之世。

竊案　魏志博士馬照云：「大上立德，謂三皇五帝之世，以德化民。其次報施，謂三王之世，以禮爲治也。」先儒之說，大抵如此，而集說仍之，不如長樂劉氏所云「大上者，致極之稱，全德之人，自得而已，繫其人，不繫其時」爲得解。且二帝之時，如館甥饗舜，迭爲賓主，羣后四朝，則五年一巡守以答之，安在其無施報邪？

雖負販者，必有尊也。

【集説】負者事於力，販者事於利。

【竊案】負、販恐當作一事，鬻販之人，背每有所負，不必有事力、事利之分。

【郝氏通解】太上，謂聖人。貴德，謂從心不踰矩。盛德之至，忘人我報施之迹也。其次，謂君子之學禮。務報施，謂使人我兼盡也。孟子曰「有禮者敬人」，「敬人者，人恒敬之」。又曰：「禮人不答，反其敬。」子夏曰：「君子敬而無失，與人恭而有禮，四海之內，皆兄弟。」即往來報施意。聖人制禮，父慈則子孝，君敬則臣忠，夫唱則婦隨，兄友則弟恭。賓主相將，獻酬交酢，無施不報，無來不往，所以諧人情，勸恭讓，使亹亹不倦也。故報者，禮之尚；而利者，義之和。義無利，有時而睽；禮無報，有時而怠。此聖人制禮之精意，非故責效計利也。有禮則安，脩齊治平之福；無禮則危，放佚怠惰之禍。自天子至於庶人，莫不皆然。故曰「禮，不可不學」。禮以退讓爲本，自卑者人不能卑之，尊人者人亦必尊之，此往來之定數也。以下奉上，以賤承貴，以少事長，皆自卑尊人，所以爲禮。負販，謂負擔鬻販者。雖其貧賤，爲人父兄長上，亦必有尊之者；爲人子弟，必有所當尊者。況富貴者，可廢禮乎？按自此以上論禮之綱，以下數禮之目。

【江氏擇言】太上貴德，其次務施報。禮尚往來。

孔疏云：三皇五帝時淳厚，不尚往來之禮，所貴在德。德主施，但施而不希其反。三王之時，施則望報，以爲常事，故其禮主尚往來。

按：古初人心淳厚，渾忘施報之名。後王制禮，則因人情之常，施報務其相稱，是以有交際往來之禮。往不來，來不往，有施而無報，皆非禮也。孔疏得之，但不當以三皇五帝、三王時爲限耳。

【欽定義疏】太上貴德，其次務施報。禮尚往來。往而不來，非禮也；來而不往，亦非禮也。

正義　鄭氏康成曰：大上，帝皇之世，其民施而不惟報。孔疏：惟，思也。其次，三王之世，禮始興焉。

孔氏穎達曰：三皇五帝時淳厚，不尚往來之禮，所貴在德。德主施，但施而不希其反。務，猶事也。三王之時，各親其親，各子其子，貨力爲己，施則望報，以爲常事，故其禮主尚往來。

吕氏大臨曰：「大上」者，「大道之行，天下爲公」之時也，禮有不答，而人不非也。後聖有作，通其變，使民不倦，由是交際之道興焉。

陸氏佃曰：「施報」者，往來之情；「往來」者，施報之迹。

陳氏櫟曰：聖人因人報施之情，而制爲禮尚往來之禮，所以使人亹亹不倦於禮之交舉也。此往施而彼不來報，彼非禮也；彼來施而此不往報，此亦非禮也。

通論 馬氏晞孟曰：禮之設，所以緣人情也，故曰「報者，天下之利也」。又曰「禮得其報則樂」，聖人因人情之所樂，而制爲往來之禮，所以使天下之人亹亹而不倦也。夫獻而必有酬，酬而必有酢，此往來之禮見於燕飲也。主人出迎，則客固辭，客就東階，則主人固辭，此往來之禮見於際接也。服之三年者，其報必以期，服之期者，報亦如之，此往來之禮見於喪紀也。其往而不來，來而不往，則禮失其報，而爲禮者有時而怠矣。

存疑 劉氏彝曰：大上者，至極之稱，猶言大備全德之人也，繫其人，不繫其時。吴氏澄曰：貴德者，安而行之，德之尚也。務施報者，利而行之，德之次也。此聖人因人情之所樂，而制爲往來之禮也。

案 鄭、孔言惟上古大道爲公，施者不望報，故可不尚往來，正見後世務施報，而禮之必不可少也。劉氏謂「大上」「其次」繫其人，不繫其時。吴氏諸説以貴德爲安而行之，務施報爲利而行之。或又謂大上是自然之理，其次是勉然之德。此仁與恕之分，則似反尊大上而卑施報矣。

人有禮則安，無禮則危。故曰：禮者，不可不學也。

正義 呂氏大臨曰：一人有禮，衆思敬之，有不安乎？一人無禮，衆思伐之，有不危學也。

乎？此所以繫人之安危，而不可不學者。

朱子曰：人有施報往來之禮，則無忤於物而身安。

陳氏櫟曰：安生於上下之分定。人有禮，則分定而安，無禮反是，此禮所以不可不學也。

陳氏澔曰：禮者，安危之所係，自天子至於庶人，未有無禮而安者也。

存異 楊氏鼎熙曰：一説安危俱在心上。心在天理上則安，在人欲上則危。

辨正 朱子曰：古人之所以必由於禮，但爲禮當如此，不得不由，豈爲欲安吾心而後由之也哉？若必爲欲安吾心，然後由禮以接於人，則是皆出於計度利害之私，而非循理之公心矣！又曰：有禮則安，無禮則危，如云「仁則榮，不仁則辱」，初無身心、本末之辨。

夫禮者，自卑而尊人，雖負販者，必有尊也，而況富貴乎！

正義 鄭氏康成曰：負販者，尤輕恌志利，宜若無禮焉。

游氏桂曰：負販之人，當勞役之際，宜若簡於禮，猶必有所尊焉。長者先而少者後，壯者重而老者輕，況富貴之人處可以行禮之地乎？

方氏慤曰：負者惟以力爲事，販者惟以利爲事。案：詩「是任是負」，負者未必販；周禮「販夫、販婦」，則販而負者恒多，大意指極貧賤者耳。

黄氏炎曰：禮非有他，自卑而尊人，達此恭敬之心而已。然是心也，人皆有之，雖微如負販，亦必有尊人之心，而況於富貴者乎？

案 自卑而尊人，實指出禮之爲禮處。蓋讓者，禮之實，即負販者於勞役之時，猶知相讓於路，則盡人當卑己尊人可知矣。此節見禮非高遠難行，無人不可能，亦無人不可學也。

富貴而知好禮，則不驕不淫；貧賤而知好禮，則志不慴。

正義 鄭氏康成曰：慴，猶怯、惑。

孔氏穎達曰：貧者怯惑畏人，使心志不遂。知禮者，持禮而行之，故志不慴。

吕氏大臨曰：古之君子，不侮鰥寡，不畏强禦，苟無禮以節於内，則外物之輕重足以移其常心矣。故富貴者知其所當敬，則不驕不淫；貧賤者知其所自敬，則志不慴。

馬氏晞孟曰：富貴之所以驕淫，貧賤之所以慴怯者，以内無素定之分，而與物爲輕重也。好禮則有得於内，而在外者莫能奪矣。

方氏慤曰：不驕不淫，以禮能有所節也。志不慴，以禮能有所立也。

徐氏師曾曰：或疑「不慴」與「自卑」相戾。曰能自卑，則自反常直，故不慴，何戾之有？

案 此言人之境遇有殊，而有禮則安，一也。好禮，即「自卑尊人」之謂。不驕不淫乃富貴之安，不慴乃貧賤之安。

非禮也。

【杭氏集説】太上貴德，其次務施報。禮尚往來。往而不來，非禮也；來而不往，亦非禮也。

陸氏佃曰：「施報」者，往來之情；「往來」者，施報之迹。

陳氏櫟曰：聖人因人報施之情，而制爲禮尚往來之禮，所以使人亹亹不倦於禮之交舉也。此往施而彼不來報，彼非禮也；彼來施而此不往報，此亦非禮也。

劉氏彝曰：大上者，至極之稱，猶言大備全德之人也，繫其人，不繫其時。

吴氏澄曰：貴德者，安而行之，德之尚也。務施報者，利而行之，德之次也。此聖人因人情之所樂而制爲往來之禮也。

姚氏際恒曰：此全是老氏之學。孔子曰：「禮云，禮云，玉帛云乎哉？」玉帛正是施報往來之物，而反務之尚之乎？孟子曰：「辭讓之心，禮之端也。」又曰：「仁義禮智根于心。」是禮者本心而具，由德而出也。德與禮不可分別爲説，今將來分別，上次則是太古之時，解者謂太上爲帝皇之世。原未嘗有是禮，禮特起于衰世。解者謂其次爲三王之世。其事不出于施報往來，與德絶無與矣，此與老子「失道而後德，失德而後仁，失仁而後義，失義而後禮」同義，又與老子「太上，下知、有之；其次，親之、譽之」句法相同，義亦相近。或疑施報是玉帛，德即指在玉帛之先者，不知其往來即釋「施報」字。而曰「禮尚」，又爲往不來、來不往爲非禮，則其以無禮爲德，施報爲禮，而分别德、禮爲説明矣。且上云「道德仁義，非禮不成」，此云「太上貴德，其次務施報」，亦相矛盾。或又謂老子云「上德不德」，又云「民之老死不相往來」，何也？曰「上德不德」，本爲重道而言，今云「太上貴德」，未曾根「道」字故也。「老死不相往來」即「太上貴德」之義，若禮則尚往來，故非所貴耳，正是一例語吁？言禮若此，豈得爲聖人之徒與？

朱氏軾曰：禮者，天理之節文，禮即德也，故曰「道德仁義，非禮不成」。父慈子孝，兄友弟恭，莫非施也，即莫非報也。若謂施而不希其反，施者得矣，何以處此受而不報者乎？至云「三王之時，施則望報」，此説尤謬。望報而後施，不報將不施乎？禮所謂來而往者，豈如是乎？劉氏謂「不自以爲仁義，亦是施不望報意」，俱非經旨。愚意「太上貴德」者，謂太上之德足貴，無事斤斤于禮也。未嘗務報施，而泛應曲當，時措咸宜，施者受者無不各得所願，所謂動容周旋中禮，盛德之至也。其次務報施，報施，禮也，即德也。太上是自然之禮，其次是勉然之德，仁與恕之分也。

姜氏兆錫曰：太上，謂皇、帝之世。貴德者，但貴其德施於人，不貴其報也。其次，謂三王之世。此推言禮之因時而起，非重德而輕報施，如老氏之見也。蓋德不務報，而禮則以報施爲主。德言其心，禮言其理也。

人有禮則安，無禮則危。故曰：禮者，不可不學也。

朱子曰：人有施報往來之禮，則無忤於物而身安。又曰：古人之所以必由於禮，但爲理當如此，不得不由，豈爲欲安吾心而後由之也哉？若必爲欲安吾心，然後由禮以接於人，則是皆出於計度利害之私，而非循理之公心矣。又曰：「有禮則安，無禮則危」，如云「仁則榮，不仁則辱」，初無身心、本末之辨。

陳氏櫟曰：安生於上下之分定，人有禮則分定而安，無禮反是，此禮所以不可不學也。

陳氏澔曰：禮者，安危之所係，自天子至於庶人，未有無禮而安者也。

朱氏軾曰：禮以固人肌膚之會、筋骸之束，無禮則耳目無所屬，手足無所措，故不安而危。

夫禮者，自卑而尊人，雖負販者，必有尊也，而況富貴乎！

黄氏炎曰：禮非有他，自卑而尊人，達此恭敬之心而已。然是心也，人皆有之，雖微如負販，亦必有尊人之心，而況於富貴者乎！

富貴而知好禮，則不驕不淫；貧賤而知好禮，則志不懾。

馬氏晞孟曰：富貴之所以驕淫，貧賤之所以懾怯者，以内無素定之分，而與物爲輕重也。好禮則有得於内，而在外者莫能奪矣。

方氏慤曰：不驕不淫，以禮能有所節也。志不懾，以禮能有所立也。

徐氏師曾曰：或疑「不懾」與「自卑」相戾。曰能自卑則自反常直，故不懾，何戾之有？

姚氏際恒曰：「雖負販者必有尊也，而況富貴乎」，此二句分别負販與富貴爲説，有重富貴輕貧賤之意，不可爲訓，且其語義亦未明了。一解謂雖負販者猶知有所尊，況富貴乎？一解謂雖負販之至賤，猶不敢慢而必有所尊，況富貴者，人之所共敬者乎？

姜氏兆錫曰：承上文以總言之也。按自「道德仁義」章至此，極言禮制之所關者大，而爲人所宜學，亦自其指歸言之也。

【孫氏集解】大上貴德，其次務施報。禮尚往來。往而不來，非禮也；來而不往，亦非禮也。

鄭氏曰：大上，帝皇之世，其民施而不惟報。三王之世，禮始興焉。

愚謂大上，上古之時；其次，謂後王也。施德於人謂之施，答人之施謂之報。禮之從來遠矣，與天地並，但上古之時，人心淳樸，而禮制未備，惟貴施德於人，而不必相報。然施之有報，乃理之當然，而情之不可以已者，故後王有作，制爲交際往來之禮，稱情立文，而禮制於是大備矣。

人有禮則安，無禮則危。故曰：禮者，不可不學也。

禮所以治人情，脩仁義，尚辭讓，去争奪。故人必有禮，然後身安而國家可保也。自天子至於庶人，未有無禮而不危者。

夫禮者，自卑而尊人，雖負販者，必有尊也，而況富貴乎！

鄭氏曰：負販者尤輕佻志利，宜若無禮然。

愚謂恭敬辭讓之心，人皆有之，故雖負販者，必有所尊，而況於富貴乎！

富貴而知好禮，則不驕不淫；貧賤而知好禮，則志不懾。

鄭氏曰：懾，猶怯、惑。

馬氏晞孟曰：富貴之所以驕淫，貧賤之所以怯懾者，以內無素定之分，而與物爲輕重也。好禮則有得於內，而在外者莫能奪矣。

【朱氏訓纂】大上貴德，其次務施報。　魏志博士馬照云：大上立德，謂三皇五帝之世，以德化民。其次報施，謂三王之世，以禮爲治也。　正義：大上，謂三皇五帝之世。其時猶淳厚，不尚往來之禮，所貴在德，德主務施，但施而不希其反。其次，謂三王之世。務，猶事也。三王之世，獨親其親，獨子其子，貨力爲己，施則望報，以爲恒事，故云務施報。

禮尚往來。往而不來，非禮也；來而不往，亦非禮也。　江氏永曰：古初人心淳厚，渾忘施報之名。後王制禮，則因人情之常，施報務其相稱，是以有交際往來之禮。有施而無報，非禮也。孔疏得之，但不當以三皇五帝爲限耳。

人有禮則安，無禮則危。故曰：禮者，不可不學也。朱氏軾曰：禮以固人肌膚之會，筋骸之束。無禮則耳目無所屬，手足無所措，故不安而危。

夫禮者，自卑而尊人，雖負販者，必有尊也，而況富貴乎！彬謂負販，當如鄉黨「式負版者」之「版」，雖至賤者亦不可忽。鄭注「負販者，尤輕恌志利，宜若無禮」，非也。**富貴而知好禮，則不驕不淫；貧賤而知好禮，則志不懾。**注：懾，猶怯惑。正義：何胤云：「憚所行爲怯，迷於事爲惑。」馬彥醇曰：富貴之所以驕淫，貧賤之所以懾怯者，以内無素定之分，而與物爲輕重也。好禮則有得於内，而在外者莫能奪矣。

一·八 **〇人生十年曰幼，學；**名曰幼，時始可學也。内則曰：「十年，出就外傅，居宿於外，學書計。」**二十曰弱，冠；三十曰壯，有室**[一]**；**有室，有妻也。妻稱室。〇冠，古亂反。**四十曰强，而仕；五十曰艾，服官政；**艾，老也。〇艾，五蓋反，謂蒼艾色也；一音刈，

[一] 二十曰弱冠三十曰壯有室　閩、監、毛本同，岳本同，嘉靖本同。石經「二十」作「廿」，「三十」作「卅」。案：説文：「廿，二十并也；卅，三十并也，古文省。」〇按：段玉裁云：「廿，讀如八；卅，讀如颯。秦刻石文如是，幷爲一字，則不讀爲兩字也。」〇鍔按：「二十」上，阮校有「人生十年曰幼節」七字。

治也。**六十曰耆**[一]**，指使**，指事使人也。六十不與服戎，不親學。○耆，渠夷反，賀瑒云：「至也，至老境也。」與，音預。**七十曰老，而傳**，傳家事，任子孫，是謂宗子之父。○傳，直專反，沈直戀反。**八十、九十曰耄**[二]，耄，惛忘也[三]。春秋傳曰：「謂老將知，耄又及之。」○旄，本又作「耄」，同亡報反，注同。本或作「八十曰耋，九十曰旄」，後人妄加之。惛，音昏，一音呼困反。忘，亡亮反，又如字。知，音智。**七年曰悼**。悼，憐愛也。○悼，徒報反。**悼與耄，雖有罪，不加刑焉**。愛幼而尊老。**百年曰期，頤**。期，猶要也。頤，養也。不知衣服食味，孝子要盡

[一] 六十曰耆　石經作「耆」，岳本、嘉靖本、監、毛本並同。此本「耆」誤「耆」，閩本同。五經文字云：「耆，從老，省從旨。今或作『老』下『目』，非。」則知作「耆」俗字，其來已久。衞氏集説亦作「耆」。

[二] 八十九十曰耄　閩、監、毛本同，岳本、嘉靖本同。石經「耄」作「耄」，衞氏集説同。釋文出「八十九十曰旄」云：「本又作『耄』，注同。」案：耄，正字；耄，俗字；旄，假借字。正義本當從作「耄」。釋文又云：「本或作『八十曰耋，九十曰旄』，後人妄加之。」錢大昕云：「曲禮有『曰耋』二字者，當是古本，而陸氏以爲後人妄加，蓋失之矣。」臧琳經義雜記：「鄭注本則無『曰耋』二字，故曲禮注不解『耋』字。或又益之鄭本，陸氏所以斥爲『妄加』也。」案疏云「人或八十而耄，或九十而耄，故並言二時」，是正義本無「曰耋」二字。○按：宋監本作「耄」，後同。依説文，當作「𦒽」，從老、蒿省聲。

[三] 耄惛忘也　監、毛本同，岳本同，閩本「惛」作「昏」。案：衞氏集説亦作「耄，惛忘也」。嘉靖本「惛」作「惛」。

養道而已。○頤，羊時反。要，於遥反，又如字，下同。養道，羊尚反，又如字。**大夫七十而致事，**致其所掌之事於君而告老。**若不得謝，**謝，猶聽也。君必有命，勞苦辭謝之，其有德尚壯，則不聽耳。○聽，吐丁反，後可以意求，皆不音。勞，如字，又力報反。**則必賜之几杖，行役以婦人，適四方，乘安車。**几杖、婦人、安車，所以養其身體也。安車，坐乘，若今小車也。**自稱曰「老夫」，**老夫，老人稱也。亦明君貪賢[一]，春秋傳曰：「老夫耄矣。」**於其國則稱名。**君雖尊異之，自稱猶若臣。**越國而問焉，必告之以其制。**鄰國來問，必問於老者以答之。制，法度。

【疏】「人生」至「其制」[二]。○正義曰：此一節明人幼而從學，至於成德，終始之行，皆遵禮制，各隨文解之。

○「人生十年曰幼，學」者，謂初生之時至十歲。依内則，子生「八年，始教之讓。九年，教之數目[三]。十年，出就外傅，居宿於外，學書計」。故以十年爲節也。幼者，自始

[一] 亦明君貪賢　閩、監、毛本同，岳本同。惠棟校宋本「貪」作「尊」，嘉靖本同，儀禮經傳通解同。案：考文引古本、足利本亦作「尊」。
[二] 人生至其制　惠棟校宋本無此五字。
[三] 九年教之數日　惠棟校宋本作「日」。此本「日」誤「目」，閩、監、毛本同。

生至十九時，故檀弓云「幼名」者，三月爲名稱幼。冠禮云：「棄爾幼志。」〔一〕是十九以前爲幼。喪服傳云「子幼」，鄭康成云「十五已下〔二〕」，皆别有義。今云「十年曰幼，學」，是十歲而就業也。

○「二十曰弱，冠」者，二十成人，初加冠，體猶未壯，故曰弱也。至二十九，通得名弱冠，以其血氣未定故也。不曰「人生」，並承上可知也。今謂庶人及士之子，若卿大夫，十五以上則冠，故喪服云「大夫爲昆弟之長殤」是也。其冠儀與士同，故郊特牲云「無大夫冠禮」是也。其大夫之子亦二十而冠，其諸侯之子亦二十而冠，天子之子則十二而冠。若天子、諸侯之身，則皆十二而冠。具釋在冠義。

○「三十曰壯，有室」者，三十而立，血氣已定，故曰壯也。壯有妻，妻居室中，故呼妻爲室。若通而言之，則宫、室通名。故爾雅云：「宫謂之室，室謂之宫。」别而言之，論其四面穹隆則宫〔三〕，因其貯物充實則曰室，室之言實也。今不云「有妻」，而云「有室」

〔一〕冠禮云棄爾幼志　閩、監、毛本同，衛氏集説同，惠棟校宋本「禮」作「義」。案：「棄爾幼志」四字，見儀禮士冠禮，禮記冠義無之，宋本非也。

〔二〕十五已下　閩、監、毛本同，惠棟校宋本「已」作「以」。案：「以」與「已」字本同，見檀弓下注。詩文王傳「帝乙已上」。

〔三〕論其四面穹隆則宫　案：「則」下脱「曰」字。

者，妻者齊也，齊爲狹局，云「室」者，含妾媵，事類爲廣。案媒氏云：「男三十，女二十。」鄭康成云：「二三者，天地相承覆之數也。易曰『參天兩地而奇數』焉[一]。」白虎通云：「男三十，筋骨堅强，任爲人父。女二十，肌膚充盛，任爲人母。合爲五十，應大衍之數生萬物也。」

○「四十曰强，而仕」者，三十九以前通曰壯，壯久則强，故四十曰强。强有二義：一則四十不惑，是智慮强；二則氣力强也。

○「五十曰艾，服官政」者，四十九以前通曰强，年至五十，氣力已衰，髮蒼白，色如艾也。五十是知天命之年，堪爲大夫。服，事也。大夫得專事其官政，故曰「服官政」也。鄭康成注孝經云「張官設府，謂之卿大夫」，即此之謂也。熊氏云：「案中候運衡云：『年耆既艾[二]。』注云『七十曰艾』。言七十者，以時堯年七十，故以七十言之。又中候準讖哲云：『仲父年艾，誰將逮政？』注云：『七十曰艾者，云誰將逮政，是告老致政，致政當七十之時。』故以七十曰艾。」

[一] 參天兩地而倚數焉　閩、監、毛本如此。此本「地」下誤衍「而地」二字，「倚」誤「奇」。案：易說卦釋文「蜀才本作『奇』」，此非用別本，但偏旁省耳。

[二] 年耆既艾　閩、監、毛本同，浦鏜云：「北史作『堯年耆艾』。」

○「六十曰耆，指使」者，賀瑒云[一]：「耆，至也，至老之境也。六十耳順，不得執事，但指事使人也。」鄭注射義云：「耆、耋，皆老也。」

○注「六十」至「不親學」。○正義曰：此王制文，引之者，證不自使也。

○「七十曰老，而傳」者，六十至老境而未全老，七十其老已至，故言老也。既年已老，則傳徙家事，付委子孫，不復指使也。

○注「傳家」至「之父」。○正義曰：然庶子年老，亦得傳付子孫，而鄭唯云「謂宗子」者，爲喪服有「宗子孤爲殤」，鄭云：「言孤，有不孤者，謂父有廢疾，若七十而老，子代主宗事者也。」鄭今欲會成喪服義，故引「宗子之父」也[二]。又一云宗子，並謂五宗也。五宗之子並是傳祭之身，故指之也。庶子乃授家事於子，非相傳之事，此既云「傳」，故鄭知非庶子也。必爲宗子父者，以經言「傳」，傳者，上受父祖之事，下傳子孫。子孫之所傳家事，祭事爲重，若非宗子，無由傳之。但七十之時，祭祀之事猶親爲之，其視濯溉則子孫。故序卦注云：「謂父退居田里，不能備祭宗廟，長子當親視滌濯鼎俎是也。」若至八十，祭亦不爲。故王制云：「八十，齊喪之事不及也。」注云：「不齊則不祭也。」

○「八十、九十曰耄」，耄者，僻謬也。人或八十而耄，或九十而耄，故並言二時也。

[一] 賀瑒云　閩、監、毛本作「瑒」，此本「瑒」誤「場」。

[二] 故引宗子之父也　閩、監、毛本同，浦鏜校云：「引，當『云』字誤。」

○注「耄惛」至「及之」。○正義曰：「耄，惛忘也」者，惛忘即僻謬也。○所引春秋，案左傳昭元年：周景王使劉定公勞晉趙孟，定公勸趙孟纂禹之績，廣○樹之功[一]，趙孟對云：「老夫罪戾，朝不謀夕。」劉子歸，語王曰：「諺所謂老將知而耄及之者，其趙孟之謂乎！」引之者，證老爲耄。

○「七年曰悼」者，悼，憐愛也。未有識慮，甚可憐愛也。年七歲而在九十後者，以其同不加刑，故退而次之也。

○「悼與耄雖有罪，不加刑焉」者，幼無識慮，則可憐愛，老已耄，而可尊敬[二]，雖有罪，而同不加其刑辟也。周禮司刺有三赦：一曰「幼弱」，二曰「老耄」，三曰「惷愚」。鄭注云：「若今時律令未滿八歲、八十以上，非手殺人，他皆不坐。」故司刺有三赦，皆放免不坐也。

○「百年曰期，頤」者，期，要也。頤，養也。人年百歲[三]，不復知衣服、飲食、寒煖、氣味，故人子用心要求親之意而盡養道也。「頤，養也」，易序卦文。

「大夫七十而致事」者，七十曰老，在家則傳家事於子孫，在官致所掌職事還君，退

[一] 廣樹之功　閩、監、毛本如此，此本「樹」上誤隔一「○」。考文云：「宋板作『廣遠樹之功』。」

[二] 老已耄而可尊敬　閩、監、毛本同，衛氏集説「而」作「則」。

[三] 人年百歲　閩、監、毛本同，考文引宋板「年」作「生」。

還田里也。不云「置」而云「致」者，置是廢絶，致是與人，明朝廷必有賢代己也。白虎通云：「臣年七十懸車致仕者，臣以執事趨走爲職，七十耳目不聰明，是以退老去避賢也，所以長廉遠恥，懸車示不用也。致事，致職於君。君不使退而自去者，尊賢也。」

〇「若不得謝」者，謝，猶聽許也。君若許其罷職，必辭謝云：「在朝日久，劬勞歲積。」是許其致事也。今不得聽，是其有德尚壯，猶堪掌事，不聽去也。

「則必賜之几杖」者，熊氏云：「既不聽致事，則祭義云『七十杖於朝』是也。聽致事，則王制云『七十杖於國，八十杖於朝』是也。」案書傳云：「七十杖於朝。」鄭注云「『朝』當爲『國』」者，以其下有「八十杖於朝」，故以「朝」當爲「國」也，與王制同，並謂聽致事也。

〇「行役以婦人」者，行役，謂本國巡行役事。婦人能養人，故許自隨也。

〇「適四方，乘安車」者，適四方，謂遠聘異國，時乘安車。安車，小車也，亦老人所宜。然此養老之具，在國及出，皆得用之。今言行役婦人、四方安車，則相互也，從語便，故離言之耳。

〇「自稱曰老夫」者，若此老臣行役及適四方，應與人語，其自稱爲「老夫」，言已是老大夫也。必稱「老」者，明君貪賢之故，而臣老猶在其朝也。

○注「几杖」至「耄矣」。正義曰：「安車，坐乘，若今小車」者[一]，古者乘四馬之車，立乘，此臣既老，故乘一馬小車，坐乘也。庾蔚云：「漢世駕一馬而坐乘也。」熊氏云：「案書傳略説云：致仕者『以朝，乘車輲輪』。鄭云：『乘車，安車。言輲輪，明其小也。』」「春秋傳曰：老夫耄矣」者，引左傳證老臣對他國人自稱老夫也。此是春秋隱四年衛石碏辭也。石碏子厚與衛州吁遊，吁弒其異母兄完而自立，未能和民，欲結强援。時陳侯有寵於周桓王，州吁與石厚往陳，欲因陳自達於周。而石碏遣人告陳曰：「衛國褊小，老夫耄矣，無能爲也。此二人者，實弒寡君，敢即圖之。」

○「於其國，則稱名」者，於其國，謂自與其君言也，雖老，猶自稱名也。

○注「君雖尊異之，自稱猶若臣」者，案玉藻云：「上大夫曰下臣。」士相見禮云士大夫於他邦之君曰「外臣」，是上大夫於己君自稱爲下臣，於他國君自稱爲外臣。又玉藻云「下大夫自名」，又鄭注玉藻云：「下大夫自名於他國則曰外臣某」，是下大夫於己君稱名，於他國曰外臣某。此既自稱老夫，宜是上大夫，而稱名從下大夫者，既被君尊異，故臣亦謙退，從下大夫之例而稱名也。且玉藻所云，是其從下大夫例，然臣於君單稱名，無嫌也。

[一] 安車坐乘若今小車者　閩、監本同，毛本「安」誤「坐」，考文引宋板作「安」。

○「越國而問焉，必告之以其制」者，越國，猶他國也。若他國來問己國君之政，君雖已達其事，猶宜問於老賢，老賢則稱國之舊制，以對他國之問也。

【衛氏集説】人生十年曰幼，學；二十曰弱，冠；三十曰壯，有室；四十曰强，而仕；五十曰艾，服官政；六十曰耆，指使；七十曰老，而傳；八十、九十曰耄；七年曰悼。悼與耄，雖有罪，不加刑焉。百年曰期，頤。

鄭氏曰：名曰幼，時始可學也。内則曰：「十年，出就外傳，居宿於外，學書計。」有室，有妻也。妻稱室。艾，老也。指使，指事使人也。六十不與服戎，不親學。老而傳，謂傳家事，任子孫，是謂宗子之父。耄，惛忘也。春秋傳曰：「老將知，耄及之。」悼，憐愛也。愛幼而尊老，故不加刑。期，猶要也。頤，養也。不知衣服食味，孝子要盡養道而已。

孔氏曰：自此至「以其制」爲一節，明人幼而從學，至於成德，終始之行，皆遵禮制。冠禮云「棄爾幼志」，是十九以前爲幼。二十成人，雖加冠，體猶未壯，故曰弱。至二十九，通名弱冠。三十而立，血氣已定，故曰壯也。妻居室中，故呼妻爲室。不云「妻」而云「室」者，含妾媵，事類爲廣。白虎通云：「男三十，筋骨堅强，任爲人父。女二十，肌膚充盛，任爲人母。合爲五十，應大衍之數生萬物也。」三十九以前通曰壯，壯久則强，故四十曰强。强有二義：一則四十不惑，是智慮强；二則氣力强也。四十九以前通曰强，年至五十，血氣已衰，髮蒼白，色如艾也。五十是知天命之年，堪爲大夫。服，事也。大夫得專事其官政。六十至老之境，不得執事，但指事使人也。七十其老已全，則傳徙家事，付委子孫。鄭謂宗子父者，以經言，傳者，上受父祖之事，下傳子孫。子孫之所傳家事，祭事爲重，若非宗子，無由傳之。但七十之時，祭祀猶親爲之，其視濯溉則子孫。若至八十，祭亦不爲，故王制云「齊喪之事不及也」。庶子乃授家事於子，非相傳之事，故鄭知非庶子也。耄者，僻謬也。人或八十而耄，或九十而耄，故並言二時也。幼未有識慮，則可憐愛，老已耄，則可尊敬，雖有罪，而同不加其刑辟也。周禮司刺有三赦：一曰「幼弱」，二曰「老耄」，三曰「惷愚」。百歲，則人子當用心求親之意而盡養道也。

河南程氏曰：古之生子，能食能言而教之大學之法，以豫爲先。人之幼也，知思未有所主，便當以格言至論日陳於前，雖未曉知，且當薰聒盈耳充腹，久自安習。若固有之，雖以他言惑之，不能入也。若爲之不豫，及乎稍長，私意偏好生於內，衆口辯言鑠於外，欲其純完，不可得也。

藍田吕氏曰：此章備舉自幼至老，每十年一變之節也。未十年，非不學也，能食教以右手，能言教以唯俞。六年教數與方名，七年教之男女之别，八年教之長幼之序，九年教之數日。然未就外傅，但因事而教之，未足以名之學。至十年，可以從弟子之職，出就外傅，乃所謂學也。二十始成人，則可以勝衣冠，故命之以冠。既冠，始學禮，猶以其弱而未可用也，故博學不教，内而不出。三十曰壯，血氣定矣，故可以有室，孟子曰「丈夫生而願爲之有室，女子生而願爲之有家」，故室家者，夫婦之稱也。其壯雖可以給政役，其材猶未足以備任用，故博學無方，孫友視志而已。四十曰强，强則材成矣。材成者，志慮定則謀事審，氣力完則任事果，始可爲士以事人也。其謀事審矣，故可以出謀發慮。其任事果矣，故道合則服從，不可則退。至五十，養於其心者已熟，閲於義理者已多，可謂成德更事之人矣，故可以命爲大夫也。古者四十始命之仕，五十始命之服官政。仕者爲士以事人，治官府之小事者也。服官政者爲大夫以長人，與聞邦國之大事者也。材可用則使之仕，德成則命爲大夫，非無蚤成夙知之才也。蓋養天下之才，至於成就而後用，則收功博。如不待其成而用之，所謂「賊夫人之子」以政學者也，害莫大焉。六十曰耆，耆者，稽久之稱，詩云「耆定爾功」，又曰「上帝耆之」，稽久則將入於老，故六十稱耆。筋力既衰，不足以任勞事，可以使人而不可以使於人也，故六十不與服戎，不可以從司馬之政也。不親學，不可以執弟子之職也。七十，則筋力倦矣，聰明衰矣，外則致王事於君，内則傳家事於子，不可與事者也。耄者老而知已衰，悼者幼而知未及，二者雖有罪，而情不出於故，故不加刑焉。百年者，飲食、居處、動作，無所不待於養。

嚴陵方氏曰：數起於一，止於十，天地奇耦之數，陰陽生成之理。每至於是，則必更焉。人也者，受天地之形、孕陰陽之氣者也，孰能逃其數而逆其理哉？故其生，每於十年，則必異其名，至其時，則必異其事也。若幼與弱之類，則名之異矣；若學與冠之類，則事之異矣。幼者壯之對，弱者强之對。耆與耄，皆老也，而止以七十爲老，蓋耆雖向乎老，而未足以老名之也。耄則過乎老，而老不足以名之矣。期頤者，蓋人生以百年爲期。由是而上，則過乎人之所期矣；由是而下，則不及人之所期矣。故必百年以期名之。人之所期者，終於此而已，則養生之道，可以不盡之乎？故爲頤之時。頤者，養也。

馬氏曰：自幼弱壯强至於艾者，言血氣、智慮之變也。自耆老至於耄期者，言齒之逾久也。自學至於傳者，言其事也。蓋人血氣、智慮，率十年而加益，血氣智慮既加益矣，則所學者宜愈深，所任者宜愈大。故仲尼十五而志於學，以至七十而從心，亦十年而進，蓋成德之序也。詩曰「雖無老成人，尚有典刑」，書曰「人惟求舊，器非求舊，惟新」，古之君子，所以求舊臣而貴老成者，以其德備而多聞也。艾之爲物，久而後可以療疾。五十曰艾者，以其舊德可以爲大夫，服官政而治人也。自幼學而至五十，道固已具矣，加之十年，則可以爲大臣矣。中庸曰「官盛任使，所以勸大臣」，周之冢宰，卿一人，而下中大夫、上中下士之屬，可謂「盛任使」矣。蓋惟大臣可以指事使人，齒至於耆，則可以爲大臣矣。夫勞我以生，佚我以老，天之道也。君子之仕，至於七十可以致仕，而傳於人矣。學至於此，其遺言餘行可以爲法，而傳於後世矣。故曰「老而傳」。自耄至於期，老之極，無預於事矣，飲食不離寢，膳飲從於遊，所以致養也。然而三十而有室，非必三十而後娶，以昏姻之期，不可過是，過是則爲失時。四十而仕，非必四十而後仕，以學而至於四十，足以仕矣。不足以仕，則爲不學。傳曰：「貴老，爲其近於親；慈幼，爲其近於子。」悼耄之不加刑者，此也。

永嘉戴氏曰：聖人制禮，以律天下，以節人心，使人血氣充實，志意堅强。壯者服其勞，老者安其逸，未用者無躁進之心，當退者無不知足之戒。每十年爲一節，而人心有定嚮矣。二十血氣猶未定，然趨向善惡判於此矣，故責以成人之禮焉。三十有室，不至於過而失節，亦不至於曠而失時，此古人所以筋力之盛、壽命之長也。四十志氣堅定，强立不反，不奪於利害，不怵於禍福，可以出仕矣。自此以往，三十年宣勞於國，非若後世，强者有時不用，少與老者並用，至於怠惰廢弛，而莫之能振也。人至於五十，更歷世變，諳知人情，亦既熟矣，艾之爲言有老練精緻之意焉，若此而服官政，則明習故事，詳審和緩，不至於擾民生事矣。年至六十，幾於老矣。耆之爲言有老成可敬之意，於斯時也，有指畫之勞而無奔走服事之役。七十謂之老，於此而猶與事接，是不知止也。然人方其血氣之盛，猶有所業也。及其既衰，則顧戀不忍去，雖家事亦然，而況於國事乎？此聖人所以「戒之在得」也。耄者，敬而安之。悼者，矜而懷之。解后有罪，非其故也。禮經養老之禮，鄉飲酒之義，至九十而止，獨曲禮曰「百年曰期，頤」，王制曰「問百年者，就見之」。壽至百年，此亦絶無而僅有也。自養之外，無他望焉。孟子曰「老者，衣帛食肉」，蓋人自五十而下，其衣帛食肉者亦罕矣。天地之生物也有限，少者不奪其養，則老者有所養矣。三代之老，上而天子、諸侯養之，下而其家能養之。孝弟之風，安得不行於天下？此天下所以易治也。

廣安游氏曰：先王之時，皇極明於上，治法立於下。當此之時，天下之治有定體，而血氣之所存有常數。假以政事言之，仕之事，則四十而强者之所能任也；大夫之事，則五十而艾者之所能任也。蓋當時之政有定體，故可以凡人血氣之常數而參焉。後世皇極不明於上，治法不立於下，天下之治無定體，無定體則無所主。治之劇易，視其人智力之所及而爲之，而天下始從事於奇功矣。古之人，老如吕望，然後可以屬之鷹揚之舉；少如顔回，然後可以屬之四代之禮樂。苟人而不能皆吕望、顔回也，則當爲有常之法，以待天下可常之人。書曰「繼自今，立政，立事，其惟克用常人」，此之謂也。夫必壯且强而使之從政，而老必使之致事，皆所以因乎血氣之常數而爲之節也。後世治無定體，而血氣之常數亦不得循乎其常，天下争爲奇功而政益亂，人争爲奇才而才益衰，此則後世不明乎先王之故而然也。後之王者，苟能明皇極而立定體，因定體而循常數，則治道不患乎無序，人才不患乎無成，雖然去古已遠，孰能復其故哉？

毛氏信卿曰：人生一世，間其少壯，蓋無幾也。自事言之，則至於指使人矣，復何所爲乎？自道觀之，則自始至終，未没之前，皆行道之日也，豈獨學而仕、服官政而已乎？

孔子曰「朝聞道，夕死可矣」，又曰「四十五十而無聞，斯亦不足畏也已」，蓋人不可不急於道如此。使其知道，顔子不爲夭，使不知道，彭、聃不爲壽。吾夫子自志學，積而至於從心，豈以至是而可以已也？又豈以其間固自有限節而不可遽也？蓋一日生，則有一日事，道無窮盡，而意亦無窮盡，不如是，不足以爲夫子，尚安知「老之將至」也哉？故嘗謂「蘧伯玉行年六十而六十化」，此爲善學孔子者。而所貴乎人生者，亦必不苟焉可也。不然，則曰少壯云者，特血氣耳，耆艾者，特年齡耳，翫歲愒日，終與草木俱腐，亦奚益哉？宜君子之所不論。若夫訓詁，則有鄭氏之説在。

李氏曰：學者，人道之始；冠者，人道之成；有室者，人道之備。

長樂劉氏曰：「三十曰壯，有室」者，血氣始壯，可以有室家也。元氣生於子，左行三十，至巳爲男，右行二十，至巳爲女，陰陽之氣，交合於此，大衍之數是也，所以男女合昏焉。

廬陵胡氏曰：北史熊安引古説，堯年耆艾，仲父年艾，皆注云「七十曰艾」，義與此違，然魯頌云「俾爾耆而艾」，則耆、艾，老之通稱。

長樂陳氏曰：六年教之數與方名，則非必十年然後學也。顔回未四十，孔子使之仕，則非必四十而後仕也。冠禮曰「棄爾幼志」，是幼之稱非特施於十年也。舜未百年而稱「耄期」，是期之稱非特施於百年也。禮之所言，特其大致而已。周官司刺「赦幼弱，赦老耄」，蓋幼而非弱，老而非耄，皆所不赦，此所以至於悼耄，然後不加刑也。司厲七十者與未齓者，皆不爲奴。漢律令，未及八歲，與八十以上，非手殺人，他皆不坐，與此同意。

新安朱氏曰：期，當音居宜反。論語「期可已矣」，與「朞」字同，周匝之義也。期謂百年已周，頤謂當養而已。「期」如上句「幼」「弱」「耄」「悼」等字，「頤」如上句「學」「冠」「不刑」等字。又曰：陸農師點「人生十年曰幼」作一句，「學」作一句，下倣此，亦有理。

大夫七十而致事，若不得謝，則必賜之几杖，行役以婦人，適四方，乘安車。自稱曰「老夫」，於其國則稱名。越國而問焉，必告之以其制。

鄭氏曰：大夫七十，致其所掌之事於君而告老。謝，猶聽也。君必有命，勞苦辭謝之，其有德尚壯，則不聽耳。几杖、婦人、安車，所以養其身體也。安車，坐乘，若今小車也。老夫，老人稱也。春秋傳曰：「老夫耄矣。」於其國，君雖尊異之，自稱猶若臣。鄰國來問，必問於老者以答之。制，法度。

孔氏曰：七十曰老，在家則傳家事於子孫，在官致所掌職事還君，退還田里也。致是與人，明朝廷有賢代己。白虎通云：「臣年七十懸車致仕，懸車示不用也。君不使退而自去者，尊賢也。」君若許其罷職，必辭謝云：「在朝日久，劬勞歲積。」是許其致事也。今不得聽，是其有德尚壯，則必賜之几杖。若本國巡行役事，婦人能養人，故許自隨。

適四方，謂遠聘異國。古者乘四馬之車，立乘，此臣既老，故乘一馬小車，坐乘也。然此養老之具，在國及出，皆得用之，言行役婦人、四方安車，互見也。自稱爲老夫者，明君尊賢之故，而老臣猶在其朝也。於其國，謂自與其君言也。越國，猶他國也。若他國來問己國君之政，君雖已達其事，猶宜問於老賢，則稱國之舊制以對他國之問也。

熊氏曰：既不聽致事，則祭義云「七十杖於朝」是也。聽致事，則王制云「七十杖於國，八十杖於朝」是也。

清江劉氏曰：古者大夫七十而致事，君非使之也，臣自行也。臣雖行之，君曰：「是猶足以佐國家社稷也，留之不可失也。」於是有几杖、安車之賜，所以致留之也。君雖留之，臣曰：「不可貪人之榮，不可慁人之朝，不可塞人之路。」再拜稽首，反其室，君不强焉，義也。毋奪其爵，毋除其禄，毋去其采邑，終其身而已矣，此古者致事之義也，是之謂上下有禮。故古者大臣讓，小臣廉，庶人法，百姓不競，由此道也。是以古之爲臣者，不四十不禄，爲不惑也；不五十不爵，爲知命也；不七十不致事，養衰老也。不惑故可與謀大計，知命故可以受大寵，養衰老故可以全節儉教百姓矣。故古之仕者，爲道也，非爲食也；爲君也，非爲己也；爲國也，非爲家也。是以時進則進，時止則止，進不貪其位，止不慕其權也。今之人則不然，仕非爲道而爲食也，非爲君也而爲己也，非爲國也而爲家也。是以進不知止，而困不知恥也。

藍田呂氏曰：致事者，致其所爲臣之事於其君也。有以道去其君而致事者，「孟子致爲臣而歸」是也；有以喪而致事者，如「閔子要絰而服事，已而曰『古之道不即人心』，退而致仕」是也；有以老而致事者，「大夫七十而致事」是也。致事者退而家居，士相見禮所謂「宅者在邦則曰市井之臣，在野則曰草茅之臣」是也。君子難進而易退，故七十而致事，賢君優老而尚賢，則有不得謝者矣。既不許其去，則不責筋力以爲禮也。賜之几杖，則雖在君前，亦授之，詩云「肆筵設席，授几有緝御」是也。雖見君，亦杖，祭義云「七十杖於朝，君問則席」是也。老夫，長老者之稱也，衛石碏告陳曰「老夫耄矣，無能爲也」，與他國士大夫言也。晉荀罃謂荀偃、士匄曰「牽率老夫，以至於此」，與己國士大夫言也。大夫老不得謝，與他國士大夫言，則稱「老夫」，所以優之也。與己國士大夫言，則稱名，父母之邦，不敢以尊老自居也。石碏、荀罃雖皆列國之大夫，未知其老而得謝與否也。若皆不得謝者，則碏可稱，而罃不當稱也。玉藻云「上大夫曰下臣，下大夫自名」，此對君之稱，非此比也。詩曰「雖無老成人，尚有典刑」，老成人者，多識乎國之故事，而典刑之所由出也。越國而問，則舉國之故事以對之，所謂「謀於黄髮，則罔所愆」。

馬氏曰：七十而致事，順天理也，位至大夫，君之所賢也。天下之達尊三，大夫兼而有之者也。爲君者，得不致其愛敬乎？於其致事而去，必有以勞之。於其留而自輔也，必有以養之。几杖、婦人、安車者，所以養安其氣體，不敢勞以事也。所以見尚齒、貴爵、尊德之義，不嫌其爲倨也。故當其爲師則弗臣，而不嫌其僭君；於其冠則見兄拜之，而不嫌其不弟。蓋義有所伸，雖自尊而不爲泰也。然於其國猶曰自名者，所以尊君也。夫天子巡守，先見百年者、九十者。天子欲有問焉，則就其室。古之人咨於元老，如此其敬，以其賢而多聞也，則宜有越國而問之矣。必告之以其制者，蓋制出於先王，而非先王者無法，故告之以其制也。

永嘉戴氏曰：據本文，此專爲在官者言也。凡養老，仕謂之國老，不仕謂之庶老。先王時，國老之禮尤厚。七十致事，大夫之常禮也。賜之几杖，人君之優恩也。行役以婦人，何也？八十非人不煖，七十之老而有行役，則道途之不易，固有以安其身也。小車坐而乘之，雖行步稍緩，而四體安矣。自稱老夫，謂適四方言也。故下文曰「於其國則稱名」。越國而問，謂我問鄰國，非鄰國來問也。問人於他邦，必告之以其制，懼使人之不明舊典禮經，則國爲無人也。古之時，人君待老者之禮甚厚，老人所以自待者，亦不輕，故人君有所尊敬，國人有所矜式，四方有所瞻仰，天下安得而不治乎？

廬陵胡氏曰：賜几杖，如漢元朔中賜淮南王、菑川王是也。乘安車，如漢起魯申公是也。安車，則駕一馬而坐乘，漢制然也。然漢時非安車，亦有坐乘者，萬石君是也。檀弓云「五十無車者，不越疆而弔人」，上大夫也，而同下大夫稱名者，臣於君卑，稱名無嫌也。洛誥周公告成王曰：予旦老臣，越他國而問，故必告之以制度，不欺於彼國也。古者越國而謀，見左氏。

嚴陵方氏曰：几則憑之，以安其體；杖則持之，以助其力也。行役，外事也，而以婦人焉，欲其雖在外，而猶在內也。適四方，勞事也，而乘安車焉，欲其雖服勞，而不失其逸也。言行役，則主在公言之耳；言適四方，則主在遠言之耳。在公猶得以婦人，況在私之事乎？在遠猶得乘安車，況在國之時乎？是皆待之以非常之禮故也。

長樂陳氏曰：婦人言行役，安車言適四方，則行役不以安車，適四方不以婦人也。

橫渠張氏曰：越國，謂朝中有事，在朝不能謀，則越國而問退居之老臣也，非謂越他國而問政，決無此理，既賴其謀事，須盡語以國之事因本末施爲，始可與之謀也。若不知次序，則如之何而取謀？

臨川王氏曰：越國而問，謂老者自有事越出他國，他國問之也。

【吴氏纂言】人生十年曰幼，學；二十曰弱，冠；三十曰壯，有室；四十曰强，而仕；五十曰艾，服官政；六十曰耆，指使；七十曰老，而傳；八十、九十曰耄；七年曰悼。悼與耄，雖有罪，不加刑焉。百年曰期，頤。期，舊如字，今從朱子音朞。

鄭氏曰：名曰幼，時始可學也。內則曰：「十年，出就外傳，學書計。」有室，有妻也。妻稱室。艾，老也。指使，指事使人也。六十不與服戎，不親學。老而傳，謂傳家事，任子孫，是爲宗子之父。耄，昏忘也。春秋傳曰「老將知，耄及之」。悼，憐愛也。愛幼而尊老，故不加刑。期，猶要也。頤，養也。不知衣服食味，孝子要盡養道而已。

孔氏曰：幼者，自始生至十九。檀弓云「幼名」，三月爲名稱幼。十年出就外傅，故以十年爲節。冠禮云「棄爾幼志」，是十九以前爲幼。二十成人，初加冠，體猶未壯，故曰弱，至二十九通名弱。三十血氣已定，故曰壯。三十九以前通曰壯，壯久則强，故四十曰强，一則智慮强，二則氣力强也。四十九以前通曰强，年至五十，氣力已衰，髮蒼白色如艾，堪爲大夫，得專服事其官政。耆，至也。六十至老之境，不得執事，但指事使人也。六十至老境而未全老，七十其老已全，故言老。年已老，則傳家事付子孫，不復指使也。人或八十而耄，或九十而耄，故並言。悼，未有識慮，可憐愛。年七歲而在九十後者，以其同不加刑，故退而次之。悼可憐愛，耄可尊敬，雖有罪而不加刑辟。周禮司刺有三赦，一曰「幼弱」，二曰「老耄」。若律令未滿八歲、八十以上，非手殺人，他皆不坐。百年不復知衣服、飲食、寒暖、氣味，故人子用心要求親之意而盡養道也。

朱子曰：期，當音居疑反，論語「期可已矣」，與「朞」字同，周匝之義也。期，謂百年已周。「期」如上「幼」「弱」等字，「頤」如上「學」「冠」等字。陸農師點「人生十年曰幼」作一句，「學」作一句，下放此。

吕氏曰：此備舉自幼至老，十年一變之節也。

大夫七十而致事，若不得謝，則必賜之几杖，行役以婦人，適四方，乘安車。自稱曰

「老夫」，於其國則稱名。越國而問焉，必告之以其制。

鄭氏曰：大夫七十，致其所掌之事於君而告老。謝，猶聽也。君必有命，勞苦辭謝之，其有德尚壯，則不聽爾。几杖、婦人、安車，所以養其身體也。安車，坐乘，若今小車也。老夫，老人稱也。於其國，雖君尊異之，自稱猶若臣。鄰國來問，必問於老者以答之。制，法度。

孔氏曰：七十曰老，在家則傳家事於子孫，在官致所掌職事還君，退還田里也。致是與人，明朝廷有賢代己，君不使退而自去者，尊賢也。君若許其罷職，必辭謝云「在朝日久，劬勞歲積」，是許其致事也。今不得聽，是其有德尚壯，猶堪掌事，則必賜之几杖。若本國巡行役事，婦人能養人，故許自隨。適四方，謂遠聘異國。古者乘四馬之車，立乘，此臣既老，故乘一馬小車，坐乘也。然此養老之具，在國及出皆得用之。言行役婦人、四方安車，互見也。自稱爲老夫者，明君貪賢之故，而臣老猶在其朝也。於其國，謂自與君言也。越國，猶它國也。若它國來問己國君之政，君雖已達其事，猶宜問於老賢，則稱國之舊制以對它國之問也。

【陳氏集説】人生十年曰幼，學；二十曰弱，冠；三十曰壯，有室；四十曰强，而仕；五十曰艾，服官政；六十曰耆，指使；七十曰老，而傳；八十、九十曰耄；七年曰悼。悼與耄，雖有罪，不加刑焉。百年曰期，頤。朱子曰：「十年曰幼」爲句絶，「學」字自爲一句，下至「百年曰期」皆然。呂氏曰：五十曰艾，髮之蒼白者如艾之色也。古者四十始命之仕，五十始命之服官政。仕者爲士以事人，治官府之小事也。服官政者爲大夫以長人，與聞邦國之大事者也。才可用則使之仕，德成乃命爲大夫也。耆者，稽久之稱，不自用力，惟以指意使令人，故曰指使。傳，謂傳家事於子也。耄，惛忘也。悼，憐愛也。耄者老而知已衰，悼者幼而知未及，雖或有罪，情不出於故，故不加刑。人壽以百年爲期，故曰期。飲食、居處、動作，無不待於養，故曰頤。**大夫七十而致事**。致，還其職事於君也。**若不得謝，則必賜之几杖**，不得謝，謂君不許其致事也。如辭謝代謝，亦皆却而退去之義。几所以凴，杖所以倚，賜之使自安適也。**行役以婦人，適四方，乘安車**，疏曰：婦人能養人，故許自隨。古者四馬之車，立乘。安車者，一馬小車，坐乘也。**自稱曰「老夫」，於其國則稱名**。呂氏曰：老夫，長老者之稱。「己國稱名」者，父母之邦，不敢以尊者自居也。**越國而問焉，必告之以其制**。應氏曰：一國有賢，衆國所仰，故越國而來問。文獻不足，則言禮無證，故必告之以其制，言舉國之故事以答之也。

【郝氏通解】人生十年曰幼，學；二十曰弱，冠；三十曰壯，有室；四十曰强，而仕；五十曰艾，服官政；六十曰耆，指使；七十曰老，而傳；八十、九十曰耄；七年曰悼。悼與耄，雖有罪，不加刑焉。百年曰期，頤。天地之數，起于一，極于九，而終于十。故聖人制禮以節人情，每十年一變，以律天時，盡人事，調盛衰，適盈虚之節也。人生十歲曰幼，可以學矣。二十曰弱，已成人而尚未壯，可以冠矣。三十血氣充足，曰壯，乃可以娶妻而有室。四十壯甚而强，志氣堅定，乃可出仕。五十肌髮色蒼如艾。艾，藥草，老而刈始良。故年長者謂之艾，是時乃可服從官政。蓋四十强，仕，服事而已。服官政，謂爲卿大夫服事，久諳練日深，始可謀國政，當大任也。六十曰耆。耆，久也。詩云：「上帝耆之。」六十而天地之數一周，故曰久。以意指使人，不自勞也。七十曰老，時宜退藏。在國則致位避賢，在家則委事授子。止足隨時，不當復營戀世務也。八十、九十則惛憒不明，曰耄。老而耄與幼而七歲者，皆曰悼，雖有罪，不加刑，蓋老耄與幼昏一也。悼者，憐恤之意。人壽大約七八九十止矣，若夫百年，大數一終，謂之期，猶限也。頤，養也。百年之間，精氣形神惟在所養，得養而善則壽，失養而害則夭。

按：年與時俱長者，造化之自然事，與時俱變者，人事之當然，皆所謂禮。何但三代因之，即亘天地、古今、盈虚、消息，舉不能易。聖人志學，十年一變。以禮教人，亦十年一易。質義而行，大略如此，非必拘拘十歲始學、二十後冠、三十後娶、四十後仕、七十必傳也，乃爲所損益可知也。故天子、諸侯十二而冠，卿大夫十五以後皆冠。説者謂文王十三生伯邑考，十五生武王。古今名賢，生子多在三十以前。少壯登膴仕，立功揚名不待五十。夫子七十一猶請討陳，恒作春秋，是七十未傳也，其他可知。故曰「禮從宜」。

讀禮者，舉一隅而三隅可推矣。

大夫七十而致事，若不得謝，則必賜之几杖，行役以婦人，適四方，乘安車。自稱曰「老夫」，於其國則稱名。越國而問焉，必告之以其制。

大夫年七十，致還其職事于君，即老而傳之義。謝，釋去也。不得謝，謂君勉留也。賜，君賜。几，所以憑。杖，所以扶。行役以婦人，隨奉養也。安車，小車，一馬駕，坐而乘之。禮，大夫四馬車，立乘，坐則安也。「賜几杖」以下三事，皆君優老眷留之禮。大夫在四方，對同輩以降，自稱老夫；在本國，父母之邦，則稱名，不敢自尊也。鄰國有事來問，必諮老成人。國有老成，文獻足徵。大夫對，必稱先王、先君之制以告，此耆舊自處之禮也。君以耆舊之禮厚其臣，臣亦以耆舊之禮自盡。所以上下交，而令終老，而愈親也。

【方氏析疑】行役以婦人。

疏云「本國巡行役事」，蓋謂四方之事，不宜以婦人從。但地近時暫，尚慮供養有闕，況遠役乎？七十不與賓客之事，則會盟聘弔，自不宜使老，大夫其或致女，問省姑、姊妹，宜用姆傅，則亦可以内御者從與？七十雖喪，可處於内，謂篤老無嫌。

自稱曰「老夫」，於其國則稱名。

藍田吕氏謂「石碏告陳，自稱老夫，得禮；荀罃對荀偃、士匄，自稱老夫，失禮」，非也。叔彭生對仲遂「吾子相之，老夫抱之」，彭生，賢者，必無越禮之稱，蓋對他國君大夫皆得自稱，己國則於君名、於大夫得稱耳。

【江氏擇言】百年曰期，頤。

吕氏云：人生以百年爲期，故曰期。

朱子云：期，當音居宜反，論語「期可已矣」與「朞」字同，周帀之義也。期謂百年已周，頤謂養而已。「期」如上句「幼」「弱」「耄」「悼」等字，「頤」如上句「學」「冠」「不刑」等字。

按：當從朱子説。

自稱曰「老夫」，於其國則稱名。

吕氏云：老夫，長老之稱。己國稱名，父母之邦，不敢以尊者自居也。

朱文端公云：於他國曰老夫，不自有其貴也。本國稱名，并不自言老也。

按：二説當兼存之。

【欽定義疏】人生十年曰幼，學；二十曰弱，冠；三十曰壯，有室；四十曰强，而仕；五十曰艾，服官政；六十曰耆，指使；七十曰老，而傳；八十、九十曰耄；七年曰悼。悼與耄，雖有罪，不加刑焉。百年曰期，頤。

正義 鄭氏康成曰：名曰幼，時始可學也。内則曰：「十年，出就外傅，學書計。」

有室，有妻也。妻稱室。艾，老也。孔疏：「髮蒼白，色如艾。」朱子曰：「艾，養也。」馬氏晞孟曰：「艾之爲物，久而可療疾。五十，舊德可服官政以治人。」朱氏申曰：「艾，治也。」案：「老」字之文，從毛、從化。艾色蒼白，始欲化也。耆，至也。已至化也，老則毛化之成。若其義，則德成而可以養人，可以治人，皆可通。指使，指事使人也。六十不與服戎，不親學。傳，謂傳家事，任子孫，是爲宗子之父。孔疏：庶子年老，亦得傳付子孫，而鄭惟云「宗子」者，五宗並是傳祭，故指之。若家事，非相傳之事也。耄，惛忘也。春秋傳曰：「老將知，耄及之。」悼，憐愛也。愛幼而尊老，故不加刑。期，猶要也。方氏愨曰：「人生以百年爲期。所期者，終於此而已。」朱子曰：「期，居宜反，周匝之義，謂百年已周也。」頤，養也。不知衣服食味，孝子要盡養道而已。

孔氏穎達曰：檀弓「三月爲名，稱幼節。十年出就外傅」，故以十年爲節。冠禮云「棄爾幼志」，是十九以前爲幼。二十成人，初加冠，體猶未壯，故曰「弱」，至二十九通名「弱」。三十氣血已定，故曰「壯」，三十九以前通曰「壯」。壯久則强，故四十曰「强」，一則智慮强，二則氣力强也，四十九以前通曰「强」。年至五十，氣力已衰，堪爲大夫，得專事其官政。耆，至也，六十至老之境，而未全老，不得執事，但指事使人。七十其老已全，則傳家事，付子孫，不復指使也。人或八十而耄，或九十而耄，故並言。陸氏德明曰：「或作『八十曰耋，九十曰耄』。」案：詩「逝者其耋」朱子詩傳「八十曰耋」，「亦聿既耄」朱傳「九十曰耄」，則古或原有異稱也。悼，未有識慮，可憐愛。年七歲而在九十後者，以其同不加刑，故退而次之。悼可憐愛，耄可尊敬，雖有罪而不加刑辟。周禮司刺有三赦：一曰「幼弱」，二曰「老耄」，若律令未滿八歲、八十以上，非手殺人，他皆不坐。案：疏據周禮，其義甚明，而集解乃云「九十有七，垂死可悼」。柯尚遷云：「九十上下皆可憐愛之境，則悼與耄，『與』字何解？」百年，不復知衣服、飲食、寒煖、氣味，故人子用心要求親之意而盡養道也。

呂氏大臨曰：此備舉自幼至老，每十年一變之節。未十年，非不學也，能食教以右手，能言教以唯俞。六年教之數與方名，七年教之男女之別，八年教之長幼之序，九年教之數日。然未就外傅，但因事而教之，未足名學。至十年，可以從弟子之職，出就外傅，乃所謂學也。二十始成人，則可以勝衣冠，故命之以冠。既冠，始學禮，猶以其弱而未可用也，故博學不教，內而不出。三十曰壯，血氣定矣，故可以有室。室家者，夫婦之稱也。其壯雖可以給政役，其材猶未足以備任用，故博學無方，遜友視志而已。四十曰强，强則成材矣。志慮定而謀事審，氣力完而任事果，始可爲士以事人，治官府之小事。至五十，存於其心者已熟，閱於義理者已多，可謂成德更事之人，故可命爲大夫以長人，與聞邦國之大事也。人非無蚤成夙知之才也，而必如此者，養天下之才，至於成就而後用，則收功博。如不待其成而用之，所謂「賊夫人之子」以政學者也，害莫大焉。六十曰耆，耆者，稽久之稱。詩云：「耆定爾功。」稽久，則將入於老，故六十稱「耆」。筋力既衰，不足以任勞事，可以使人而不可以使於人，故六十不與服戎，不親學也。七十則筋力倦矣，聰明衰矣，外則致王事於君，内則傳家事於子，不可與事者也。耄者老而知已衰，悼者幼而知未及，雖有罪，而情不出於故，故不加刑焉。百年，飲食、居處、動作無所不待於養。

戴氏溪曰：聖人制禮，以律天下，以節人心，使人血氣充實，志意堅强。壯者服其勞，老者安其逸，未用者無躁進之心，當退者無不知足之戒。每十年爲一節，而人心有定嚮矣。二十血氣猶未定，然趨向善惡判於此，故責以成人之禮焉。三十有室，不至過而失節，亦不至曠而失時，此古人所以筋力盛、壽命長也。四十志氣堅定，强立不反，不奪於利害，不怵於禍福，可以出仕矣。自此以往，三十年宣勞於國，非若後世，强者有時不用，少與老者並用，至於怠惰廢弛，而莫之能振也。至於五十，更歷世變，熟知人情，而服官政，則明習故事詳審和緩，不至於擾民生事矣。年至六十，幾於老矣。耆之爲言，有老成可敬之意，於斯時也，有指畫之勞而無奔走服事之役。七十謂之老，於此而猶與事接，是不知止也。然人每顧戀不忍去，此聖人所以「戒之在得」也。禮經養老之禮，鄉飲酒之義，至九十而止，獨曲禮曰「百年曰期，頤」，王制曰「問百年者，就見之」。壽至百年，此亦絶無而僅有也。自養之外，無他望焉。三代之老，上而天子、諸侯養之，下而其家能養之，孝弟之風，安得不行於天下也？

方氏慤曰：數起於一，止於十，天地奇耦之數，陰陽生成之理。至於是，則必更焉。故其生，每於十年，則必異其名，至其時，則必異其事也。

王氏炎曰：先王於人每十年而異其名，使知盛衰之候，以定其血氣；異其事使知修爲之方，以定其志氣。

通論 孔氏穎達曰：此明幼而從學，至於成德始終之行。

馬氏晞孟曰：自幼弱壯强至於艾者，言血氣、智慮之變也。人血氣智慮加益，則所學者宜愈深，所任者宜愈大。古之君子，所以求舊臣而貴老成者，以其德備而多聞也。自幼學而至五十，道固已具矣，加之十年，則可以爲大臣矣。中庸曰「官盛任使」，蓋惟大臣可以指事使人也。夫勞我以生，佚我以老，天之道也。君子之仕，至於七十，其遺言餘行可以爲法，而傳於後世矣，故曰「老而傳」。自耄至於期，老之極，無預於事矣，飲食不離寢，膳飲從於遊，所以致養也。然而三十而有室，非必三十而後娶，以昏姻之期，不可過是，過是則爲失時。四十而仕，非必四十而後仕，以學而至於四十，足以仕矣。不足以仕，則爲不學。傳曰「貴老，爲其近於親」，「慈幼，爲其近於子」，悼耄之不加刑者，此也。

陳氏祥道曰：舜未百年而稱「耄期」，是期之稱非特施於百年也。禮之所言，特其大致而已。

餘論 程子曰：古之生子，能食能言而教之大學之法。以知思未有所主，便當以格言正論日陳於前，雖未曉知，且當薰聒盈耳充腹，久自安習。若固有之，雖以他言惑之，不能入也。若爲之不豫，及乎稍長，私意偏好生於内，衆口辨言鑠於外，欲其純完，不可得也。

存疑　胡氏銓曰：北史熊安生引古説「堯年耆艾」「仲父年艾」，皆注云「七十曰艾」，義與此違。

朱子語類：問：「七十老而傳，則嫡子嫡孫主祭，如此，則廟中神主都用改换嫡子嫡孫名奉祀。然父母猶在，於心安乎？」曰：「然此等也難行，且得躬親爾。」

辨正　朱子曰：陸農師點「人生十年曰幼」作一句，「學」作一句，下倣此。

案　以「人生」二字提起，見人肖形宇宙，當思無忝所生也。孔疏云七十而傳，「祭祀之事猶親爲之，其視濯溉則子孫」，是古之傳於祭祀，未嘗不躬親也。若改題，必俟新主入廟。朱子在喪不祭，普同一獻，不必别議稱呼，已有定論矣。

大夫七十而致事。

正義　鄭氏康成曰：大夫七十，致其所掌之事於君而告老。

孔氏穎達曰：七十曰老，在家則傳家事於子孫，在官致所掌職事還君，明朝廷有賢代己。君不使退而自去者，尊賢也。白虎通曰：「七十懸車致仕。」

徐氏師曾曰：致仕，示知止也。

通論　吕氏大臨曰：有以道去其君而致事，「孟子致爲臣而歸」是也；有以喪而致事者，如「閔子要絰服事，退而致事」是也；有以老而致事者，「大夫七十而致事」是也。

致事者退而家居，士相見禮所謂「宅者在邦則曰市井之臣，在野則曰草莽之臣」是也。君子難進而易退，故七十而致事。

【餘論】劉氏敞曰：古者大夫七十而致事。君曰：「是猶足以佐國家社稷也，留之不可失也。」君雖留之，臣曰：「不可貪人之榮，不可慁人之朝，不可塞人之路。」再拜稽首，反其室，君不强焉，義也。毋奪其爵，毋除其禄，毋去其采邑，終其身而已矣，此古者致事之義也，是之謂上下有禮。故古之爲臣者，不四十不禄，不五十不爵，不七十不致事。古之仕者，爲道也，非爲食也；爲君也，非爲己也；爲國也，非爲家也。是以時進則進，時止則止。

若不得謝，則必賜之几杖，行役以婦人，適四方，乘安車。

【正義】鄭氏康成曰：謝，猶聽也，君必有命勞苦辭謝之。孔疏：君若許其罷職，必辭謝曰：「在朝日久，劬勞歲積。」其有德，尚壯，則不聽耳。孔疏：不得聽，是其有德，尚壯，猶堪掌事。几杖、婦人、安車，所以養其身體也。安車，坐乘，若今小車也。孔疏：四馬之車立乘，一馬之車坐乘。

孔氏穎達曰：行役，謂本國巡行役事。婦人能養人，故許自隨。適四方，謂遠聘異國時，乘安車。然此養老之具，在國及出皆得用之。行役婦人、四方安車，則互言之也。

吕氏大臨曰：君優老而尊賢，則有不得謝者矣。既不許其去，則不責筋力以爲禮也。賜之几杖，則雖在君前，亦授之，詩云「肆筵設席，授几有緝御」是也。雖見君，亦杖。

案：七十見君，去杖。君命之，則杖。故春子曰：「七十揖杖，八十輯杖，九十則建杖。」

方氏慤曰：几則憑之，以安其體；杖則持之，以助其力也。行役，外事也，而以婦人焉，欲其雖在外，猶在内也。適四方，勞事也，而乘安車焉，欲其雖服勞，而不失其逸也。

馬氏晞孟曰：天下之達尊三，大夫兼而有之。君得不致其愛敬乎？於其致事而去，必有以勞之。於其留而自輔，必有以養之。几杖、婦人、安車者，所以養安其氣體，不敢勞以事也。所以見尚齒、貴爵、尊德之義，不嫌其爲倨也。

通論 熊氏安生曰：既不聽致事，則祭義云「七十杖於朝」是也。聽致事，則王制云「七十杖於國，八十杖於朝」是也。

自稱曰「老夫」，於其國則稱名。

正義 鄭氏康成曰：老夫，老人稱也。春秋傳曰：「老夫耄矣。」於其國，雖君尊異之，自稱猶若臣。

孔氏穎達曰：自稱爲「老夫」者，明君貪賢之故，而臣老猶在其朝也。

吕氏大臨曰：大夫老不得謝，與他國士大夫言，則稱「老夫」，所以優之也。與己國士大夫言，則稱名，父母之邦，不敢以尊老自居也。

馬氏晞孟曰：於其國猶曰自名者，所以尊君也。

陳氏澔曰：己國稱名者，不敢以尊者自居也。

餘論 吕氏大臨曰：衛石碏告陳曰「老夫耄矣」，與他國士大夫言也。晉荀罃謂荀偃、士匄曰「牽率老夫，以至於此」，與己國士大夫言也。石碏、荀罃雖皆列國之大夫，未知其老而得謝否也。若皆不得謝者，則碏可稱，而罃不當稱也。案：左傳：桓公立，乃老，則石碏已得謝矣。不得謝，尚稱「老夫」，則得謝，更可知也。若荀罃，則圍偪陽時也。禮，軍容不入國，故在軍君命有不受，安得以於國稱名例之？

越國而問焉，必告之以其制。

正義 鄭氏康成曰：鄰國來問，必問於老者以答之。制，法度。

孔氏穎達曰：越國，猶他國也。若他國來問己國君之政，君雖已達其事，猶宜問於老賢，則稱國之舊制，以對他國之問也。

應氏鏞曰：一國有賢，衆國所仰，故越國而來問。文獻不足，則言禮無證，故必告之以其制，言舉國之故事，以告之也。

通論 馬氏晞孟曰：天子巡狩，先見百年者、九十者。天子欲有問焉，則就其室。古之人咨於元老，如此其敬，以其賢而多聞也，則宜有越國而問之矣。必告之以其制者，蓋制出於先王，而非先王者無法，故告之以其制也。

存異 王氏安石曰：越國，謂老者自有事，越在他國，他國問之。

張子曰：越國，謂朝中有事，在朝不能謀，則越國而問退居之老臣也。既賴其謀事，須盡語以國之事因本末施爲，始可與之謀也。若不知次序，則如之何而取謀？

陳氏櫟曰：苟他國越疆而問此老者以事焉，則必當告老者以其國之制度，詳其本末，始可爲之謀，亦以其老而免其反覆辨難之勞也。

案 越國而問，自是他國來問，如郯子述官紀，子産述黄熊、實沈之神，孔子述汪罔氏之守，及宋獻公合諸侯之禮，鄭獻伯子男會公之禮是也。

【杭氏集説】人生十年曰幼，學；二十曰弱，冠；三十曰壯，有室；四十曰强，而仕；五十曰艾，服官政；六十曰耆，指使；七十曰老，而傳；八十、九十曰耄；七年曰悼。悼與耄，雖有罪，不加刑焉。百年曰期，頤。期，舊如字，今從朱子音朞。

方氏慤曰：數起於一，止於十，天地奇耦之數，陰陽生成之理。至於是，則必更焉。故其生，每於十年，則必異其名，至其時，則必異其事也。

王氏炎曰：先王於人，每十年而異其名，使知盛衰之候，以定其血氣。異其事，使知修爲之方，以定其志氣。

馬氏晞孟曰：自幼弱强壯至於艾者，言血氣、智慮之變也。人血氣智慮加益，則所學者宜愈深，所任者宜愈大。古之君子，所以求舊臣而貴老成者，以其德備而多聞也。自幼學而至五十，道固已具矣，加之十年，則可以爲大臣矣。中庸曰：「官盛任使。」蓋惟大臣可以指事使人也。夫勞我以生，佚我以老，天之道也。君子之事，至於七十，其遺言餘行可以爲法，而傳於後世矣，故曰「老而傳」。自耄至於期，老之極，無預於事矣，飲食不離寢，膳飲從於遊，所以致養也。然而三十而有室，非必三十而後娶，以婚姻之期，不可過是，過是則爲失時。四十而仕，非必四十而後仕，以學而至於四十，足以仕矣。不足以仕，則爲不學。傳曰：「貴老，爲其近於親；慈幼，爲其近於子。」悼耄之不加刑者，此也。

陳氏祥道曰：舜未百年而稱「耄期」，是期之稱，非特施於百年也。禮之所言，特其大致而已。

程子曰：古之生子，能食能言而教之大學之法。以知思未有所主，便當以格言正論日陳於前，雖未曉知，且當熏聒盈耳充腹，久自安習。若固有之，雖以他言惑之，不能入也。若爲之不豫，及乎稍長，私意偏好生於內，衆口辯言鑠於外，欲其純完，不可得也。

朱子語類：問：「七十老而傳，則嫡子嫡孫主祭，如此，則廟中神主都用改換嫡子嫡孫名奉祀。然父母猶在，於心安乎？」曰：「然此等也難行，且得躬親爾。」

萬氏斯大曰：傳，即儀禮所謂「傳重」也。七十筋力已衰，主祭之重不能勝任，故傳之于子。觀王制云「七十不與賓客之事」，又云「七十致政，唯衰麻爲喪」，則其不能主祭，可以類推矣。禮器記季孫之祭，「質明行事，晏朝而退」。儀禮少牢、特牲祭禮最爲繁委，七十者豈能勝乎？或疑傳重主宗子言，老而傳者不惟宗子。予曰：固也，彼五十服官政，大夫也。如子言，將人人必爲大夫乎？

姚氏際恒曰：艾、耆從魯頌「俾爾耆而艾」分出，老、耄從左傳「老將至，而耄及之」分出。老而傳，鄭氏曰「傳家事，任子孫，是謂宗子之父」。按，宗子在，又傳子爲宗子，是有兩宗子矣，可乎？曾子問「宗子雖七十，無無主婦」，則宗子七十猶祭，不傳也。

陸氏奎勳曰：朱子云：「期，當音居宜反，謂百年已周。論語『期可已矣』與『朞』字同，周匝之義也。」

姜氏兆錫曰：朱子曰：「『十年曰幼』句，『學』字句，下至『百年』皆然。」吕氏曰：「艾，髮蒼白，如艾色也。仕者，爲士以事人，治官府之小事。服官政者，爲大夫以長人，與聞邦國之大事。蓋才可用則仕，德成乃爲大夫也。耆者，稽久之稱，其力減，惟以指意使令于人，老則無能爲矣，故傳家事于子也。耄者，知全衰而已昏；悼者，知未及而可憫，故皆議宥。期，猶節也。頤，養也。人壽以百年爲期，至是以往，飲食起居，惟待養而已。」

齊氏召南曰：按，如疏則十二而冠者有三：曰天子，曰天子之子，曰諸侯也。其二十而冠，則自諸侯之子及大夫、士皆然，冠義疏甚明。儀禮士冠禮賈疏作「天子之子則亦二十而冠」，係刊本誤例，非本文之誤也。

大夫七十而致仕。

徐氏師曾曰：致仕，示知止也。

若不得謝，則必賜之几杖，行役以婦人，適四方，乘安車。

方氏慤曰：几則憑之，以安其體；杖則持之，以助其力也。行役，外事也，而以婦人焉，欲其雖在外猶在内也。適四方，勞事也，而乘安車焉，欲其雖服勞而不失其逸也。

熊氏安生曰：既不聽致事，則祭義云「七十杖於朝」是也。聽致事，則王制云「七十杖於國，八十杖於朝」是也。

朱氏軾曰：謝，猶言辭，即上「致仕」。行役在本國，適四方謂適他國。以婦人、乘安車，互見也。

姜氏兆錫曰：此以下申七十曰老之意也。致，還也。謝，如「辭謝」之謝。几所以憑，杖所以倚，賜之使自適也。又曰：疏曰：「婦人能養人，故許自隨。古者四馬之車皆立乘，安車則一馬之小車，坐而乘也。」

方氏苞曰：疏云「本國巡行役事」，蓋謂四方之事，不宜以婦人從。但地近時暫，尚慮供養有闕，況遠役乎？七十不與賓客之事，則會盟聘弔，自不宜使老，大夫其或致女，問省姑、姊妹，宜用姆傅，則亦可以内御者從與？

自稱曰「老夫」，於其國則稱名。

馬氏晞孟曰：於其國猶曰自名者，所以尊君也。

陳氏澔曰：己國稱名者，不敢以尊者自居也。

姜氏兆錫曰：吕氏曰：「老夫，長者之稱。其國稱名者，父母之邦，不敢自居尊。」

方氏苞曰：藍田吕氏謂「石碏告陳自稱老夫，得禮；荀罃對荀偃、士匄自稱老夫，失禮」，非也；彭生對仲遂「吾子相之，老夫抱之」，彭生，賢者，必無越禮之稱，蓋對他國君、大夫皆得自稱。己國則於君名，於大夫得稱耳。

越國而問焉，必告之以其制。

應氏鏞曰：一國有賢，衆國所仰，故越國而來問。文獻不足，則言禮無證，故必告之以其制，言舉國之故事以告之也。

陳氏櫟曰：苟他國越疆而問此老者以事焉，則必當告老者以其國之制度，詳其本末，始可爲之謀，亦以其老而免其反覆辨難之勞也。

姚氏際恒曰：越國而問，孔氏曰：「越國，猶他國也。他國問己國君之政。」按「越」字而可訓「他」字，左傳云「古者越國而謀」，當謂此老臣越他國，他國問之也。

朱氏軾曰：古大臣復辟明農，非偷安也，亦非有見于知足不辱之義也。四時之序，成功者退，身衰知耄，猶戀戀禄位，誤國妨賢，是小人之尤者，故七十必致仕焉。然典型猶在，物望所歸，不得謝而待以殊禮，爲社稷蒼生計，非徒酬德報功已也。顧人君尊禮老臣，老臣猶謙讓未遑，于他國曰老夫，不自有其貴也；于本國稱名，并不自言老也。寵利居功，臣道所戒也。他國來問，必告之以其制者，謂老夫所知者，先代舊章，若審時度勢，以善俗宜民，時賢之責也。

姜氏兆錫曰：越國來問者，以其年高德劭也。必告以制者，禮以文獻爲徵也。又曰：此章備言人生老幼始終之節，以起下各章事親敬長之禮也。

【孫氏集解】人生十年曰幼，學；二十曰弱，冠；三十曰壯，有室；四十曰强，而仕；五十曰艾，服官政；六十曰耆，指使；七十曰老，而傳；八十、九十曰耄；七年曰悼。悼與耄，雖有罪，不加刑焉。百年曰期，頤。

○朱氏曰：陸農師點「人生十年曰幼」爲句，「學」字作一句，下至「百年曰期」皆然。

愚謂鄭氏解「幼學」云：「名曰幼，時始可學也。」則本於「幼」字讀斷，孔疏始以「幼學」「弱冠」等相連解之，失鄭氏之意矣。

鄭氏曰：十年名曰幼，時始可學也。内則曰：「十年出就外傅，居宿於外，學書計。」有室，有妻也，妻曰室。艾，老也。指使，指事使人也。六十不與服戎，不親學。傳，傳家事，任子孫，是謂宗子之父。耄，惛忘也。春秋傳曰：「謂老將知，耄又及之。」悼，憐愛也。不加刑，愛幼而尊老。頤，養也。

孔氏曰：幼者，自始生至十九時。故檀弓云：「幼名。」三月爲名，稱幼。冠禮云：

「棄爾幼志。」是十九以前爲幼。學，就業也。二十成人，始加冠，體猶未壯，故曰弱也。至二十九，通得名弱。三十而立，氣血已定，故曰壯。壯有妻，妻居室中，故呼妻爲室。不云「有妻」而云「有室」者，含妾媵也。三十九以前，通名曰壯。壯久則强，故四十曰强。强有二義：一則智慮强，二則氣力强也。四十九以前，通曰强。至五十，氣力已衰，髮蒼白色如艾。五十堪爲大夫，大夫得專治其官政，故曰「服官政」也。耆，至也，至老境也。六十不得執事，但指事使人也。六十至老境而未全，七十全至老境，故曰老也。既老則傳授家事，付委子孫，不復指使也。案：庶子年老亦得傳付子孫，而鄭惟云「宗子」者，庶子授家事於子，非相傳之事。傳者，上受祖父之重，下傳子孫。子孫所傳家事，祭祀爲重，若非宗子，無由傳之。但七十之時，祭祀之事猶親爲之，其視濯溉則子孫，故序卦注云「謂父退居田里，不能備祭宗廟，長子當親視滌濯鼎俎」是也。若至八十，祭亦不爲，故王制云「八十，齊喪之事不及也」注云「不齊則不祭也」。耄者，僻謬也。人或八十而耄，或九十而耄，故並言二時也。悼者，幼無識慮，耄者可尊敬，雖有罪而同不加其刑辟也。周禮司刺有三赦：一曰「幼弱」，二曰「老耄」，三曰「惷愚」。鄭注云：「若今時律令，未滿八歲，八十以上，非手殺人，他皆不坐也。」

吕氏大臨曰：仕者，爲士以事人，治官府之小事也。服官政者，爲大夫以長人，治官府之大事也。材可用則使之仕，德成則命爲大夫，非無蚤成夙知之才也。蓋養天下之材，至於成就而後用之，則收功博；如不待其成而用之，所謂「賊夫人之子」以政學者也。耄者，老而知已衰；悼者，幼而知未及。二者雖有罪而情不出於故，故不加刑焉。百年者，飲食、居處、動作，無所不待於養。

方氏慤曰：人生以百年爲期，故百年以「期」名之。

朱子曰：期，與「朞」字同。論語「期可已矣」，周匝之義。期謂百年已周，頤謂當養而已。「期」如上句「幼」「弱」「耄」「悼」等字，「頤」如上句「學」「冠」「不刑」等字。

愚謂「傳」者，喪服傳所謂「傳重」也。曾子問曰：「宗子雖七十，無無主婦。」則宗子七十主祭。故鄭氏謂七十使子孫視滌濯，而祭猶親之也。

戴氏溪曰：聖人制禮，以律天下，壯者服其勞，老者安其逸，未用者無躁進之心，當退者無不知足之戒。每十年爲一節，而人心有定向矣。

愚謂二十而冠，三十有室，四十而仕，五十服官政，亦制爲大限如此耳。喪服有「爲夫姊之長殤」，又有「大夫爲昆弟之長殤」，則大夫士之冠昏未必皆至於二十三十，而材德秀異者，其爲士大夫亦有不待乎四十、五十者矣。

大夫七十而致事。

鄭氏曰：致其所掌之事於君而告老。

劉氏敞曰：古者大夫七十而致事。君曰：「是猶足以佐國家社稷也，留之不可失也。」君雖留之，臣曰：「不可貪人之榮，不可恩人之朝，不可塞人之路。」再拜稽首，反其室，君亦不强焉，義也。毋奪其爵，毋除其禄，毋去其采邑，終其身而已矣，此古者致事之義也。古之仕者，爲道也，非爲食也；爲君也，非爲己也；爲國也，非爲家也。是以時進則進，時止則止。

若不得謝，則必賜之几杖，行役以婦人，適四方，乘安車。

鄭氏曰：謝，猶聽也。君必有命，勞苦辭謝之。其有德尚壯，則不聽耳。几杖、婦人、安車，所以養其身體也。安車，坐乘，若今小車也。

孔氏曰：謝，猶聽許也。君若許其罷職，必辭謝云：「在朝日久，劬勞歲積。」是許其致事也。今不得聽，是有德尚壯，猶堪掌事，不聽去也。熊氏云：「不聽致事，則祭義云：『七十杖於朝。』聽致事，則王制云：『七十杖於國，八十杖於朝。』」行役，謂本國巡行役事。婦人能養人，故許自隨也。適四方，謂遠聘異國。安車，小車也，亦老人所宜然。此養老之具，在國及出，皆得用之。今言行役婦人，四方安車，則相互也。愚謂賜之几，使於朝中治事之所憑之，以爲安也。賜之杖，使於入朝之時，持之以自扶也。几杖不入君門，君賜之，則得以入朝。

自稱曰「老夫」，於其國則稱名。

鄭氏曰：老夫，老人稱也，亦明君貪賢。春秋傳曰：「老夫耄矣。」於其國則稱名，君雖尊異之，自稱猶若臣。

孔氏曰：注引左傳，證老臣對他國人自稱老夫也。於其國，謂自與其君言也，雖老，猶自稱名也。案玉藻云：「上大夫曰下臣，下大夫自名。」是上大夫於己君自稱爲下臣，下大夫於己君稱名。此既自稱老夫，宜是上大夫，而稱名從下大夫者，既被君尊異，故臣亦謙退，從下大夫之例而稱名也。

愚謂臣於君，無不稱名者。玉藻「上大夫曰下臣，下大夫自名」者，謂上大夫自稱曰下臣某，下大夫直稱名而已。此老臣稱於他國曰老夫，而於其國尚稱名，與平日同，不敢自尊異也。疏説非是。

越國而問焉，必告之以其制。

鄭氏曰：鄰國來問，必問於老者以答之。制，法度。

孔氏曰：鄰國來問，君必問於老賢，老賢則稱國之舊制以對他國君之問也。

愚謂明習於國家之舊典故事，而使四方之國有所取正焉，此老成人之所以可貴也。

【王氏述聞】⊙八十九十曰耄

錢氏曉徵答問曰：問：「曲禮『七十曰老』，公羊疏乃云『今曲禮七十曰耋』，豈徐彦所見本特異乎？」曰：「陸德明釋文云：『本或作「八十曰耋，九十曰耄」。』徐所見者，蓋即此本，故引以證何氏『六十稱耋』之異同，後來轉寫誤『八』爲『七』耳。『八十曰耋』見於毛詩故訓傳，又見於許氏説文。厥後，劉熙釋名、王肅注易、郭璞注爾雅皆主此義。易『大耋之嗟』鄭注謂『年踰七十』，亦與毛、許義不遠。曲禮有『曰耋』二字者，當是古本。而陸以爲後人妄加，蓋失之矣。何氏『六十稱耋』之説，與犍爲舍人注爾雅相同。服虔注左傳又云『「七十曰耋」，蓋漢人説「耋」義各不同，要當以「八十」爲正也。』」

家大人曰：「曲禮原文本作『八十、九十曰耄』，釋文曰：『本或作「八十曰耋，九十曰耄」，後人妄加之。』此説甚確。錢以有『曰耋』二字者爲古本，非也。請列五證以明之：射義「耆耋好禮」鄭注但云「耆、耋，皆老也」，而不云「八十曰耋」，下文「旄期稱道不亂」，「旄」與「耄」同。鄭注則云「八十、九十曰旄，百年曰期頤」，正與今本曲禮同，王肅注家語觀鄉射篇亦云「八十、九十曰耄」。則鄭所見本本作「八十、九十曰耄」，無「曰耋」二字，其證一也；大雅板篇曰「匪我言耄」，隱四年左傳曰「老夫耄矣」，周語曰「爾老耄矣」，毛傳及韋、杜注並云「八十曰耄」，義皆本於曲禮。若曲禮古本作「八十曰耋，九十曰耄」，則八十尚不得稱耄，毛、韋、杜諸儒何以皆言「八十曰耄」？其證二也；秦風車鄰傳「八十曰耋」，正義曰「此言『八十曰耋』者，耋有七十、八十，無正文也。」僖九年左傳注「七十曰耋」，正義曰「耋之年齒，既無明文，曲禮云『七十曰老』，爾雅『以耋爲老』，故以爲七十。」是曲禮本無「八十曰耋」之文，故曰「無正文」「無明文」，其證三也；秦風車鄰傳、離九三王肅注、爾雅釋言注及説文、釋名並以八十爲耋。離九三馬融注、僖九年左傳服虔、杜預注並以七十爲耋。爾雅釋言舍人注、宣十二年公羊注並以六十爲耋。鄭注離九三則云「大耋，謂年踰七十」。蓋曲禮本無明文，是以諸家説「耋」，義各不同，其證四也；宣十二年公羊傳注曰「六十稱耋、七十稱老」，疏曰「『七十稱老』，曲禮文也。案今曲禮云『七十曰耋』，與此異也。」以上公羊疏。蓋徐彦所見曲禮本作「七十曰耋」，與今本作「七十曰老」者不同，故云「與此異」；「此」字指「七十曰老」而言。若徐所見本作「八十曰耋」，則是「八十、九十曰耄」之異文，不得言與此異。錢謂「疏文本作『八十曰耋』，轉寫者誤『八』爲『七』」，非也。後漢書明帝紀「有司其存耆耋」李賢注曰：「禮記曰『六十曰耆，七十曰耋』。」此所引「七十曰耋」之文，正與公羊疏同，豈亦轉寫者誤「八」爲「七」乎？射義「耆耋好禮」正義亦云「六十之者，七十之耋」，是徐彦所見本自作「七十曰耋」，非「八十曰耋」，其證五也。

⊙若不得謝

大夫七十而致事，若不得謝，則必賜之几杖。

鄭注曰：謝，猶聽也。君必有命，勞苦辭謝之，其有德尚壯，則不聽耳。

家大人曰：鄭解「謝」爲「聽」，於義未安。齊策曰：「靖郭君謝病强辭，三日而聽。」

則「謝」非「聽」也。今案：謝，請也，告也。成十六年左傳「使子叔聲伯請季孫于晉」，魯語作「子叔聲伯如晉謝季文子」，說見後「謝季文子」下。是謝即請也。襄三年左傳「祁奚請老」是也，請之而見許，則得所請而去，故曰「得謝」。得謝即得請，僖十年左傳曰「余得請於帝矣」。請老，即告老，故「謝」又訓爲「告」。襄二十六年左傳「使夏謝不敏」，即「告不敏」也。成二年左傳曰「敢告不敏」。漢書高帝紀「高祖嘗告歸之田」，顔師古曰：「告者，請謁之言，謂請休耳。或謂之謝，謝，亦告也。」「左氏傳曰『韓獻子告老』，禮記曰『若不得謝』，漢書諸云『謝病』，皆同義。」張耳陳餘傳「有廝養卒謝其舍」，晉灼曰「以辭相告曰謝」。

【朱氏訓纂】人生十年曰幼，學：注：名曰幼，時始可學也。内則曰：「十年出就外傅，居宿於外，學書計。」**二十曰弱，冠**：正義：二十成人，初加冠。體猶未壯，故曰弱也。今謂庶人及士之子，若卿大夫十五以上則冠。**三十曰壯，有室**：注：有室，有妻也，妻稱室。　正義：三十而立，血氣已定，故曰壯也。白虎通云：「男三十筋骨堅强，任爲人父。」**四十曰强，而仕**：正義：壯久則强，一是智慮强，二則氣力强也。**五十曰艾，服官政**：注：艾，老也。　釋文：謂蒼，艾色也。　正義：年至五十，氣力已衰，髮蒼白，色如艾也。五十堪爲大夫，得專事其官政，故曰服官政也。**六十曰耆，指使**：注：指事使人也。六十不與服戎，不親學。　釋文：賀瑒云：「耆，至也，至老境也。」**七十曰老，而傳**：注：傳家事，任子孫。　何休注公羊宣十二年傳曰：七十稱老。**八十、九十曰**

耄；注：耄，惛忘也。春秋傳曰：「謂老將知，耄又及之。」**七年曰悼。**注：悼，憐愛也。**悼與耄，雖有罪，不加刑焉。**注：愛幼而尊老。　正義：周禮司刺有三赦：一曰「幼弱」，二曰「老耄」。鄭注云：「若今時律令，未滿八歲，八十以上，非手殺人，他皆不坐。」**百年曰期，頤。**注：頤，養也。不知衣服食味，孝子要盡養道而已。　劉熙釋名曰：二十曰弱，言柔弱也。三十曰壯，言丁壯也。四十曰强，言堅强也。五十曰艾，艾，乂也，乂治也，治事能斷割，無所疑。六十曰耆，耆，指也，不從力役，指事使人也。七十曰旄，頭髮白，旄旄然也。八十曰耋，耋，鐵也，皮膚變黑色如鐵也。百年曰期頤，頤，養也。老昏不復知服味善惡，孝子期於盡養道而已也。　朱子曰：期，周帀之義也。期，謂百年已周。「期」如上「幼」「弱」等字，「頤」如上「學」「冠」等字。　王氏念孫曰：期之言極也。詩言「思無期」「萬壽無期」，左傳「忿纇無期」，皆究極之義。百年爲年數之極，故曰百年曰期。當此之時，事事皆待於養，故曰頤。

大夫七十而致事，注：致其所掌之事於君而告老。**若不得謝，則必賜之几杖，行役以婦人，適四方，乘安車。**注：几杖、婦人、安車，所以養其身體也。安車，坐乘。　正義：行役，謂本國巡行役事。婦人能養人，故許自隨也。適四方，謂遠聘異國時。然此養老之具，在國及出，皆得用之。今言行役婦人、四方安車，則相互也。　惠氏棟曰：謝，猶去位也。說文：「謝，辭去也。」　王氏念孫曰：謝，請也，告也。襄三年左傳：

「祁奚請老。」請之而見許，則得所請而去，故曰得謝。漢書張耳陳餘傳：「有厮養卒謝其舍。」晉灼曰：「以辭相告曰謝。」**自稱曰「老夫」**，注：老夫，老人稱也，亦明君尊賢。**於其國則稱名。**注：君雖尊異之，自稱猶若臣。　吕與叔曰：己國稱名，父母之邦不敢以尊者自居也。　朱氏軾曰：於他國曰老夫，不自有其貴也。本國稱名，并不自言老也。

越國而問焉，必告之以其制。注：鄰國來問，必問於老者以答之。制，法度。　正義：越國，猶他國也。若他國來問己國君之政，則稱國之舊制，以對他國之問也。

【郭氏質疑】七十曰老，而傳。

鄭注：傳家事，任子孫，是謂宗子之父。

嵩燾案：鄭意據儀禮「傳重」之文爲説，而孔疏云「七十時，祭祀之事猶親爲之，其視濯溉則子孫」，其意以爲傳者，上受祖父之重，下傳子孫，非宗子無由傳也。喪服記：「宗子孤爲殤」鄭注「言孤，有不孤者」，不孤「謂父有廢疾，若年七十而老，子代主宗事」，但以宗子主祭事爲傳，而王制言「七十致仕」「七十不與賓客之事」，並不言宗子祭事傳之子孫，是所傳者通謂賓客酬酢繁縟之節，命子弟代主之，宗子老而傳祀事亦猶是也。鄭云「是謂宗子之父」，舉其顯而可見者證之，疏據以爲鄭唯云宗子，非庶子，似亦誤會鄭意。

行役以婦人，適四方，乘安車。

孔疏：行役謂本國巡行役事，適四方謂遠聘異國。

嵩燾案：王制「七十不與賓客之事」，則會、盟、聘、弔自本國以至異國，皆所不與。此云行役，必非聘使之常。婦人，謂内御者，七十需人以養，路室、候館、廬餐、旅宿，遠近一也。孔疏專謂本國行役，然則近固需人，而遠否耶？恐不然也。周禮巾車「王后之五路，重翟、厭翟、安車，皆有容蓋」鄭云「安車，坐乘車」，説文車部「輼」「輬」下皆云「卧車」，「輇」下云「蕃車，下庳輪也。有輻曰輪，無輻曰輇」。安車，當爲卑輪，其行遲。顔師古漢書注：「輼、輬、安車，可以卧息。輼者，密閉，輬者，旁開窗牖，各别一乘，隨事爲名。孟康云：『如衣車有窗牖，閉之則温，開之則涼。』」似安車即庳輪車，而兼温涼之用。鄭注：「安車，坐車，若今小車。」庾氏蔚因引「漢世駕一馬坐乘之車」以明之。孔疏徑謂「四馬之車，立乘」「一馬小車，坐乘」，如巾車之文，安車并列五路，豈得爲小車哉？經意「適四方」猶乘之，所以優老，其在本國可知。婦人不立乘，凡婦人所乘皆安車也。七十乘安車，則從車亦皆安車，故可以婦人自隨。二語正互相備，陳氏祥道沿孔疏，分析二者爲説，徑謂行役不以安車，適四方不以婦人，尤誤。

越國而問焉，必告之以其制。

鄭注：鄰國來問，必問於老者以答之。

嵩燾案：鄭意人臣無外交，不宜越國有問者，因展轉通之，皆據告問者以其制而言，疑此「必告之」與下「必操几杖以從之」相連爲文，所以爲優老之禮也。「越國」承上「行役適四方」，蓋謂所適之國也。問者，所適之國之人，就而問之，以决其事之當否。然事當而於其國之制或有乖忤，則亦不能行，故先告以其國之制，使所問之事不至與其國之制相背，而後能審所宜以行之。先告之者，以省問答之煩也。其有越國來使者就問，亦同。禮文簡括，云「越國」者，正通所問及問者言之。若他國來問，與本國之制何干而必告之？苟所問在此，又不容以不告也。鄭注於此疑不可通。

曲禮注疏長編卷五

一·九 ○**謀於長者**[一]**，必操几杖以從之。**從，猶就也。○長，丁丈反，下皆同。操，七刀反。**長者問，不辭讓而對，非禮也。**當謝不敏，若曾子之爲。○

【疏】「謀於」至「從之」。○正義曰：此一節明有事取謀議於長者，各依文解之。○「操几杖以從之」者，操，執持也。杖可以策身，几可以扙己[二]，俱是養尊者之物，故於謀議之時將就也[三]。

【衛氏集説】鄭氏曰：從，猶就也。長者問，當謝不敏，若曾子之爲。

孔氏曰：此一節明有事取謀議於長者。操，執持也。杖可以策身，几可以扶己，俱

［一］謀於長者節　惠棟云：「宋本此節經『長者問』至『凡爲人子者』節疏『不敢以成尊比踰於父』止，闕。」

［二］几可以扙己　閩本同。監、毛本「扙」作「扶」，衛氏集説同。

［三］故於謀議之時將就也　閩、監、毛本「將」作「持」。考文引宋板「持」作「將」，正德本同。

是養尊者之物，故於謀議之時持就也。

藍田呂氏曰：二者皆敬長之義也。坐有几，所以憑之也；行有杖，所以策之也：皆優老之具也。操几杖以從之，敬之至也。問者，皆以不能問能，以寡問多，則少當問長者也。今長者反問之，不辭讓而對，則敬不足也。孔子問曾子，曾子曰「參不敏，何足以知之」，公西赤曰「非曰能之，願學焉」，是皆辭讓之言。

長樂陳氏曰：几杖所以親之，辭讓所以尊之。不親之不足以盡人之心，非善謀於長者也。不尊之不足以盡己之敬，非善對於長者也。辭者無所受於己，讓者有所推於人。曾子之謝不敏，所謂辭也。子路之對率爾，非所謂讓也。

東萊呂氏曰：古之子弟見長者，不敢以賓客之禮見，先存其讓弟之心。所以操几杖者，只是左右扶翼之意，長者處未必無几杖，所以操而從之者，蓋存養其讓弟之心，令熟未見長者之問，此心已存，及其見之，則有加無已。大凡長者有問，須對，若率爾而對，便非禮。與長者語，須是虛心而受之，若率爾而對，自以爲能，便是實了此心，雖有法語之言，精微之理，亦不能入。

王氏子墨曰：善不可有，能不可矜，有善矜能之心，不可施於常人，況長者乎？問而不辭遜以對，是有善矜能之心已萌於中矣，況責以事長之禮乎？謀則操几杖以從之，問則辭遜而後對，要非勉强，行於一時者所能，彼其存於心者，必有素矣。

【吴氏纂言】謀於長者，必操几杖以從之。

孔氏曰：操，執持也。几杖俱是養尊者之物，故於謀議之時將就之。

吕氏曰：坐有几以憑，行有杖以策，皆優老之具。操以從之，敬之至也。

鄭氏曰：從，猶就也。

長者問，不辭讓而對，非禮也。

鄭氏曰：長者問，當謝不敏，若曾子之爲。

吕氏曰：問者，皆以不能問能，以寡問多，則少者當問長者。今長者反問之，少者不辭讓而對，則敬不足。

【陳氏集説】謀於長者，謂往就長者而謀議所爲也。長者之前，當執謙虚，不辭讓，非事長之禮。

應氏曰：操几杖以從，非謂長者所無也，執子弟之役，其禮然耳。

【郝氏通解】謀，就長者諮問也。操几杖，示爲役也。從，謂就而隨之也。行則爲操之，居則從之，非定操其几杖以問也。長者問，長者謀于己也。辭讓而對，如子華言志曰「非曰能之」，是禮也；子路率爾而對，非禮也。

【方氏析疑】謀於長者，必操几杖以從之。

謀非講問之比，或長者欲避人而語，不可煩他人代操几杖也。

【欽定義疏】正義 鄭氏康成曰：從，猶就也。長者問，當謝不敏，若曾子之爲。案：孝經孔子問至德要道，曾子辟席而對曰：「參不敏，何足以知之？」

孔氏穎達曰：操，執持也。几、杖，俱是養尊者之物，故於謀議之時持就也。

吕氏大臨曰：問者皆以不能問能，以寡問多，則少者當問長者。今長者反問之少者，不辭讓而對，則敬不足也。

陳氏澔曰：謀於長者，謂往就長者，而謀議所爲也。長者之前當執謙虚，不辭讓，非事長之禮。

通論 彭氏曰：古之養老，乞言授几。七十杖於朝，八十不俟朝，欲言政者君就之。國家優禮賢者猶爾，況少者乎？

餘論 陳氏祥道曰：辭者無所受於己，讓者有所推於人。曾子之謝不敏，所謂辭也。子路之對率爾，非所謂讓也。

【杭氏集説】陳氏澔曰：謀於長者，謂往就長者而謀議所爲也。長者之前，當執謙虚，不辭讓，非事長之禮。

彭氏曰：古之養老，乞言授几，七十杖於朝，八十不俟朝。欲言政者，君就之。國家優禮賢者猶爾，況少者乎？

姚氏際恒曰：操几杖以從之，此寫意法，蓋以示不可與謀于敵者同耳。

姜氏兆錫曰：謀于長者，謂就而謀議也。不辭讓爲非禮，明當謙虚也。應氏曰：「操几杖以從，非謂長者所無也，執弟子之役，其禮然耳。」又曰：此章言事長者之禮。

方氏苞曰：謀非講問之比，或長者欲避人而語，不可煩他人代操几杖也。

【孫氏集解】鄭氏曰：從，猶就也。長者問，當謝不敏，如曾子之爲。

孔氏曰：操，執持也。杖可以策身，几可以扶己，俱是養尊者之物，故於謀議之時持就之。

陳氏祥道曰：辭者無所受於己，讓者有所推於人。曾子之謝不敏，所謂辭也。子路之率爾而對，非所謂讓也。

吕氏祖謙曰：古者弟子見長者，不敢以賓客之禮見。長者處未必無几杖，所以操而從之者，蓋存養其弟讓之心也。與長者語，須是虚心而受，若率爾而對，自以爲能，便是實了此心，雖有法語之言，精微之理，亦不能入。

【朱氏訓纂】**謀於長者，必操几杖以從之。**注：從，猶就也。正義：操，執持也。杖可以策身，几可以扶己，俱是尊者之物。故於謀議之時將就也。郝仲輿曰：謀，謂就長者諮問也。**長者問，不辭讓而對，非禮也。**注：當謝不敏。

一·一〇　〇**凡爲人子之禮，冬温而夏凊，昏定而晨省。**安定其牀衽也[一]。省，問其安否何如。〇夏，遐嫁反。凊，七性反，字從冫，冰冷也，本或作水旁，非也。衽，而審反，徐而鴆反，席也。**在醜夷不争。**醜，衆也。夷，猶儕也。四皓曰：「陛下之等夷。」〇儕，仕皆反，等也，沈才詣反。皓，元老反。四皓：園公、綺季、夏黄公、角里先生。

【疏】「凡爲」至「不争」。〇正義曰：此一節明人子事親奉養之禮，又去争訟，今各隨文解之。

〇「昏定而晨省」者，上云「冬温夏凊」，是四時之法，今説一日之法。定，安也。晨，旦也。應卧，當齊整牀衽，使親體安定之後退。至明旦，既隔夜，早來視親之安否何如。先昏後晨，兼示經宿之禮。熊氏云：「晨省者，案内則云：『同宫則雞初鳴，異宫則昧爽而朝。』」

〇「在醜夷不争」者，此一句明朋儕禮也。醜，衆也。夷，猶儕也。皆等類之名。風俗語不同，故兼言之。夫貴賤相臨，則存畏憚，朋儕等輩，喜争勝負，亡身及親，故宜誡之。

[一] 安定其牀衽也　閩、監、毛本作「衽」，此本「衽」誤「在」。岳本「安定」作「定安」，嘉靖本同，考文引宋板同，通典六十八同。案：以「安其牀衽」訓「定」字，與「以問其安否何如」訓「省」字文法同，岳本爲是。正義亦云：「定，安也。」〇鍔按：「安定」上，阮校有「凡爲人子之禮節」七字。

以不爭。

○注「醜衆」至「等夷」。○正義曰：「醜，衆也」，釋語文。謂在衆不忿爭也。云「四皓曰陛下之等夷」者，證「夷」是等類也。四皓，漢時隱人高士也。其四人：一東園公，二綺里季，三夏黄公，四角里先生[一]，皆老，髮白皓素，因呼爲四皓，隱商山不仕，高祖數召不出。後爲高祖欲廢呂后之子盈，而立戚夫人之子趙王如意爲大子，張良使太子卑辭安車，遣辨士以請四皓，四皓果來，舍建城侯所[二]。至漢十一年，黥布反，高祖令太子將兵擊之，四皓自相謂曰：「凡來，欲以安太子。太子將兵，事危矣。」乃説建城侯曰：「太子將兵，有功則位不益，無功則從此受禍。且太子所與諸將，皆嘗與上定天下驍將也，今使太子將之，此無異使羊將狼，皆不肯爲用，其無功必矣。臣聞『母愛者子抱之』，今戚夫人日夜侍御，趙王常居前，上『終不使不肖子居愛子之上』，明乎其代太子之位必矣。君何不急請呂后承間爲上泣言『黥布，天下猛將，善用兵，諸將皆陛下之等夷，

[一] 四角里先生　閩本同，監、毛本「角」作「甪」。盧文弨禮記音義攷證云：「甪，係俗字，宋本作『角』。李匡乂資暇録云：『漢四皓，其一角里先生，角音禄，今多以覺音呼，誤也。至於改「角里」爲「甪里」，則益謬矣。』案：今所刻隸釋有四老神坐机，作『甪里』，乃沿俗誤寫，非必本來如此。」

[二] 四皓果來舍建城侯所　閩本同。監、毛本「城」作「成」，下「乃説建城侯」同。案：建成侯，呂澤也。今史記、漢書「成」字，俱無「土」旁。

今令大子將此屬，莫肯爲用』。」於是吕后如四皓言，以請高祖。高祖時疾，自行。十二年破黥布，還而疾益甚，愈欲易太子。及燕，置酒，太子侍。四皓從太子。高祖驚曰：「吾召公數歲，公逃我，今反從我兒乎？」四皓曰：「陛下輕士善罵，臣等義不受辱，故恐而亡匿。」

【衛氏集説】鄭氏曰：安定其牀衽。省，問其安否何如。醜，衆也。夷，猶儕也。四皓曰：「陛下之等夷。」

孔氏曰：此一節明人子事親奉養之禮，又去争訟。「冬温夏凊」是四時之法，「昏定晨省」，一日之法。定，安也。晨，旦也。應卧，當齊整牀衽，使親體安定之後退。至明旦，既隔夜，蚤來視親之安否何如。先昏後晨，兼示經宿之禮。熊氏云：「晨省者，案内則云：『同宫則雞初鳴，異宫則昧爽而朝。』」「在醜夷不争」者，明朋儕禮也。醜、夷，皆等類之名。夫貴賤相臨，則有畏憚，朋儕等輩，喜争勝負，亡身及親，故宜戒之以不争。

藍田吕氏曰：温凊定省，所以養體也。醜夷不争，所以養志也。一歲則有冬夏寒暑之適，一日則有晨昏興寢之適，人子不可不知也。内則：父母「將衽，長者奉席請何趾，少者執牀與坐」，昏定之事也。子事父母，雞鳴，適父母之所，下氣怡聲，問衣燠寒；男女未冠笄，及命士以上，父子異宫，則昧爽而朝；文王之爲世子，雞初鳴，衣服至於寢門外，問安否何如，此晨省之事也。醜夷，同等之稱也。事親者居上不驕，爲下不亂，在醜不争，三者不除，雖日用三牲之養，猶爲不孝也。孝經引三者，此獨云「在醜夷不争」者，上下驕亂之禍爲少，而醜夷之争多也。孝子一出言舉足，不敢忘父母，苟好勇鬬狠，以危父母，「一朝之忿，忘其身，以及其親」，則所以養親者果安在哉？

嚴陵方氏曰：冬則温之，以禦其寒；夏則清之，以辟其暑；昏則定之，以奠其居；晨則省之，以問其安也。「冬温而夏清」者，欲親之體常適其和也。「昏定而晨省」者，欲親之體常適其利也。推和親之心，以及乎人，則與人不争陰陽之和矣。推利親之心，以及乎人，則與人不争險易之利矣。此所以終言在醜夷不争也。

東萊吕氏曰：孝子以親之心爲心，故以親之體爲體。冬温夏清，昏定晨省，一歲有冬夏寒暑之變，一日有昏晨晦明之變，此見孝子頃刻不忘親處，纔遇變時，須加意於其間。冬温則當體其温之之理，如古人置密室之類是也。夏清則體其清之之理，如古人扇枕之類是也。昏時則安其父母，晨時則雞鳴而起，問其安否。在醜夷不争，此又見孝子涵養之熟，頃刻不忘。大凡人子在父母前，固有孝敬之心，不在父母前，便移易了，故起争心，惟養之熟，此心常存，所以不争。

新安朱氏曰：温清定省，雖有四時、一日之異，然一日之間，正當隨時安處，省察其或温或清之宜也。

永嘉戴氏曰：爲人子者，一食不忘親，則無一息不在親側可也。温清有時，定省有節，則制禮然也。在醜夷不争，謂處於聚族羣居之中，不敢有争，以傷父母之心。詩曰：「妻子好合，如鼓瑟琴，兄弟既翕，和樂且耽，宜爾室家，樂爾妻孥。」子曰：「父母其順矣乎。」妻子好合，兄弟和樂，父母處於其間，怡然而順。然則在醜夷而争者，父母之心，固有所不樂也。

【吴氏纂言】凡爲人子之禮，冬温而夏凊，昏定而晨省。

方氏曰：冬則温之，以禦其寒；夏則凊之，以辟其暑；昏則定之，以奠其居；晨則省之，以問其安也。

東萊吕氏祖謙曰：一歲，冬夏有寒暑之變。一日，昏晨有晦明之變。冬温，如古人置密室之類。夏凊，如古人扇枕之類。

澄曰：冬有密室，則夏宜有涼臺。夏時扇枕，則冬宜以身温被。

鄭氏曰：定，安其床衽。省，問其安否何如。

孔氏曰：冬温夏凊，四時之法，卧當使親體安。晨，早也。至明旦既隔夜，早來視親。先昏後晨，一日之法。

吕氏曰：一歲則有冬夏寒暑之適，一日則有晨昏興寢之適。内則「父母將衽，長者奉席請何趾，少者執床與坐」，昏定之事也。子事父母，雞鳴，適父母之所，下氣怡聲，問衣燠寒。命士以上，父子異宫，則昧爽而朝。文王爲世子，雞鳴至寢門外，問安否何如，晨省之事也。

在醜夷不争。

鄭氏曰：醜，衆也。夷，猶儕也。

孔氏曰：貴賤相臨，則有畏憚，朋友等輩，喜争勝負，故戒之以不争。

【陳氏集説】温以禦其寒，清以致其涼，定其衽席，省其安否。醜，同類也。夷，平等也。一朝之忿忘其身，則害及其親，故在羣衆儕輩之中，壹於遜讓。

【方氏析疑】冬温而夏清。

冬室嚴密，則皆可温。若夏室之涼，必寬閒深静，非窶人所能構，故於夏曰清。如蚊虻咋膚，貍蟲毒物之潛隙，青蠅之污几席，非除室薰洒，使潔淨清虚，則寢興不能安靖也。

【欽定義疏】正義 鄭氏康成曰：安定其牀衽。省，問其安否何如。醜，衆也。夷，猶儕也。四皓曰：「陛下之等夷。」孔疏：四皓，漢時隱人，一東園公，二綺里季，三夏黄公，四甪里先生。高祖令太子擊黥布，四皓説建成侯曰：「諸將皆陛下之等夷，莫肯爲用。」

孔氏穎達曰：「冬温夏清」是四時之法，「昏定晨省」，一日之法。晨，旦也。應卧，當齊整牀衽，使親體安定之後退。至明旦，既隔夜，早來視親之安否如何。先昏後晨，兼示經宿之禮。醜夷，皆等類之名。貴賤相臨，則有畏憚，朋儕等輩，喜争勝負，故戒之以不争。

方氏慤曰：冬則温之，以禦其寒；夏則清之，以辟其暑；昏則定之，以奠其居；晨則省之，以問其安。

朱子曰：温凊定省，雖有四時、一日之異，然一日之間，正當隨時隨處省察其或温或凊之宜也。

朱氏申曰：於相儕之衆，相抗之等，猶且不争，則他可知。

吴氏澄曰：昏定晨省，所以養其親。在醜夷不争，所以安夫親。

通論　吕氏大臨曰：事親者，居上不驕，爲下不亂，在醜不争。孝經引此三者，此獨云「在醜夷不争」者，上下驕亂之禍爲少，而醜夷之争多也。孝子一出言舉足，不敢忘父母。苟好勇鬬很，以危父母。「一朝之忿，忘其身，以及其親」，則所以養親者安在哉？

吕氏祖謙曰：孝子以親之心爲心，故以親之體爲體。冬温則當體其温之之理，如古人置密室之類是也。夏凊則當體其凊之之理，如古人扇枕之類是也。昏時則安其父母，晨時則雞鳴而起，問其安否。在醜夷不争，此又見孝子涵養之熟，頃刻不忘。大凡人子，在父母前，固有孝敬之心；不在父母前，便移易了，故起争心。惟養之熟，此心常存，所以不争。

【杭氏集説】朱子曰：温凊固有冬夏之異，然一日之間，亦當隨時細察其温凊之宜。

朱氏申曰：於相儕之衆、相抗之等，猶且不争，則他可知。

吴氏澄曰：昏定晨省，所以養其親；在醜夷不争，所以安夫親。

姚氏際恒曰：「在醜夷不争」，解者皆以「一朝之忿忘身及親」爲説，未免太粗，且與冬夏晨昏居家之節不類。而「醜夷」二字亦未醒，不若取棠棣詩之義言之，「一家之中，妻子兄弟」，所謂醜夷也。好合既翕，所謂不争也，而父母其順矣。

姜氏兆錫曰：爲人子，謂父在時也，後皆放此。惟「爲人子者父母存」節，兼存殁而言耳。温以禦寒，清以致涼，定其衽席，省其安否，此四者正言孝之事也。醜類夷，平也，猶言同類也。「一朝之忿，忘其身，以及其親」，故一於遜讓，此推言孝之理也。

方氏苞曰：冬室嚴密則皆可温，若室之涼，必寬閒深静，非窶人所能構，故於夏曰清。如蚊虻咋膚，貍蟲毒物之潛隙，青蠅之污几席，非除室薰洒，使潔淨清虚，則寢興不能安靖也。

【孫氏集解】凡爲人子之禮，冬温而夏清，昏定而晨省。

鄭氏曰：定，安其牀衽也。省，問其安否何如。

孔氏曰：冬温夏清，是四時之法；昏定晨省，是一日之法。先昏後晨，兼示經宿之禮。熊氏云：「晨省者，案内則云『同宫則雞初鳴，異宫則昧爽而朝。』」

方氏慤曰：冬則温之，以禦其寒；夏則清之，以辟其暑；昏則定之，以奠其居；晨則省之，以問其安也。

呂氏大臨曰：内則「父母將衽，奉席請何趾」，此昏定之事也。子事父母，雞鳴，適父母之所，問衣燠寒，此晨省之事也。

朱子曰：温凊定省，雖有四時、一日之異，然一日之間，正當隨時隨處省察其或温或凊之宜也。

在醜夷不争。

鄭氏曰：醜，衆也。夷，猶儕也。

孔氏曰：醜、夷皆等類之名，貴賤相臨，則有畏憚，朋儕等輩，喜争勝負，忘身及親，故戒之。

呂氏大臨曰：事親者，居上不驕，爲下不亂，在醜不争，三者不除，雖日用三牲之養，猶爲不孝也。孝經引此三者，此獨云「在醜夷不争」者，上下驕亂之禍爲少，而醜夷之争多也。愚謂此爲少者設戒，故但言「在醜夷不争」。

【朱氏訓纂】凡爲人子之禮，冬温而夏凊，昏定而晨省。注：定，安其牀衽也。省，問其安否何如。釋文：凊，冰冷也。正義：定，安也。晨，旦也。先昏後晨，示經宿之禮。熊氏云：「晨省者，案内則云：『同宫則雞初鳴，異宫則昧爽而朝。』」**在醜夷不争。**注：醜，衆也。夷，猶儕也。正義：此明朋儕禮也。夫貴賤相臨，則存畏憚，朋儕等輩，喜争勝負，亡身及親，故宜誡之以不争。

一・一一〇**夫爲人子者，三賜不及車馬，**三賜，三命也。凡仕者，一命而受爵，再命而受衣服，三命而受車馬。車馬而身所以尊者備矣[一]。卿、大夫、士之子不受，不敢以成尊比踰於父；天子、諸侯之子不受，自卑遠於君。○遠，于萬反。**故州閭鄉黨稱其孝也，兄弟親戚稱其慈也，僚友稱其弟也，執友稱其仁也，交遊稱其信也。**不敢重受賜者，心也。如此[二]而五者備有焉。周禮二十五家爲閭，四閭爲族，五族爲黨，五黨爲州，五州爲鄉。僚友，官同者。執友，志同者[三]。○僚，本又作「寮」，了彫反，同官者。弟，大計反，下注同。**見父之執**[四]**，不謂之進不敢進，不謂之退不敢退，不問不敢對。**敬父同志如事父。**此孝子之行也。**

[一] 車馬而身所以尊者備矣　閩、監、毛本同，岳本同，嘉靖本同。考文引古本、足利本「車馬」上有「受」字，衛氏集説同。○鍔按：「車馬」上，阮校有「夫爲人子者三賜不及車馬節」十二字。

[二] 不敢重受賜者心也如此　閩、監、毛本亦誤作「重受」。此本「賜」誤「暘」，「此」誤「北」。考文引宋板、古本、足利本作「受重」，岳本、嘉靖本同。案：「受重」與疏合。

[三] 執友志同者　閩、監、毛本同，岳本同，嘉靖本同，考文引古本、足利本「志」上有「執」字。案：「執志同者」與疏合。

[四] 見父之執　閩、監、毛本同，石經同，岳本同，考文引古本、足利本「執」下有「友」字。案：疏云：「父之執謂執友。」是正義本「執」下亦無「友」字。

【疏】「夫爲」至「行也」[一]。○正義曰：此一節明人子謙卑，行著於外，所敬又廣，今各隨文解之。言「夫」者，貴賤悉然也。三賜，三命也。言爲人子雖受三命之尊，終不敢受車馬。車馬則身有成尊，便比踰於父，故不受。所以許受三命而不許受車馬者，命是榮美光顯祖父，故受也；車馬是安身，身安不關先祖，故不受也。不云「不受」，而云「不及」者，「受」是已到之日[二]，明人子非唯外迹不受，抑亦心所不及於此賜也。

○注「三賜」至「於君」。○正義曰：云「三賜不及」者[三]，受命即受賜，故三賜三命，故公羊云：「命者何？加我服。錫者何？賜也。」是其命賜將相也[四]。云「凡仕者，一命受爵，再命受衣服，三命受車馬」者，皆約周禮大宗伯之文。案大宗伯「一命受職」，職則爵也。又宗伯「三命受位」，鄭康成云：「始有列位於王朝。」今言「受車馬」者，但「三命受位」，即受車馬，以經云「車馬」，故以車馬言之。

云「卿、大夫、士之子不受，不敢以成尊比踰於父」者，以公侯伯卿三命，其子不受，不敢比於父，公侯伯大夫子男卿再命，公侯伯士一命，子男之士不命，其子三命不受車

[一] 夫爲至行也　惠棟校宋本無此五字。
[二] 受是已到之日　閩、監、毛本同，考文引宋板「日」作「目」。
[三] 云三賜不及者　閩、監、毛本同，考文引宋板「不及」作「三命」。
[四] 是其命賜相將也　監、毛本作「相將」。此本「相將」二字倒，閩本同。

馬者，皆是不敢踰於父。不言天子、諸侯之子不敢受者，以其父位既尊，不得言「不敢比踰」，故云「自卑遠於君」。案周禮：「九儀：一命受職，再命受服，三命受位，四命受器，五命賜則，六命賜官，七命賜國，八命作牧，九命作伯。」案含文嘉：「九賜：一曰車馬，二曰衣服，三曰樂則，四曰朱户，五曰納陛，六曰虎賁，七曰斧鉞，八曰弓矢，九曰秬鬯。」宋均注云：「進退有節，行步有度，賜以車馬，以代其勞[一]。言成文章，行成法則，賜以衣服，以表其德。動作有禮，賜以納陛，以安其體。長於教誨，內懷至仁，賜以樂則，以化其民。居處修理，房內不泄，賜以朱户，以明其別。勇猛勁疾，執義堅强，賜之虎賁，以備非常。抗揚威武，志在宿衛，賜以斧鉞，使得專殺。內懷仁德[二]，執義不傾，賜以弓矢，使其專行[三]。慈孝父母，賜以秬鬯，以歸祭祀[四]。」鄭司農以周禮九命與九賜是一也[五]。然則此三賜，鄭康成知非九賜之第三，而云「三命之賜」者[六]，康成以九命與九賜不同，

[一] 以代其勞　公羊莊元年疏引作「以代其步」。

[二] 內懷仁德　公羊疏引作「內懷至仁」。

[三] 使其專行　閩、監、毛本「行」作「征」，公羊疏引作「使得專征」。

[四] 以歸祭祀　公羊疏引作「使之祭祀」。

[五] 鄭司農以周禮九命與九賜是一也　閩、監本同，毛本「周」誤「九」。

[六] 而云三命之賜者　閩、監、毛本「云」誤「亡」。惠棟校宋本作「云」，考文引宋板作「云」，並與此本同。毛本「三」字闕上二畫，似「一」字。

九賜謂「八命作牧，九命作伯」之後，始加九賜。知者，王制云：「三公一命卷，若有加則賜。」二曰衣服之屬是也。又宗伯「八命作牧」，注云：「侯伯有功德，加命得專征伐。」王制云：「賜弓矢，然後征。」詩云：「瑟彼玉瓚，黄流在中。」傳曰：「九命然後賜以圭瓚。」又尚書文侯仇受弓矢、秬鬯，左傳晉文公受大路、戎路、弓矢、秬鬯、虎賁。此皆九命之外始有衣服、弓矢、秬鬯等之賜，故知九賜不與九命同也。且此云「三賜不及車馬」，其九賜「一曰車馬」，何由三賜不及車馬乎？故知此三賜非九賜之三賜也。若是九賜之三賜，即是身八命九命之尊，禮絶凡庶，何得下文云「州閭鄉黨、僚友、交遊」也？故康成以爲諸侯及卿大夫之子三命者。其公羊説九賜之次與含文嘉不同：一曰加服，二曰朱户，三曰納陛，四曰輿馬，五曰樂則，六曰虎賁，七曰斧鉞，八曰弓矢，九曰秬鬯。異人之説，故文有參差，大略同也。異義許慎説九賜九命，鄭康成以爲不同，具如前説。其大夫賜樂，鄉飲酒注云「大夫若君賜樂」，及左傳魏絳有金石之樂，非九賜之正法也。車馬之賜，進退由於君命，今言不受者，君子仕，辭位不辭禄，其物終必受之[二]，故鄭注下文「不敢受重賜者，心也」。

[二] 其物終必受之　閩、監、毛本同，惠棟校宋本「物」作「賜」。

○「故州閭」至「稱其信也」。周禮司徒：去王城百置遠郊[一]，遠郊之内爲六鄉。六鄉之民，「五家爲比，使之相保；五比爲閭，使之相受；四閭爲族，使之相葬；五族爲黨，使之相救；五黨爲州，使之相賙；五州爲鄉，使之相賓」。又遂人職主六遂，六遂之民在遠郊之外，五家爲鄰，五鄰爲里，四里爲酇，五酇爲鄙，五鄙爲縣，五縣爲遂。今不言「六遂」者，舉近耳。若六遂之中有此孝者，則亦稱之也。

○「兄弟親戚稱其慈也」，親，指族内。戚，言族外。慈者，篤愛之名。兄弟，外内通稱。親疏交接，並見其慈而稱之。

○「僚友稱其弟也」，僚友，同官者也。弟者，事長次弟之名[二]。孝子能接同官，有所次序，不敢踰越等級，故同官之友稱之。

○「執友稱其仁也」，執友，執志同者也。同師之友，意趣相得，綢繆切瑳[三]，故其見仁恩之心而稱之。

[一] 去王城百里置遠郊　惠棟校宋本作「百里置」。此本「里」字脱，閩、監、毛本脱「置」字，毛本「去」誤「云」。

[二] 事長次弟之名　閩、監、毛本「弟」作「第」。案：説文「次弟」字，本作「弟」。

[三] 綢繆切瑳　閩、監、毛本「瑳」作「磋」。案：「磋」字，説文所無。陸氏大學釋文亦作「如瑳」。然大學經、疏自作「磋」，此處正義或從「瑳」，二字亦通用也。

○「交遊稱其信也」，交遊，泛交也。結交遊往，本資信合，故稱信也。熊氏云[一]：「然此五句，上始州閭，下及交遊，亦其次也。前孝後信，又爲差序，略舉五者，餘行可知。不敢受賜者，心也，不受由心，故有五稱也。」

○「見父之執」者，此亦承爲人子之事也，明非惟見交遊爲善，乃徧至父友也。自上詣下曰見，自下朝上曰見。父之執，謂執友與父同志者也。或故往見，或路中相見也。

【衛氏集說】夫爲人子者，三賜不及車馬。

鄭氏曰：三賜，三命也。凡仕者，一命而受爵，再命而受衣服，三命而受車馬。受車馬而身所以尊者備矣。卿、大夫、士之子不受，不敢以成尊比踰於父。天子、諸侯之子不受，自卑遠於君。

孔氏曰：自此至「孝子之行也」爲一節，明人子謙卑，行著於外，所敬又廣。人子受三命之尊，不敢受車馬，不云不受，而云「不及」者，受是已到之日，明人子非唯外迹不受，抑亦心所不及於此賜也。案鄭氏「三命」，皆約周禮大宗伯之文。大宗伯「一命受職」，職則爵也；「再命受服，三命受位」，鄭言「受車馬」者，三命受位，即受車馬，以經云「車馬」，故以車馬言之。

[一] 故稱信也熊氏云　閩、監、毛本「熊氏」上誤隔一「○」，考文引宋板與此本同。

藍田呂氏曰：三賜有車馬，君之所以寵臣也。三賜不及車馬，子之所以敬親也。受位則有車馬之賜矣，受位而不及車馬者，位在朝廷，而車馬入於私門也。坊記云：「父母存，饋獻不及車馬。」蓋車馬，家之重器也。親之所無，子不敢以受於人；親之所有，子不敢以予於人。辟親而不敢加，奉親而不敢專，其義一也。事宗子者，不以富貴入宗子之家，雖衆車徒舍於外，以寡約入。事宗子，猶舍衆車徒於外，則事親者，車馬之盛，宜在所不受也。黨正以飲酒正齒位，一命齒於鄉里，再命齒於父族，三命不齒。庶子之正於公族，雖有三命，不踰父兄，其所以敬於族人之長者猶如是，況於父母乎？能知此，則事親之意誠矣。

廬陵胡氏曰：賜，與也。三賜，貨財、衣服、車馬也。鄭謂「三賜，三命也，三命受車馬」。案大宗伯「三命受位」，不受車馬，含文嘉「九賜，一曰車馬」，則非三命。公羊説「九賜之次，則四曰車馬」，亦不在三，何由三命受車馬乎？又車馬，賜由君命，君子辭位不辭禄，車馬安可辭哉？鄭誤矣。

東萊呂氏曰：一命受爵，再命受服，三命受車馬，何故爵與服便受，車馬便不受？蓋外而爲卿、大夫，内而依然是人子，爵雖尊在朝廷之上，服雖華在朝祭之時，用時却不同。惟車馬則偪近父母，人子之心所不安也，豈可受之？雖然，大夫不可徒行，既不可徒行，又不可以私廢公。在朝不妨，但至閨門不用。孝子之心，多爲外物所移易，有爲歲月而變者，歲月既久，其心亦變。有爲爵位而變者，爵位既得，其心亦變。如大舜「五十而慕」，此是不爲歲月而變者。如「三賜不及車馬」，此是不爲爵位而變者。原是養得熟，不爲外物移易，見他孝。

石林葉氏曰：鄭氏以「不及」爲不受，若然，居大夫之位而不受車馬，則徒行乎？若曰不受君賜，而已自爲之，是己爲則可，君賜之則不可，理無是也。以吾觀之，此蓋謂父之未爲大夫者，不受車馬，則不敢受大夫之位。何以知其然？黨正飲酒正齒位，一命齒於鄉里，再命齒於父族，此以齒爲重也。三命不齒，此以爵爲重也。再命齒於父族，則父兄在其間矣。三命不齒，則雖父兄，不敢以齒加焉，故别位於賓之南。鄉黨莫如齒，朝廷莫如爵。鄉黨、父兄不敢以齒加爵，則朝廷豈可以爵而踰父兄乎？左氏記叔孫婼以再命爲卿，因季平子伐莒之功，例更受三命。婼，叔孫豹之子，時豹已死，而季平子，其四從兄也，尚未三命，而婼先之。叔仲子欲間三家，謂平子曰「婼三命，踰父兄，非禮也」，平子於是使婼辭位而弗從。夫從兄猶以爲言，則先王之時，大夫不可踰其父兄審矣。婼之不從，豈以平子爲其族，非其親父兄歟？

廣安游氏曰：大率爲人子，其事親則當盡禮，而其所循行之道，如所謂温、良、恭、儉、讓，所以施於人，交於物，修之於家，行之於外，其道皆當如此也。曰奢，曰驕，曰縱，曰傲，曰狠，曰厲，此類雖無與於孝，然皆足以害孝。夫孝者，心必謹，氣必和，言必順，貌必恭，如此然後足以循行其孝也。上文所謂「在醜夷不争」，及此「三賜不及車馬」，下文所謂「見父之執」，以至「居坐行立，不敢處中」以下，皆温、良、恭、儉、讓之道也。

臨川王氏曰：「三賜不及車馬」，若以爲有辭遜之心而終必受之，則雖不爲人子，不害辭遜；若以爲人子則辭遜而不敢受，則舜亦人子而未嘗辭百官、牛羊、倉廩之奉也。車服爵命，所以序功德，天下之公義，古今之達禮，苟當其功，苟稱其德，雖人子弟有辭遜之心，而終必不敢不受，以申其遜弟之志者，不以小廉小遜害天下之大公也。凡禮有辭遜之文者，以難進易退爲道也。辭遜自是君子之常，豈繫爲人子哉？

新安朱氏曰：左氏傳魯叔孫豹聘於王，王賜之路，豹以上卿無路而不敢乘。疑此「不及車馬」亦謂受之而不敢用耳。若尊者之賜，又爵秩所當得，豈容獨辭而不受之邪？

故州閭鄉黨稱其孝也，兄弟親戚稱其慈也，僚友稱其弟也，執友稱其仁也，交遊稱其信也。

鄭氏曰：不敢受重賜者，心也。如此而五者備有焉。周禮二十五家爲閭，四閭爲族，五族爲黨，五黨爲州，五州爲鄉。僚友，官同者。執友，志同者。

孔氏曰：鄭引周禮司徒文，乃王城百里遠郊之内。又遂人職主六遂在遠郊之外。不言「遂」者，舉其近耳。親，指族内。戚，言族外。慈者，篤愛之名。兄弟，外内通稱。弟者，事長次第之名。交遊，泛交也。結交遊往，本資信合，故稱信也。

藍田吕氏曰：五者之稱不同，各以其所見言之也。州閭鄉黨，觀其行者也，見其所以敬親，故稱其孝。兄弟親戚，責其恩者也，順於父母者，親親之愛必隆，故稱其慈。僚友，見其有所讓者也，有遜弟之心，故稱其弟。執友者友其德，德莫盛於孝，孝者仁之本，故稱其仁。交遊主於信，知其誠心於孝也，故稱其信。

嚴陵方氏曰：州閭鄉黨，則同國者也。兄弟親戚，則同族者也。僚友，則同事者也。執友，則同志者也。交遊，則同門者也。言國，則兼四者在中矣。兼而言之則大，故本其孝而統稱之；分而言之則小，故各以其所望者而稱之爾。

廬陵胡氏曰：一盡子道，而五善具矣。坊記云：「父母在，言孝不言慈。」鄭云：「孝上施慈，或嫌下流也。」此言慈者，非自言也。

東萊吕氏曰：大抵稱孝，在遠者稱之猶未盡，須是自近而見者，方始親切。州閭鄉黨之人，見他孝如此，所以稱孝。兄弟親戚，則尤切近於州閭鄉黨，而尤見其愛，故稱慈。僚友，在官是同王事，在私則是同舍，與之同處，見其氣象和順，所以稱弟。執友是心友，同死生，共患難者，知其孝心之本原，所以稱其仁，所謂「孝弟，仁之本」是也。「交遊稱其信」，此是泛交，偶與從事者，亦知其信，其他可見，此一句是做一句看，不可得而移易。稱者，非我求人之稱，惟因其所稱，以驗我之所爲，「誠則形」之謂也。

新安王氏曰：稱孝，言能盡事親之道也。稱慈，言其奉親有深愛也。稱弟，言其行之恭順也。稱仁，言其心之愛敬也。稱信，言其用志篤實也。鄭注「不敢受重賜者，心也，而五者備有焉」，此五者，其善多矣。反此，則其失亦多，是以孝子不敢輕受重賜。臨川王氏乃曰「若謂人子，辭讓而不敢受，則百官、牛羊、倉廩之奉，舜未嘗辭」，其説不然。禮者，聖人之中制天下，可以通行，堯之待舜，與舜所受於堯，非可律於天下也。

見父之執，不謂之進不敢進，不謂之退不敢退，不問不敢對。此孝子之行也。

鄭氏曰：敬父同志如事父。

孔氏曰：自上詣下曰見，自下朝上曰見。父之執，謂執友與父同志者也。或故往見，或路中相見也。

臨川王氏曰：心存於父者，見父之執，猶父也。則其進退、對問之際，安得不如此？

藍田呂氏曰：父之執友，其見也，進退、問答不敢專焉，敬之至也。見父之執，猶極其敬，況於父乎？

長樂陳氏曰：坊記曰「睦於父母之黨，可謂孝矣」，又曰「於父之執，可以乘其車，不可以衣其衣，廣孝也」。蓋父之同類謂之父黨，父之同志謂之父執。見父之黨，無容孝也，此見父之執，廣孝也。古者尊尊之禮行，故爲父黨者安其尊，事父黨者盡其卑，而民德於是乎厚矣。

嚴陵方氏曰：孔子曰「愛親者不敢惡於人，敬親者不敢慢於人」，見父之執，於進退之節有所不敢，則一舉足，不敢忘親可知。於對問之節有所不敢，則一出言，不敢忘親可知。孝子之行孰過乎是？經有曰父執，有曰父黨，有曰父齒，有曰父讎，何也？以同志之所守則曰執，以同類之所與則曰黨，以年之相若則曰齒，以怨之所敵則曰讎。

東萊吕氏曰：此一章看孝子愛親之心。推原使之廣，涵養使之厚，若雖知愛親，不能推原涵養，則在親前，雖屏氣下色，供洒埽應對，勞而不怨，離父母一步便驕狠傲戾，在親前時不多，外面驕狠多，則連親前亦愈薄，便入陵節犯上，所以孝子必於親愛之心，推廣之，涵養之。見父之執與平居交遊者，不謂之進不敢進，不謂之退不敢退。退然躬子弟之職，不問不敢對，如此則此心廣大。大抵天下之事，廣便厚，且如澗壑之水，波濤不多，只緣狹，狹則力量薄；滄海長江之水，波浪如山如屋，蓋力廣則厚。若推得愛親之心，廣時則其所以愛親便厚，不特如此，至於黄髮兒齒，亦下氣怡色，此心愈廣，所謂「老吾老以及人之老」，至犬馬、僕妾，父母愛之，子亦愛之。

毛氏信卿曰：人之爲善，必自夫不敢。始自夫有所敢，而後無忌憚，無忌憚，則無所不至矣。不敢，則有敬畏之心。敬畏之心存，則何往而非善？文王不敢侮鰥寡，高宗不敢荒寧，所以爲三代盛王也。孔門亦自不敢做去，孔子之「豈敢」，顏回、子貢之「何敢」，孟之反之「非敢」，皆此心推之也。見父之執，而進退、答問之間，皆有不敢之心，非孝子能若是乎？經言「見父之執」，必先言爲人子之孝，如所云「三賜不及車馬」，此言人子之孝也，必繼之以「見父之執，不謂之進不敢進」之言；「爲人子者，出必告」，此言人子之孝也，必繼之以「年長以倍，則父事之」之言；與坊記言「君子弛其親之過，而敬其美」，必繼之以「於父之執，可以乘其車，不可以衣其衣」之意同。蓋不愛其親而愛他人者謂之悖德，不敬其親而敬他人者謂之悖禮，則不孝其親而敬其父之執可乎？愛親者不敢慢於人，敬親者不敢惡於人，則孝於其親，而不敬父之執可乎？故孝於親，則必敬父之執，敬父之執，必本孝於其親，此經所以相次言之。

【吴氏纂言】夫爲人子者，三賜不及車馬。

鄭氏曰：三賜，三命也。凡仕者，一命而受爵，再命而受衣服，三命而受車馬。車馬而身所以尊者備矣。卿、大夫、士之子不受，不敢以成尊比踰於父；天子、諸侯之子不受，自卑遠於君。

孔氏曰：周禮大宗伯「三命受位」，受位，即受車馬。人子受三命之尊，謙卑不敢受車馬。不云「不受」，而云「不及」者，受是已到之日，人子非惟外迹不受，心亦不及於此賜也。

吕氏曰：三賜有車馬，君之所以寵臣。三賜不及車馬，子之所以敬親。受位則有車馬之賜矣，受位而不受車馬者，位在朝廷，而車馬入於私門也。坊記云：「父母存，饋獻不及車馬。」蓋車馬，家之重器也。親之所有，子不敢以予人，奉親而不敢專也。親之所無，子不敢以受於人，辟親而不敢加也。

葉氏曰：鄭氏以「不及」爲不受，若然，居大夫之位而不受車馬，則徒行乎？若曰不受君賜，而已自爲之，是己爲則可，君賜之則不可，理無是也。以吾觀之，此蓋謂父之未爲大夫者，不受車馬，則不敢受大夫之位也。

胡氏曰：君子辭位不辭禄，車馬賜由君命，安可辭哉？賜，與也。三賜，貨財、衣服、車馬也。

澄曰：胡氏説蓋謂人之所以與人者有三，輕則貨財，重則衣服，最重則車馬。爲人子者，已仕有禄而欲以物與人，其輕者如貨財、衣服，猶可白之父，而稱尊者之命以與之。然所與之物，僅可至衣服而止。就三者之中，不及於車馬，蓋車馬重物，有父在，則人子不敢以之與人也。三賜不及車馬，與坊記「饋獻不及車馬」同意。

故州閭鄉黨稱其孝也，兄弟親戚稱其慈也，僚友稱其弟也，執友稱其仁也，交游稱其信也。

鄭氏曰：二十五家爲閭，四閭爲族，五族爲黨，五黨爲州，五州爲鄉。僚友，官同者。執友，志同者。

澄曰：此言人子之孝，其行實充積於中，故其聲名形著於外。不但一家之人以爲孝，而二十五家之閭、五百家之黨、二千五百家之州、一萬二千五百家之鄉，無一人不稱其孝，如「閔子騫之孝，人不間於其父母昆弟之言」是也。年長於己爲兄，年少於己爲弟，内外通稱。親謂族内，戚謂族外。慈，篤愛也。孝者之待兄弟、親戚必有恩，故稱其慈。僚友，謂仕而與同僚之官爲友也。弟，謂能順事官長。孝者之待同官必有禮，故稱其弟。執友，謂學而與執志之同者爲友也。仁，謂能全其心德。友者友其德，相輔爲仁，惟孝者能不失其仁，故稱其仁。交游，謂平日泛交同游之人。信，謂以實相與。交游在於信，惟孝者能不失其信，故稱其信。稱其孝也，總言遠近之人，稱孝子之能孝於其父母也。以下四者之稱，則以孝子所接待之人而言。蓋惟孝於父母者能慈、能弟、能仁、能信，故四等之人，各因其孝子之所施、所接於己者而稱之也。

見父之執，不謂之進不敢進，不謂之退不敢退，不問不敢對，此孝子之行也。

孔氏曰：父之執，謂與父同志者，或往見，或路中相見也。

吕氏曰：見父之執友，進退答問不敢專，敬之至也。

【陳氏集説】大爲人子者，三賜不及車馬。故州閭鄉黨稱其孝也，兄弟親戚稱其慈也，僚友稱其弟也，執友稱其仁也，交遊稱其信也。言爲人子，謂父在時也。古之仕者，一命而受爵，再命而受衣服，三命而受車馬。有車馬，則尊貴之體貌備矣。今但受三賜之命，而不與車馬同受，故言不及車馬也。君之有賜，所以禮其臣，子之不受，不敢並於親也。二十五家爲閭，四閭爲族，五百家爲黨，二千五百家爲州，一萬二千五百家爲鄉。

孝之所該者大，故其稱最廣，曰慈曰弟，曰仁曰信，皆孝之事也。僚友，官同者。執友，志同者。同師之友，其執志同，故曰執友。交遊，則泛言遠近之往來者。**見父之執，不謂之進不敢進，不謂之退不敢退，不問不敢對。此孝子之行也。**父之執，父同志之友也。謂之，命之也。敬之同於父。

【方氏析疑】三賜不及車馬。

不曰「不受」，而曰「不及」，何也？君之命賜，雖固辭，終不能不受，特不敢乘耳。內則：「支子有歸服器、車馬，則必獻其上，而後敢服用其次也。」如非所獻，則不敢以入於宗子之家。況父母乎？不言車服，何也？服王事與國事，必以命服，惟車可不乘。觀禮「侯氏乘墨車」。春秋傳魯叔孫婼聘於周，王賜以三命之路，季孫使勿以葬。杜洩曰：「若生不敢服，死又不以，將焉用之？」此受而不乘之明徵也。其兼言馬，何也？卿乘夏縵，則馬之纓勒各有等級明矣。

【江氏擇言】夫爲人子者，三賜不及車馬。

鄭注：三賜，三命也。凡仕者，一命而受爵，再命而受衣服，三命而受車馬。車馬而身所以尊者備矣。卿、大夫之子不受，不敢以成尊比踰於父。天子、諸侯之子不受，自卑遠於君。

朱子云：左氏傳魯叔孫豹聘於王，王賜之路，豹以上卿無路而不敢乘。疑此「不及車馬」亦謂受之而不敢用耳。若天子之賜，又爵秩所當得，豈容獨辭而不受耶？

按：此言爲人子者，父在時三命爲大夫，而父未得爵命，不敢受尊物以踰於父也。君雖賜之，臣必固辭之，如固辭不獲命亦受之，而弗敢乘。辭者，禮之經也；受而不用者，禮之權也。此經但論人子孝敬，不敢踰父之初心，言經而未及權，是以第云不及車馬。

故州閭鄉黨稱其孝也，兄弟親戚稱其慈也，僚友稱其弟也，執友稱其仁也，交遊稱其信也。

按：三賜不及車馬，非實有孝敬之心者不能即此一事，而孝行已著，諸德亦皆備矣。州閭鄉黨非親非友，故以稱孝屬之。

【欽定義疏】夫爲人子者，三賜不及車馬。故州閭鄉黨稱其孝也，兄弟親戚稱其慈也，僚友稱其弟也，執友稱其仁也，交遊稱其信也。

正義 鄭氏康成曰：三賜，三命也。孔疏：公羊云：「命者何？加我服。錫者何？賜也。」是命賜相將。凡仕者，一命而受爵，再命而受衣服，三命而受車馬。孔疏：約周禮大宗伯。大宗伯「一命受職」，職則爵也；「三命受位」，鄭云「始列位於王朝」。「三命受位」即受車馬。受車馬而身所以尊者備矣。卿、大夫、士之子不受，不敢以成尊比逾於父。孔疏：以公侯伯卿三命。案：此言其父爲卿，而子受車馬，則比於父。父非卿，而子受車馬，并逾於父。天子諸侯之子不受，自卑遠於君。孔疏：以其父位既尊，不得言，不敢比逾也。不敢受重賜者，心也，如此而五者備有焉。周禮二十五家爲閭，四閭爲族，五族爲黨，五黨爲州，五州爲鄉。僚友，官同者。執友，志同者。

孔氏穎達曰：周禮大宗伯「三命受位」，受位即受車馬。人子受三命之尊，謙卑不敢受車馬。不云「不受」，而云「不及」者，心不及於此賜也。親，指族内。戚，言族外。慈者，篤愛之名。兄弟，内外通稱。弟者，事長次第之名。交遊，泛交也，本資信合，故稱信也。

吕氏祖謙曰：何故爵與服受，車馬不受？蓋外而爲卿、大夫，内而依然是人子。爵雖尊在朝廷之上，服雖華在朝祭之時，用時却不同。惟車馬則偪近父母，人子之心所不安也。雖然，大夫不徒行，又不可以私廢公。在朝不妨，但至門不用。

吕氏大臨曰：五者之稱不同，各以其所見言之。州閭鄉黨，觀其行者也，見其所以敬親，故稱其孝。兄弟親戚，貴其恩者也，順於父母者，親親之愛必隆，故稱其慈。僚友，見其有所讓者也，有遜弟之心，故稱其弟。友者友其德，德莫盛於孝，孝者仁之本，故稱其仁。交遊主於信，知其誠心於孝，故稱其信。

朱子曰：左氏傳叔孫豹聘於王，王賜之路，豹以上卿無路而不敢乘。疑此「不及車馬」亦謂受之而不敢用耳。若尊者之賜，又爵秩所當得，豈容獨辭而不受之邪？

陳氏櫟曰：孝爲百行之原，稱其孝者，出乎鄉黨州閭之公論，則孝弟慈信，皆孝者之所兼備，故各隨所見而稱之。

通論 呂氏大臨曰：三賜有車馬，君之所以寵臣也。三賜不及車馬，子之所以敬親也。受位則有車馬之賜矣，受位而不及車馬者，位在朝廷，而車馬入於私門也。坊記云：「父母存，饋獻不及車馬。」蓋車馬，家之重器也。親之所無，子不敢以受於人；親之所有，子不敢以予於人。辟親而不敢加，奉親而不敢專，其義一也。事宗子者，不以富貴入宗子之家，雖衆車徒舍於外，以寡約入。事宗子，猶舍衆車徒於外，則事親者，車馬之盛，宜在所不受也。黨正以飲酒正齒位，一命齒於鄉里，再命齒於父族，三命不齒。庶子之正於公族，雖有三命，不逾父兄，其所以敬於族人之長者猶如是，況於父母乎？能如是，則事親之意誠矣。

存疑 胡氏銓曰：賜，與也。三賜，貨財、衣服、車馬也。鄭謂「三賜，三命」，非也。大宗伯「三命受位」，不言受車馬。含文嘉「九賜，一曰車馬」，則非三命。公羊説「九賜之次，則四曰車馬」，亦不在三，何由三命受車馬乎？又車馬，賜由君命，君子辭位不辭禄，車馬安可辭哉？鄭誤矣。

吴氏澄曰：胡氏蓋謂人之所以與人者有三：輕則貨財，重則衣服，最重者車馬。爲人子者，已仕有禄而欲以物與人，如貨財、衣服，猶可白之父而稱尊者之名。以與之車馬重物，有父在，則人子不敢以之與人也。三賜不及車馬，與坊記「饋獻不及車馬」同意。

辨正 王氏炎曰：不敢受重賜者，心也，而五者備有焉，反此，則其失亦多，是以孝子不敢輕受重賜。臨川王氏乃曰「若謂人子辭讓而不敢受，則百官、牛羊、倉廩之奉，舜未嘗辭」，其説不然。禮者，聖人之中制，天下可以通行。堯之待舜與舜所受於堯，非可律於天下也。

案　古者車服所以旌勳，庸非有功弗賜也。君賜之，非更有命，弗敢即乘也，所以榮君賜而致其敬也。其平日所乘，依所當得而自造之耳。玉藻曰：「年不順成，大夫不得造車馬。」明常法得自造矣。又曰：「君賜車馬，乘以拜賜；衣服，服以拜賜。君未有命，弗敢即乘服也。」明常所乘不待賜矣。若以車馬不可不受，不受則大夫之有車馬者少。將大夫之車馬皆君之賜乎？亦難爲繼矣。記所云「三賜不及車馬」，蓋謂宣力國家，功效應科，於法得賜而辭讓弗受，不居其成功，本之於君父，故爲人臣人子之盛節，而名譽著聞若此耳。諸家之説，似有未盡。

見父之執，不謂之進不敢進，不謂之退不敢退，不問不敢對。此孝子之行也。

正義　鄭氏康成曰：敬父同志如事父。

孔氏穎達曰：父之執，謂執友與父同志者也。或故往見，或路中相見也。

王氏安石曰：心存於父者，見父之執猶父也。

吕氏大臨曰：進退問答，不敢專焉，敬之至也。見父之執，猶極其敬，況於父乎？

陳氏澔曰：謂之，命之也。

通論 陳氏祥道曰：坊記曰：「睦於父母之黨，可謂孝矣。」又曰：「於父之執，可以乘其車，不可以衣其衣，廣孝也。」蓋父之同類謂之父黨，父之同志謂之父執。見父之黨無容，孝也。此見父之執，廣孝也。

餘論 吕氏祖謙曰：孝子愛親之心，推原使之廣，涵養使之厚。若雖知愛親，不能推原涵養，則在親前，雖屏氣下色，供洒掃應對，勞而不怨。離父母便驕很傲戾，在親前時不多，外面驕很多，則連親前亦愈薄。所以孝子必於親愛之心推廣之，涵養之。見父之執，退然躬弟子之職如此，則此心廣大。

【杭氏集説】夫爲人子者，三賜不及車馬。故州閭鄉黨稱其孝也，兄弟親戚稱其慈也，僚友稱其弟也，執友稱其仁也，交遊稱其信也。

朱子曰：若天子之賜，爵秩所當得，豈容不受？疑亦受之而不乘，若叔孫之賜輅耳。

陳氏櫟曰：孝爲百行之原，稱其孝者，出乎鄉黨州閭之公論，則孝弟慈信，皆孝者之所兼備，故各隨所見而稱之。

吴氏澄曰：胡氏蓋謂人之所以與人者有三：輕則貨財，重則衣服，最重者車馬。爲人子者已仕有禄，而欲以物與人，如貨財、衣服，猶可白之父而稱尊者之名。以與之車馬重物，有父在，則人子不敢以之與人也。三賜不及車馬，與坊記「饋獻不及車馬」同意。

姚氏舜牧曰：于兄弟親戚必加恩焉，同官之僚友必致遜焉，同志之執友必推心焉，泛接之交遊亦不忍欺焉，而稱其慈、其弟、其仁、其信者，莫不從之，無往非孝之推，故其稱爲最廣也。

萬氏斯大曰：賜者，上與下之稱，諸家解爲錫命，非也。錫命典禮賜物隨意，三賜，至再至三也。玉藻云：「親在，行禮於人稱父。」內則云：「不敢私與。」爲人子而有車馬，既貴顯矣，其以父命賜物于人，雖至再三，亦不可及于車馬，蓋車馬至重，非他物比。坊記云：「父母在，饋獻不及車馬。」與此同。　又曰：此必其平日有孝慈仁弟信五者之實，然後能有是稱，若止是「三賜不及車馬」，未可即爲純孝，人亦未必遂稱之。故愚謂五句之首，當有闕文。蓋此篇集他書要語成篇，朱子謂「大意相似而文多不屬」是也。

姚氏際恒曰：三賜不及車馬，鄭氏以「不及」爲「不受」。按「及」字不可訓「受」。又妄援僞周禮大宗伯「三命受位」之文，以三命爲三賜，以受位爲受車馬，尤謬。且君賜安可辭？凡卿、大夫有父在者，悉不得乘車馬而徒行矣，必不可通。郝仲輿謂三賜、三命雖有車馬，入里門不乘，以「不及」爲「不乘」，亦牽强。按坊記曰：「父母在，饋獻不及車馬。」此處語意與同，當即是其解。但「三賜」二字，終覺鶻突，更詳之。

朱氏軾曰：三賜作「以物與人」解，未是。不以物與人，非人之所難，鄭注不敢比踰于父，自卑遠于君，真仁人孝子之用心。但君賜未可辭，若因不受車馬，并不受位，亦無此理。朱子謂受而不用，最當。　按此節承上節，謂如此之人方可謂能孝，不但能孝，而且能慈能弟，能仁能信。

姜氏兆錫曰：不及，謂不敢受也。周禮大宗伯：「一命受職，再命受服，三命受位。」則有車馬之賜，而備尊貴之體矣。今不及車馬者，君之有賜，所以禮其臣，子之不受，不敢踰于親也。二十五家爲閭，五百家爲黨，五黨爲州，五州爲鄉，州閭鄉黨稱其孝，而餘皆稱其慈弟仁信者，孝之所該者大，猶孝經「不敢慢」「不敢惡」之意也。慈，猶愛也。僚友，同官者。執友，同志者。交友，則泛言來往者而已。又曰：孔氏曰：坊記云：「父母存，饋獻不及車馬。」蓋車馬重器也，親所無，子不敢受於人。親所有，人不敢予於人。辟親而不加，奉親而不敢專，其義一也。事宗子不以富貴入宗子之家，雖衆車徒，以寡約入。庶子正於公族，雖三命，不踰父兄也，況父母乎？知此，則事親之意誠矣。朱子曰：「左傳魯叔孫豹聘於王，王賜之路，豹以上卿無路而不敢乘。疑此亦謂受而不敢乘耳。若尊者之賜，又爵秩所當得，豈容獨辭而不受耶？」

李氏光坡曰：兄弟以慈相望，僚友以次相序，執友以仁相勖，交游以信相資，人能孝，則於此四者各當其分，故隨所得而稱之。州閭廣言，自兄弟以下，則以親疏邇遜爲序。

方氏苞曰：不曰「不受」，而曰「不及」，何也？君之命賜，雖固辭，終不能不受，特不敢乘耳。內則：「支子有歸服器、車馬，則必獻其上，而後敢服用其次也。如非所獻，則不敢以入於宗子之家。」況父母乎？不言車服，何也？服王事與國事，必以命服，惟車可乘，覲禮「侯氏乘墨車」。春秋傳魯叔孫婼聘於周，王賜以三命之路，季孫使勿以葬。杜洩曰：「若生不敢服，死又不以葬，將焉用之？」此受而不乘之明徵也。其兼言馬，何也？卿乘夏縵，則馬之纓勒各有等級明矣。

馮成章問：「爲人子者，三賜不及車馬。夫古之仕者，一命受爵，再命受服，三命受車馬。一命之榮亦足顯親，況車馬？不受，得毋虛君之賜乎？孔子曰：『以吾從大夫之後，不可以徒行。』則車馬亦不容盡卻矣。或曰『車馬，尊貴之物，子不敢受之以並于其親』，然則爵，貴之尤者也。父爲士，子爲大夫，亦何嫌于並乎？舜、禹受人之天下，而況車馬乎？」世駿答曰：「孔疏云命是榮美光顯祖父，故受；車馬是安身，身安不關先祖，故不受。且父子爵有尊卑，是量能授官，辭之不得；車馬是外面炫赫之物，故可以辭，不敢以富貴加于先人也。車馬其家仍有，但君賜之則不受耳。」

見父之執，不謂之進不敢進，不謂之退不敢退，不問不敢對。此孝子之行也。

陳氏澔曰：謂之，命之也。

姜氏兆錫曰：父之執，謂父同志之友也。謂，命也，敬之同于父也。此以上亦推言之也。

【孫氏集解】夫爲人子者，三賜不及車馬。

鄭氏曰：三賜，三命也。凡仕者，一命而受爵，再命而受衣服，三命而受車馬。受車馬而身所以尊者備矣。卿、大夫、士之子不受，不敢以成尊比踰於父；天子、諸侯之子不受，自卑遠於君。

孔氏曰：大宗伯云「一命受職」，職則爵也。又宗伯「三命受位」，鄭云：「始有列位於王朝。」今言受車馬者，三命受位，即受車馬。所以許受三命，不受車馬者，命是榮美光顯祖父，故受也；車馬是安身，身安不關祖父，故不受也。不云「不受」，而云「不及」者，明非惟外迹不受，抑亦心所不及於此賜也。

吕氏大臨曰：事宗子者，不敢以富貴入宗子之家，雖衆車徒舍於外，以寡約入。則事親者車馬之盛，宜在所不受也。

朱子曰：按左氏傳魯叔孫豹聘於王，王賜之大路，豹以上卿無路而不敢乘。疑此「不及車馬」亦謂受之而不敢用耳。若天子之賜，又爵秩所當得，豈容獨辭而不受耶？

愚謂車馬衣服，所以賜有功也。「三賜不及車馬」者，賜物車馬爲重，雖有三命之尊，猶不敢及於此也。不及，以心言，非以事言。注疏之説已得之，而吕氏得其比例之確，朱子盡其情事之詳，三説參觀之，其義乃備。

故州閭鄉黨稱其孝也，兄弟親戚稱其慈也，僚友稱其弟也，執友稱其仁也，交遊稱其信也。

鄭氏曰：不敢受重賜者，心也。如此而五者備有焉。周禮二十五家爲閭，四閭爲族，五族爲黨，五黨爲州，五州爲鄉。僚友，官同者。執友，志同者。

孔氏曰：慈者，篤愛之心。兄弟，内外通稱。親疏交接，並見其慈而稱之。孝子能接同官，不敢踰越等級，故稱其事長之弟。同師之友，意趣相得，綢繆切磋，故見其仁恩而稱之。交遊，泛交也。交遊本資信合，故稱其信。

吕氏大臨曰：五者之稱不同，各以其所見言之也。州閭鄉黨，觀其行者也，見其所以敬親者，故稱其孝。兄弟親戚，責其恩者也，順於父母者，親親之愛必隆，故稱其慈。僚友，見其有所讓者也，有遜弟之心，故稱其弟。執友者友其德，德莫盛於孝，孝者仁之本，故稱其仁。交遊主於信，知其誠心於孝也，故稱其信。

見父之執，不謂之進不敢進，不謂之退不敢退，不問不敢對。此孝子之行也。

鄭氏曰：敬父同志，如事父。

孔氏曰：自上詣下曰見如字，自下朝上曰見賢遍反。父執，謂執友與父同志者也。或故往見賢遍反，或途中相見如字也。

【王氏述聞】⊙三賜不及車馬

夫爲人子者，三賜不及車馬。

鄭注曰：三賜，三命也。凡仕者，一命而受爵，再命而受衣服，三命而受車馬。車馬而身所以尊者備矣。卿、大夫、士之子不受，不敢以成尊比踰於父；天子、諸侯之子不受，自卑遠於君。

引之謹案：經言「三賜」，不言「三命」，鄭謂三命不受車馬之賜，非也。長者賜，少者、賤者不敢辭，況君賜乎？今案：賜，猶予也。謂爲人子者，不敢以車馬予人也。爾雅曰：「予，賜也。」是「賜」與「予」同義。言「三賜」者，多予之辭，約言之爲三耳，猶論語言「三仕」「三已」「三以天下讓」也。賜予雖多，不及車馬，不敢自專也。坊記曰：「父母在，饋獻不及車馬，示民不敢專也。」是其明證矣。逸周書太子晉篇：「師曠請歸，王子賜之乘車四馬。」孔晁注曰：「禮，爲人子，三賜不及車馬。此賜則白王然後行可知也。」此解「三賜不及車馬」，是謂人子不敢以車馬予人。蓋禮記舊注有如此解者，故晁本之爲說。

【朱氏訓纂】**夫爲人子者，三賜不及車馬。** 王氏引之曰：鄭言三命不受車馬之賜，非也。賜，猶予也，謂爲人子者，不敢以車馬予人也。言三賜者，約言之爲三耳。猶論語言「三仕」「三已」「三以天下讓」也。逸周書太子晉篇「王子賜之乘車四馬」，孔晁注曰：「禮爲人子，三賜不及車馬，此賜則白王然後行可知也。」蓋禮記舊注有如此解者，故晁本之爲說。 彬案：坊記曰：「父母在，饋獻不及車馬。」是其明證。**故州閭鄉黨稱其孝也，兄弟親戚稱其慈也，僚友稱其弟也，執友稱其仁也，交遊稱其信也。** 注：周禮二十五家爲閭，四閭爲族，五族爲黨，五黨爲州，五州爲鄉。僚友，官同者。執友，志同者。正義：親，指族内。戚，言族外。慈者，篤愛之名。兄弟，外内通稱。交游，泛交也。熊氏云：「上始州閭，下及交游，略舉五者，餘行可知。」

見父之執，不謂之進不敢進，不謂之退不敢退，不問不敢對。此孝子之行也。注：敬父同志如事父。

【郭氏質疑】爲人子者，三賜不及車馬。

鄭注：卿、大夫、士之子不受，不以尊踰父。天子諸侯子不受，自卑遠於君。

嵩燾案：典命掌五儀五等之命，自九命至一命，「宫室、車旗、衣服，各眡其命數」。巾車職又有「服車五乘」，孤卿、大夫、士下及庶人皆有乘車，其「良車、散車不在等者」，鄭注謂「給游燕及恩惠之賜」。大夫、士以上命數車服，皆關典禮，良車、散車又惟所賜，豈容不受？四明萬氏因謂賜者上與下之稱，「三賜」至再至三也，引坊記「父母在，餽獻不及車馬」爲證。然此辭受，取與無與於人，故以下文「稱孝、稱慈」等爲有闕文。疑戴氏記禮雜采遺文、當時及聞。萬石君家法敘述其議論情事，如石慶入里門，不下車，萬石君爲不食，肉袒請罪，乃謝罷慶，慶及諸子弟入里門，趨歸家，齊、魯諸儒自以爲質行不及。其云：「不及車馬」，謂雖屢受車服之賜，不敢施之州閭鄉黨，故以孝稱之。親戚交游，各以類相應，服其善也。此條宜在「越國而問焉，必告之以其制」後。

一·一二 ○**夫爲人子者，出必告，反必面，**告、面同耳。反言「面」者，從外來，宜知親之顔色安否。○行，音下孟反。告，古毒反。○**所遊必有常，所習必有業，**緣親之意欲知之。**恒言不稱老**[一]。廣敬。**年長以倍，則父事之。**謂年二十於四十者。人年二十，弱冠成人，有爲人父之端，今四十於二十者有子道。内則曰：「年二十，惇行孝弟。」○冠，工喚反。惇，都温反。**十年以長，則兄事之。五年以長，則肩隨之。**肩隨者，與之並行差退。○差，初佳反，徐初宜反。**羣居五人，則長者必異席。**席以四人爲節，因宜有所尊。

【疏】「夫爲」至「異席」。○正義曰：此一節亦明人子事親之法，遊方習業及泛交之禮，亦各隨文解之。

○「恒言不稱老」者，「老」是尊稱，若其稱老，乃是己自尊大，非是孝子卑退之情，故注云「廣敬」。言「廣」者，非但敬親，因敬親廣敬他人。或云子若自稱老，父母則甚老，則感動其親，故舜「年五十而慕」是也。

○「年長以倍，則父事之」者，此謂鄉里之中，非親非友，但二十以後，年長倍己，則

[一] 恒言不稱老 「恒」字闕筆，閩本同。監本作「恒」，毛本作「恒」，岳本作「恒」。石經此「恒」字漶滅，以他處定之，此「恒」字亦當作「恒」，顧炎武謂「避穆宗諱」是也，此本尚沿其缺筆耳。○鍔按：「恒言」上，阮校有「夫爲人子者出必告節」九字。

以父道事之，即父黨隨行也。

〇注「謂年」至「孝弟」。〇正義曰：人年三十而娶，於後乃有子，則三十於六十乃是倍年。今鄭言「二十於四十」者，但二十加冠成人，責以爲人父爲人子之禮，雖未有妻子，有爲人父之端。又內則云二十乃能「敦行孝弟」，可責以孝子之行。故二十於四十，約之爲倍年也。以二十未合有子〔一〕，故鄭云「爲人父之端，有子道」也。

〇「十年以長，則兄事之」者，謂年二十於三十者，全倍者，父事之。半倍，故兄事之也。凡事之，則正差退而鴈行也〔二〕。

〇「五年以長，則肩隨之」者，謂並行而差退。若未二十童子則無此禮，以其不能惇行孝弟。論語云「與先生並行」，王制云「父之齒隨行，兄之齒鴈行」者，舉成人有此禮也，童子禮則無也。此謂二十於二十五者肩隨，則齊於鴈行也。然則以此肩隨而推之，上云父兄事之，豈是温凊如親，正言其或行來坐席，推前相類耳。

〇「羣居五人，則長者必異席」者，謂朋友居處法也。羣，朋友也，子夏曰「吾離羣」是也。古者地敷横席而容四人，四人則推長者居席端。若有五人會，應一人别席，因推

〔一〕以二十未合有子　閩、監、毛本作「合」，此本「合」誤「今」。

〔二〕則正差退而鴈行也　閩、監本同。毛本「鴈」作「雁」，下「鴈行」同。案：依説文，當從「雁」。段玉裁云：「許意，隹部『雁』爲鴻雁，鳥部『鴈』爲鵝。」

長者一人於異席也。

○注「席以」至「所尊」。○正義曰：熊氏云：「知四人爲節者，以此云『羣居五人，則長者必異席』。既長者一人異席，餘則四人矣。案公食大夫禮云：蒲筵常，加萑席尋。此以蒲席者，故得容四人。此羣居之法。若賓主禮，席皆無同坐之法。故鄉飲酒賓介異席，又云『衆賓之席皆不屬焉』，不相連屬也。鄉射『衆賓之席繼而西』，謂相連屬也。燕禮及大射『公三重，大夫再重』。是皆異席也。」

【衛氏集説】夫爲人子者，出必告，反必面，所遊必有常，所習必有業，恒言不稱老。

鄭氏曰：告、面同耳。反言「面」者，從外來，宜知親之顏色安否。有常、有業，緣親之意欲知之。不稱老，廣敬。

孔氏曰：自此至「異席」爲一節，明人子事親、遊方、習業及泛交之禮。老是尊稱，稱老是己自尊大，非孝子卑退之情。子若自稱老，則感動其親，故舜年「五十而慕」是也。

藍田吕氏曰：「出必告，反必面」，受命於親而不敢專也。「所遊必有常，所習必有業」，體親之愛而不敢貽其憂也。「恒言不稱老」，極子之慕而不忍忘也。父母在而不敢有其身，如之何聞斯行諸？出入而無所受命，是遺親也。親之愛子至矣，所遊必欲其安，所習必欲其正。苟輕身而不自愛，則非所以養其志也。君子之事親，親雖老而不失乎孺子慕者，愛親之至也。孟子曰：「五十而慕，予於大舜見之矣。」故「髧彼兩髦」爲孺子之飾，親見然後説之。苟常言而稱老，則忘親而非慕也。

嚴陵方氏曰：「出必告」者，欲親知其所往之方也。「反必面」者，欲親知其所至之時也。「所遊必有常」者，慮貽親之憂也。「所習必有業」者，慮違親之志也。孔子曰「遊必有方」，此非遊之有常乎？學記曰「良冶之子，必學爲裘；良弓之子，必學爲箕」，此非習之有業乎？

永嘉戴氏曰：爲人親者，無一念而忘其子，故有倚門、倚閭之望。爲人子者，無一念而忘其親，故有出告、反面之禮。生則出告、反面，没則告行、飲至，「事亡如事存」也。不敢慢遊，以貽親憂。不敢廢業，以爲親辱。不敢自老，以傷親心。此皆人子兢業恐懼之意也。

王氏子墨曰：出告、反面、遊有常者，慮貽親之憂也。「所習必有業」者，慮致親之疑也。「常言不稱老」者，慮動親之感也。人子安親之心，亦何所不至哉？

黄氏曰：「老」之爲義，若天子養三老，致仕之人及耆年有德云「國老」「庶老」，老爲尊稱可矣。此蓋言爲人子之行。夫子曰「父母之年不可不知也，一則以喜，一則以懼」，言懼者，懼父母之年衰暮，非久者也。既懼其老，忍稱之哉？此乃教人子對父母常言則須避諱「老」字，一則傷父母之心，一則孝子不忍斥言，非謂人子自身稱老也。

李氏曰：父母之年，以之喜懼，故孝子愛日而不以老自稱也。如曰「天子之老」「寡君之老」，則稱之，不稱於常言而已矣。

年長以倍，則父事之。十年以長，則兄事之。五年以長，則肩隨之。羣居五人，則長者必異席。

鄭氏曰：年長以倍，謂年二十於四十者。人年二十，弱冠成人，有爲人父之端，今四十於二十者，有子道，内則曰「年二十，惇行孝弟」。「肩隨」者，與之並行差退。席以四人爲節，因宜有所尊。

孔氏曰：此謂鄉里之中，非親非友，但年長倍己，則以父道事之，即父黨隨行也。人年三十而娶，於後乃有子，則三十於六十乃是倍年。今鄭言「二十於四十」者，但加冠，責以爲人父、爲人子之禮，雖未有妻子，有爲人父之端。以二十未合有子，有子道也。年二十於三十者，半倍，故兄事之，則止差退而鴈行也。若二十於二十五者，肩隨之，則齊於鴈行也。羣居，謂朋友居處法也。古者地敷橫席而容四人，四人則推長者居席端。若有五人，會應一人別席，因推長者異席。若賓主禮，席皆無同坐，故鄉飲酒賓介異席，又云「衆賓之席，皆不屬焉」。鄉射「衆賓之席，繼而西」，謂相連屬也。燕禮及大射「公三重，大夫再重」，是皆異席也。

橫渠張氏曰：年長以倍，則父事之。又視其雅素如何，若本在兄弟之列，則止可兄事之而已。

藍田吕氏曰：貴老，爲其近於親也。敬長，爲其近於兄也。自二十而視四十，則與吾父之年相若，此所以父事也。長吾十年，則與吾兄之年相若，此所以兄事也。長吾五年，則與吾年相若，此所以肩隨之也。皆敬長之道也。闕黨童子與先生並行，孔子知其欲速成，疾行先長者，孟子知其爲不弟，皆不知敬長之義而已。

嚴陵方氏曰：「年長以倍，則父事之」者，若經所謂「父之齒，隨行」是也。「十年以長，則兄事之」者，若經所謂「兄之齒，鴈行」是也。「五年以長，則肩隨之」者，若經所謂「行肩而不併」是也。

馬氏曰：徐行後長謂之弟，疾行先長謂之不弟。堯、舜之道，孝弟而已矣。夫孝弟於步趨疾徐之間，而聖人之道乃始於此者，蓋達事長之禮，無所往而不爲順也。推其齒，而以父兄事之者，謂其愈長而愈加敬也。長之五年則肩隨者，不敢與先生並行也。其出也，不敢與之並行，則其居也可以同席乎？蓋五人之羣，當有所長，推其長者，必異席以敬之。古人敬長如此，則民之犯上而踰禮者宜鮮矣。

永嘉戴氏曰：年長以倍則父事之，十年以長則兄事之，五年以長則肩隨之。兼愛之弊，至於無父，彼直以爲天下皆吾父也。此之謂二本以父事之，非直以爲父也。若保赤子，非直以爲子也。庸敬在兄，斯須之敬在鄉人，彼固有等差也。

王氏子墨曰：所以尊長者如此，以吾有事父從兄之心故也。不然則曰「楚人之長」

云耳，安能移所以事父兄者待之哉？至於肩隨、異席，非謂年長之差，而禮有隆殺也。此心則一而已，彼有謂由「彼長而我長之」，而以長爲外者，安知發於吾心者，固有所自乎？然則禮諸人者如此，其於吾父兄又何如也？

金華應氏曰：此言貴老敬長之道。凡年長以倍，則執父禮以事之，不必限以二十也。若曰二十惇行孝弟，能盡此禮，姑自是而始則可耳。君子推敬親敬長之心，則凡一日之長於我者，皆吾所當敬，而年有高下，則敬有等差，不可毫釐之紊。以此反觀於一身之間，則幼而名，二十冠而字，五十以伯仲而常自省焉。以此施於九族之内，則服有齊斬功緦之異制，居有東西南北之異宫，食有族食世降之異等，而常加謹焉。近而推之鄉，則五十者立侍，六十者坐，七十者四豆，而鄉之所敬者各不同。遠而推之國，則五十杖於家，六十杖於鄉，七十杖於朝，而國之所敬亦不一。所以爲文理密察也，故子夏「四海兄弟」之説，意非不廣，而理則未精，彼墨氏兼愛不足言矣。

金華邵氏曰：愛親者不敢惡於人，敬親者不敢慢於人，知愛敬其親而於人加忽焉，則愛敬之道虧矣。故年倍於我，事以父禮；長我十年，事以兄禮；長我五年，差肩隨之。至於羣居五人，則又異長者之席，其於人也，庸敢慢乎？以此事親，愛敬之道盡矣。

廬陵胡氏曰：此謂鄉里之中父兄之黨也。

東萊吕氏曰：此固止是遜弟之事，然學者至於有所得，多要流入異端，就遜弟中，須要理會得等差節文，故致廣大，又須盡精微。

【吴氏纂言】夫爲人子者，出必告，反必面，所遊必有常，所習必有業，恒言不稱老。

鄭氏曰：告、面同爾。反言「面」者，從外來，宜知親之顔色安否。有常、有業，緣親之意欲知之。不稱老，廣敬。

方氏曰：「出必告」者，欲親知其所往之方也。「反必面」者，欲親知其所至之時也。「有常」者，遊必有方，慮貽親之憂也。「所習必有業」者，慮違親之志也。

孔氏曰：「老」是尊稱，稱老是己自尊大，非孝子卑退之情。

吕氏曰：親雖老而不失乎孺子慕者，愛親之至也。「五十而慕，於大舜見之」，故「髧彼兩髦」爲孺子之飾，親没然後束之。苟恒言而稱老，則忘親而非慕也。

黄氏曰：「父母之年，不可不知。一則以喜，一則以懼」，懼者，懼父母之年衰暮非久也。既懼其老，忍稱之哉？此乃教人子對父母常言，須避諱「老」字，一則傷父母之心，一則孝子不忍斥言，非謂人子自身稱老也。

年長以倍，則父事之。十年以長，則兄事之。五年以長，則肩隨之。

鄭氏曰：年長以倍，謂年二十於四十者。肩隨，與之並行差退。

孔氏曰：此謂鄉里之中非親非友，但年長倍己，則以父道事之，即父黨隨行也。十年以長，謂二十於三十者，半倍，故兄事之，差退而鴈行也。五年以長，謂二十於二十五者肩隨，則齊於鴈行也。以此肩隨而推之，則云父兄事之者，豈是溫凊如親，正言其行耳。

澄曰：此謂道路長幼同行之節。父事之者，王制所謂「父之齒，隨行也」，謂正當尊者之背，隨其後而行也。兄事之者，王制所謂「兄之齒，鴈行也」，謂斜出其左右而稍向後，如飛鴈之行次也。肩隨，王制所謂「朋友不相踰也」，謂兩肩相並而差退，不踰越其肩也。

羣居五人，則長者必異席。

鄭氏曰：席以四人爲節，因宜有所尊。

孔氏曰：羣，朋友也，謂朋友居處法也。古者地敷橫席，席容四人，四人則推長者居席端。若有五人，應一人別席，因推長者一人異席也。

澄曰：居，謂坐也。上文言行而弟長之禮，此言坐而弟長之禮。因是推之，六人則第三人以下共下席，其第一、第二人居上席也。七人則第二、第三居上席之下半，其第一則居上席之上半也。

【陳氏集説】夫爲人子者，出必告，反必面，所遊必有常，所習必有業，出則告違，反則告歸，又以自外來欲省顏色，故言面。遊有常，身不他往也。習有業，心不他用也。**恒言不稱老。**恒言，平常言語之間也。自以老稱，則尊同於父母，而父母爲過於老矣。古人所以斑衣娛戲者，欲安父母之心也。**年長以倍，則父事之。十年以長，則兄事之。五年**

以長，則肩隨之。肩隨，並行而差退也。此泛言長少之序，非謂親者。**羣居五人，則長者必異席。**古者地敷横席而容四人，長者居席端。若五人會，則長者一人異席也。

【郝氏通解】凡爲人子之禮，冬温而夏凊，昏定而晨省。在醜夷不爭。夫爲人子者，三賜不及車馬，故州閭鄉黨稱其孝也，兄弟親戚稱其慈也，僚友稱其弟也，執友稱其仁也，交遊稱其信也。見父之執，不謂之進不敢進，不謂之退不敢退，不問不敢對，此孝子之行也。夫爲人子者，出必告，反必面，所遊必有常，所習必有業，恒言不稱老。

温以致其煖，凊以致其涼，昏則安定其寢，晨則省問其安。醜夷，衆等也，言處衆不爭，懼以忿辱親也。三賜，三命屢錫也。仕，初命受職，再命、三命則君寵厚而體統尊，自當有車馬之衛。而云不及者，蓋出入鄉黨，謙退撿約，如漢石慶入里門，必下車之類。有而不乘，非君賜而不受也。若云父在之子皆不受車馬，則大臣之有車馬者鮮矣。爲人子而貴不敢驕，則孝謹之節乎于輿情。周禮五家爲比，二十五家爲閭，百家爲族，五百家爲黨，二千五百家爲州，萬二千五百家爲鄉。僚友，同官者也。執友，同業者也。交遊，交相往來者也。慈弟仁信，皆孝行之屬。父執，父同執業之友。孝子見父之執如父，況見父乎？三不敢，敬謹之至。凡出必稟告，反歸必面見，遊有常，欲親知所在也。習有業，率親之所教也。常言不稱老，諱親之老，不忘已之孺也。自言老，則憂及父母，故舜五十而慕，老萊子七十爲兒戲以悦親，孝子之情也。

年長以倍，則父事之。十年以長，則兄事之。五年以長，則肩隨之。羣居五人，則長者必異席。

肩隨，並肩而差後，如鴈行也。古者坐席地，羣居則横席，並坐四人，長者居席首。席向南北，以西爲首；席向東西，以南爲首。若五人，則長者專席。

按：古人席地，亦有至理，今不可用矣。百昌不離地，地道最親，坐必席地，以卑法地，不欲多上人也。祭享皆奠于地，相見、拜稽首皆至于地。長者坐于地上接卑幼，非遠也。後世用几案，尊者踞高座，使人委體拜于足下，尊卑懸殊，非古人之意。

【方氏析疑】羣居五人，則長者必異席。

公食大夫禮：蒲筵常，加萑席尋。四人共席，必倍尋始可容，然則三尺三寸三分有奇者，蓋獨坐之席也。

【江氏擇言】所遊必有常，所習必有業。

陳氏云：遊有常，身不他往也；習有業，心不他用也。

按：陳氏説簡而當。

恒言不稱老。

按：孔疏引或説云：「子若自稱老，父母則甚老，恐感動其心。」此説得之。陳氏云：「古人所以斑衣娱戲者，欲安父母之心也。」此説亦善。

【欽定義疏】**夫爲人子者，出必告，反必面，所遊必有常，所習必有業。**

正義　鄭氏康成曰：告、面同爾。反言「面」者，從外來，宜知親之顔色安否。有常、有業，緣親之意欲知之。

方氏慤曰：「出必告」者，欲親知其所至之方也。「反必面」者，欲親知其所至之時也。

陳氏櫟曰：人子事親，出必告以所之，還必見其父母之面。有常，游必有方也；有業，所學必有正業。二者恐貽親之憂辱也。

陳氏澔曰：遊有常，身不他往也。習有業，心不他用也。

通論　戴氏溪曰：爲人親者，無一念而忘其子，故有倚門、倚閭之望。爲人子者，無一念而忘親，故有出告、反面之禮。生則出告、反面，没則告行、飲至，「事亡如事存」也。

恒言不稱老。

正義　王氏子墨曰：慮動親之感也。

黄氏幹曰：教人子對父母常言須避「老」字，一則傷父母之心，一則孝子不忍斥言，非謂人子自身稱「老」也。

陳氏澔曰：恒言，平常言語之閒也。

通論　吕氏大臨曰：出必告、反必面，受命於親而不敢專也。所遊必有常，所習必有業，體親之愛而不敢貽其憂也。恒言不稱老，極子之慕而不忍忘也。出入而無所受命，是遺親也。親之愛子至矣，所遊必欲其安，所習必欲其正。苟輕身而不自愛，則非所以養其志也。君子之事親，親雖老而不失乎孺子慕者，愛親之至也。孟子曰：「五十而慕者，予於大舜見之矣。」故「髧彼兩髦」爲孺子之飾。苟常言而稱老，則忘親而非慕也。

【存疑】鄭氏康成曰：不稱老，廣敬。

孔氏穎達曰：「老」是尊稱。稱老，是己自尊大，非孝子卑退之情。

李氏曰：孝子愛日不以「老」自稱。如曰「天子之老」「寡君之老」，則稱之，不稱於常言而已。

黄氏震曰：不敢自老，恐傷親心也。

年長以倍，則父事之。十年以長，則兄事之。五年以長，則肩隨之。

【正義】鄭氏康成曰：年長以倍，謂年二十於四十者。肩隨者，與之並行差退。

孔氏穎達曰：此謂鄉里之中，非親非友，但年長倍己，則以父道事之，即父黨隨行也。十年以長，謂二十於三十者半倍，故兄事之，則止差退而鴈行也。若二十於二十五者，肩隨之，則齊於鴈行也。

吴氏澄曰：此謂道路同行長幼之節。父事之者，王制所謂「父之齒隨行」也，謂正當尊者之背，隨其後而行也。兄事之者，王制所謂「兄之齒鴈行」也，謂斜出其左右而稍向後，如飛鴈之行次也。肩隨，王制所謂「朋友不相逾」也，謂兩肩相並，而差退不逾越其肩也。

陳氏澔曰：此泛言長幼之節。

通論 呂氏大臨曰：貴老，爲其近於親也。敬長，爲其近於兄也。闕黨童子與先生並行，孔子知其欲速成，疾行先長者，孟子知其爲不弟，皆不知敬長之義而已。

張子曰：年長以倍，則父事之。又視其雅素如何，若本在兄弟之列，則止可兄事之而已。

應氏鏞曰：此言貴老敬長之道。凡年長以倍，則執父禮以事之，不必限以二十也。若曰二十崇行孝弟，能盡此禮，姑自此而始則可爾。君子推敬親敬長之心，則凡一日之長於我者，皆吾所當敬，而年有高下，則敬有等差，不可毫釐之紊。以此反觀於一身之間，則幼而名，二十冠而字，五十以伯仲而常自省焉。以此施於九族之内，則服有齊斬功緦之異制，居有東西南北之異宫，食有族食世降之異等，而常加謹焉。近而推之鄉，則五十者立侍，六十者坐，七十者四豆，而鄉之所敬者各不同。遠而推之國，則五十杖於家，六十杖於鄉，七十杖於朝，而國之所敬亦不一。所以爲文理密察也。

朱子語類：問：「年長以倍則父事之，這也是同類則可？」曰：「他也是説得年輩當如此。」又問：「如此，則不必問德之高下，但一例如此否？」曰：「德也隱微難見，德行底人也，自是尊敬他。」又問：「如此，則不必問年之高下，但有德者皆尊敬之？」曰：「若是師他，則又不同。若朋友中德行底也，自是較尊敬他。」

戴氏溪曰：庸敬在兄，斯須之敬在鄉，人彼固有等差也。

胡氏銓曰：此謂鄉里之中，父兄之黨也。

案 此節説行，下節説坐。行坐正自相對，若不在行路上説，則父事兄事不止斯須之敬，恐説不去。

餘論 鄭氏康成曰：人年二十，弱冠成人，有爲人父之端，今四十於二十者有子道。內則曰：「年二十，惇行孝弟。」

羣居五人，則長者必異席。

正義 鄭氏康成曰：席以四人爲節，因宜有所尊。

孔氏穎達曰：羣，朋友也。謂朋友居處法也。古者地敷橫席，席容四人，則推長者居席端。若有五人，應一人別席，因推長者一人異席也。

陳氏櫟曰：此敬長之義見於坐席之閒者也。

魏氏了翁曰：羣居之席，四人爲節，禮席則異。

吴氏澄曰：居，謂坐也。上文言行而弟長之禮，此言坐而弟長之禮。因是推之，六人則第三人以下共下席，其第一、第二人居上席也。七人則第二、第三居上席之下半，其第一則居上席之上半也。

通論 馬氏睎孟曰：徐行後長謂之弟，疾行先長謂之不弟。堯、舜之道，孝弟而已。夫孝弟於步趨徐疾之間，而聖人之道乃始於此者，蓋達事長之禮，無所往而不爲順也。推其齒，而以父兄事之者，謂其愈長而愈加敬也。長之五年則肩隨者，不敢與先生並行也。其出也，不敢與之並行，則其居也可以同席乎？蓋五人之羣，當有所長，推其長者，必異席以敬之。古人敬長如此，則民之犯上而逾禮者宜鮮矣。

案 賓主禮，席皆無同坐法。此羣居，兼飲食講説言之。

【杭氏集説】夫爲人子者，出必告，反必面，所遊必有常，所習必有業。

陳氏櫟曰：人子事親，出必告以所之，還必見其父母之面。有常，遊必有方也；有業，所學必有正業。二者恐貽親之憂辱也。

陳氏澔曰：遊有常，身不他往也；習有業，心不他用也。

姚氏舜牧曰：淫朋燕辟，最壞人心術；游手好閑，最蕩人心志。惟游有常，乃無匪人之比；習有業，乃無非禮之爲。人子守身，最宜三覆此語。

朱氏軾曰：人子依依膝下，一刻不能離，出能不告，反能不面乎？面與告同，當其出也，喁喁細語，叮嚀不休，故不言面而言告。其反也，融融相對，喜形於色，故不言告而言面。遊與習一意，有常者自有業。人情，生子莫不冀其成立克家，若忽東忽西，飄泊無定，游手好閒，不務生業，父母之憂方大矣。一説云「遊兼所到之處、所交之人」言，亦通。

姜氏兆錫曰：出則造違，反則告歸。遊有常，謂身不他往；習有業，謂心不他用。

方氏曰：「有常者，慮貽親之憂；有業者，慮違親之志也。」

恒言不稱老。

陳氏澔曰：恒言，平常言語之閒也。

黄氏震曰：不敢自老，恐傷親心也。

朱氏軾曰：人子愛日之誠，一則喜，一則懼，喜懼迫於中，形於色，而卒不忍出諸口，此所以不稱老也。恒言，猶云凡言，蓋無一語及此耳。孔氏謂不自稱老，非。黄氏謂對父母言須避諱「老」字，亦非。

姜氏兆錫曰：恒，常也。不稱老者，嫌尊同於親，且恐親覺其過老也。古老萊子爲童子于親者，以此而已。此以上所習必有業，亦推言之，餘皆正言之也。又曰：此章言事親之禮。

年長以倍，則父事之。十年以長，則兄事之。五年以長，則肩隨之。

朱子語類：問：「年長以倍則父事之，這也是同類則可？」曰：「他也是説得年輩當如此。」又問：「如此，則不必問德之高下，但一例如此否？」曰：「德也隱微難見，德行底人也，自是尊敬他。」又問：「如此則不問年之高下，但有德者皆尊敬之？」曰：

「若是師他，則又不同。若朋友中德行底也，自是較尊敬他。」

胡氏銓曰：此謂鄉里之中，父兄之黨也。

吴氏澄曰：此謂道路同行，長幼之節。「父事之」者，王制所謂「父之齒，隨行」也，謂正當尊者之背，隨其後而行也。「兄事之」者，王制所謂「兄之齒，鴈行」也，謂斜出其左右而稍向後，如飛鴈之行次也。「肩隨」，王制所謂「朋友不相踰」也，謂兩肩相並，而差退不踰越其肩也。

陳氏澔曰：此泛言長幼之節。

姜氏兆錫曰：以倍，謂二十以上。鄭氏曰：「人二十曰弱冠，有爲人父之道也。」肩隨，並行而差退也。

羣居五人，則長者必異席。

陳氏櫟曰：此敬長之義，見於坐席之間者也。

魏氏了翁曰：羣居之席，四人爲節，禮席則異。

吴氏澄曰：居，謂坐也。上文言行而弟長之禮，此言坐而弟長之禮。因是推之，六人則第三人以下共下席，其第一、第二人居上席也。七人則第二、第三居上席之下半，其第一則居上席之上半也。

姚氏際恒曰：此指鄉里中父兄之黨而言，然父事兄事之文不可泥。王制云「父之齒隨行，兄之齒鴈行」，父事兄事亦即此意，觀「肩隨」二字可見。不然，即父兄之黨，而以父兄事之，不爲兼愛乎？肩隨即鴈行，此分長十年、五年以爲兄事與肩隨，禮言之不同也。

姜氏兆錫曰：此又言事長之禮。

方氏苞曰：公食大夫禮：蒲筵常，加萑席尋。四人共席，必倍尋始可容，然則三尺三寸三分有奇者，蓋獨坐之席也。

【孫氏集解】夫爲人子者，出必告，反必面，所遊必有常，所習必有業。

鄭氏曰：告、面同耳。反言「面」者，從外來，宜知親之顔色安否。有常、有業，緣親之意欲知之。

吕氏大臨曰：出必告，反必面，受命於親而不敢專也。所遊必有常，所習必有業，體親之愛而不敢貽其憂也。親之愛子至矣，所遊必欲其安，所習必欲其正。苟輕身而不自愛，則非所以養其志也。

恒言不稱老。

鄭氏曰：廣敬。

黄氏榦曰：人子對父母常言須避「老」字，一則傷父母之心，一則孝子不忍斥言，非謂人子身自稱老也。

年長以倍，則父事之。十年以長，則兄事之。五年以長，則肩隨之。

鄭氏曰：年長以倍，謂年二十於四十者。人年二十，弱冠成人，有爲人父之端，今四十於二十者有子道。内則曰：「年二十，惇行孝弟。」肩隨者，與之並行差退。

孔氏曰：父事之，即父黨隨行也。兄事之，正差退而雁行也。肩隨，謂並行而差退。

吴氏澄曰：此謂道路長幼同行之節。父事，王制所謂「父之齒隨行」也。兄事，王制所謂「兄之齒雁行」也。肩隨，王制所謂「朋友不相踰」也。

○孔氏曰：未二十童子則無此禮，以其未能惇行孝弟。論語云：「與先生並行。」愚謂鄭氏謂「年長以倍，謂年二十於四十者」，此略舉以見例可也。至其引内則「年二十，惇行孝弟」，則似謂二十方有此禮，孔氏遂謂「未二十童子無此禮」，誤矣。此篇所言灑埽、應對、進退、辭讓之節，乃内則所謂「幼儀」，正所以教童子，若二十惇行孝弟，則其事不止於此矣。孔子言闕黨童子「與先生並行」，正謂其不知隨行後長之禮，非謂禮當如是也。

羣居五人，則長者必異席。

鄭氏曰：席以四人爲節，因宜有所尊。

孔氏曰：古者地敷横席，席容四人，則推長者一人居席端。若有五人，應一人别席，因推長者一人異席也。

愚謂席之度九尺，足以容四人也。

○馬氏晞孟曰：其出也不並行，其居也不同席，敬長如此，則民之犯上而踰禮者鮮矣。

【朱氏訓纂】**夫爲人子者，出必告，反必面，**注：告、面同耳。反言「面」者，從外來，宜知親之顔色安否。**所游必有常，所習必有業，**注：緣親之意欲知之。陳定宇曰：有常，游必有方也。有業，所學必有正業。**恒言不稱老。**正義：老是尊稱。或云子若自稱老，父母則甚老，則感動其親，故舜「年五十而慕」也。**年長以倍，則父事之。十年以長，則兄事之。五年以長，則肩隨之。**注：肩隨者，與之並行差退。正義：此謂鄉里之中，非親非友，但二十以後，年長倍己，則以父道事之，即父黨隨行也。兄事之者，則差退而雁行也。**羣居五人，則長者必異席。**注：席以四人爲節，因宜有所尊。正義：熊氏云：「既長者一人異席，餘則四人矣。此羣居之法。若賓主禮，席皆無同坐之法。故鄉飲酒『賓、介異席』。又云『衆賓之席皆不屬焉』，不相連屬也。鄉射『衆賓之席繼而西』，謂相連屬也。燕禮及大射『公三重，大夫再重』，是皆異席也。」

曲禮注疏長編卷六

一·一三〇**爲人子者，居不主奧，坐不中席，行不中道，立不中門。**謂與父同宫者也，不敢當其尊處。室中西南隅謂之奧。道有左右[一]。中門，謂棖、闑之中央。内則曰：「由命士以上，父子皆異宫。」〇奧，烏報反，沈於六反。處，昌慮反，下同。棖，宜衡反，闑也。闑，魚列、五結二反。上，時掌反。凡言「以上」皆放此。**食饗不爲槩，**槩，量也。不制待賓客饌具之所有。〇食，音嗣。饗，本又作「享」，香兩反。槩，古愛反。饌，士戀反。**祭祀不爲尸。**尊者之處，爲其失子之道[二]。然則尸卜筮無父者。〇爲其，音于僞反，下注除「不爲孤」皆同。**聽於無聲，**

[一] 道有左右　此本「左」字闕，閩、監、毛本作「左」，通典六十八「左」誤「宅」。〇鍔按：「道有」上，阮校有「爲人子者居不主奧節」九字。

[二] 爲其失子之道　閩、監、毛本同，岳本同。衛氏集説無「之」字，嘉靖本同，宋監本同。

視於無形。恒若親之將有教使然。不登高，不臨深[一]，不苟訾，不苟笑[二]。爲其近危辱也。人之性，不欲見毀訾[三]，不欲見笑。君子樂然後笑。○訾，音紫，毀也，沈又將知反。樂，音洛。

【疏】「爲人」至「苟笑」[四]。○正義曰：此一節明孝子居處及行立、待賓、祭祀敬慎之事，各隨文解之。

○此明孝子居處閨門之内。不言「凡」者，或異居，禮則不然。

○「居不主奧」者，主，猶坐也。奧者，室内西南隅也。室嚮南，户近東南角，則西南

[一] 不臨深　閩、監本同，石經同，岳本同，毛本「深」作「㴱」。五經文字云：「㴱，説文『深』，經典相承隸省。」○按：依説文，當作「罙」。罙、㴱，古今字，説詳段玉裁説文注。

[二] 不苟笑　閩、監、毛本同，岳本作「笑」，石經作「笑」。案説文竹部「笑」解闕。五經文字「笑，從竹下犬」，九經字樣謂「笑，本字『笑』」，經典相承」。

[三] 人之性不欲見毀訾　閩、監本同，岳本、嘉靖本同，衛氏集説同。毛本「欲」誤「敢」。考文引宋板、古本、足利本亦作「欲」，通典六十八同。

[四] 爲人至苟笑　惠棟校宋本無此五字。

隅隱奧無事，故呼其名爲奥。常推尊者于閑樂無事之處[一]，故尊者居必主奥也[二]。既是尊者所居，則人子不宜處之也。

○「坐不中席」者，一席四人，則席端爲上。今不云「上席」而言「中」者，舊通有二：一云敬無餘席，非唯不可上，亦不可中也；一云共坐則席端爲上，獨坐則席中爲尊，尊者宜獨，不與人共，則坐常居中，故卑者坐不得居中也。

○「行不中道」者，尊者常正路而行，卑者故不得也。男女各路，路各有中也。

○「立不中門」者，中央有闑，闑傍有棖，棖謂之門楔。今云不中門者，謂棖、闑之中是尊者所行，故人子不得當之而行也。

○注「謂與」至「異宫」。○正義曰：凡上四事，皆謂與父同宫者爾。若命士以上，則父子異宫，則不禁。所以爾者，有命既尊，各有臣僕子孫應敬己故也。

云「不敢當其尊處」者，四事皆尊者之處。「室中西南隅謂之奥」者，爾雅釋宫文，郭璞注云「隱奥之處」。「西北隅謂之屋漏」，孫氏云：「日光所漏入。」「東北隅謂之

[一] 常推尊者于閑樂無事之處　閩、監本同，毛本「閑」作「間」。案：閑、間，古通用。顔氏家訓書證篇云「古無二字，又多假借，以『中』爲『仲』，以『間』爲『閑』，如此之類，亦不勞改」，是也。

[二] 故尊者居必主奥也　閩、監、毛本同，考文引宋板「主」作「至」。按：「至」字非。

宧[一]」，孫氏云：「日側之明。」是宧，明也。「東隅謂之窔[二]」，郭氏云：「隱闇也」。云「内則曰：由命士以上，父子皆異宫」者，證有異居之道也。

○「食饗不爲槩」者，熊氏云：「謂傳家事，任子孫。若不傳家事，則子孫無待賓之事。大夫士或相往來[三]，設於饗食。槩，量也。不制設待賓饌，其事由尊者所裁，而子不得輒豫限量多少也。」

○「祭祀不爲尸」者，尸代尊者之處，故人子不爲也。

○「聽於無聲」者，謂聽而不聞父母之聲。此明人子常禮也。

○「視於無形」者，謂視而不見父母之形。雖無聲無形，恒常於心想像，似見形聞聲，謂父母將有教使己然也。

○「不苟訾，不苟笑」者，苟，且也。相毁曰訾。不樂而笑爲苟笑。彼雖有是非，而己苟譏毁訾笑之，皆非彼所欲，必反見毁辱，故孝子不爲也。

○注「爲其」至「後笑」。○正義曰：「危」解「不登高，不臨深」，「辱」釋「不訾，不笑」也。

[一] 東北隅謂之宧　惠棟校宋本同，閩、監、毛本「宧」誤「窅」。

[二] 東南隅謂之窔　惠棟校宋本有「南」字。此本「南」字脱，閩、監、毛本同。

[三] 大夫士或相往來　閩、監、毛本同，考文引宋本「來」作「者」。

云「君子樂然後笑」者，引論語，證不苟笑之事也。此是公明賈答孔子云：「夫子樂然後笑，人不厭其笑也。」

【衛氏集說】爲人子者，居不主奧，坐不中席，行不中道，立不中門。食饗不爲槩，祭祀不爲尸。

鄭氏曰：謂與父同宫者也，不敢當其尊處。室中西南隅謂之奧。道有左右。中門，謂棖、闑之中央。内則曰：「由命士以上，父子皆異宫。」槩，量也。不制待賓客饌具之所有。尸者，尊者之處，爲其失子道。然則尸卜筮無父者。

孔氏曰：自此至「苟笑」爲一節，明孝子居處及行立、待賓、祭祀敬謹之事。不言「凡」者，或異居，禮則不然。主，猶坐也。室嚮南，户近東南角，則西南隅隱奧無事，故名爲奧。常推尊者於閒樂無事之處，故尊者居必主奧也，人子不宜處之。一席四人，則席端爲上。獨坐則席中爲尊，尊者宜獨，不與人共，則坐席居中，卑者不得居中也。男女各路，路各有中。尊者常正路而行，卑者故不得也。門中央有闑，闑旁有棖，棖、闑之中，尊者所立，故人子不當之而立。四事，皆與父同宫者，異宫則不禁，有命既尊，各有臣僕子孫應敬己故也。大夫士或相往來，不制設饗食、饌具，由尊者所裁，人子不得輒豫限量多少。尸代尊者，人子不爲也。案熊氏曰：「食饗不爲槩，爲傳家事，任子孫。若不傳家事，則子孫無待賓之事。」

廣安游氏曰：正義熊氏説未妥。蓋傳家，正欲省事，方爲子孫裁食饗之量，是煩尊者也。大槩爲人子，假如士、庶人朋友相往來，苟欲爲之設醴，必先白父母乃可，而設醴之量，又當聽於父母也。

藍田吕氏曰：子之事親，非惟親之命弗敢專也。「居不主奧，坐不中席，行不中道，立不中門」，不敢專其位也。「食饗不爲槩」，不敢專其財也。「祭祀不爲尸」，不敢專其身也。

東萊吕氏曰：古之人子不知他於行處、居處、立處、坐處，何故常常檢點得如此好。萬一或不檢點，必有時主奧、中席、中道、中門，原其所以，能如此者，必自有來處。

馬氏曰：室而無奧阼，則亂於堂室也。蓋阼在堂，奧在室。阼者，主人之所有事也。蓋出則接人以仁，則主於東北，東北者，温厚之氣始乎此也。奧者，主人之所宴息也。入則退安於静，故位乎西南，西南者，地道也，尊者之所出入也。爲人子者，其可以當之乎？故居則不敢主奧，升降則不由阼階，不敢貳尊也。

新安朱氏曰：古人室在東南隅門開，東北隅爲窔，西北隅爲屋漏，西南隅爲奧。人纔進，便先見東北隅，却到西北隅，然後始到西南隅，此是至深密之地。

金華應氏曰：父子異宫，因各有西南隅之奧，然親在而自主之，亦有不安焉者，非特以同宫而避之也。若同宫，則父自主之矣。且道路之間，豈父之所統哉？而行不敢中者，蓋無往而不寓其敬親之意也。

金華邵氏曰：事親之道，當自卑以尊其親，尤當自重以愛其身。主奧、中席皆尊者所居，中道、中門皆尊者所由，爲槩、爲尸皆尊者之事，人子皆不敢當，既不嫌於逼其親矣。聽於無聲，常若親有命；視於無形，常若親在前。又不至於違其親，其尊之者爲何如？「不登高」而下，皆愛其身也。

廬陵胡氏曰：「食饗不爲槩」，此未傳家事者，㮚氏「槩而不稅」。

横渠張氏曰：人子者，食饗不爲槩，凡於父母、賓客之奉，必極力營辦，亦不計家之有無，不爲槩量。爲子者，不有其身，不有私財。凡人子爲養，又須使其不知其勉强勞苦，苟使見其爲而不易，則亦不安矣。

聽於無聲，視於無形。不登高，不臨深，不苟訾，不苟笑。

鄭氏曰：視聽，恒若親之將有教使然。登高臨深，苟訾苟笑，爲近危辱也。人之性，不欲見毀訾，不欲見笑。君子樂然後笑。

孔氏曰：無聲無形，常於心想，似見形聞聲。苟，且也。相毁曰訾。不樂而笑爲苟笑。彼雖有是非，而已苟譏毁訾笑之，皆非彼所欲，必反見毁辱，故孝子不爲也。

藍田吕氏曰：視聽於無形聲，則誠於事親，專心致志可知也。身也者，親之枝也。履不安以危之，是危親也。行不善以辱之，是辱親也。登高臨深，危道也。苟訾近於讒，苟笑近於謟，是辱道也。

長樂陳氏曰：聽於無聲，一傾耳，不敢忘父母也。視於無形，一舉目，不敢忘父母也。不登高，不臨深，一舉足，不敢忘父母也。不苟訾，不苟笑，一出言，不敢忘父母也。孟子曰：「事孰爲大，事親爲大。守孰爲大，守身爲大。」聽於無聲，視於無形，則善於事親矣。不登高，不臨深，不苟訾，不苟笑，不服闇，不登危，則善於守身矣。

嚴陵方氏曰：聽於無聲，則常若親之有所命也。視於無形，則常若親之在其前也。無聲猶且聽之，況於聞親之聲乎？則召之無諾，從可知矣。無形猶且視之，況於視親之面乎？則顔之無犯，從可知矣。毁譽者，人之公論。哀樂者，人之常情。可毁則訾之，可樂則笑焉，所不能免也。然苟訾，則爲惡於人矣，愛親者，其可惡於人乎？苟笑，則爲慢於人矣，敬親者，其可慢於人乎？

李氏曰：聽至於無聲而不敢忽，視至於無形而不敢易，與夫縱耳目之欲以危父母則異矣。君子之於親，何嘗忘一嚬一笑之間哉？

建安真氏曰：聽於無聲，視於無形，此「戒慎乎其所不覩，恐懼乎其所不聞」之意乎？蓋孝子之心，惟恐纖芥之差，須臾之失，故其潛觀默察至於如此，非誠於事親者，其能若是乎？

永嘉戴氏曰：此孝子之極至也，念念不置與親爲一，常若親之在吾前，而謦欬於其旁也。記曰：「先王之孝也，色不忘乎目，聲不絶乎耳。」自其生也，聽於無聲，視於無形；及其没也，色不忘乎目，聲不絶乎耳。念慮之積，非一日矣。不思愛其身而登高臨深以毁傷其肢體，不自重其身而苟訾苟笑以取侮於人，凡此皆所以貽其親之辱也。

王氏子墨曰：夫以訾笑之不苟，若非人子所先，而必以責之，何也？孟子曰：「悦親有道，反諸身不誠，不悦於親矣。」一訾笑之不戒，則在我之誠安在哉？況憂侮之所自來，有不止於吾身之累者，觀曾子啓手啓足之際，則人子之所懼可知矣，奈何以父母之遺體行殆？

【吴氏纂言】爲人子者，居不主奥，坐不中席，行不中道，立不中門。食饗不爲槩，祭祀不爲尸。

鄭氏曰：謂與父同宫者。奥，謂室中西南隅。道有左右。中門，謂棖、闑中央。槩，量也。不制待賓客饌具之所有。尸，尊者之處，爲其失子道。然則尸卜筮無父者。

孔氏曰：不言「凡」者，或異居，則禮不然。主，猶坐也。室户近東南角，西南隅隱奥，故名爲奥，尊者居必主奥，人子不宜處之。一席四人，則席端爲上，獨坐則席中爲尊，尊者宜獨，不與人共，則坐居席中，卑者不得坐也。男女各路，路各有中，尊者常行正路，卑者不得行也。門中央有闑，兩旁有棖，棖闑之中，尊者所立，故人子不當之而立也。四事，與父異宫者不禁，由命士以上，父子皆異宫。命士既尊，各有臣僕子孫應敬己故也。

大夫士或相往來，制設食饗、饌具，由尊者所裁，人子不得輒豫限量多少。尸代尊者，人子不爲也。

邵氏曰：主奥、中席皆尊者所居，中道、中門皆尊者所由，爲槩、爲尸皆尊者之事，人子皆不敢當。

應氏曰：父子異宫，固各有西南隅之奥，然親在而自主之，亦有不安焉，非特以同宫而避之也。若同宫，則父自主之矣。且道路之間，豈父之所統哉？而行不敢中者，蓋無往而不寓其敬親之意也。

熊氏曰：食饗不爲槩，爲傳家事任子孫。若不傳家事，則子孫無待賓之事。

胡氏曰：食饗不爲概，此未傳家事者。

游氏曰：假如士、庶人、朋友相往來，苟欲爲之設禮，爲人子者，必白父母，而設禮之量，當聽於父母也。若已傳家，則正欲省事，而方且爲子孫裁食饗之量，是煩尊者也。熊氏説未安。

聽於無聲，視於無形。不登高，不臨深，不苟訾，不苟笑。

鄭氏曰：視、聽，恒若親之將有教使然。登高、臨深、苟訾、苟笑，爲近危辱也。

孔氏曰：苟，且也。相毁曰訾。不樂而笑爲苟笑。

澄曰：孝子在親之側，常謹察親之言動，而常聽視於未言未動之先。親之口未言，則無聲可聞也，而子之耳審聽，常若親之有所諭教，惟恐其言而不及聞也。親之體未動，則無形可見也，而子之目諦視，常若親之有所指使，惟恐其動而不及見也。登高、臨深，恐致隕墜而有死傷没溺之患。君子稱人善，不言人過。在彼之事，本無所預而輕率有毀訾之言，聞者將以爲謗之也。在我之情，非有所樂而輕率有哂笑之貌，見者將以爲侮之也，皆能召怨召禍，故孝子不爲。

【陳氏集説】爲人子者，居不主奧，坐不中席，行不中道，立不中門。室西南隅爲奧。主奧、中席，皆尊者之道也。行道則或左或右，立門則避棖、闑之中，皆不敢迹尊者之所行也。古者男女異路，路各有中。門中央有闑，闑之兩旁有棖也。**食饗不爲槩，**食饗，如奉親延客及祭祀之類皆是。不爲槩量，順親之心而不敢自爲限節也。**祭祀不爲尸。**吕氏曰：尸取主人之子行而已。若主人之子，是使父北面而事之，人子所不安，故不爲也。**聽於無聲，視於無形。**先意承志也。疏曰：雖聽而不聞父母之聲，雖視而不見父母之形，然常於心想像，似見形聞聲，謂父母將有教使已然。

【方氏析疑】祭祀不爲尸。父主祭，則子不得爲尸也，不然，祭必有尸，安得盡孤子爲之？祭統：「夫祭之道，孫爲王父尸。所使爲尸者，於祭者子行也。」曰「子行」，則知不用主祭者之子矣。其曰「父北面而事之」，謂世父、叔父也。古者伯、叔父統稱父，文侯之命「父義和」是也。祭禮，拜獻者惟主人，加爵者惟長兄弟一人。衆兄弟不與，故爲尸者得避其父。

聽於無聲，視於無形。

父母愛子，委曲周悉，或憫其力之不足，或慮其心之不安。有意所欲而不忍發於言，所不欲而不肯形於色者，子不能曲體而微察之，則父母幽隱中有不能自適者矣。

【江氏擇言】祭祀不爲尸。

鄭注：尸，尊者之處，爲其失子道，然則尸卜筮無父者。

按：祭者子行，安能必得無父者？但非主祭者之子則可矣。

【欽定義疏】爲人子者，居不主奥，坐不中席，行不中道，立不中門。

正義　鄭氏康成曰：不敢當其尊處。室中西南隅謂之奥。道有左右。中門，謂棖、闑之中央。

孔氏穎達曰：主，猶坐也。室户近東南角，則西南隅隱奥無事，故名爲「奥」。尊者居必主奥，人子不宜處之。一席四人，則席端爲上，獨坐則席中爲尊。尊者宜獨，不與人共，則坐居席中，卑者不得坐也。男女各路，路各有中，尊者常行正路，卑者不得行也。門中央有闑，兩旁有棖，棖、闑之中，尊者所立，故人子不當之而立也。

朱子曰：古人室在東南隅開門，東北隅爲窔，西北隅爲屋漏，西南隅爲奥。人纔進，便先見東北隅，却到西北隅，然後始到西南隅，此是至深密之地。

徐氏師曾曰：居必别室，坐必偏席，行必近左右，立必倚棖闑，皆自卑以尊其親也。

存疑 鄭氏康成曰：謂與父同宫者也。内則曰：「由命士以上，父子皆異宫。」

孔氏穎達曰：四事，與父異宫者不禁。「由命士以上，父子皆異宫」，有命既尊，各有臣僕子孫應敬己故也。

辨正 應氏鏞曰：父子異宫，固各有西南隅之奥，然親在而自主之，亦有不安焉，非特以同宫而避之也。若同宫，則父自主之矣。且道路之間，豈父之所統哉？而行不敢中者，蓋無往而不寓其敬親之意也。

食饗不爲槩。

正義 鄭氏康成曰：槩，量也。不制待賓客饌具之所有。

孔氏穎達曰：大夫士或相往來，不制設饗食、饌具，由尊者所裁，人子不得輒豫限量多少。

張子曰：凡於父母、賓客之奉，必極力營辦，亦不計家之有無，不爲槩量。爲子者，不有其身，不有私財。凡人子爲養，又須使其不知勉强勞苦，苟使見其爲而不易，則亦不安矣。

陳氏澔曰：食饗，如奉親延客及祭祀之類，皆是不爲槩量，順親之心而不敢自爲槩量也。

存疑 熊氏安生曰：「食饗不爲槩」，爲傳家事，任子孫。若不傳家事，則子孫無待賓客之事。

辨正 游氏桂曰：正義引熊氏説未妥。蓋傳家，正欲省事，方爲子孫裁食饗之量，是煩尊者也。大槩爲人子，假如士、庶人朋友相往來，苟欲爲之設醴，必先白父母乃可，而設醴之意，又當聽於父母也。

胡氏銓曰：「食饗不爲槩」，此未傳家事者，臬氏「概而不稅」。

祭祀不爲尸。

正義 鄭氏康成曰：尊者之處，爲其失子道。然則尸卜筮無父者。朱子曰：「尸，用無父者爲之。」

陳氏櫟曰：尸，取主人之子行而已。父在而已爲尸，父將北面事之，子所不安，故不爲也。案：惟主祭者有北面事尸之禮，餘子孫與祭者俱東階之東，西面。其父在與祭之列，即不爲尸。

餘論 孔氏穎達曰：尸用適而無父者，非其宗廟之祭，則其尸不必同姓。石渠論云「周公祭天，用太公爲尸」，是用異姓也。白虎通又云「周公祭太山，用召公爲尸」，蓋天地山川得用公也。

案 尸者，神像也。此尸謂宗廟之尸。外祀之尸可異姓，宗廟之尸必同姓。尸必以昭穆，從其類也，必以正適，不敢以賤者馮吾親也。天子尸不以公而以卿，諸侯不以卿而以大夫，明嫌之義也。大夫、士尸以無爵者，避君也。又必擇皆無父者爲之，不使父拜其子也。將祭祀，尸服卒者之上服，祝從尸。主人從祝、尸入，即席，東面而坐，祝主西面而立，皆拜妥，尸遂坐而祭焉，則儼然以神道事之矣。故父在不爲尸，亦不敢當尊之意也。

聽於無聲，視於無形。

正義 鄭氏康成曰：視、聽，恒若親之將有教使然。孔疏：父母雖無聲、無形，然常於心想像，似見形、聞聲，謂父母將有教使己然。

呂氏大臨曰：視聽於無形聲，則誠於事親，專心致志可知也。

方氏慤曰：聽於無聲，則常若親之有所命也。視於無形，則常若親之在其前也。無聲且聽，況聞親之聲乎？則召之無諾可知矣。無形且視，況視親之面乎？則顔之無犯，從可知矣。

陳氏澔曰：先意承志也。

通論 真氏德秀曰：聽於無聲，視於無形，此「戒慎乎其所不睹，恐懼乎其所不聞」之意乎？蓋孝子之心，惟恐纖芥之差，須臾之失，故其潛觀默察至於如此，非誠於事親者能若是乎？

戴氏溪曰：此孝子之極至也，念念不置與親爲一，常若親之在吾前，而聲欬於其旁也。記曰：「先王之孝也，色不忘乎目，聲不絶乎耳。」自其生也，聽於無聲，視於無形；

及其没也，色不忘乎目，聲不絶乎耳。念慮之積，非一日矣。

楊氏鼎熙曰：聽不於有聲於無聲，視不於有形於無形，分明有潛乎默喻、志意相通意。

案 或云：孝子心與親融，渾合無閒。必待想像之下，方似見形、聞聲，則恐鄰於擬議窺測。然鄭氏所謂「恒若」，原非擬議窺測也。至真氏「戒慎不睹，恐懼不聞」，則君子存養之全功。戴氏「色不忘乎目，聲不絶乎耳」，則就祭祀時説，雖理無所不通，然不若鄭氏注之親切有味也。

【杭氏集説】爲人子者，居不主奥，坐不中席，行不中道，立不中門。

徐氏師曾曰：居必別室，坐必偏席，行必近左右，立必倚棖、闑，皆自卑以尊其親也。

姜氏兆錫曰：室西南隅爲奥。主，猶當也。居必偏，坐必隅，行必循左右之列，立必避棖、闑之中，皆不敢居尊之意。

李氏光坡曰：案注疏，此四者皆謂與父同宫者也。或異居，禮則不然。

食饗不爲槩。

陳氏澔曰：食饗，如奉親延客及祭祀之類皆是。不槩量，順親之心，而不敢自爲槩量也。

胡氏銓曰：「食饗不爲槩」，此未傳家事者，㮚氏「槩而不税」。

陸氏奎勳曰：槪，當作「慨」，即當食不歎之意。陳氏不爲槪量，亦踵鄭注之訛。漢書季布贊「婢妾賤人，感槪而自殺」，「槪」同「慨」。

祭祀不爲尸。

孔氏穎達曰：尸用適而無父者，非其宗廟之祭，則其尸不必同姓。石渠論云「周公祭天，用太公爲尸」，是用異姓也。白虎通又云「周公祭太山，用召公爲尸」，蓋天地山川得用公也。

陳氏澔曰：尸取主人之子行而已，若主人之子，是使父北面事之，子所不安，故不爲也。

朱氏軾曰：「居不主奥」四句，不敢當尊也，爲父子同宫者言。「食饗不爲槩」，不敢自專也，爲未傳家事者言。「祭祀不爲尸」，爲父爲主人者言，蓋主人北面拜尸，人子所不安，故不爲也。

方氏苞曰：父主祭，則子不得爲尸也，不然，祭必有尸，安得盡孤子爲之？祭統：「夫祭之道，孫爲王父尸，所使爲尸者，於祭者子行也。」曰「子行」，則知不用主祭者之子矣。其曰「父北面而事之」，謂世父、叔父也。古者伯、叔父統稱父，文侯之命「義和」也。祭禮，拜獻者惟主人，加爵者惟長兄弟一人。衆兄弟不與，故爲尸者得避其父。

齊氏召南曰：按少牢饋食禮「筮以某之某爲尸」注曰：「某之某者，字尸父而名尸也。字尸父，尊鬼神也。」賈疏曰：「按曲禮曰『父在不爲尸』，然則凡爲人尸者，父皆死矣。死者當諱其名，故云『字尸父』，尊鬼也。」可爲此文確疏。

聽於無聲，視於無形。

陳氏澔曰：先意承志也。

楊氏鼎熙曰：聽不於有聲於無聲，視不於有形於無形，分明有潛孚默喻、志意相通意。

姜氏兆錫曰：謂先意承志也。疏曰：「常于心想像，似見形聞聲，將有教使然也。」

方氏苞曰：父母愛子，委曲周悉，或憫其力之不足，或慮其心之不安。有意所欲而不忍發於言，所不欲而不肯形於色者，子不能曲體而微察之，則父母隱中有不能自適者矣。

【孫氏集解】**爲人子者，居不主奧，坐不中席，行不中道，立不中門。**

鄭氏曰：謂與父同宫者也，不敢當其尊處。室中西南隅謂之奧。道有左右。中門，謂棖、闑之中。内則曰：「由命士以上，父子皆異宫。」

孔氏曰：主，猶坐也。室户近東南角，西南隅隱奧無事，故名爲奧。尊者居必主奧，人子不宜處之。一席四人，則席端爲上，獨坐則席中爲尊。尊者宜獨，則坐居席中，卑者不得坐也。男女各路，路各有中，尊者常行正路，卑者不得行也。門中有闑，兩旁有棖，棖、闑之中，尊者所立，人子不當之而立也。四事皆謂與父同宫者，異宫則不禁。有命既尊，各有子孫臣隸應敬己故也。

食饗不爲槩。

鄭氏曰：槩，量也。不制待賓客饌具之所有。

孔氏曰：大夫士相來往，設於饗食，制設饌具，事由尊者所裁，子不得輒豫限量多少也。熊氏云：「謂傳家事，任子孫。若不傳家事，則子無待賓之事。」

祭祀不爲尸。

鄭氏曰：尊者之處，爲其失子之道，然則尸卜筮無父者。

孔氏曰：尸代尊者之處，故人子不爲也。

愚謂宗廟之尸，用所祭者之孫爲之。父在而爲尸，其父必與於祭，將以尊臨其父，爲人子者所不可安也。

聽於無聲，視於無形。

鄭氏曰：恒若親之將有教使然。

孔氏曰：謂雖不聞父母之聲，不見父母之形，然想像視聽，似見形聞聲，而將有教使己然也。

不登高，不臨深，不苟訾，不苟笑。

鄭氏曰：爲其近危辱也。人之性，不欲見訾毁，不欲見笑。君子樂然後笑。孔氏曰：苟，且也。相毁曰訾。不樂而笑爲苟笑。彼雖有是非，而已苟譏毁訾笑之，皆非彼所欲，必反見毁辱，故孝子不爲也。

愚謂登高恐墜，臨深恐溺，二者皆近於危。苟訾似讒，苟笑似諂，二者皆近於辱。少儀曰：「毋訾重器。」又曰：「毋訾衣服成器。」是非但於人不苟訾，於物亦然。

【朱氏訓纂】爲人子者，居不主奥，坐不中席，行不中道，立不中門。注：謂與父同宫者也，不敢當其尊處。室中西南隅謂之奥。道有左右。中門，謂棖、闑之中央。正義：主，猶坐也。奥者，室内西南隅也。室嚮南，户近東南角，則西南隅隱奥無事，故呼其名爲奥。常推尊者於閒樂無事之處，故尊者居必主奥也。坐不中席者，一云敬無餘席，非唯不可上，亦不可中也。一云共坐則席端爲上，獨坐則席中爲尊。尊者宜獨，則坐常居中，故卑者坐不得居中也。行不中道者，尊者常正路而行，卑者故不得也。男女各路，路各有中也。立不中門者，中央有闑，闑旁有棖，棖謂之門梐。今云「不中」者，謂棖、闑之中，是尊者所行，故人子不得當之而行也。食饗不爲槩，注：槩，量也。不制待賓客饌具之所有。正義：熊氏云：「謂傳家事，任子孫。事由尊者所裁，子不得輒豫限量多少也。」祭祀不爲尸。注：爲其失子之道，然則尸卜筮無父者。陳定宇曰：尸取主人之子行，而已父將北面事之，子所不安，故不爲也。

聽於無聲，視於無形。注：恒若親之將有教使然。　正義：雖無聲無形，恒常於心想像，似見形聞聲。

不登高，不臨深，不苟訾，不苟笑。注：爲其近危辱也。　正義：苟，且也。相毀曰訾，不樂而笑爲苟笑。　說文：訾，不思稱意也。

一·一四○**孝子不服闇，不登危，懼辱親也。**服，事也。闇，冥也[一]。不於闇冥之中從事，爲卒有非常，且嫌失禮也。男女夜行以燭[二]。○暝，本亦作冥，莫定反，下同。卒，才忽反。

父母存，不許友以死，爲忘親也。死，爲報仇讎[三]。**不有私財。**

【疏】「孝子」至「私財」[四]。○正義曰：此一節明孝子自謹慎其身，不許友以

[一] 闇冥也　閩、監、毛本同，岳本、嘉靖本同。釋文出「暝」云：「本亦作『冥』。」正義本從作「冥」，通典六十八亦作「冥也」。○鍔按：「闇冥」上，阮校有「孝子不服闇節」六字。

[二] 男女夜行以燭　閩、監、毛本同，岳本同，衛氏集説同。考文引古本、足利本「男」上有「禮」字。通典六十八「禮」字亦無。

[三] 死爲報仇讎　閩、監、毛本如此，岳本、嘉靖本同，衛氏集説同。此本「讎」誤「有」，考文引古本「爲」作「謂」。

[四] 孝子至私財　惠棟校宋本無此五字。

死[一]，及不得有私財之事，各隨文解之。

○「不服闇」者，服，事也，謂不行事於闇中也。一則爲卒有非常，一則闇中行事，好生物嫌，故孝子深戒之。

○「父母存，不許友以死」者，謂不許爲其友報仇讎。親存存須供養[二]，則孝子不可死也。若父母存，許友報仇怨而死，是忘親也。親亡則得許友報仇，故周禮有「主友之讎，視從父兄弟」。白虎通云：「親友之道不得行者[三]，亦不許友以死耳。」

○「不有私財」者，家事統於尊，財關尊者，故無私財。

【衛氏集説】鄭氏曰：服，事也。闇，冥也。不於闇冥之中從事，爲卒有非常，且嫌失禮也。男女夜行以燭。死，爲報仇讎，爲忘親也。

藍田吕氏曰：「服闇」者，爲穿窬之行，欺人所不見也。「登高」者，行險以僥倖也。孝子之心將爲不善，思貽父母羞辱，必不果。服闇、登危，是忘親也。非特忘之，不令之名，且將加之，是辱親也。「不許友以死」者，不敢受其託也。如「朋友死，無所歸，曰：於我殯」，有父母在，則不可許矣。先儒謂許報仇，雖父母没，亦不可也，患難相死，兄弟

[一] 自謹慎其身不許友以死　閩、監本同。毛本「死」誤「私」。考文引宋板作「死」，是也。
[二] 爲其友報仇讎親存存須供養　閩、監、毛本「親」上有「也」字，「存」字不重，是也。
[三] 白虎通云親友之道不得行者　閩、監、毛本同，浦鏜校謂：「『親』爲『朋』誤，『道』下脱『親在』二字。」

之道也。詩云：「鶺鴒在原，兄弟急難，每有良朋，況也永歎。」又曰：「兄弟鬩于牆，外禦其侮，每有良朋，烝也無戎。」朋友以道義相成，患難之事無相及，故曰「無戎」也。戰國游俠以氣相許，結私交，報仇怨，流俗高之，此先王之所必誅，君子謂之不義者也。

廣安游氏曰：大抵爲人子，操心積慮，專以親爲心。登高臨深，以親爲心，則不登臨也。可呰可笑，以親爲心，則不苟呰笑矣。有事於危闇，以親爲心，則不服闇、登危矣。友有仇讎，義當爲報，以親爲心，則不許友死矣。以至行居坐立，食饗祭祀，臨財之際，苟其心及於親焉，則皆知以人子之道處之矣。人生天地間，事親一事，最爲至要，辦此一事，然後可以議其他，所謂禮之本者，由事親而起也。能孝，則天下之善皆將從此而起，曰仁、曰孝、曰慈、曰信、曰謙、曰良、曰恭、曰儉、曰遜，皆由是而備矣。曾子曰：「仁者，仁此者也。禮者，履此者也。義者，宜此者也。信者，信此者也。樂自順此生，刑自反此作。」曾子所謂「此」者，孝也。

長樂陳氏曰：戒慎乎其所不覩，恐懼乎其所不聞，不服闇也。道而不徑，舟而不遊，不登危也。父母全而生之，子全而歸之，則不苟呰，不苟笑，不服闇，所以全其行。不登高，不臨深，不登危，所以全其體。

廬陵胡氏曰：不服役於隱闇，遠嫌也。朋友責善於義，有當死者，朋友必以責望於己，己不當許之，不必友之讎。

永嘉戴氏曰：行事不明白而晦昧以招禍者，皆所謂服闇也。爲人子者，髮膚以上，皆親之體也，豈敢許友以死？粒粟縷絲以上，皆親之物也，豈敢私有其財？高者輕死，卑者重財，皆非純孝之士也。

【吴氏纂言】孝子不服闇，不登危，懼辱親也。

鄭氏曰：服，事也。闇，冥也。不於闇冥之中從事，爲卒有非常，且嫌失禮也。男女夜行以燭。

父母存，不許友以死，不有私財。

鄭氏曰：死爲報仇讎。

孔氏曰：家事統於尊，財關尊者，故無私財。

吕氏曰：許者，受其託。先儒謂許報仇，雖父母没，亦不可，患難相死，兄弟之道也。朋友以義相成，患難之事無相及。戰國游俠以氣相許，結私交，報仇怨，君子謂之不義也。

戴氏曰：髮膚以上，皆親之體，豈敢許友以死？粒粟縷絲以上，皆親之物，豈敢私有其財？高者輕死，卑者重財，皆非孝也。

【陳氏集説】**不登高，不臨深，不苟訾，不苟笑。孝子不服闇，不登危，懼辱親也。**疏曰：不服闇者，不行事於暗中。一則爲卒有非常，二則生物嫌，故孝子戒之。吕氏曰：苟訾近於讒，苟笑近於諂。服闇者，欺人所不見。登危者，行險以儌幸，是忘親也。

非特忘之，不令之名且將加之，皆辱道也。**父母存，不許友以死，不有私財。**不許友以死，謂不爲其友報仇也。親在而以身許人，是有忘親之心；親在而以財專己，是有離親之志。

【郝氏通解】爲人子者，居不主奥，坐不中席，行不中道，立不中門。食饗不爲槩，祭祀不爲尸。聽於無聲，視於無形。不登高，不臨深，不苟訾，不苟笑。孝子不服闇，不登危，懼辱親也。父母存，不許友以死，不有私財。

禮，命士以上，父子異宫，使子各遂其尊，若士庶父子同宫，則子居不當尊。古者室向南，户近東南隅，其西南隅深閒無事，謂之奥，以處尊者，明安樂也。尊者之居，故人子避之。少者坐無餘席，必垂近席邊。蓋食饗之禮，人各專席，居中則倨而當尊。古者男女異路，路各有中，尊者中道行，卑者或左或右，不當尊者所行也。門中央有臬，臬兩旁有棖，不中門，謂不當棖臬之閒，蓋尊者出入由中，人子不得當之立也。槩，量也。家事未傳，子孫不得待賓。如子爲士大夫，往來饗禮饌具之類，亦順尊者裁定，己不得爲限制也。古者祭祀必卜其人爲尸以像神，無父之子則可爲之，有親在者，嫌以身近死也。聽無聲，視無形，誠敬之至，赤子之慕，無時忘之也。不登高，恐顛也；不臨深，恐墜也；不苟訾，恐招侮也；不苟笑，戒嬉戲也；不行暗中，遠嫌也；不登危險，防患也：數者皆足以喪身辱親。許友以死，後世任俠之事。古君子雖父母亡，未嘗輕以死許友。親在，雖國難未輕死，況朋友乎！身體髮膚，皆親之有，況私財乎！有私財，是二其親矣。

【江氏擇言】父母存，不許友以死。

鄭注：死，爲報仇讎。

吕氏云：許者，許其託。先儒謂許報仇，雖父母没，亦不可，患難相死，兄弟之道也。朋友以義相成，患難之事無相及。戰國游俠以氣相許，結私交，報仇怨，君子謂之不義也。

按：不許友以死，坊記所謂「父母在，不敢有其身」也。朋友亦有患難相死之道，非謂若聶政之爲。謂友有危難，忘身救之：或冒險脱友於阨，如李篤之匿張儉；或犯顔雪友之冤，如左儒之争杜伯。固有激於義而爲之者矣。父母在，恐危親，故不許。舊説以爲報仇者，固非。吕氏曲避報仇之説，謂「許者許其託」，然經文曰「不許友以死」，不曰「不許友於死」，則此説亦非確訓。

【欽定義疏】不登高，不臨深，不苟訾，不苟笑。孝子不服闇，不登危，懼辱親也。

正義 鄭氏康成曰：登高臨深，苟訾苟笑，爲近危辱也。孔疏：危，登高臨深；辱，苟訾苟笑。人之性，不欲見毁訾，不欲見笑。君子樂，然後笑。服，事也。闇，冥也。不於闇冥之中從事，爲卒有非常，且嫌失禮也。男女夜行以燭。

孔氏穎達曰：苟，且也。相毁曰訾，不樂而笑爲苟笑。彼雖有是非，而己苟譏毁訾笑之，皆非彼所欲，必反見毁辱也。不服闇者，不行事於暗中，一則爲卒有非常，二則生物嫌，故孝子戒之。

呂氏大臨曰：身也者，親之枝也，履不安以危之，是危親也；行不善以辱之，是辱親也。登高臨深，危道也。苟訾近於讒，苟笑近於諂，是辱道也。服闇者，欺人所不見也；登危者，行險以僥倖也。孝子之心將爲不善，思貽父母羞辱，必不果。服闇、登危，是忘親也。非特忘之，不令之名且將加之，是辱親也。

方氏慤曰：苟訾，則爲惡於人矣，愛親者，其可惡於人乎？苟笑，則爲慢於人矣，敬親者，其可慢於人乎？

朱氏申曰：不服闇，不服闇昧之事；不登危，不登危險之地。恐二者爲親之辱。

通論 陳氏祥道曰：「聽於無聲」，一傾耳不敢忘父母也；「視於無形」，一舉目不敢忘父母也；「不登高，不臨深」，一舉足不敢忘父母也；「不苟訾，不苟笑」，一出言不敢忘父母也。孟子曰：「事孰爲大？事親爲大。守孰爲大？守身爲大。」聽於無聲，視於無形，則善於事矣。不登高，不臨深，不苟訾，不苟笑，不服闇，不登危，則善於守身矣。 又曰：「父母全而生之，子全而歸之」，則不苟訾，不苟笑，不服闇，所以全其行。不登高，不臨深，不登危，所以全其體。

案 不登危，比「不登高、臨深」進一層。高深，有形之危也。行險僥倖，無形之高深也。行未光明，皆屬暗昧；居非坦易，即涉險危。故記者特舉孝子以爲法。

父母存，不許友以死，不有私財。

【正義】鄭氏康成曰：爲忘親也。死爲報仇讎。

孔氏穎達曰：家事統於尊，財關尊者，故無私財。

戴氏溪曰：髮膚以上，皆親之體，豈敢許友以死？粒粟縷絲以上，皆親之物，豈敢私有其財？高者輕死，卑者重財，皆非孝也。

陳氏澔曰：親在而以身許人，是有忘親之心；親在而以財專己，是有離親之志。

【辨正】吕氏大臨曰：不許友以死者，不敢受其託也。先儒謂許報讎，雖父母没，亦不可也，患難相死，兄弟之道也。詩云：「鶺鴒在原，兄弟急難。每有良朋，況也永歎。」又曰：「兄弟鬩於墻，外禦其侮。每有良朋，烝也無戎。」朋友以道義相成，患難之事無相及，故曰「無戎」也。戰國游俠以氣相許，結私交，報讎怨，流俗尚之，此先王之所必誅、君子謂之不義者也。

【餘論】黄氏震曰：記禮者，漢人，雜取後世豪俠之言。人子髮膚以上，皆親之有，豈敢私？

林氏光朝曰：父母存，不許友以死。戰國閒傳習之語，不可以爲訓。

【杭氏集説】不登高，不臨深，不苟訾，不苟笑。孝子不服闇，不登危，懼辱親也。

朱氏申曰：不服闇，不服闇昧之事；不登危，不登危險之地。恐二者爲親之辱。

陳氏祥道曰：父母全而生之，子全而歸之，則不苟訾、不苟笑、不服闇，所以全其行。

不登高、不臨深、不登危所以全其體。

朱氏軾曰：愛親者不敢惡於人，故不苟訾；敬親者不敢慢於人，故不苟笑。不服闇比不苟訾、不苟笑進一層，言、笑人所共見共聞，闇則人不知而已獨知，此君子所以凜凜于屋漏也。不登危比不登高、臨深進一層，高、深有形之危也，行險徼倖，無形之高深也。世途之險巇，嗜慾之陷阱，詎僅高深已哉，稍失足焉，其隕墜有不可言者矣。此孝子所以終于立身也。

姜氏兆錫曰：登高臨深，爲其危也。吕氏曰：「苟訾近于讒，苟笑近于諂。」服闇，疏謂行事于暗事也。陳注：「服闇者，欺人於所不見；登高者，行險以徼幸也。」

父母存，不許友以死，不有私財。

孔氏穎達曰：家事統於尊，財關尊者，故無私財。

林氏光朝曰：父母存，不許友以死，戰國傳習之語，不可以爲訓。

黄氏震曰：記禮者，漢人，雜取後世豪俠之言。人子髮膚以上，皆親之有，豈敢私？

陳氏澔曰：親在而以身許人，是有忘親之心。親在而以財專己，是有離親之志。

姚氏際恒曰：不服闇，謂不從事于幽暗之地，恐致跌仆，或生嫌。不登危，即不登高之義。曲禮皆雜取古語，此兩處語，故上有「孝子」字也。凡跌墮毁傷肢體，皆辱親事，故云懼辱親。後儒恐複上「登高」諸義，以不服闇爲不欺人所不見，不登危爲不行險以徼幸，説入立身行己上去，不協。「父母存，不許友以死」，父母即不存，亦可許友以死乎？此報仇之説，不可訓。

朱氏軾曰：吕氏以死爲友死，最當。友以身後之事托我，若義不可辭，必請于親，而以親命許之，即下文「不有私財」意。必云死者，死且不許，他可知矣。或曰死與「守死善道」之死字同，謂許之，固也。今人受托，多云可爲則爲，不敢豫必，此即不許以死意，解亦通。

姜氏兆錫曰：戴氏曰：「髮膚以上皆親之體，絲粟以上皆親之物。高者輕死，卑者重財，皆非孝也。」

張氏夏曰：朋友有相死之義，非爲友報仇。

于氏宏基曰：若要離、聶政之爲，雖父母歿，亦不可。

【孫氏集解】孝子不服闇，不登危，懼辱親也。

鄭氏曰：服，事也。闇，冥也。不於闇冥之中從事，爲卒有非常，且嫌失禮也。男女夜行以燭。

孔氏曰：不行事於闇中，一則爲卒有非常，一則爲生物嫌。

父母存，不許友以死，不有私財。

鄭氏曰：不許友以死，爲忘親也。死，爲報仇讎。

孔氏曰：親存須供養，則孝子不可死也。若許友報仇怨而死，是忘親也。親亡則得爲友報仇，故周禮「主友之讎，視從父兄弟」。家事統於尊，財關尊者，故不有私財。愚謂白虎通義云：「朋友之道，親在不得行者二，不得許友以其身，不得專通財之恩。」不許友以死，即不許友以身也；不有私財，即不得專通財之恩也。

【朱氏訓纂】孝子不服闇，不登危，懼辱親也。注：服，事也。闇，冥也。不於闇冥之中從事，爲卒有非常，且嫌失禮也。說文：危，在高而懼也。**父母存，不許友以死，**注：爲忘親也。死，謂報仇讎。**不有私財。**正義：家事統於尊，財關尊者，故無私財。江氏永曰：不許友以死，坊記所謂「父母在，不敢有其身」也。朋友亦有患難相死之道，非謂若聶政之爲。謂友有危難，忘身救之；或冒險脱友於厄，如李篤之匿張儉；或犯顔雪友之冤，如左儒之争杜伯。固有激於義而爲之者矣。

一·一五　○**爲人子者，父母存，冠衣不純素**[一]。爲其有喪象也。純，緣也。玉藻曰：「縞冠玄武，子姓之冠也；縞冠素紕，既祥之冠也。」深衣曰：「具父母，衣純以青。」○純，諸允

[一] 冠衣不純素　閩、監、毛本同，岳本同，石經「純」字缺筆作「紃」。後同。顧炎武云：「避憲宗諱。」○鍔按：「冠衣」上，阮校有「爲人子者父母存節」八字。

反，又之閏反，下及注皆同。緣，悦絹反。縞，古老反，沈又古到反。紕，婢支反，徐補移反。

【疏】「爲人」至「純素」[一]。○正義曰：此一節明爲人子父母存及孤子衣冠純飾不同之事，各隨文解之。不言「凡」者，若仕者或遇凶荒，雖親存亦須素服，非要在親没，故不言「凡」。

○「父母存，冠衣不純素」者，冠純，謂冠飾也。衣純，謂深衣領緣也。禮，具父母、大父母存，冠衣純以繢[二]；若有父母無太父母，則純以青；若少而并無，則乃純素也。故親存者不得純素也。

○注「爲其」至「以青」。○正義曰：引玉藻「縞冠玄武，子姓之冠」證冠純有吉凶之别也。縞冠者，薄絹爲之。玄武者，以黑繒爲冠卷也。子姓者，姓，生也，孫是子所生，故謂孫爲子姓。父有服未畢，子雖已除，猶未全吉也，故「縞冠玄武」。玄武是吉，縞冠爲凶，明吉凶兼服也。何胤云：「繒裹卷武也。」

云「縞冠素紕，既祥之冠也」，又證有素爲凶也。當祥之日，朝服縞冠，祥祭之後，則縞冠素紕。何胤云：「素紕，謂緣冠兩邊。」

[一] 爲人至純素　惠棟校宋本無此五字。
[二] 具父母大父母存冠衣純以繢　閩、監、毛本作「繢」。此本「繢」作「貴」，省去「糸」旁，非也。浦鏜云：「『存』字衍。」○按：浦鏜是也。否則，與深衣不合。

云「深衣曰：具父母，衣純以青」者，引證不純以素之事。

【陳氏集説】疏曰：冠純，冠飾也。衣純，深衣領緣也。

【欽定義疏】正義　鄭氏康成曰：爲其有喪象也。純，緣也。玉藻曰：「縞冠玄武，子姓之冠也。縞冠素紕，既祥之冠也。」深衣曰：「具父母，衣純以青。」

孔氏穎達曰：冠純，謂冠飾。衣純，謂深衣領緣。

吕氏大臨曰：人子之服，必盡乎孺子之飾者，所以説其親也。故髮彼兩髦，飾其首也；衣純以績以青，飾其身也。冠衣純以素，孤子之服，非所以事親也。

【孫氏集解】鄭氏曰：爲其有喪象也。純，緣也。玉藻曰：「縞冠玄武，子姓之冠也；縞冠素紕，既祥之冠也。」深衣曰：「具父母，衣純以青。」

孔氏曰：冠純，謂冠飾也。衣純，謂衣領緣也。禮，具父母、大父母存，衣純以績；具父母，衣純以青。故親存不得純素也。

愚謂吉冠之純未聞，以大祥縞冠素紕推之，則冠純之色當與冠同，而其物則精與？此冠謂燕居之冠也，衣謂深衣也。以其用於燕私，故或純采，或純素。若禮服之冠與其中衣，飾有一定，不因父母之存没而異也。

【朱氏訓纂】注：爲其有喪象也。純，緣也。玉藻曰：「縞冠玄武，子姓之冠也；縞冠素紕，既祥之冠也。」深衣曰：「具父母，衣純以青。」　正義：冠純，謂冠飾也。衣純，謂深衣領緣也。

一・一六　**孤子當室，冠衣不純采。**早喪親，雖除喪，不忘哀也。謂年未三十者。三十壯有室，有代親之端，不爲孤也。當室，適子也。深衣曰：「孤子，衣純以素。」○早喪，息浪反。適，丁歷反。

【疏】「孤子」至「純采」〔一〕。○正義曰：上言有親而不素，此言無親而素者也。孤子，謂二十九以卜而無父者。當室，謂適子也。既少孤，故雖除服，猶自素也。然深衣云「孤子，衣純以素」，則嫡庶悉然，今云「當室」，則似庶子不同。所以爾者，通者有二。云凡子皆然，豈唯當室，但嫡子內理蒸嘗，外交宗族，代親既備，嫌或不同，故特明之。所以鄭引深衣爲注，會證凡孤子悉同也。崔靈恩云：「指謂當室〔二〕，不當室則純采。所以然者，當室之孤，內理蒸嘗，外交宗族，所履之事，莫不傷心，故特純素示哀也。深衣不云『當室』者，文略耳。」

○注「早喪」至「以素」。○正義曰：三十以外遭喪者，除服後即得純采。今所言

〔一〕　孤子至純采　惠棟校宋本無此五字。○鍔按：「孤子」上，阮校有「孤子當室節」五字。

〔二〕　指謂當室　閩、監、毛本同，考文引宋板「當室」下有「者」字。

雖是除喪，未三十，不得純采，若至三十，則亦采也。故云「當室，適子也，深衣曰：『孤子衣純以素。』」也。然注前解「適子」，後引深衣，似崔解也。深衣不言「冠」者，從可知也。

【衛氏集説】爲人子者，父母存，冠衣不純素。孤子當室，冠衣不純采。

鄭氏曰：素，爲其有喪象也。純，緣也。玉藻曰：「縞冠玄武，子姓之冠也；縞冠素紕，既祥之冠也。」孤子，謂年未三十者，虽喪親，雖除喪，不忘哀也。三十壯有室，有代親之端，不爲孤也。當室，適子也。深衣曰：「具父母，衣純以青。孤子，衣純以素。」

孔氏曰：此一節明爲人子父母存及孤子衣冠純飾不同之事。不言「凡」者，若仕者遇凶荒，雖親存亦素服。冠純，謂冠飾也。衣純，謂深衣領緣也。鄭引玉藻者，證吉凶有別。縞冠者，薄絹爲之。玄武者，以黑繒爲冠卷。姓，生也，孫是子所生，故謂孫爲子姓。父有服未畢，子雖已除，猶未全吉，故吉凶兼服。玄武是吉，縞冠爲凶也。當祥之日，朝服縞冠，祥祭之後，則縞冠素紕。何胤云：「素紕，謂緣冠兩邊。」證素爲凶也。孤子雖除服，猶素，然深衣云「衣純以素」，嫡庶皆然，今「當室」，謂嫡子，似庶子不同者。但嫡子内理烝嘗，外交宗族，代親既備，嫌或不同，故特明之。所以鄭引深衣，證凡孤子悉同也。

崔氏曰：不當室則純采。

藍田吕氏曰：人子之服，必盡乎孺子之飾者，所以悦其親也。故髧彼兩髦，飾其首也；衣純以繢以青，飾其身也。冠衣純以素，孤子之服，非所以事親也。深衣云「孤子，衣純以素」，此云「孤子當室，冠衣不純采」者，少而無父者，雖人之窮，然既除喪矣，冠衣猶不改素，則無窮也。先王制禮，行道之人皆不忍也，豈可獨遂其無窮之情哉？故惟當室者行之，非當室者不然也。深衣之言略矣。

馬氏曰：孟子曰「父母俱存，兄弟無故，一樂也」，樂於中者，文必稱於外，「冠衣不純素」者，所以爲文也。「孤子當室」者，謂嫡室也。「冠衣不純采」者，異於諸子也。蓋父之於長子，冠於阼，以著代也，服之三年，以稱情也，則嫡子之於父，其可以不加隆乎？

【吴氏纂言】爲人子者，父母存，冠衣不純素。孤子當室，冠衣不純采。

鄭氏曰：純，緣素爲有喪象也。孤子，謂未三十者早喪親，雖除喪，不忘哀也。三十壯有室，有代親之端，不爲孤也。當室，適子也。

孔氏曰：冠純謂冠飾，衣純謂深衣領緣。孤子雖除服猶素，然深衣衣純以素，適、庶皆然。今當室謂適子，似庶子不同。

馬氏曰：當室，謂適室也。「冠衣不純采」者，異於諸子。蓋父之於長子，冠於阼，以著代，服之三年，以稱情，則適子於父，其可以不加隆乎？

吕氏曰：少而無父者，雖人之窮，然既除喪矣，冠衣猶不改素，則無窮也。先王制禮，行道之人皆不忍也，豈可獨遂其無窮之情哉？故惟當室者行之，非當室者不然也。深衣之言略矣。

崔氏曰：不當室則純采。

【陳氏集説】吕氏曰：當室，謂爲父後者。問喪曰「童子不緦，唯當室緦」，亦指爲父後者。所謂不純采者，雖除喪，猶純素也。惟當室者行之，非當室者不然也。

【郝氏通解】**爲人子者，父母存，冠衣不純素。孤子當室，冠衣不純采。**

凶主素，吉主采。父母俱存，人子平居，吉祥冠衣不全用素。幼而無父曰孤。人生三十以上有室，則有代父之端，喪除不稱孤。三十以下，父母早喪，平居亦稱孤。冠衣不全用采，不忘親也。當室，適子當家，與衆孤異。鄭注「純，緣也」，蓋據深衣解禮，言不必盡同，他處純又作緇，即鄭且自異矣。

【方氏析疑】古者三十而後娶，子踰三十而除喪，則父母必以耆老終矣。雖純采，可也。故未滿三十，則謂之孤。

【欽定義疏】正義　鄭氏康成曰：孤子，謂年未三十者蚤喪親，雖除喪，不忘哀也。三十壯有室，有代親之端，不爲孤也。當室，嫡子也。

孔氏穎達曰：孤子雖除服，猶素然。深衣云「衣純以素」，嫡庶皆然。今「當室」謂嫡子，似庶子不同者。但嫡子内理烝嘗，外交宗族，代親既備，嫌或不同，故特明之。

呂氏大臨曰：深衣云：「孤子，衣純以素。」此云「孤子當室，冠衣不純采」者，少而無父者，雖人之窮，然既除喪矣，冠衣猶不改素，則無窮也。先王制禮，行道之人皆不忍也，豈可獨遂其無窮之情哉？故惟當室者行之，非當室者不然也。深衣之言略矣。

通論 馬氏晞孟曰：孟子曰：「父母俱存，兄弟無故，一樂也。」樂於中者，必稱於外，「冠衣不純素」，所以爲文也。「孤子當室」者，謂嫡室也。「冠衣不純采」者，異於諸子也。蓋父之於長子，冠於阼，以著代也，服之三年，以稱情也，則嫡子之於父，其可以不加隆乎？

呂氏大臨曰：當室，謂爲父後者。問喪曰「童子不緦，惟當室緦」，亦指爲父後者。所謂「不純采」者，雖除喪，猶純素也。唯當室者行之，非當室者不然也。

案 儀禮「純博寸」，純以爲口緣，蓋尊者存以多飾爲貴，故具父母、大父母，衣純以繢。若惟具父母，則飾少而純以青，故「不純素」者，一堂具慶，見天倫之樂事。「不純采」者，終身孺慕，見至性之篤誠。

【杭氏集説】爲人子者，父母存，冠衣不純素。孤子當室，冠衣不純采。

呂氏大臨曰：當室，謂爲父後者。所謂不純采者，問喪曰「童子不緦，惟當室緦」，亦指爲父後者。所謂不純采者，雖除喪，猶純素也。唯當室者行之，非當室，素不然也。

姚氏際恒曰：無父曰孤。當室，嫡子爲父後者，此人雖無喪，冠衣之純猶不采也，若不當室則否。蓋父爲長子三年，故長子亦異于衆子耳。深衣云「孤子衣純以素」，與此同。不言當室，略也。郝仲輿謂「純」爲如字，與深衣之文不合，不可從，且此爲倒字文法，猶云不素純、采純耳。

姜氏兆錫曰：當室，謂爲父後者。冠衣之緣皆謂之純，素凶采吉，不忍混也。吕氏曰：「不純采，雖除喪，猶純素也，惟當室者行之。」又曰：此又言事親之禮。

方氏苞曰：古者三十而後娶，子踰三十而除喪，則父母必以耆老終矣。雖純采，可也。故未滿三十則謂之孤。

【孫氏集解】鄭氏曰：早喪親，雖除喪，不忘哀也。三十有室，有代親之端，不爲孤也。當室，適子也。深衣曰：「孤子，衣純以素。」

孔氏曰：深衣云「孤子，衣純以素」，則適、庶皆然。今云「當室」，則似庶子不同。通者有二。云凡子皆然，豈惟當室，但適子内理蒸嘗，外交宗族，代親既備，嫌或不同，故特明之。故鄭引深衣證凡孤悉同也。崔靈恩云：「當室之孤，内理蒸嘗，外交宗族，所履之事，莫不傷心，故特純素，不當室則純采。」

吕氏大臨曰：少而無父者，雖人之窮，然既除喪矣，冠衣猶不改素，則無窮也。先王制禮，豈可獨遂其無窮之情哉？故惟當室者行之，非當室者則不然也。深衣之言略矣。

愚謂深衣云「具父母，衣純以青；孤子，衣純以素」，是非具父母即爲孤子矣。鄭云未三十無父者，乃爲孤，非也。孔氏謂凡孤皆不純采，崔氏謂惟當室者不純采，吕氏説與崔氏同，朱子則存孔氏之説。然考問喪云：「童子不緦，唯當室緦。緦者其免也，當室則免而杖矣。」是童子當室者之服皆重於其不當室者。若此冠衣不純采，凡孤皆然，則不必嫌當室者之不然而特明之矣。今特言「孤子當室」，則是惟當室者有此禮，而餘孤不然也。蓋以適子傳重，所感彌深故也。深衣不言「當室」，乃文略爾。

【朱氏訓纂】注：早喪親，雖除喪，不忘哀也。謂年未三十者，三十壯有室，有代親之端，不爲孤也。當室，適子也。深衣曰：「孤子，衣純以素。」正義：崔靈恩云：「不當室則純采，所以然者，當室之孤，内理蒸嘗，外交宗族，所履之事，莫不傷心，故特純素示哀。深衣不云當室者，文略耳。」

一·一七 ○**幼子常視毋誑**，視，今之「示」字。小未有所知，常示以正物，以正教之，無誑欺。○視，音示。誑，本或作「廷」，注同，九況反，欺也。**童子不衣裘、裳**，裘大温，消陰氣，使不堪苦。不衣裘、裳，便易。○衣，於既反，下同。大，音泰，徐他佐反。便，婢面反。易，以豉反。**立必正方，不傾聽**。習其自端正。**長者與之提攜，則兩手奉長者之手**，習其扶持尊者。提攜，謂牽將行。○提，大兮反。攜，户圭反。奉，芳勇反，又扶恭反，下及注「奉扃」「奉席」「奉箕」

皆同。**負、劍，辟咡詔之，**負，謂置之於背。劍，謂挾之於旁。辟咡詔之，謂傾頭與語，口旁曰咡。○辟，匹亦反，側也，徐芳益反，沈扶赤反，注同。咡，徐如志反，何云：「口耳之間曰咡。」挾，音協。**則掩口而對。**習其鄉尊者屏氣也。○掩，於檢反。鄉，許亮反，本又作「嚮」，後文、注皆同。屏，必領反。

【疏】「幼子」至「裘裳」[一]。○正義曰：此一節明父母教子，及衣裘、裳之法也，各隨文解之。

○小兒恒習效長者，長者常示以正事，不宜示以欺誑，恐即學之。故曾子兒啼，妻云[二]：「兒莫啼，吾當與汝殺豕。」兒聞輒止。妻後向曾子說之，曾子曰：「勿教兒欺。」即殺豕食兒。是不誑也。

○注「視，今之『示』字」。○正義曰：古者觀視於物及以物視人，則皆作「示」傍著「見」。後世已來，觀視於物，作「示」傍著「見」；以物示人，單作「示」字[三]，故鄭注經中「視」字者，是今之以物示人之「示」也。是舉今以辨古。昏禮：「視諸衿鞶。」

[一] 幼子至裘裳　惠棟校宋本無此五字。○鍔按：「幼子」上，阮校有「幼子常視毋誑節」七字。

[二] 故曾子兒啼妻云　監、毛本作「妻」。此本「妻」誤「箋」，閩本同。衛氏集說不誤。

[三] 以物示人單作示字　閩、監本同，毛本「以」誤「於」。

注云：「視乃正字，今文『視』作『示』，俗誤行之。」言「視」正字也，言古之以物示人作「視」字爲正，故云「視乃正字」。今文儀禮應爲古「視」字，乃作今「示」字，故言俗誤也。

○「童子不衣裘、裳」者，童子，未成人之名也。衣，猶著也。童子體熱，不宜著裘，裘大温，傷陰氣也。又應給役，若著裳則不便，故並不著也。故童子並緇布襦袴也。

○注「裘大」至「便易」。○正義曰：「使不堪苦」者，熱消陰氣，則不堪苦使也。此童子不衣裘、裳，二十則可，故内則云：二十「可以衣裘帛。」國君十二冠，則裘、裳早矣。女子十五許嫁者則亦衣帛。詩云：「乃生男子，載衣之裳。」是初生暫行此禮。

○「立必」至「而對」。○「立必正方」，立宜正嚮一方，不得傾頭屬聽左右也。張逸云：「此説其威儀常然。」

○「長者與之提攜，則兩手奉長者之手」者，非唯教之聽立，至於行步，亦宜教之。提攜，謂牽將行時。因牽行之，又教之爲節也。奉長者之手，爲兒長大，方當供養扶持長者，故先使學之，令習便也。張逸云：「説其見與行之法也。」

○「負、劍，辟咡詔之」者，豈但在行須教，正在抱時亦令習也。負，謂致兒背上也。劍，謂挾於脇下如帶劍也。辟，傾也。咡，口旁也。詔，告也。長者或若負兒之時而與之語，當傾頭以告之也，不正嚮之，令氣不觸兒也，亦令見長者所爲而復習之也。張逸云：

「辟咡詔之，傾頭以告，教之也。」此長者之爲也。此負謂兒在人背上曰負，兒在懷中亦稱負，謂兒負之。故内則云：「三日始負子。」注云：「負之，謂抱之。」○注「口旁曰咡」。○正義曰：案管子書弟子職云：「食已，循咡覆手。」謂弟子食訖，以手循覆於咡，故知是口旁也。

○「則掩口而對」者，鄉長者告語之。此是童子答長者，童子雖未能掩口而對，長者亦教其爲之其禮，以爲後法。掩口，恐氣觸人。張逸云：「謂令小者如是，所習鄉尊者屏氣也[一]。」

【衛氏集説】幼子常視毋誑，童子不衣裘、裳，立必正方，不傾聽。

鄭氏曰：視，今之「示」字。小未有所知，常示以正物，以正教之，無誑欺。裘太温，消陰氣，使不堪苦。不衣裘、裳，便易。「立必正方，不傾聽」，習其自端正。

孔氏曰：自此至「而對」一節，明父母教子及衣裘、裳之法。古者觀視於物及以物視人，則皆作「示」傍著「見」。小兒恒習效長者，長者不宜示以欺誑，故曾子兒啼，妻云「兒莫啼，吾當與汝殺豕」，兒聞輒止。妻後向曾子説之，曾子曰「勿教兒欺」，即殺豕食兒。是不誑也。童子，未成人之名也。衣，猶著也。童子體熱，不宜著裘，又應給役，著

[一] 所習鄉尊者屏氣也　惠棟校宋本此下另行標「禮記正義卷第二終」，又記云「凡十九頁」。

裳則不便，故童子並緇布襦袴也。二十則可衣裘裳，故内則云：二十「可以衣裘帛」。詩云「乃生男子，載衣之裳」，是初生暫行此禮爾。立必正嚮一方，不得傾頭屬聽左右也。

黄氏曰：正義引喻疑未當，曾子將死，尚懼牀笫之僭，敝衣而耕，終辭魯邑，乃守節知禮之賢人也。禮云「士無故，不殺犬豕」，豈爲示幼子小信而干先王大禮哉？必無斯義，稱其以他事無誑則可耳。

龜山楊氏曰：「人之生也直」，是以君子無所往而不用其直，直則心得其正矣。古人於幼子，常示無誑，所以養其直也。

李氏曰：常視，所以養其目。毋誑，所以養其耳。因其固有之善性，而正其耳目之官，則其爲善也孰禦哉？

河南程氏曰：自「幼子常視毋誑」而下，皆是教以聖人言動。裘裳，成人之服也。不衣者，不能衣也。不帛襦袴，不帛則是用布也。襦，今之襖。不衣裘、裳，則常所衣者，襦袴而已。

東萊吕氏曰：孟子少時見東鄰殺猪，問母何爲，母曰「將以啖汝」，母悔其誑也，買肉以啖之。人多謂孟母能示子以信，不知買肉以實其言，所以爲誑也。母當直以前言爲誑而語之，乃買肉以成其誑，本是一誑，卻成兩誑。大抵所以陷於小人者，多因要實前言，蓋「實前言」三字，最是入小人之徑路。

以移之，故習不可不慎也。古之教子者，其始生也，擇諸母之慈良、恭敬、慎而寡言者使爲子師，其次爲慈母，其次爲保母，教之之慎如此，況可示之誑乎？裘裳與冠，皆成人之服，未成人者，服亦有所未備也。立必正所向之方，或東向西向，或南向北向，不使之偏有所向也。士相見禮云「凡燕見於君，必辨君之南面。若不得，正方，疑君」，疑君者，謂斜嚮之，不正方也。「不傾聽」者，頭容直。

藍田呂氏曰：書曰「茲乃不義，習與性成」，則不義非性矣。然以不義成性，則習有以移之，故習不可不慎也。

長樂陳氏曰：書曰「若生子，罔不在厥初生」，「幼子常示毋誑」之謂也。幼而示之以無誑，所以正其心。成童教之以「立必正方」「掩口而對」，所以正其容。

長樂劉氏曰：幼子之性，純明自天，未有外物生其好惡者，無所學而不可成也。如金之在鎔，惟人所範；如泥之在鈞，惟人所模。故視之以誠信，則誠信篤於其心矣；視之以詐僞，則詐僞篤於其志矣。模範之初，貴得其正，則五事之用，靡不出於誠而適於道也，故曰「幼子常視無誑」。

廣安游氏曰：古之人，比屋可封者，謂匹夫匹婦皆有孝弟之行也。所謂匹夫匹婦皆有孝弟之行，非皆生而知之，亦由父兄長者教之，使有方也。欲其長毋誑欺也，則自其幼而常視毋誑矣。欲其長而知事長、洒埽、應對、進退之節也，則自其幼而使之堪忍勞苦、給役便易矣。欲其長而視聽之正也，則自其幼而教之正方、不傾聽矣。欲其長而扶持供養也，則自其幼而教之提攜奉手之禮矣。欲其長而解事向尊者屏氣也，則自其幼而教之對長者掩口之禮矣。凡此，不獨自其幼而教之也，父兄長者又以己身而先之焉。常示毋誑，則先以己之毋誑示之也。辟咡詔之，則先以己之辟咡教之也。古之教人者，苟欲教人，先正其身，至於教子，則尤其所當謹者也。

嚴陵方氏曰：忠信者，禮之本也。將使之學禮，可不知其本乎？示之以誑欺，則所見者常誑欺而已。始生而蒙，氣猶未達，庸可消其陰乎？方長而稺，人猶未成，庸可備其禮乎？故不衣裘、裳，必施於童子焉。立必正，則立不至於跛矣。聽不傾，則聽不至於淫矣。後又言「毋側聽」，何也？凡物，側然後傾，則側未至於傾矣。此教童子，故責之略，後教成人，故責之詳，蓋不傾則容或側，毋側則不傾可知。

永嘉戴氏曰：常示毋誑，所以養其心也。不衣裘、裳，所以養其體也。蓋不開其情僞之端，以育其正性；不傷其陰陽之和，以長其壽命。此古之成人，所以多有德也。夫内外交相養也，防其外，所以養其中也。「立必正方，不傾聽」，則敬以直，内無傾邪之患矣。

金華邵氏曰：孔子曰「少成若天性，習貫如自然」，若幼少之時，不有以教之，一旦欲責其盡善於成人之日，不亦難哉？是以古人於幼子常視毋誑，欲其異時不爲欺也。不衣裘、裳，欲其異時知服勞也。立必正方，則既長當立如齊。不傾聽，則既長當不聽惡聲矣。至於掩口對長者之詔教，則異時知敬長而尊上矣。幼之所教如此，則習與智長，化與心成，何患其長而不爲賢人君子、爲孝弟忠信？

長者與之提攜，則兩手奉長者之手，負、劍，辟咡詔之，則掩口而對。

鄭氏曰：習其扶持尊者。提攜，謂牽將行。負，謂置之于背。劍，謂挾之于旁。辟咡詔之，謂傾頭與語，口旁曰咡。掩口而對，習其鄉尊者屏氣也。

孔氏曰：非惟教之聽立，至於行步，亦宜教之。奉長者之手，爲長大當扶持長者，故先學之。辟，傾也。不正向之，令氣不觸兒，亦令見長者所爲而復習之也。兒在懷中亦稱負，謂兒負之。故内則云：「始負子。」童子雖未能掩口而對，長者亦教其爲之，以爲後法。

黄氏曰：上文云「長者與之提攜，則兩手奉長者之手」，皆教幼童能行之時，非懷抱之幼也。且嬰兒可置於脇下，如帶劍者，豈能教之對長者禮乎？其「負劍，辟咡詔之」，疑非負挾幼童，乃是長者之身，或負劍者將詔告幼童，不便於屈身俯臨而語之。辟咡者，偏就近耳而詔之也。幼童必掩口而對，避其口氣，爲童子之禮，則義或通焉。

横渠張氏曰：古之小兒，便能敬事長者，與之提攜，則兩手奉長者之手，問之掩口而對，蓋稍不敬事，便不忠信，故教小兒，且先安詳恭敬。

藍田吕氏曰：長者與之提攜，則兩手奉長者之手，以長者之意，不可以不承也。負、劍，辟咡詔之，則掩口而對，以氣之逼人，人或惡之也。古之佩劍者挾之於旁，負劍即佩劍也。童子之幼者，長者或旁挾之，如負劍然，故謂之「負劍」也。

馬氏曰：就而攜之則奉其手，近而詔之則掩口而對者，皆事長之禮也。古之成人有德、小人有造者，豈一朝一夕之習哉？蓋自幼稚而已知禮讓矣。少而習之，壯而行之，老而安之，古人年彌高而德彌劭者，蓋出於此也。

廬陵胡氏曰：歐陽子阡表云「劍汝立於旁」，管子書弟子職云「食已循咡」。

嚴陵方氏曰：少儀言「有問焉，則辟咡而對」者，彼言幼者對之之時，此言長者詔之之時，詔、對雖不同，其所以爲辟咡之容，則一也。

唐陸氏曰：何云「口耳之間曰咡」。

【吴氏纂言】童子不衣裘、裳。

鄭氏曰：裘太温，消陰氣，使不堪苦。不衣裳，便役。

孔氏曰：童子，非成人之名。衣，猶著也。童子體熱，不宜著裘，又應給役，著裳則不便，故童子並緇布襦袴。二十則可衣裘裳。

幼子常視毋誑，立必正方，不傾聽。長者與之提攜，則兩手奉長者之手，負、劍，辟咡詔之，則掩口而對。

鄭氏曰：視，今之「示」字。小未有所知，常示以正物，以正教之，毋誑欺。立必正方，不傾聽，習其自端正。提攜，謂牽將行。奉長者之手，習其扶持尊者。負，謂置之於背。劍，謂挾之於旁。辟咡詔之，謂傾頭與語，口旁曰咡。掩口而對，習其鄉尊者屏氣也。

孔氏曰：小兒恒習效長者，長者常示以正事，不宜示以欺誑。立宜正嚮一方，不得傾頭屬聽左右。非惟教之聽立，至於行步，亦宜教之。謂兒長大，當扶持長者，因牽行之時教之奉長者之手。先使學者，令習便也，豈但在行，在抱時亦須教之。長者或若負劒兒之時而與之語，當傾頭不正向之，令氣不觸兒，亦令見長者所爲而復習之。童子雖未能掩口而對，長者亦教其爲之，習嚮尊者屏氣也。

黄氏曰：長者與之提携，則皆幼童能行之時，非懷抱之幼也。嬰兒可寘於脇下，如帶劍者，豈能教之對尊者禮乎？負劍，辟咡詔之，疑非負挾幼童，乃是長者之身，或負劍者，將詔告幼童，不便於屈身俯臨而語之。辟咡者，偏就近耳而詔之也。幼童必掩口而對，避其口氣，爲童子之禮。

【陳氏集説】幼子常視毋誑，視，與「示」同，常示之以不可欺誑，所以習其誠。**童子不衣裘、裳，立必正方，不傾聽。**呂氏曰：裘之温，非童子所宜；裳之飾，非童子所便。立必正所向之方，或東或西，或南或北，不偏有所向。士相見禮云：「凡燕見於君，必辨君之南面，若不得，則正方，不疑君。」疑，謂邪向之也。**長者與之提攜，則兩手奉長者之手，負、劍，辟咡詔之，則掩口而對。**劉氏曰：長者或從童子背後而俯首與之語，則童子如負長者然。長者以手挾童子於脅下，則如帶劍然。蓋長者俯與童子語，有負劍之狀，非真負劍也。辟，偏也。咡，口旁。詔，告語也。掩口而對，謂童子當以手障口氣而應對，不敢使氣觸長者也。

【方氏析疑】負、劍，辟咡詔之。

佩劍者，斜繫於背。「辟咡詔之」，則斜俯童子之背，形如「負劍」也。

【江氏擇言】負、劍，辟咡詔之。

按：古人常帶劍於脅，亦或帶之於背，拔劍則俯身而出之。如荆軻傳秦王劍長，不能拔，左右呼曰「王負劍」。此負劍或即荆軻傳之負劍，謂長者俯身與之語，如負劍之狀也。如此，則「負劍」與「辟咡」相對。負劍俯其身，辟咡偏其口，或亦可通。

【欽定義疏】幼子常視毋誑。

正義　鄭氏康成曰：視，今之「示」字。小未有所知，常示以正物，以正教之，毋誑欺。

孔氏穎達曰：小兒常效習長者，長者常示以正事，不宜示以欺誑。

劉氏彝曰：幼子之性，純明自天，未有外物生其好惡者，無所學而不可成也。故視之以誠信，則誠信篤於其心矣；視之以詐偽，則詐偽篤於其志矣。故曰「幼子常視毋誑」。

楊氏時曰：人之生也直，是以君子無所往而不用其直，直則心得其正矣。古人於幼子，常示毋誑，所以養其直也。

陳氏澔曰：常示之以不可欺誑，所以習其誠。

徐氏師曾曰：幼子之性本無不誠，然習於僞，則爲惡易，而爲善難。常示毋誑，然後詐僞不滋，而真純可全矣。

通論 吕氏大臨曰：書曰「玆乃不義，習與性成」，則不義非性矣。然以不義成性，則習有以移之，故習不可不慎也。古之教子者，其始生也，擇諸母之慈良、恭敬、慎而寡言者使爲子師，其次爲慈母，其次爲保母，教之之慎如此，況可示之誑乎？

餘論 孔氏穎達曰：曾子兒啼，妻云：「兒莫啼，吾當與汝殺豕。」兒聞輒止。妻後向曾子説之，曾子曰：「勿教兒欺。」即殺豕食兒。是不誑也。

黄氏裳曰：禮云「士無故，不殺犬豕」，爲示幼子小信而干先王大禮哉？

吕氏祖謙曰：人多謂孟母能示子以信，不知買肉以實其信，所以爲誑也。母當直以前言爲誑而語之，乃買肉以成其誑，本是一誑，即成兩誑。大抵所以陷於小人者，多因要實前言，蓋「實前言」三字，最是入小人之徑路。

案 常視毋誑，兩句對説。鄭、孔得之，陳謂示之以不可欺誑，其義一也。常示，則日見日聞不習於一毫之僞，則其誠，若固有之矣。蓋教止於言而示則以意，言有盡，意無窮也。孟母殺猪事，朱子小學亦載入，然吕氏駁義亦正，故附録之。

童子不衣裘、裳，立必正方，不傾聽。

正義 鄭氏康成曰：裘太温，消陰氣，使不堪苦。不衣裘、裳，便易。「立必正方，不傾聽」，習其自端正。

孔氏穎達曰：童子，非成人之名。衣，猶著也。童子體熱，不宜著裘，又應給役，著裳則不便。故童子並緇布襦袴。內則二十則可以衣裘帛。立宜正嚮一方，不得傾頭屬聽左右。

程子曰：裘裳，成人之服也。不衣者，不能衣也。不帛，襦袴不帛，則是用布也。襦，今之襖。不衣裘帛，則常所衣者，襦袴而已。

呂氏大臨曰：裘、裳與冠，皆成人之服。未成人者服，亦有所未備也。立必正，所向之方，或東向西向，或南向北向，不使之偏有所向也。士相見禮云：「凡燕見於君，必辨君之南面。若不得，則正方，不疑君。」疑君者，謂斜嚮之，不正方也。不傾聽者，頭容直。

通論 戴氏溪曰：常示毋誑，所以養其心也。不衣裘、裳，所以養其體也。蓋不開其情僞之端，以育其正性；不傷其陰陽之和，以長其壽命。此古之成人，所以多有德也。立必正方，不傾聽，則敬以直，內無傾邪之患矣。

方氏慤曰：立必正，則坐不至於跛矣。聽不傾，則聽不至於淫矣。後又言「毋側聽」者，側未至於傾。此教童子，故責之略，後教成人，故責之詳。蓋不傾則容或側，毋側則不傾可知。

長者與之提攜，則兩手奉長者之手，負、劍，辟咡詔之，則掩口而對。

正義　鄭氏康成曰：提攜，謂牽將行。奉長者之手，習其扶持尊者。辟咡詔之，謂傾頭與言。口旁曰咡。掩口而對，習其向尊者屏氣也。

何氏休曰：口耳之閒曰咡。

孔氏穎達曰：非惟教之聽立，至於步行亦宜教之。謂兒長大，當扶持長者。因牽行之時，教之奉長者之手，先使學者，令習便也，豈但在行？在抱時亦須教之。長者或若負劍兒之時而與之語，當傾頭不正向之，令氣不觸。兒亦令見長者所爲，而後習之。童子雖未能掩口而對長者，亦教其爲之，習向尊者屏氣也。

吕氏大臨曰：長者與之提攜，則兩手奉長者之手，以長者之意，不可以不承也。負、劍，辟咡詔之，則掩口而對，以氣之逼人，人或惡之也。

馬氏晞孟曰：就而攜之則奉其手，近而詔之則掩口而對者，事長之禮。蓋自幼穉而已知禮讓矣。

劉氏曰：長者俯與童子語，有負劍之狀，非真負劍也。

通論　方氏慤曰：少儀言「有問焉，則辟咡而對」者，彼言幼者對之之時，此言長者詔之之時，詔、對雖不同，其所以辟咡之容，則一也。

存異 鄭氏康成曰：負，謂置之於背。劍，謂挾之於旁。

胡氏銓曰：歐陽子阡表「劍汝立於旁」。

劉氏彝曰：長者從童子背後，而俯首與之語，則童子如負長者然。長者以手挾童子於脅下，則如帶劍然。

黄氏裳曰：嬰兒可置於脅下，如帶劍者，豈能教之對長者禮？是長者或負劍，不便屈身，但偏就近耳而詔之。

案 此童子能行能對，則非懷抱之童，或負之於背、帶之於脅可知。而劉謂若童子背負長者，與長者手挾童子若帶劍，負屬童子，劍屬長者，則又非也。蓋劍長而室堅，不可猝拔，必推之背，左手下持其室，邪俯其身，右手從腦旁拔其鞘乃出。今邪俯其身就童子語，形似之，非長者真負劍也。又負劍乃拔之勢，黄謂即帶劍，亦非。

總論 游氏桂曰：古之人，所謂匹夫匹婦，皆有孝弟之行，非皆生而知之，亦由父兄長者教之，使有方也。欲其長毋誑欺也，則自其幼而常視毋誑矣。欲其長而知事長、洒掃、應對、進退之節也，則自其幼而使之堪忍勞苦、給役便易矣。欲其長而視聽之正也，則自其幼而教之正方、不傾聽矣；欲其長而扶持供養也，則自其幼而教之提攜奉手之禮矣。欲其長而解事尊者屏氣也，則自其幼而教之對長者掩口之禮矣。凡此，不獨自其幼而教之也，父兄長者又以己身而先之焉。常視毋誑，則先以己之無誑示之也。辟咡詔之，則先以己之辟咡教之也。古之教人者，苟欲教人，先正其身，至於教子，則尤其所當謹者也。

【杭氏集説】幼子常視毋誑。

陳氏澔曰：常示之以不可欺誑，所以習其誠。

徐氏師曾曰：幼子之性，本無不誠，然習於僞，則爲惡易而爲善難，常示毋誑，然後詐僞不知，而真純可全矣。

芮氏城曰：當示之以正道而毋爲欺誑，所以習其誠也。或曰當常視以無欺誑之道，亦通。

張氏伯行曰：示有二義：未然而訓導之，既形而禁止之，正心誠意之學在此。

姜氏兆錫曰：毋，禁辭。此以養其心也。

童子不衣裘、裳，立必正方，不傾聽。

孔氏穎達曰：衣裘恐傷陰氣，衣裳不便使令。

孫氏惠蔚曰：八歲以上服衰則亦裳。

姜氏兆錫曰：方，舊謂猶向也。裘之温，非其所宜；裳之飾，非其所便。此以養其體也。立必正所向，聽不即於邪，此防其外，以養其中也。

長者與之提攜，則兩手奉長者之手。負、劍，辟咡詔之，則掩口而對。

劉氏彝曰：長者從童子背後而俯首與之語，則童子如負長者然。長者以手挾童子於脅下，則如帶劍然。

游氏桂曰：古之人，所謂匹夫匹婦，皆有孝弟之行，非皆生而知之，亦由父兄長者教之，使有方也。欲其長毋誑欺也，則自其幼而常視毋誑矣。欲其長而知事長、洒掃、應對、進退之節也，則自其幼而使之堪忍勞苦、給役便易矣。欲其長而視聽之正也，則自其幼而教之正方、不傾聽矣。欲其長而扶持供養也，則自其幼而教之提攜奉手之禮矣。欲其長而解事尊者屏氣也，則自其幼而教之對長者掩口之禮矣。凡此，不獨自其幼而教之也，父兄長者又以己身而先之焉。常視毋誑，則先以己之無誑示之也。辟咡詔之，則先以己之辟咡教之也。古之教人者，苟欲教人，先正其身，至於教子，則尤其所當謹者也。

芮氏城曰：提攜，提攜幼者之手，狀如提也。捧以兩手，不敢如平敵之一手相攜，致其恭也。負劍，邪俯之狀，古人負劍于背，將用則邪俯其首及拔之。長者俯就幼者口旁而語之，則掩口而對，亦恐其氣之觸也。鄭謂與之提攜，教以扶持長者之法；負，置幼者于背；劍，挾幼者于旁。似未確。

姚氏際恒曰：負劍，鄭氏謂「負爲置之于背，劍爲挾之于旁」；辟咡詔之，謂「傾頭與語」。按，古文用字雖間有奇險，然未有稱挾之于旁爲劍者，且亦扶挾小兒于脅下而行者。胡邦衡引歐陽氏阡表「劍汝立于旁」爲證，不知彼正循鄭之誤解耳。且少儀云「有問焉，則辟咡而對」，是辟咡者，本教童子對問之理，今屬長者言，是反教長者以語童子之禮矣，不可通。孔氏曰「亦令見長者所謂而復習之」，此曲説也。且以扶持之嬰兒，不知詔之何語，欲令其對何語，而能遽教其爲掩口之禮乎？孔氏又曰「童子雖未能掩口而對，長者亦教其爲之以爲後法」，此亦曲説也。黄氏謂長者之身，或負劒者，將詔告幼童，不便于屈身俯臨而語之。辟咡者，偏就近耳而詔之也。此本説童子對問之禮，却説長者負劍，無謂。劉孟治謂長者或從童子背後而俯首與之語，則童子如負長者然；長者以手挾童子于脇下，則如帶劍然。長者俯與童子語，有負劍之狀，非真負劍也。此以童子爲如負長者，以長者挾童子爲如帶劍，尤足發哂。徐伯魯謂長者負小兒于背，如負劍然。史記「左右謂秦王曰：王負劍」，負劍即其證也。按，彼負劍實是劍，據此「負劍」是負小兒，烏足爲證？愚按，曲禮雜取古語，「負劍辟咡」本古語，乃是二事，謂童子當爲長者負劍，猶操几杖之意。對長者問，當辟咡也，記者恐人未解「辟咡」二字，故復釋之曰「詔之則掩口而對」，與少儀「有問焉，則辟咡而對」同。

朱氏軾曰：孔疏謂小兒恒習效長者，長者常示以云云，是立必正、聽不傾均屬長者，謂以身教，使見長者之立、聽而習效也。「與之提攜」二段，亦重在提攜辟咡上，故纂言將「童子不衣裘、裳」另爲一條，以「幼子常視」四字冒下四段。愚意教幼子，雖叮嚀解説，猶恐不盡曉，豈得專任身教？「常視」云云，謂教其言則無誑，立則正方，聽則不傾，提攜則奉手，對則掩口也。「負劍」之義，舊注謂負童子于背，挾童子於脅。劉氏謂長者俯從童子背後，如童子負劍，亦太泥。意「負」當爲「俯」，「劍」字有誤。「負劍辟咡」或是低語，恐聽不真，故俯首偏向耳旁言之。咡，耳口之間也。

姜氏兆錫曰：負劍辟咡，皆謂長者詔之之容也。辟，猶偏也。口旁謂之咡。負劍，狀其身容；辟咡，指其口容。掩，猶障也，恐氣觸長者，故以手障口也。

方氏苞曰：佩劍者斜繫於背，辟咡詔之，則斜俯童子之背，形如負劍也。

李光烈問：「負、劍，辟咡詔之，則掩口而對，己承箋示云『皆指孩提之童説』。夫曰孩提，僅可孩笑提抱者，抱在長者心胸間，即甚知愛知敬，未必就知禮。恐長者詔之之時，而所謂掩口云云者，亦大非不學良能也。」世駿答曰：「因上有提攜句，故以孩提之童答之，不必過泥。」

【孫氏集解】幼子常視毋誑。

鄭氏曰：視，今之「示」字。小未有所知，常示以正物，以正教之，毋誑欺。

孔氏曰：幼子常習效長者，長者常示以正事，不可示以欺誑。

劉氏彝曰：幼子之性，純明自天，未有外物生其好惡，無所學而不可成。故視之以誠信，則誠信篤於其心矣；視之以詐僞，則詐僞篤於其心矣。

童子不衣裘、裳。

鄭氏曰：裘大温，消陰氣，使不堪苦，不衣裘、裳，便易。

孔氏曰：衣，猶著也。童子體熱，不宜著裘，大温傷陰氣也。又應給役，若著裳，則不便。故童子並緇布襦袴也。内則曰：「二十可以衣裘帛。」

愚謂不衣裘，謂褻服也。成人褻服，冬有裘，夏有葛，春秋有繭、袍、絅、褶之屬。童子雖冬不衣裘，服繭、袍而已。不衣裳，謂外服也。下文云：「兩手摳衣去齊尺。」玉藻云：「童子緇布衣，錦緣。」弟子職云：「振衽埽席。」童子之衣，有齊、有緣、有衽，則深衣之制也。成人燕居服深衣，其禮服則有玄端、朝服之屬。童子惟服深衣，衣裳相連，無殊衣裳之服也。蓋玄端、朝服之屬，衣冠相配，冠乃服之。童子未冠，自無服裳之法，非徒欲其便易也。

立必正方，不傾聽。

鄭氏曰：習其自端正。

孔氏曰：立宜正鄉一方，不得傾頭，屬聽左右。

吕氏大臨曰：立必正所向之方，或東或西，或南或北，不使之偏有所向也。士相見禮云：「凡燕見於君，必辨君之南面。若不得，則正方，不疑君。」疑君者，謂斜嚮之，不正方也。「不傾聽」者，頭容直。

長者與之提攜，則兩手奉長者之手，負、劍，辟咡詔之，則掩口而對。

鄭氏曰：兩手奉長者之手，習其扶持尊者。提攜，謂牽將行。負，謂置之於背。劍，謂挾之於旁。辟咡詔之，謂傾頭與語。口旁曰咡，掩口而對，習其鄉尊者屏氣也。

孔氏曰：兩手奉長者之手，爲兒長大，方當供養扶持長者，故先使學之也。劍，謂挾於脅下，如帶劍也。長者負兒之時，傾頭與語，必教之使掩口而對，恐氣觸人也。

張子曰：古之小兒，便能敬事長者，與之提攜，則兩手奉長者之手；問之則掩口而對，蓋稍不敬事，便不忠信，故教小兒，且先教安詳恭敬。

【朱氏訓纂】幼子常視毋誑。注：視，今之「示」字。小未有所知，常示以正物，以正教之，無誑欺。

童子不衣裘、裳，注：裘大温，消陰氣，使不堪苦。不衣裘、裳，便易。正義：童子體熱，不宜著裘。又應給役，著裳則不便，故童子並緇布襦袴也。内則云：「二十可以衣裘帛。」**立必正方，不傾聽。**注：習其自端正。吕與叔曰：立必正所向之方，或東或西，或南或北，不使之偏有所向也。士相見禮云：「凡燕見於君，必辯君之南面。若不得，則正方，不疑君。」疑君者，斜向之，不正方也。「不傾聽」者，頭容直。**長者與之提攜，則兩手奉長者之手，**注：習其扶持尊者。提攜，謂牽將行。正義：非唯教之聽立，至於行步亦宜教之。**負、劍，辟咡詔之，**注：負，謂置之於背。劍，謂挾之於旁。辟咡詔之，謂傾頭與語。口旁曰咡。説文：詔，告也。釋文：辟，側也。何云：口耳之閒曰咡。**則掩口而對。**注：習其鄉尊者屏氣也。　正義：掩口，恐氣觸人。　江氏永曰：古人常帶劍於脅，亦或帶之於背，拔劍則俯身而出之。如荆軻傳，秦王劍長不能拔，左右呼曰：「王負劍。」謂長者俯身與之語，如負劍之狀。則負劍與辟咡相對，負劍俯其身，辟咡偏其口，或亦可通。

【郭氏質疑】負、劍，辟咡詔之，則掩口而對。

鄭注：負謂置之於背，劍謂挾之於旁。

嵩燾案：史記始皇本紀「王負劍」。凡倚著於背皆謂之負。明堂位「天子負斧依」，孔子閒居「負牆而立」，孟子「虎負嵎」，國語「一个負矢」，史記司馬相如傳「縣令負弩矢」。負小兒於背，狀如負劍，因以名之。史記夏侯嬰傳「面擁樹乃馳」，蘇林曰：「南陽人謂抱小兒爲擁樹。」然則置於背曰「負劍」，挾於懷曰「擁樹」，皆取形似。鄭注分「負」與「劍」爲二，恐非。而就此節經義求之，當連上「長者與之提攜，則兩手奉長者之手」爲文，蓋謂長者挈之以行而奉長者之手，以示不敢受長者之挈，因復以背承之，若負劍然。使長者得憑之以行，負小兒爲「負劍」，負長者之手亦可以爲「負劍」，取義同也。「辟咡」謂側面向長者而屏氣，不敢舒也。「辟」讀若周官注「辟行人」之辟，謂旁止其吻。言「辟咡」，則側面可知。「負劍」「辟咡」二事各爲句，皆少者之儀也。陳氏集説析「負劍」二者而分屬之二人，於詞尤不文。據下文「掩口而對」，是皆教之以禮，非待抱負者也。

曲禮注疏長編卷七

一·一八 **從於先生**[一]**，不越路而與人言。**尊不二也。先生，老人教學者[二]。○從，才用反，下皆同。**遭先生於道，趨而進，正立拱手。**爲有教使。○拱，俱勇反。**先生與之言則對，不與之言則趨而退。**爲其不欲與己並行。**從長者而上丘陵，則必鄉長者所視**[三]**。**爲遠視不察，有所問。○上，時掌反，下同。

【疏】「從於」至「所視」[四]。○正義曰：此一節明事師長之禮并自恭謹之法，今各隨文解之。

[一] 從於先生節 惠棟云：「『從於先生』節、『登城不指』節、『户外有二屨』節，宋本合爲一節。」

[二] 先生老人教學者 閩、監、毛本作「老」，岳本、嘉靖本同，衛氏集説同。此本「老」誤「者」。

[三] 則必鄉長者所視 閩、監、毛本同，石經同，岳本、嘉靖本同，衛氏集説同。考文引古本「鄉」作「嚮」，通典六十八作「向」。○按：鄉、向，古今字。嚮，俗「鄉」字。

[四] 從於至所視 惠棟校宋本無此五字。

○「從於先生」者，謂從行時。先生，師也。謂師爲先生者，言彼先己而生，其德多厚也。自稱爲弟子者，言己自處如弟子，則尊師如父兄也。故公西華、子夏之徒答孔子，皆自稱弟子也。雷次宗以爲師如父兄，故自稱弟子也。今明若從師行，不得輒往路傍與他人言也。而論語云：「有酒食，先生饌。」則先生之號亦通父兄。崔靈恩云：「凡言先生，謂年德俱高，又教道於物者[一]。凡云長者，直以年爲稱也。凡言君子者，皆爲有德尊之，不據年之長幼。故所稱不同也。」

○「遭先生」至「拱手」者[二]，此明道路與師長相逢之法。遭，逢也。趨，疾也。拱手，見師而起敬，故疾趨而進就之也，又不敢斥問先生所爲，故正立拱手而聽先生之教。

○注「先生，老人教學者」。○正義曰：案書傳略説云：「大夫、士七十而致仕，大夫爲父師，士爲少師，教於。」周禮鄉射注云[三]：「先生，鄉大夫致仕者。」此云「老人教學者」，則通凡老而教學者，是未必皆致仕者。

[一] 又教道於物者　閩、監、毛本同，衛氏集説「物」作「幼」。
[二] 遭先生至拱手者　閩、監、毛本同，惠棟校宋本無「者」字。
[三] 教於州里儀禮鄉射注云　監、毛本如此。此本作「教於周禮鄉射注云」，字有脱誤也，閩本同。考文引宋板無「儀禮」二字。盧文弨校本云：「儀禮鄉射無此注，惟鄉飲酒注云『先生，鄉中致仕者』。」

○「與之言則對」者，此謂問時事之言則對，若問己大事，則辭讓然後對。故前文云：「長者問，不辭讓而對，非禮也。」

○「則必鄉長者所視」者，長者東視則東視，長者西視則西視。從先生、君子亦然。

【吴氏纂言】從於先生，不越路而與人言。

鄭氏曰：先生，老人教學者，尊不二也。

孔氏曰：從，謂從行時。先生，師也。謂師爲先生者，言彼先己而生，其德多厚也。

戴氏曰：禮無二敬，從先生而越路與人言，則敬有所分矣。

遭先生於道，趨而進，正立拱手。先生與之言則對，不與之言則趨而退。

鄭氏曰：拱手，謂有教使。趨退，謂其不欲與己並行。

孔氏曰：遭，逢也。此明道路與師長相逢之法。趨，疾也。見師而起敬，故疾趨而進就之，又不敢斥問先生所爲，故正立拱手而聽先生之教。

吕氏曰：與言則對，不與言則退，應答進退，不敢專也。

從長者而上丘陵，則必鄉長者所視。

孔氏曰：長者東視則東視，西視則西視。

鄭氏曰：爲遠視不察，有所問。

【陳氏集説】從於先生，不越路而與人言。遭先生於道，趨而進，正立拱手。先生與

之言則對，不與之言則趨而退。呂氏曰：先生者，父兄之稱。有德齒可爲人師者，猶父兄也，故亦稱先生。以師爲父兄，則學者自比於子弟，故稱弟子。**從長者而上丘陵，則必鄉長者所視。登城不指，城上不呼。**高而有向背者爲丘，平而人可陵者爲陵。鄉長者所視，恐有問，則即所見以對也。石梁王氏曰：先生，年德俱高，又能教道人者。長者，則直以年爲稱也。

【郝氏通解】幼子常視毋誑，童子不衣裘、裳，立必正方，不傾聽。長者與之提攜，則兩手奉長者之手，負、劍，辟咡詔之，則掩口而對。從於先生，不越路而與人言。遭先生於道，趨而進，正立拱手。先生與之言則對，不與之言則趨而退。從長者而上丘陵，則必鄉長者所視。

視，與「示」同。童子天真無僞，不可示以欺詐之事。大人者，不失其赤子之心者也。童子衣裘則迫近成人，衣下有裳亦成人之禮服。童子給役，惟襦袴耳。正方，面正向一方，不疑立也。傾，偏欹也，不傾頭左右屬聽，皆端重之容。提攜，謂長者以手牽引，如提攜物然。則童子必兩手恭捧長者之手，致親敬也。負，古背通負。劍，謂長者以手加童子肩背，挾之腋下，如帶劍也。辟，偏也。咡，口旁也。詔，告語也，長者於童子耳邊，以口旁語之，則童子必手自掩其口而應，勿使氣觸長者。先生，謂父兄、師長。從，隨行也。從長者行而越路與人言，是忘其所從也。遇先生于路，疾趨前進，不敢煩先生就己也。恐有教令，正立拱手俟之，與己言則對，不言則趨退，不敢質問，亦不敢叩所往也。土高曰丘，陵遲可升曰陵。嚮長者所視，視東亦東，視西亦西，恐長者有問，隨所見對也。

【欽定義疏】從於先生，不越路而與人言。遭先生於道，趨而進，正立拱手。先生與之言則對，不與之言則趨而退。

正義 鄭氏康成曰：不越路與人言，尊不二也。先生，老人教學者。拱手，爲有教使。趨退，爲其不欲與己並行。

孔氏穎達曰：從，謂從行時。先生，師也。謂師爲先生者，言彼先己而生，其德多厚也。遭，逢也。疾趨而進就之，又不敢斥問先生。所爲故正立，拱手而聽先生之教。

吕氏大臨曰：弟子之於師，聽教聽役而已，故正立拱手以待也。與言則對，不與言則退，應對進退，不敢專也。

戴氏溪曰：禮無二敬，從先生而越路與人言，則敬有所分。趨進者，懼先生之有教令也。趨退者，不敢與先生並行也。遇而引避，雖足致敬，而非所以承命也。不與言而隨行不置，亦非所謂承意也。

通論 吕氏大臨曰：先生，則他人稱之長者，則無嫌於自稱。

馬氏晞孟曰：先生者，齒長而有德之稱。古之冠者見於鄉大夫、鄉先生，鄉飲酒之禮，主人就先生而謀賓，尊爵貴德之義也。

存疑　胡氏銓曰：前云「必辭讓而對」，此云「則對」，略道路也。

案　論語問孝而曰「有酒食，先生饌」，則先生之稱，初惟屬父耳。其兼言兄，則由父推之，謂同爲父所生，而其生先於我也。其以稱師，則又由父兄推之，謂教我比於生我，故自稱亦曰弟子也。其以稱大夫致仕者，則又由師推之，爲古致仕大夫、士教於鄉里也。其以稱鄉人之老者，則又推之，爲其年亦近於父也。然此亦必年與德兼耳。若長者，則但以年而言。

又案：相從則步趨不違，所以專致其敬；相遇則進退必謹，所以曲盡其敬。「與之言」與「有所問」不同，問我立志，問我所長，故必謙遜乃對。若但與言，則直對而已，無所用謙也。胡氏「略道路」之説非。

從長者而上丘陵，則必鄉長者所視。

正義　鄭氏康成曰：鄉長者所視，爲遠視不察，有所問。

孔氏穎達曰：長者東視則東視，西視則西視。

戴氏溪曰：從長者而升高，非以遠覽也，所以承教也。違長者所視，則志在覽物，敬長之意失矣，況長者欲有所問乎？

陳氏澔曰：高而有向背者爲丘，平而人可陵者爲陵。鄉長者所視，恐有問，則即所見以對也。

【杭氏集説】從於先生，不越路而與人言。遭先生于道，趨而進，正立拱手。先生與之言則對，不與之言則趨而退。

姜氏兆錫曰：先生，謂師也。從則不踰路而言，遇則以禮進退，皆敬也。又曰：

呂氏曰：「先生本父兄之稱。有德齒可爲人師者，猶父兄也，故亦稱先生，而學者比于子弟也。」

從長者而上丘陵，則必鄉長者所視。

陳氏澔曰：高而有向背者爲丘，平而人可陵者爲陵。鄉長者所視，恐有問，則即所見以對也。

姚氏際恒曰：曲禮皆雜取古語，凡其所言先生、長者、君子，皆不必分疏。

【孫氏集解】從於先生，不越路而與人言。遭先生於道，趨而進，正立拱手。先生與之言則對，不與之言則趨而退。

鄭氏曰：先生，老人教學者。不越路而與人言，尊不二也。正立拱手，爲有教使。趨而退，爲其不欲與己並行。

孔氏曰：稱師爲先生者，言彼先己而生，其德多厚也。自稱爲弟子者，言己自處如弟子，尊師如父兄也。而論語云「有酒食，先生饌」，則先生之號亦通父兄。崔靈恩云：「凡言先生，謂年德俱高，又教道於物者。凡云長者，直以年爲稱也。凡爲君子者，皆爲有德尊之，不據年之長幼，故所稱不同也。」案書傳略説云：「大夫、士七十而致仕，大夫爲父師，士爲少師，教於州里。」儀禮鄉射注云：「先生，卿大夫致仕者。」此云「老人教學者」，則通凡老而教學者，未必皆致仕者。見師而起敬，故疾趨而進就之。又不敢斥問先生所爲，故正立拱手而俟先生之教。

愚謂「不與言則退」者，不敢以無事稽先生之行也，注説非是。蓋此童子既知禮，自能隨行後長先生，不必以與己並行爲慮也。

從長者而上丘陵，則必鄉長者所視。

鄭氏曰：爲遠視不察，有所問。

【朱氏訓纂】**從於先生，不越路而與人言。**注：尊不二也。先生，老人教學者。**遭先生於道，趨而進，正立拱手。**注：爲有教使。**先生與之言則對，不與之言則趨而退。**注：爲其不欲與己並行。正義：先生，師也。論語云：「有酒食，先生饌。」則先生之號亦通父兄。崔靈恩云：「凡言先生，謂年德俱高，又教道於物者。凡云長者，直以年爲稱也。凡言君子者，皆爲有德尊之，不據年之長幼，故所稱不同也。」

從長者而上丘陵，則必鄉長者所視。注：爲遠視不察，有所問。正義：長者東視則東視，西視則西視。王氏懋竑曰：廣雅：「小陵曰丘。」説文：「陵，大阜也。」

一·一九　**登城不指，城上不呼。**爲惑人。○呼，火故反，號叫也。

【衛氏集説】從於先生，不越路而與人言。遭先生於道，趨而進，正立拱手。先生與之言則對，不與之言則趨而退。

鄭氏曰：不越路與人言，尊不二也。先生，老人教學者。拱手，爲有教使。趨退，爲其不欲與己並行。

孔氏曰：自此至「唯諾」，明事師長之禮并自恭謹之法。先生，師也。謂師爲先生者，言彼先己而生，其德多厚也。自稱爲弟子，言己自處如弟子，則尊師如父兄也。論語云：「有酒食，先生饌。」則先生之號亦通父兄。崔靈恩云：「凡言先生，謂年德俱高，又教道於幼者。凡言長者，直以年爲稱也。凡言君子者，皆爲有德尊之，不據年之長幼。」書傳略説云：「大夫、士七十而致仕，大夫爲父師，士爲少師，教於州里。」鄉射注云：「先生，鄉大夫致仕者。」鄭云「老人教學」，則未必皆致仕者。遭，逢也。趨，疾也。道路與師長相逢，疾趨而進就之，不敢斥問先生所爲，故正立拱手聽先生之教。若問己以事，則辭遜然後對。

藍田吕氏曰：先生則他人稱之，長者則無嫌於自稱。樂正子曰：「先生何爲出此言也？」孟子曰「舍館定然後求見長者乎」是也。弟子之於師，聽教聽役而已，故正立拱手以待也。與之言則對，不與之言則趨而退，進退應答，不敢專也。

馬氏曰：先生者，齒長而有德之稱。古之冠者見於鄉大夫、鄉先生，鄉飲酒之禮，主人就先生而謀賓，尊爵貴德之義也。孟子以先生目宋牼而自謂長者，蓋長者長於彼，而未必有德，先生德齒俱高矣。尊者體舒，卑者體蹙，進退必趨者，卑以自處也。

廬陵胡氏曰：不越路而與人言，一其敬。與之言則對，前文云「辭遜而對」，此不者，略道路。

永嘉戴氏曰：禮無二敬，從先生而越路與人言，則敬有所分矣。趨進者，懼先生之有教令也。趨退者，不敢與先生並行也。道遇長者而引避，雖足以致敬，而非所以承命也。長者不與之言而隨行不置，亦非所謂承意也。進退之際，其難如此，可不謹哉？

從長者而上丘陵，則必鄉長者所視。登城不指，城上不呼。

鄭氏曰：鄉長者所視，爲遠視不察，有所問。不指不呼，爲惑人。

孔氏曰：長者東視則東視，長者西視則西視，從先生、君子亦然。

永嘉戴氏曰：從長者而升高，非以遠覽也，所以承教也。違長者所視，則志在覽物，敬長之意失矣，況長者欲有所問乎？登高而望遠，則衆所駭。觀自上而瞯下，則人所疑忌，居十目所視、十手所指之地，而指畫疾呼，其不驚人而惑衆者幾希，此固君子之所戒也。論語曰：「車中不內顧，不疾言，不親指。」在車上猶不可，而況於登城乎？

嚴陵方氏曰：不指，爲其惑人之見也。不呼，爲其惑人之聞也。言城者，士民之所會，而聞見者衆故也。

廬陵胡氏曰：不指、不呼，爲駭衆。

一·二〇 **將適舍，求毋固。** 謂行而就人館。固，猶常也。求主人物，不可以舊常致，時乏無[一]。周禮土訓「辨地物，原其生，以詔地求」，其類。**將上堂，聲必揚。** 警内人也。○警，京領反。

【疏】「將適舍，求毋固」。○正義曰：自此以下，雖從師長，兼明爲賓客禮也。適，猶往也。舍，主人家也。固，猶常也。凡往人家，不可責求於主人覓常舊有之物，故曰「求毋固」也。○注「周禮」至「其類」。○正義曰：案地官土訓職云：「辨地物。」鄭注云：「別其所有所無。原其生者，生有時。以告王之求也。若地所無及物未生，則不求。」與此相類也，故引之證「求毋固」也。

[一] 不可以舊常致時乏無 閩、監本同。毛本「致」作「或」，岳本、嘉靖本同。○鍔按：「不可」上，阮校有「登城不指節」五字。

一·二一 **户外有二屨，言聞則入，言不聞則不入。將入户，視必下。入户奉扃，視瞻毋回。** 不干掩人之私也。奉扃，敬也。○屨，紀具反，單下曰屨。聞，音問，又如字，下同。視，常止反，下同，徐音示，沈又市志反。扃，古螢反，何云「關也」，一云「門扇上鐶鈕」。瞻，毋，徐音如字。**户開亦開，户闔亦闔。** 不以後來變先。○闔，胡臘反。**有後入者，闔而勿遂。** 示不拒人。○拒，其許反。**毋踐屨，毋踖席，摳衣趨隅，必慎唯諾。** 趨隅，升席必由下也[一]。慎唯諾者，不先舉，見問乃應。○踖，在亦反，一音席，躐也。摳，苦侯反，提也，下及注同。趨，七俱反，向也，注同，本又作「走」，徐音奏，又如字。唯，于癸反，應辭也，注同，徐于比反，沈以水反。諾，乃各反。應，「應對」之應。

【疏】「户外」至「唯諾」。○正義曰：此一節明謂室有兩人，故户外有二屨。此謂兩人體敵，故二屨在外。知者，以鄉飲酒「無筭爵[二]，賓主皆降，脱屨於堂下」，以體敵故也。若尊卑不同，則長者一人脱屨於户内，故少儀云「排闔脱屨於户内者，一人而已矣」

[一] 升席必由下也　閩、監本同，岳本、嘉靖本同，衛氏集説同，考文引宋板、古本、足利本同。毛本「必」誤「也」。

[二] 以鄉飲酒無筭爵　閩本同。監、毛本「筭」作「算」。○按：段玉裁云：「説文『算，數也』，筭爲算之器，算爲筭之用。」監、毛不誤。

是也。案屨人注云：「複下曰舄，禪下曰屨[一]。古人言屨以通於複，今世言屨以通於禪。」如鄭此言，古人之言，無問禪之與複，皆名爲屨；今人言屨，正謂禪者也。

○「言聞則入，言不聞則不入」者，若一屨，有一人，一人無非法之私事，則外人可即入。若有二屨，二屨是有二人，或清閑密事[二]，若内人語聞於户外，則外人乃可入也[三]。熊氏以爲「一人之屨在户内，其户外有二屨，則三人也。下文云『離坐離立，無往參焉』，則知户内二人，不得參之。故知户外有二屨者，當有三人」，義亦通也。

○「將入户，視必下」者，雖聞言而入，亦不得舉目而視，恐覿人私，故必下。

○「入户奉扃」者，奉扃之説，事有多家[四]。今謂禮有鼎扃，所以關鼎。今關户之木，與關鼎相似，亦得稱扃。凡常奉扃之時，必兩手向心而奉之。今入户雖不奉扃木，其手若奉扃然，以其手對户，若奉扃，言恭敬，故言奉扃也，是以注云「奉扃，敬也」。

○「視瞻毋回」者，初將入時，視必下，而竟不得迴轉，廣有瞻視也。

○「户開亦開」者，既入户，不以後來變先，若户本開，則今入者不須闔也。

[一] 禪下曰屨　惠棟校宋本同，閩、監、毛本「禪」作「單」，下「以通於禪」「無問禪之與複」「正謂禪者」皆同。

[二] 或清閑密事　惠棟校宋本作「閑」，此本「閑」作「開」，閩、監本作「問」，毛本「清閑」作「請問」。

[三] 若内人語聞於户外則外人乃可入也　閩、監、毛本同，衛氏集説「則」下有「非私事」三字，恐以意添也。

[四] 奉扃之説事有多家　閩本同。毛本「事」誤「奉」，監本「奉」誤「本」，「事」字不誤。考文引宋板作「事」。

○「户闔亦闔」者，户若本闔，則今入者不須開也。

○「有後入者，闔而勿遂」者，有後入者，謂己於先入後，猶有人又應入者也，雖己應還闔，當徐徐欲作闔勢，以待後入，不得遂闔，以成拒後人，故注云「示不拒人」。

○「毋踐屨」者，踐，蹋也。既並脱屨户外，其人或多，若後進者，不得蹋先入者屨。

○「毋踖席」者，踖，猶躐也。席既地鋪，當有上下。將就坐，當從下而升，當己位上，不發初從上，從上爲躐席也〔一〕。玉藻云升席，「升席不由前，爲躐席也」。熊氏以爲踖席猶逆席，逆席，謂從上升，故鄭云「必由下」。玉藻所云者，自是不由席前升，與此别。

○「摳衣趨隅」者，摳，提也。衣，裳也。趨，猶向也。隅，猶角也。既不踖席，當兩手提裳之前，徐徐向席之下角，從下而升，當己位而就坐也。

○「必慎唯諾」者，唯，㕧也。㕧諾，應對也。既坐定，又慎於應對。

○注「趨隅」至「乃應」。正義曰：案鄉飲酒云：「賓升席自西方。」注云：「升由下也，升必中席。」彼謂近主人爲上，故以主西爲之下。凡席，皆升由下，降由前。云「慎唯諾者，不先舉，見問乃應」者，舉，猶問也，謂不先問也。

【衛氏集説】鄭氏曰：適舍，謂行而就人館。固，猶常也。求主人物，不可以舊常，或

〔一〕從上爲躐席也　閩、監、毛本同。惠棟校宋本「躐」作「躐」，下「躐席」同，是也。「躐」爲「躐」之或體，説詳下。

時乏無。聲必揚，警内也。言聞則入，視必下，不干掩人之私也。奉扃，敬也。户開闔，不以後來變先。勿遂，示不拒人。趨隅，升席必由下也。慎唯諾者，不先舉，見問乃應。

孔氏曰：自此以下，雖從師長，兼明爲賓客禮也。舍，主人家也。户外二屨，謂兩人體敵，故鄉飲酒「賓主皆降，脱屨堂下」，以體敵故也。若尊卑不同，則長者一人脱屨户内，故少儀云「一人而已」。若内人語聞於户外，則非私事，外人乃可入也。雖聞言而入，不得舉目，恐睹人私。禮有鼎扃，所以關鼎。今關户之木，與關鼎相似，亦得稱扃。凡常奉扃，必兩手向心而奉之。視必下，而竟不得迴轉，廣有瞻視。若户本開，則今入者不須闔。若户本闔，則今入者不須開。後猶有人應入，雖己應還闔，當作闔勢，以待後入，不得遂闔，以拒後人。踐，蹋也。後進者不得蹋先入者屨。踖，猶躐也。席既地鋪，當有上下。將就坐，當從下而升，以就己位，若發初從上，爲踖席。玉藻云「升席不由前，爲躐席」，自是不由席前升，與此别。鄉飲酒云：「賓升席自西方。」注云：「升由下也，升必中席。」彼謂近主人爲上，故以西爲下也。摳，提也。衣，裳也。趨，猶向也。隅，猶角也。既不踖席，當兩手提裳之前，徐徐向席之下角，從下而升己位也。唯，唯也。唯諾，應對也。坐定，又謹於應對。

熊氏曰：一人之屨在户内，其户外有二屨，則三人也。下文云「離坐離立，毋往參焉」，則知户内二人，不得參之，故知户外二屨，當有三人。

黄氏曰：求毋固，注義訓「固」爲「舊常」者，義或迂也。俾昧者觀之，謂不可求舊常而可求新異哉？蓋「求毋固」者，謂凡求物於主人，毋固毋必，隨其有無，則厥義似當。

横渠張氏曰：將適舍，求毋固，固求休息，有似厭怠然。

藍田吕氏曰：事先生長者之禮，進退不敢必也。將適舍，將退也；將上堂，將進也。雖將退也，先生長者未之許，則退無固也。雖將進也，揚聲而警之，不欲掩人之私也。户外有二屨，則并户内一屨爲三人矣。以户内有三人，故乃可入，猶以言聞、不聞，爲入、不入之節。若户内有二人，則不可入，所謂「離坐離立，毋往參焉」者也。毋踐屨、踖席，敬其物，所以敬其人也。摳衣趨隅，必慎唯諾，不敢爲賓，聽役於先生長者。唯所以應也，諾所以許也。

永嘉戴氏曰：嫌疑者，禍之階也。故禮者，所以别嫌疑而免於人道之患。將上堂，聲不揚而默上，則人得以疑乎我；將入户，言不聞而遽入，則我有以窺乎人。此二者，禍之階也。凡視之道，上視者傲。將入户，視必下者，懼其旁觀側睨，窺人之私也。君子之孝，凡足之所履，手之所持，身之所倚，無非敬也。入户而扃墜，則慢心實爲之，是亦不敬也。入户之禮，不惟下視，而亦不敢反顧矣。户之開闔，若非急務，君子察於人情，如此其周也。凡升堂者，脱屨於堂下，惟祭則否。凡入户者，脱屨於户外，有尊長在則否。就屨、取屨、納屨、遷屨，皆有禮法。即席之禮，由下以序而升。賓客之席、讀書之席、飲食之席、徒坐之席，亦有禮法，不失尺寸，過此則爲非禮矣。

嚴陵方氏曰：視以下爲敬，後言「凡視，上於面則敖」，豈非以下爲敬乎？視近而瞻遠，視詳而瞻略，雖或瞻或視，不可回旋，惡其掩人之私也。毋踐屨，所以貴其人。毋踖席，所以正其位。必慎唯諾者，唯之聲速而質，諾之聲緩而文，與己有上下之辨者則應之以唯，與己有彼此之辨者則應之以諾，雖或唯或諾不同，皆欲其無僞而已。故易稱君子慎言語，然此止謂應者之辭，所言者，客禮而已。

吴郡范氏曰：將上堂，則揚吾聲欬之聲。户外有二屨，則聲聞於外而後敢入，入户，則不舉目以遠視。拱手當心以向户扃，不回環而四顧，皆是不欲掩人之私。其事雖小，最爲曲禮之要，推而廣之，有正心、誠意之道焉。使心術不正者處之，必將潛聲以升堂，直前而入户，遠瞻四顧，爲睢盱覘伺之態，則其人之薄德可知矣。大抵禮以制形爲用，而以制心爲本，一念不正，發於方寸者甚微，而形於舉措者弗可掩，流於放僻邪侈而不自知。故升堂入户，日用之常，而君子致嚴如此者，以心術之邪正繫焉。

山陰陸氏曰：奉扃，謂應小啓之，以兩手奉户，置扃處也。

廬陵胡氏曰：車上兵闌亦曰扃，左氏宣十二年傳曰「脱扃」。摳衣趨隅，兩手提揭裳之前，向席一隅，而升己之位。

長樂陳氏曰：闔之所以敬其主於内，勿遂所以敬其人於外。敬其主於内，禮也；敬其人於外，義也。夫以一闔户之間，而禮義猶所不廢，況其大者乎？

新安朱氏曰：毋踐屨，毋踖席，此是衆人共坐一席。既云當己位上，即須立於席後，乃得當己位上。蓋以前爲上，後爲下也，正與玉藻義同。鄉飲乃是特設賓席，一人之坐，故以西爲下，而自席下之中，升而即席，與此異也。

【吴氏纂言】登城不指，城上不呼。

鄭氏曰：不指、不呼，爲惑人。

方氏曰：不指，爲其惑人之見也。不呼，爲其惑人之聞也。言城者，士民之所會而聞見者衆也。

戴氏曰：居十手所指、十目所視之地，而指畫疾呼，其不驚人而惑衆者幾希。論語曰：「車中不疾言，不親指。」在車上猶不可，況於登城乎？

將適舍，求毋固。將上堂，聲必揚。

黄氏曰：凡求物於主人，毋固毋必，隨其有無。

鄭氏曰：適舍，謂行而就人館。固，猶常也。求主人物不可以舊常，或時乏無。聲必揚，警内也。

澄曰：暮而求舍館，一宿而已，隨所在而安，不敢必求適意之所也。上堂而先揚其聲，使人知所回避也。

户外有二屨，言聞則入，言不聞則不入。將入户，視必下。入户奉扃，視瞻毋回。户開亦開，户闔亦闔。有後入者，闔而勿遂。

鄭氏曰：言聞則入，視必下，不干掩人之私也。奉扃，敬也。開亦開，闔亦闔，不以後來變先。勿遂，示不拒人。

孔氏曰：户外有二屨，謂室有兩人。若一人，無非法之私事，則外人可入。若有二屨，是有二人，或請問密事。若内人語聞於户外，則非私事，外人乃可入也。雖聞言而入，亦不得舉目而視，恐覩人之私也，故視必下。扃所以關鼎，關户之木，與關鼎相似，亦得稱扃。凡常奉扃之時，必兩手向心而奉之。今入户雖不奉扃木，以其手對户，若奉扃然，言恭敬也。初入時，視必下，而竟不得迴轉，廣有瞻視也。既入户，若户本開，則今入者不須闔。若户本闔，則今入者不須開。己先入，後猶有應入者，雖己應闔户，徐徐欲作闔勢，以待後入，不得遂闔，以拒後入。

毋踐屨，毋踖席，摳衣趨隅，必慎唯諾。

鄭氏曰：趨隅升席，必由下也。慎唯諾者，不先舉，見問乃應。

孔氏曰：踐，蹋也。既並脱屨，户外其人或多，若後進者，不得蹋先入者屨。踖，猶躐也。席既地鋪，當有上下，將就坐，當從下而升以就己位，若發初從上，爲踖席。摳，提也。衣，裳也。趨，猶向也。隅，猶角也。既不踖席，當兩手提裳之前，徐徐向席之下角，從下而升己位也。唯諾，應對也，坐定又慎於應對。

【陳氏集説】登城不指，城上不呼。城，人所恃以爲安固者。有所指，則惑見者；有所呼，則駭聞者。**將適舍，求毋固。**戴氏曰：就館者誠不能無求於主人，然執平日之所欲而必求於人，則非爲客之義。**將上堂，聲必揚。户外有二屨，言聞則入，言不聞則不入。**上堂，升主人之堂也。揚其聲者，使内人知之也。古人脱屨在户外，客雖衆，脱屨於户内者，惟長者一人。言有二屨，則并户内一屨爲三人矣。三人而所言不聞於外，必是密謀，故不入也。**將入户，視必下。入户奉扃，視瞻毋回。户開亦開，户闔亦闔。有後入者，闔而勿遂。**入户，入主人之户也。視下，不舉目也。扃，門關木也。入户之時，兩手當心，如奉扃然。雖視瞻而不爲迴轉，嫌於干人之私也。開闔皆如前，不違主人之意也。遂，闔之盡也，嫌於拒後來者，故勿遂。**毋踐屨，毋踖席，摳衣趨隅，必慎唯諾。**複下曰舄，單下曰屨。毋踐屨，謂後來者不可蹋先入者所脱之屨也。踖，猶躐也。玉藻曰「登席不由前，爲躐席」，是登席當由前也。摳，提也。摳衣，與論語「攝齊」同，欲便於坐，故摳之。趨隅，由席角而升坐也。唯諾，皆應辭。既坐定，又當謹於應對也。

【郝氏通解】登高望遠，人所共見，自上視下，人所疑忌。指而呼，則驚惑者衆矣。君子在車中，不親指，不疾言，而況城上乎！舍，旅館也。旅邸不能無求，若執平日所用，堅索如意，非爲客之義。君子無處無物可以固求，而于旅次尤當戒也。將升堂，必先揚其聲，使内人知避也。古人席坐，脱屨而升。羣坐惟長者一人脱屨於户内，餘皆脱於户外。外有二屨，則在坐非一人，語聞于户外則可入，不聞恐有密，不當入也。入户視必下，不欲掩人所私也。扃，鉉通門内外拴鈕也。排户而入，則兩手捧持其扃，勿左右回視。户初或開或闔，既入使開闔如初，不違主人意也。當闔而有後入者，則闔勿盡，恐拒後入者也。毋踐屨，不踐蹋先入者所脱之屨。踖，亦踐也。長者所居，席端爲上，長者先登，則後來者自前序升，如歷長者之位以就己位，是謂之踖席也。摳，提也，手提其衣，便坐也。隅，席角末坐也。幼者趨席末，由末升也。慎唯諾，長者有問，唯諾必中節也。

按：此類皆儀文末節，然皆心術所形，心苟不存，則倒行逆施，故曰：「德言慎，禮言恭。」惟盛德之至，動容周旋，無時無處非禮，君子所以不可斯須去身，操心之謂也，後多倣此。

【納喇補正】户外有二屨。

集説　古人脱屨在户外，客雖衆，脱屨于户内者，惟長者一人。言有二屨，則并户内一屨爲三人矣。

竊案　此本熊氏説也。禮，賓主敵體，則二屨在户外，鄉飲酒云「賓主皆降，脱屨于堂下」是也。若尊卑不同，則長者一人脱屨於户内，少儀云「排闔脱屨於户内者，一人而已矣」是也。此記云户外有二屨，不言户内有一屨，則室内只二人，明矣，何以知其必有長者一人，而共爲三人乎？或曰：「離坐離立，毋往參焉」，若二人在内，聞言則入，是離坐而往參之，故知必三人也。曰：禮所謂離坐毋往參者，謂同在室内，坐各有位，見人有兩兩並坐者而往參之，恐干人之私，故君子戒之，非謂户内有二人，在外者聞言亦不得入也。

【江氏擇言】毋踖席。

鄭注：升席必由下也。

孔疏云：將就坐，當從下而升，當己位上，不發初從上也。玉藻：「不由前，爲躐席。」與此别。

朱子云：此是衆人共坐一席。既云當己位上，即須立於席後，乃得當己位上。蓋以前爲上，後爲下也，正與玉藻義同。鄉飲乃是特設賓席，一人之坐，故以西爲下，而自席下之中升而即席，與此異也。

陳氏云：踖，猶躐也。玉藻曰：「登席不由前，爲躐席。」是登席當由前也。

按：注疏之誤，朱子正之。陳氏亦引玉藻，乃謂登席當由前，與朱子立於席後之説相反。蓋玉藻「登席不由前，爲躐席」，「爲」字本讀去聲。「爲躐席」者，釋上所以不由前之故也。陳氏以如字讀之，謂不由前即爲躐席，是以登席當由前，其説誤矣。

【欽定義疏】登城不指，城上不呼。

正義 鄭氏康成曰：不指、不呼，爲惑人。

陸氏德明曰：呼，號叫也。

方氏慤曰：不指，爲其惑人之見也。不呼，爲其惑人之聞也。言城者，士民之所會而聞見者衆故也。

通論 戴氏溪曰：論語曰：「車中不疾言，不親指。」在車上猶不可，況於登城乎？

案 不指、不呼，非特不駭人，亦以自約其不謹也。

將適舍，求毋固。

正義 鄭氏康成曰：適舍，謂行而就人館。

孔氏穎達曰：舍，謂主人家也。

陳氏櫟曰：將適館舍，有求於主人，不可有固求必得之心。

存異 鄭氏康成曰：固，猶常也。求主人物，不可以舊常，或時乏無。周禮土訓「辨地物，原其生，以詔地求」，其類。

張子曰：將適舍，求毋固，固求休息，有似厭怠然。

陳氏櫟曰：一説將欲退而就舍，長者或留之，不可固求必退。

吴氏澄曰：暮而求舍館，一宿而已，隨所在而安，不敢必求適意之所也。

案 鄭訓「固」爲「常」，所引周禮亦不類。若謂不可以我常如是而求必遂則可耳。

又經文由適舍而上堂，由上堂而入户，由入户而即席。是「適舍」者，乃自外入，非從内出也。陳氏謂先生長者未許而固求必退，則似身在户内，而出就館舍。吴氏謂暮而一宿，又似旅行投宿，恐與下「上堂」「入户」皆不類。

將上堂，聲必揚。户外有二屨，言聞則入，言不聞則不入。

正義　鄭氏康成曰：聲必揚，警内人也。

陳氏澔曰：上堂，升主人之堂。揚其聲者，使内人知之也。

徐氏師曾曰：複下曰舄，單下曰屨。古者即席則去屨，不以屨踐席。

楊氏鼎熙曰：言者聲徹曰聞。　又曰：此必師弟、朋友、親戚，無擯介、將命者。

存疑　熊氏安生曰：一人之屨在户内，其户外有二屨，則三人也。下文云「離坐離立，無往參焉」，則知户内二人，不得參之。故知户外二屨，當有三人。

孔氏穎達曰：户外二屨，謂兩人體敵。故鄉飲酒「賓主皆降，脱屨堂下」，以體敵故也。若尊卑不同，則長者一人脱屨户内。若内人語聞於户外，則非私事，外人乃可入也。

陳氏澔曰：二人而所言不聞於外，必是密謀，故不入。

存異　孔氏穎達曰：無非法之私事乃可入。

戴氏溪曰：嫌疑者，禍之階也。故禮者，所以别嫌疑而免於人道之患。將上堂，聲不揚而默上，則人得以疑乎我。將入户，言不聞而遽入，則我有以窺乎人。此二者禍之階也。

案 此節自是上堂、入户之通禮。即由外寢入内寢亦然，而上他人之堂，入他人之户更可知。孔氏非法，戴氏禍階，立論不無太過。至户外有二屨，自謂二人之屨。熊氏謂户外有二屨，一人之屨在户内，則有三人。但自外來者，不見户内之屨，又烏知其有無乎？至熊引「離坐離立，無往參」以證，則義殊别。蓋離，並也。彼二人並坐並立，我不可出其閒，非謂坐與行必不可有三人也。孔引「脱屨堂下」以証，則事更不同。此偶相過，非賓主行禮。且入室非升堂，或卑幼自來，主人不必出迎，至户同脱屨入也。

將入户，視必下。入户奉扃，視瞻毋回。户開亦開，户闔亦闔。有後入者，闔而勿遂。

正義 鄭氏康成曰：言聞則入，視必下，不干掩人之私也。奉扃，敬也。開亦開，闔亦闔，不以後來變先。勿遂，示不拒人。

孔氏穎達曰：扃所以關鼎者，關户之木，亦得稱扃。凡當奉扃之時，必兩手向心而奉之。今入户雖不奉扃木，以其手對户，若奉扃然，言恭敬也。初入時，視必下，不得回轉，廣有瞻視也。若户本開，則今入者不須闔；若户本闔，則今入者不須開。己先入後，猶有應入者，雖己應闔，當徐作闔勢，以待後人，不得遂闔，以拒後人。

方氏慤曰：視以下爲敬，上於面則傲。視近而瞻遠，視詳而瞻略。不可回旋，恐其掩人之私也。

陳氏祥道曰：闔之所以敬其主於内，勿遂所以敬其人於外。

存異 姚氏舜牧曰：户之開闔，皆主人事也。方主迎客，而其户或閉，必先舉手以開户，客亦隨身與開之。既入，主或闔其户，客亦舉手與闔之，皆致不敢當主之意。但恐猶有後入者，則闔之而勿遂耳。

毋踐屨，毋踖席，摳衣趨隅，必慎唯諾。

正義 鄭氏康成曰：趨隅，升席必由下也。

孔氏穎達曰：踐，蹋也。既並脱屨户外，其人或多，若後進者，不得蹋先入者屨。踖，猶躐也。席既地鋪，當有上下。將就坐，當從下而升以己位。若發初從上，爲踖席。摳，提也。趨，猶向也。隅，猶角也。既不踖席，當兩手提裳之前，徐徐向席之下角，從下而升己位也。唯諾，應對也。坐定，又謹於應對。

吕氏大臨曰：毋踐屨，毋踖席，敬其物，所以敬其人也。摳衣趨隅，必慎唯諾，不敢爲賓，聽命於先生長者。唯所以應也，諾所以許也。

陳氏澔曰：摳衣，與論語「攝齊」同。

徐氏師曾曰：欲便於坐，故摳衣；欲示其讓，故趨隅。此即席之儀也。既坐定，又當謹於應對，無往而非敬也。

通論 戴氏溪曰：凡升堂者，脱屨於堂下，唯祭則否。凡入户者，脱屨於户外，有尊長在則否。就屨、取屨、納屨、遷屨皆有禮法。即席之禮，由下以序而升。賓客之席、讀書之席、飲食之席、徒坐之席，亦有禮法，不失尺寸，過此則爲非禮矣。

存疑 鄭氏康成曰：慎唯諾者，不先舉，見問乃應。

存異 孔氏穎達曰：玉藻云：「升席不由前，爲躐席。」自是不由席前升，與此別。鄉飲酒云：「賓升席自西方。」注云：「升由下也，升必中席。」彼謂近主人爲上，故以西爲下也。衣，裳也。

陳氏澔曰：趨由席角而升坐也。

辨正 朱子曰：毋踐屨，毋踖席，此是衆人共坐一席。既云當己位上，即須立於席後，乃得當己位上。蓋以前爲上，後爲下也，正與玉藻義同。鄉飲乃是特設賓席，一人之坐，故以西爲下，而自席下之中，升而即席，與此異也。

彭氏曰：樞衣，則連裳提之。訓「衣」爲「裳」，非也。

總論 孔氏穎達曰：自「從於先生」至「唯諾」，明事師長之禮。

【杭氏集説】登城不指，城上不呼。

陸氏德明曰：呼，號叫也。

姜氏兆錫曰：此章首言教幼學之事，而因言事長敬師之禮也。

將適舍，求毋固。

陳氏櫟曰：一説將欲退而就舍，長者或留之，不可固求必退。

吴氏澄曰：暮而求舍館，一宿而已，隨所在而安，不敢必求適意之所也。

姜氏兆錫曰：此以下泛言賓主之禮也。舍，謂客館也。

戴氏曰：就館者誠不能無求于主，然執而必求，則非爲客之義。

將上堂，聲必揚。户外有二屨，言聞則入，言不聞則不入。

陳氏澔曰：上堂，升主人之堂。揚其聲者，使内人知之也。　又曰：二人而所言不聞於外，必是密謀，故不入。

徐氏師曾曰：複下曰舃，單下曰屨。古者即席則去屨，不以屨踐席。

楊氏鼎熙曰：言者聲徹曰聞。　又曰：此必師弟、朋友、親戚，無擯介、將命者。

姜氏兆錫曰：堂，謂主人之堂。揚者，使聞於内也。户，亦謂主人之户也。禮，賓主體敵，皆脱屨户外，鄉飲酒禮「賓主皆降，脱屨于堂外」是也。若尊卑不等，惟長者一人脱于户内，少儀「排闔脱屨于户内，一人而已矣」是也。今户外有二人之屨，或更室有長者，則三人矣。而言乃不聞于外，恐有密謀，故不入也。

將入户，視必下。入户奉扃，視瞻毋回。户開亦開，户闔亦闔。有後入者，闔而勿遂。

姚氏舜牧曰：户之開闔，皆主人事也。方主迎客，而其户或閉，必先舉手以開户，客亦隨身與開之。既入，主或闔其户，客亦舉手與闔之，皆致不敢當主之意。但恐猶有後人者，則闔之而勿遂耳。

姚氏際恒曰：疏引熊氏曰：「少儀云：『排闔脱屨于户内者，一人而已矣。』一人之屨在户内，其户外有二屨，則三人也。下文云『離坐離立，毋往參焉』，則知户内二人，不得參之，故知户外二屨，當有三人。」按，户外二屨，亦祇户内二人耳，不必與少儀之文關會。此等執禮解禮，最爲穿鑿。禮言本不同，故難執禮解禮，其間有切合者，引之可也，然甚少。其餘不合者，必强合之，則横生枝節，斷乎不可，後放此。下文「離坐離立」，謂兩人竝在一處坐立，不得相參，又別一義，非從户外來，本欲入户之説也。今如其説，將户内二人言聞，亦不可入矣，不與本文之義戾乎？奉扃未詳，孔氏謂凡當奉扃之時，必兩手鄉心而奉之。今入户雖不奉扃，其手若奉之者然，甚迂曲。陸農師謂小啟之，兩手奉户志扃處，此説姑存之。

姜氏兆錫曰：視下，不舉目也。門關木曰扃。兩手當心，如奉扃然也。視瞻不回翔者，嫌干人之私也。開闔皆如前者，恐違主之意也。遂者，闔之盡也，闔盡則疑於拒後客矣。

毋踐屨，毋踖席，摳衣趨隅，必慎唯諾。

朱子曰：衆人共坐一席，前爲上，後爲下，同列先至，脱屨堂下，既即席，而盡後以坐。此童子後至，則易于匆遽，故戒以堂下不可踐人之屨，堂上不可踖人之席，惟當由己席後之下隅，摳衣以升，既坐而平心静氣以爲應對也。又曰：此章及「將上堂」等協韻處，皆古人初教小兒語。

吴氏澄曰：句短而韻長，蓋取其誦讀之易，而便于童習也。

陳氏澔曰：摳衣，與論語「攝齊」同。趨隅，由席角而升坐也。

徐氏師曾曰：欲便於坐故摳衣，欲示其讓故趨隅，此即席之儀也。既坐定，又當謹於應對，無往而非敬也。彭氏曰：「摳衣則連裳提之，訓『衣』爲『裳』，非也。」

萬氏斯大曰：此羣居升席之儀也。玉藻云「登席不由前」句，爲去聲躐席，是不問禮席羣席，升者皆不由前，所以然者，爲恐躐席也。下文云「席南鄉北鄉，以西方爲上；東鄉西鄉，以南方爲上」，上指席端，下指席末。禮席升降皆正由上下，鄉飲酒禮主人介升席自北方，降自南方，賓升降皆自西方，是燕禮、大射、鄉射升降皆然。羣席升既不由前，亦不正由上下，而由席隅。蓋禮席一席一人，羣居則一席四人，以長幼爲次，升由上下，則踐他人位，是爲踖席，必從席隅升坐，乃爲得禮，故戒之曰「毋踖席」。復著其禮，曰「摳衣趨隅」。

姚氏際恒曰：踖，蹴也，即踐意，謂不蹴他人之席，與不踐他人之屨係一例語，而與玉藻「登席不由前，爲躐席」義異。躐席乃超躐之意，即學記「學不躐等」之躐也。

姜氏兆錫曰：復下曰舄，單下曰屨。踐屨，謂蹋先脱者之屨也。踖，猶躐也，玉藻「登席不由前，爲躐席」是也。摳衣，猶論語「攝齊」之義，欲便於坐，故摳之。趨隅，謂由席角而升坐也。

任氏啟運曰：舊説之求深者，反得謬矣。

【孫氏集解】登城不指，城上不呼。

鄭氏曰：爲惑人。

將適舍，求毋固。

鄭氏曰：謂行而就人館。固，猶常也，求主人物，不可以故常，或時乏無。

孔氏曰：舍主人家也。

黄氏榦曰：注義或迂。「求毋固」者，謂凡求物於主人，毋固毋必，隨其有無。愚謂自此以下至「必慎唯諾」，皆言適舍之法，蓋燕見之禮也。故下文言「將上堂，聲必揚，將入户，視必下」，皆爲燕見，不將命故也。「毋固」之義，鄭氏與黄氏雖異，而皆以爲有求於主人之法。然下文方言「上堂」「入户」，此發端乃遽言求主人之物，非其序也。「固」謂鄙野而不達於禮，下篇云「輟朝而顧，君子謂之固」，哀公問曰「寡人固」，左傳「我偽固，而授之末」。此言將適人之所居，凡事當求合禮而不可失之鄙野，下文所言皆「毋固」之事也。

將上堂，聲必揚。户外有二屨，言聞則入，言不聞則不入。

鄭氏曰：聲必揚，警内人也。

孔氏曰：屨人注云：「複下曰舄，單下曰屨。」室有二人，故户外有二屨。此謂兩人體敵，故二屨在外。鄉飲酒「無算爵，賓主皆降，脱屨於堂下」，體敵故也。若尊卑不同，則長者一人脱屨於户内，故少儀云「排闔脱屨於户内者，一人而已矣」是也。二屨是有二人，或請問密事，若兩人語聞於户外，則外人乃可入也。熊氏以爲一人之屨在户内，其户外有二屨，則三人也，義亦通也。

愚謂二屨，謂二兩也。凡席於堂者，賓主體敵，則屨皆解於堂下，有尊者則尊者之屨在堂上。鄉飲酒禮「無算爵，賓主皆降，脱屨升堂」，體敵故也。燕禮賓及卿大夫皆脱屨升，就席。不言公降脱屨，公尊，屨在堂上也。席於室者，賓主體敵，則屨皆解於户外。有尊者則尊者之屨在户内，少儀「排闔脱屨於户内者，一人而已矣」是也。户外有二屨，無尊者，則二人也，有尊者則三人也。而其言不聞於外，或密謀私事，故不可入而干之。

將入户，視必下。入户奉扃，視瞻毋回。

鄭氏曰：不干人之私也。奉扃，敬也。

孔氏曰：禮有鼎扃，所以關鼎。關户之木，亦得稱扃。凡奉扃，必兩手向心。今入户，雖不奉扃，其手對户，若奉扃然，言恭敬也。「視瞻毋回」，初入時不得回轉，廣有瞻視也。

愚謂奉扃，言其拱手高正之狀。視必下，謂在户外將入時。視瞻毋回，謂甫入時也。

户開亦開，户闔亦闔。有後入者，闔而勿遂。

鄭氏曰：小開亦闔，不以後來變於先入者。闔而勿遂，示不拒人。

孔氏曰：闔而弗遂，謂徐徐作闔勢，以待後入，不得遽闔以拒人。

毋踐屨，毋踖席，摳衣趨隅，必慎唯諾。

鄭氏曰：趨隅升席，必由下也。慎唯諾者，不先舉，見問乃應。

孔氏曰：踐，蹋也。既並脱屨户外，其人既多，後進者不得蹋先入者屨也。踖，猶躐也。將就坐，當從下而升，當己位上，不發初從上也。摳，提也。衣，裳也。唯，㖡也，㖡諾，應辭也。既坐定，又慎於應對也。

愚謂此言毋踐屨於入户之後，則非踐户外之屨矣。所毋踐者，謂長者之屨，解於户内者也。「毋踖席」者，升席必由下，此是數人連坐之席，以後爲下，當由後而升。若升從席前，則爲踖席也。深衣衣裳相連，故言「摳衣」，其實是摳深衣之裳也。鄉射禮注云：「脱屨則摳衣，爲其被地。」蓋衣被地則污，且或傾跌也。「趨隅」者，升席由後，故必趨向室隅，乃得轉向席後而升也。○孔氏曰：玉藻云：「升席不由前，爲躐席。」自是不由席前升，與此别。鄉飲酒云：「賓升席自西方。」注云：「升由下也，升必中席。」彼謂近主人爲上，故以西爲下，與此同也。

朱子曰：此是衆人共坐一席。既云當己位上，即須立於席後，乃得當己位上。蓋以前爲上，後爲下也，正與玉藻義同。鄉飲乃是特設賓席，一人之坐，故以西爲下，而自席下之中，升而即席，與此異也。

愚謂凡燕坐之席，衆人連坐者，以席之前後爲上下。蓋以人之所向爲上，所背爲下，此與玉藻所言者是也。玉藻云：「升席不由前。」注云：「升必由下，下即後，前即上也。」行禮之席，一人專坐者，以席之首尾爲上下。鄉飲酒禮「賓席於户外，以西頭爲下。主人席於阼階，介席於西階，皆以南頭爲下」是也。人之升降皆由下而不由上，禮席與燕席一也。孔疏謂此與玉藻異，而反以鄉飲酒禮爲證，誤矣。

【朱氏訓纂】登城不指，城上不呼。注：爲惑人。釋文：呼，號叫也。

將適舍，求毋固。注：謂行而就人館。正義：舍主人家也。黄氏曰：凡求物於主人，毋固毋必，隨其有無。將上堂，聲必揚。注：警内人也。彬案：列女傳鄒孟母曰：「夫禮，將入門，問孰存，所以致敬也。將上堂，聲必揚，所以戒人也。將入户，視必下，恐見人過也。」

户外有二屨，言聞則入，言不聞則不入。注：不干掩人之私也。屨人注曰：複下曰舄，襌下曰屨。正義：室有兩人，故户外有二屨。將入户，視必下。入户奉扃。注：奉扃，敬也。釋文：扃，何云「關也」。正義：禮有鼎扃，所以關鼎。今關户之木，與關鼎相似，亦得稱扃。凡常奉扃之時，必兩手向心而奉之。今入户，以其手對户，若奉扃，言恭敬。**視瞻毋回。户開亦開，户闔亦闔。**注：不以後來變先。　正義：初將入時，視必下，不得回轉，廣有瞻視也。既入户，若户本開，則今入者不須闔也。户若本闔，則今入者不須開也。**有後入者，闔而勿遂。**注：示不拒人。　正義：謂己先入，後猶有人，又應入者也，雖己應還闔，當徐徐欲作闔勢，以待後人。不得遂闔，以成拒後人。

毋踐屨，毋踖席。正義：踐，蹋也。既並脱屨户外，其人或多，若後進者，不得蹋先入者屨。踖，猶躐也。席既地鋪，當有上下，將就坐，當從下而升，當己位上，不發初從上。從上，爲躐席也。**摳衣趨隅，必慎唯諾。**注：趨隅，升席必由下也。慎唯諾者，不先舉見問乃應。説文：唯，諾也。　正義：摳，提也。衣，裳也。趨，猶向也。隅，猶角也。既不踖席，當兩手提裳之前，徐徐向席之下角而升，當己位而就坐也。唯，㕧也。㕧諾，應對也。既坐定，又慎於應對。

【**郭氏質疑**】**户外有二屨。**

孔疏：「長者一人，脱屨户内。少儀『排闔脱屨於户内者，一人而已』是也。」又引熊氏云：「一人之屨在户内，其外有二屨，則三人也。」

嵩燾案：鄉飲酒禮：主人請徹俎，衆賓皆降，「脱屨，揖讓如初，升，坐，乃羞，無算爵」。鄉射禮：徹俎，衆賓皆降，主人以賓揖讓，脱屨，乃升。大夫及衆賓皆脱屨升，坐。並無一人脱屨堂上之文。少儀：「凡祭於室中，堂上無跣，燕則有之。」是登席盡歡乃脱履。燕飲在堂，脱屨堂下；燕見在室，脱屨户外，無少長皆同。少儀「排闔脱屨於户内者，一人而已」，謂獨居不與賓客爲禮，故入室不脩容。上云：「侍坐於君子，君子欠伸，撰杖屨。」少儀亦云：「侍坐於君子，君子欠伸，運笏，澤劍首，還屨。」屨皆在席旁，可爲獨居脱屨户内之證。賓客至，出迎，皆脱屨户外，卑幼則否，所謂「尊長於己逾等」「燕見不將命」是也。此下「踐屨踖席」連文，蓋皆爲就見尊長言之。「排闔脱屨户内」，禮豈教人爲敖若此哉？排闔則不待奉扃，脱屨户内，則無與爲讓。曰「一人」者，言不與賓客爲禮也。其云「有尊長在，則否」，不敢專有其室也。古者父在，子不得當室，雖燕處，與賓客同，故仍脱屨户外。鄭注少儀云：「脱屨於户内者一人，雖衆敵，猶有所尊。」似於禮無徵。案，鄉射疏：「尊卑在室，尊者脱屨户内，自餘脱屨户外。若尊卑在堂，則亦尊者一人脱屨在堂，自餘脱屨堂下。是以燕禮、大射臣皆脱屨堂下。公皆不見『脱屨』之文，明公舄在堂矣。」疑燕禮、大射徹俎，卿大夫皆降而公不降，與鄉飲、鄉射賓、主人皆降者異。燕禮、大射「司正升受命，皆命：『君曰：「無不醉。」』賓及卿大夫皆興，曰：『敢不醉。』」以君命臨之，與鄉飲、鄉射賓、主人同燕者異。蓋猶尊長脱屨户内，不與卑幼爲禮之義。疏引以釋鄭注「衆敵，猶有所尊」之文，疑非經旨。疏遂援之以釋此經，岐路之中又有岐焉，未敢據以爲信。

一·二二　**大夫、士出入君門，由闑右，**臣統於君。闑，門橛。○闑，魚列反，橛也。橛，求月反，門中木。**不踐閾。** 閾，門限也。○閾，于逼反，一音況域反。

【疏】「大夫」至「踐閾」[一]。○正義曰：此一節明大夫、士出入君門之法。門以向堂爲正，右在東[二]，故盧注檀弓下云：「門以向堂爲正，主人位在門東，客位在門西。」今此大夫、士是臣，臣皆統於君，不敢自由賓，故出入君門，恒從闑東也。其士之朝位雖在西方，東面，入時仍依闑東。其大射注云「左則由闑西」者，泛解賓客入門之法也。○「不踐閾」者，踐，履也。閾，門限也。出入不得踐履門限，所以爾者，一則自高，二則不淨，並爲不敬。

【衛氏集説】 鄭氏曰：臣統於君。闑，門橛。閾，門限也。

孔氏曰：此一節明大夫、士出入君門之法。門以向堂爲正，右在東也。主人位在門東，客位在門西。大夫、士是臣，皆統於君，不敢自由，故出入君門，恒從闑東。踐，履也。出入不得踐履門限，一則自高，二則不淨，並爲不敬。

馬氏曰：由闑右，不敢爲賓也。不踐閾，不敢履高也。孔子之於事君也，立不中門，行不履閾。

[一] 大夫至踐閾　惠棟校宋本無此五字。○鍔按：「大夫」上，阮校有「大夫士出入君門節」八字。

[二] 右在東　閩、監、毛本同。惠棟校宋本「東」下有「也」字，衛氏集説同。

長樂陳氏曰：自外以向内，則以入爲左右，而右常在東；自内以向外，則以出爲左右，而右常在西。門以向内爲常，由闑右則由闑東也，與客就主人之階同意。不踐閾，與「不蹙路馬」同意。天子適其臣，由阼階；大夫、士出入君門，由闑右。蓋天子無適而不爲主，大夫、士無時而不純臣也。故賓客公事自闑西，私事自闑東，蓋公事則以公禮入，私事則以臣禮入。

永嘉戴氏曰：君門雖遠，有君在焉，臣子烏得而不敬？出入君門，如見其君，然鞠躬屏息，不敢中立，不敢履閾，所以習其恭敬卑下之意也。推此意也，其敢喧嘩於殿陛之間乎？見君之乘車與君之路馬，猶不敢慢也，況入君門者乎？以此教天下，朝廷之儀，猶有不肅者，況於君門乎？雖然此大夫、士自事其君之禮也，若適他國爲聘享之禮，則不然，少儀曰「公事自闑西，私事自闑東」。

【吴氏纂言】鄭氏曰：闑，門橛。閾，門限也。

孔氏曰：門以向堂爲正，右在東也。主人位在門東，客位在門西。大夫、士是臣，臣皆統於君，不敢自由，故出入君門恒從闑東。

馬氏曰：由闑右，不敢爲賓也。

陳氏曰：自外以向内，則以入爲左右，而右常在東；自内以向外，則以出爲左右，而右常在西。門以向内爲常，由闑右則由闑東也。賓客公事自闑西，私事自闑東，蓋公事則以公禮入，私事則以臣禮入。大夫、士出入君門由闑右，無時而不純臣也。

【陳氏集説】闑，門橛也，當門之中。闑東爲右，主人入門而右，客入門而左。大夫、士由右者，以臣從君，不敢以賓敵主也。

【郝氏通解】造化以東陽爲生物之鄉，易曰「帝出乎震」，故禮以東爲主位。人身左屬東，爲陽。家國天下，莫不有主。主不可移，可移則非主。故賓雖尊而必右，主雖讓而必左。君者，國之主，其出入尚東，由左。門兩扉閒植木窒扉曰闑，出入者由闑左右。闑東西自定，左右隨身出入。君自内南面東出，由闑左，入由西，亦闑左也。臣自外北面東入，爲闑右，出由西，亦闑右也。入由闑西，則疑于爲賓，出由闑東，則疑于爲主，故不敢也，在他國則否。閾，門限。踐則不敬，且防傾跌。

【欽定義疏】正義　鄭氏康成曰：臣統於君。闑，門橛。閾，門限也。

孔氏穎達曰：門以向堂爲正，右在東也。主人位在門東，客位在門西。大夫、士是臣，皆統於君，不敢自由，故出入君門，恒從闑東。踐，履也。出入不得踐履門限，一則自高，二則不淨，並爲不敬。

陳氏祥道曰：門以向内爲常，由闑右，則由闑東也。天子適其臣，由阼階；大夫、士出入君門，由闑右。蓋天子無適而不爲主，大夫、士無時而不純臣也。故賓客公事自闑西，私事自闑東，蓋公事則以公禮入，私事則以臣禮入。

馬氏晞孟曰：由闑右，不敢爲賓也。

朱子曰：疏門中有闑，兩旁有棖。棖如今衮頭相似。闑，當中礙門者，今城門有之。古人常掩左扉。人君多出門外見人，當棖闑之間爲君位。又曰：只是自外入，右邊門中乃君出入之所，自内出亦右。

陳氏澔曰：當門之中，闑東爲右。主人入門而右，客入門而左。大夫、士由右者，以臣從君，不敢以賓敵主也。

陳氏櫟曰：闑之右，門之東也。

存異 饒氏魯曰：大門兩旁之木爲棖。中間兩扉相合處又有一木，常設而不動，曰闑。東西兩扉，君出入則皆由左，出以東扉爲左，入以西扉爲左。若大夫、士出入君門，則皆由右，出以闑西爲右，入以闑東爲右，避君出入處也。

湯氏道衡曰：君出入皆由左，大夫避君出入，故由右。

案 天子五門，郭門謂之臯門，臯門内謂之庫門，庫門内謂之雉門，雉門内謂之應門，應門内謂之路門。諸侯三門，庫門内謂之雉門，雉門内謂之路門。詩曰「乃立臯門，臯門有伉。乃立應門，應門將將」。明堂位言魯庫門，天子臯門。雉門，天子應門，言其制如之耳。書言「王出在應門之内」，春秋書「魯雉門災」，家語言「衛有庫門」，諸書皆無言諸侯有臯、應二門者，鄭注「諸侯宫門外曰臯門，朝門曰應門」誤矣。至於三朝，内朝在路門内，所謂圖宗人嘉事之朝，每日視朝退聽事於此。周禮太僕、宰夫所謂掌其復逆，論語所謂過位升堂，皆在此也。治朝亦名正朝，在路門外。周禮所謂「司士正治朝之位」，玉藻所謂「天子皮弁以日視朝，諸侯朝服以日視朝」者，皆在此也。其左右則爲官府治事之所。天子自此而出爲應門，爲雉門。諸侯無應門，即雉門矣。故曰魯「雉門，天子應門也」。雉門，天子兩觀，諸侯一觀，魯亦兩觀，僭也。左宗廟、右社稷之門亦在雉門以内，故禮運「仲尼與於蜡賓，事畢，出遊於觀之上」，孔氏謂孔子出廟門往雉門。穀梁傳送女母不出祭門，諸母兄弟不出闕門。范甯謂祭門，廟門。闕，門兩觀也。自此又出爲庫門，府庫皆在其門内。魯桓、僖災而季桓子命藏象魏曰：「舊章不可無」曰：「財可爲也。」以府庫與象魏相接也。鄭謂廟門在庫門内，亦似小誤。至於外朝，則天子在庫門外，諸侯在庫門内，而魯一門内外兩向，故曰「庫門，天子皋門也」。詢萬民則在此。周禮所謂「朝士掌外朝之法，小司寇掌外朝之政」是也。鄭謂「外朝在雉門外」，或就諸侯言則可耳。至門以向堂爲正，東爲右，西爲左，故治朝之位以東爲尊，王族故士、虎士在路門右，大僕、大右、小臣在路門左。畢公率東方諸侯入應門右，召公率西方諸侯入應門左，王出入必以右也。諸侯則西一門常掩謂之賓門，惟客至乃啓。君臣出入皆於東，故曰「臣統於君」，不敢自由也。朱子説甚明，陳用之、饒雙峯之説皆誤。

總論　孔氏穎達曰：此一節明大夫、士出入君門之法。

【杭氏集説】朱子曰：疏門中有闑，兩旁有棖。棖如今衮頭相似。闑，當中礙門者，今城門有之，古人常掩左扉。人君多出門外見人，當棖闑之間爲君位。　又曰：只是自外入，右邊門中乃君出入之所，自内出亦右。

陳氏澔曰：當門之中，闑東爲右，主人入門而右，客入門而左。大夫、士由右者，以臣從君，不敢以賓敵主也。

陳氏櫟曰：闑之右，門之東也。

饒氏魯曰：大門兩旁之木爲棖，中間兩扉相合處又有一木，常設而不動，曰闑。東西兩扉，君出入則皆由左。出以東扉爲左，入以西扉爲左。若大夫、士出入君門，則皆由右。出以闑西爲右，入以闑東爲右，避君出入處也。

湯氏道衡曰：君出入皆由左，大夫避君出入，故由右。

姚氏際恒曰：此本論語「立不中門，行不履閾」爲説。由闑右，即釋所以不中門之意也。下云「主人入門而右」。

姜氏兆錫曰：此章言君臣之禮也。門中橛曰闑，其東爲右。明堂之左右，自内而言，此及下章之左右，皆自外而言也。禮，主人入門而右，客入門而左，今以臣從君，不敢以賓敵主，故由右也。閾，門限也。

任氏啟運曰：門上有楣，下有閾，旁有棖，中有闑。闑西爲左，賓入由之；闑東爲右，主人由之。凡宫室，謂東爲左，此以東爲右者，盧植云「門以向堂爲正」也。朱子曰：「無賓則闔其左。君出入皆以右。」鄭云：「臣亦由右，統於君也。」饒魯謂「君出入皆由左，出以東爲左，入以西爲左。臣出入皆由右，出以西爲右，入以東爲右」，謬矣。臣雖統於君，而出入不敢當棖闑之中，稍偏西，近闑，以避尊也。不踐閾，以致恪也。當時之出入如此。

【孫氏集解】鄭氏曰：由闑右，臣統於君也。闑，門橛。閾，門限也。

孔氏曰：門以向堂爲正，右在東，主人位在門東，客位在門西。大夫、士是臣，臣統於君，不敢自同於賓，故出入君門，恒從闑東也。士之朝位雖在西方，東面入時，仍依闑右。踐閾者，一則自高，二則不淨，並爲不敬。

愚謂疏謂門以向堂爲正，以明此出入由闑右之皆爲闑東是也。然門之左右，所指不定，據向堂言之，則以東爲右，此記「由闑右」是也。據南向言之，則以西爲右，士虞禮「側亨於廟門外之右」是也。若人之出入於門，則入以東爲右，下文云「主人入門而右，客入門而左」是也。出以東爲左，士冠禮「主人宿賓，賓出門左，主人迎賓出門左」是也。

【王氏述聞】⊙由闑右

大夫、士出入君門，由闑右。

鄭注曰：臣統於君。闑，門橛。

正義曰：門以向堂爲正，右在東。

引之謹案：玉藻「閏月，則闔門左扉，立于其中」，左扉者，在東之扉也。吴語「乃闔左闔，填之以土」，韋注曰：「閉陽開陰，示幽也。」左闔在東，故韋注曰「閉陽」也。東扉曰左扉，又曰左闔，則門雖向堂，仍以東爲左矣。況路門之内始有堂，雉門、庫門之内皆無堂，安所得堂而向之以爲正乎？夏官司士「王族故士、虎士在路門之左」，「大僕、大右、大僕從者在路門之右」，内則「子生，男子設弧於門左，女子設帨於門右」，亦以東爲左，西爲右。何獨至門中之闑，而以東爲右，西爲左乎？下文「主人入門而右，客入門而左」，謂人之左右，非謂門之左右也。人之左右無定，出則以東爲左西爲右，入則以東爲右西爲左。門之左右，則東爲左西爲右，一定不易者也。闑之左右，當與門同，不得以爲右在東也。「由闑右」當爲「由闑左」，字相似而誤耳。孔氏所見本已譌作「右」，故不得已而曲爲之説。鄭不解闑東稱右之義，則本作「闑左」可知。左之在東，人所共知，不煩解釋也。

【朱氏訓纂】注：臣統於君。闑，門橛。閾，門限也。　正義：盧注檀弓下云：「門以向堂爲正，主人位在門東，客位在門西。今此大夫士是臣，臣皆統於君，不敢自由賓，故出入君門，恒從闑東也。士之朝位雖在西方東面，入時仍依闑東。」大射注云：「左則由闑西者，泛解賓客入門之法也。」踐，履也。出入不得踐履門限，一則自高，二則不淨，並爲不敬。劉氏台拱曰：朱子謂古人常掩左扉，君出入常由右邊門中。由闑右者，傍闑之右而行，不敢當尊也。不由闑西，所不待言。

【郭氏質疑】大夫、士出入君門，由闑右。

鄭注：「臣統於君。」孔疏云：「門以向堂爲正，右在東。」

嵩燾案：王氏經義述聞引玉藻「閏月闔門，左扉」，吴語「乃闔左闔」，皆以東爲左。路門之内有堂，雉門、庫門之内皆無堂，安所得堂而向之？周官司士：「王族故士、虎士在路門之右，大僕、大右、大僕從者在路門之左。」内則：「子生，男子設弧於門左，女子設帨於門右。」亦以東爲左，西爲右，「由闑右」當爲「由闑左」，字相似而誤。據儀禮士相見、鄉飲酒、鄉射、聘及公食禮，並言「賓入門左」，少牢禮：「祝先入門右，尸入門左。」特牲禮：「祝迎尸於門外，尸入門左。」士相見禮：「主人揖，入門右。」有司徹禮：「主人揖，先入門右，尸入門左。」此經下云「主人入門而右，客入門而左」，正據儀禮爲説。士冠禮「出門左」，鄭注：「左，東也，出以東爲左，入以東爲右。」士相見疏云：「凡出門以西爲右，東爲左。入門以東爲右，西爲左。」士虞記「餞尸，尸出門右」，即出門西也。凡經言左右，皆據人之左右言之。王氏所引左扉、左闔及諸言門左、門右，正以自内向門而分左右，不以門東西爲一定之左右也。大夫、士入君門由闑右，連「出入」爲文，而義自繫乎人。自君言之，曰「闔左扉」，由内以向外也。自大夫、士言之，曰「闑右」，由入以賅出也。王氏必改字以從之，反與經文爲忤矣。

一・二三　○**凡與客入者，每門讓於客。**下賓也。敵者迎於大門外。聘禮曰：「君迎賓於大門內。」○下，遐嫁反。**客至於寢門，則主人請入爲席，**爲，猶敷也。雖君亦然。○敷，芳夫反。**然後出迎客。客固辭，**又讓先入。**主人肅客而入。**肅，進也。進客，謂道之。○道，音導。**主人入門而右，客入門而左。**右，就其右。左，就其左。**主人就東階，客就西階。客若降等，則就主人之階。**降，下也。謂大夫於君，士於大夫也。不敢輒由其階，卑統於尊，不敢自專。**主人固辭，然後客復就西階。**復其正。○復，音服，後此音更不重出。**主人與客讓登，主人先登，客從之，拾級聚足，**拾，當爲「涉」，聲之誤也。級，等也。涉等聚足，謂前足躡一等[二]，後足從之并。○拾，依注音涉。級，音急，階等。躡，女攝反。并，步頂反。**連步以上，**重蹉跌也。連步，謂足相隨，不相過也。○上，時掌反，下皆同。重，直勇反，徐治恭反。蹉，本亦作「差」，同七何反。跌，大結反。過，古卧反，後不音者放此。**上於東階則先右足，**

[二] 謂前足躡一等　閩、監、毛本同，嘉靖本同，衛氏集說同。岳本「躡」作「躐」。釋文亦作「躡」。○鍔按：「謂前」上，阮校有「凡與客入者節」六字。

上於西階則先左足。近於相鄉敬。

【疏】「凡與」至「左足」[一]。○正義曰：此一節明賓與主人送迎相讓及升堂行步之法，各隨文解之。

○言「凡」者，通貴賤也。「每門」者，天子五門，諸侯三門，大夫二門。客敵者，主人出門外迎客，主人輒先讓，不先入，故曰「每門讓於客」也。貴賤禮不並存，且諸侯自相爲賓之禮，凡賓主各有副，賓副曰介，主副曰擯及行人。若諸侯自行，則介各從其命數，至主國大門外，主人及擯出門相接。若主君是公，則擯者五人，侯伯則擯者四人，子男則擯者三人，所以不隨命者，謙也[二]，故並用强半之數也。賓若是公，來至門外，直當闑西，去門九十步而下車，當軹，北鄉而立。鄭注考工記云：「軹，轂末也。」其侯伯立當前疾[三]胡下，此子男立當衡[四]，注：「衡，謂車軛。」其君當軫。而九介立在公之北，邐迤西北，並東鄉而列。主公出，直闑東南，西鄉立。擯在主人之南，邐迤東南立，並西鄉

[一] 凡與至左足　惠棟校宋本無此五字。

[二] 所以不隨命者謙也　閩、監、毛本同，浦鏜校「命」下補「數」字。

[三] 其侯伯立當前疾　惠棟云：「詩疏及論語刑疏皆作『前侯』，獨此作『前疾』，非也。」

[四] 下此子男立當衡　閩本同，惠棟校宋本同，監、毛本「此」誤「地」。

也。使末擯與末介相對，中間傍，相去三丈六尺。列擯介既竟，則主君就賓求辭[一]。所以須求辭者，不敢自許人來詣己，恐爲他事而至，故就求辭，自謙之道也。求辭之法，主人先傳求辭之言與上擯，上擯傳以至次擯，次擯繼傳以至末擯，末擯傳與賓末介，末介以次繼傳上至於賓，賓答辭，隨其來意。又從上介而傳下至末介，末介又傳與末擯，末擯傳相次而上至於主人。傳辭既竟，而後進迎賓至門。知擯介朝位如此者，大行人職文。又知傳辭、拜迎賓前至門者，司儀職文。其傳辭，司儀之「交擯」也。其列擯介傳辭委曲，約聘禮文。若諸侯使卿大夫相聘，其介與主位，則大行人云，卿大夫之禮「各下其君二等[二]」，鄭注云「介與朝位」是也。主君待之擯數，如待其君。其有異者，主君至大門而不出限南面而立也。若公之使，亦直闑西，北嚮，七介，而去門七十步；侯伯使，列五介，而去門五十步；子男使，三介，而去門三十步。上擯出閾外闑東南，西嚮，陳介西北，東面，邐迤如君自相見也。而末介末擯相對，亦相去三丈六尺。陳擯介竟，則不傳命，而上擯進至末擯間，南揖賓。賓亦進至末介間，上擯與賓相去亦三丈六尺，而上擯揖而請事，入告君，君在限內，後乃相與入也。知者，約聘禮文。不傳辭，司儀及聘禮謂之「旅擯」。

[一] 則主君就賓求辭　閩、監、毛本同，惠棟校宋本「辭」作「辤」，下「主人先傳求辭之言」同。五經文字：「辭、辤、辝，上説文，中古文，下籀文，經典相承，通用上字。」

[二] 各下其君二等　閩、監本同。毛本「二」誤「一」。考文引宋板作「二」，不誤。

君自來所以必傳命者，聘義云：「君子於其所尊，弗敢質，敬之至也。」又若天子春夏受朝宗，則無迎法，受享則有之。故大行人云：「廟中將幣，三享。」鄭云：「朝先享，不言朝者，朝正禮，不嫌有等也。」若秋冬覲遇，一受之於廟，則亦無迎法。故郊特牲云：「覲禮，天子不下堂而見諸侯。」明冬遇依秋也。此云「凡與客入」者，謂燕也，故下文云「至寢門」，謂燕在寢也。若相朝，饗食皆在廟。

○「每門讓於客」者，每門讓於客，自謙下，敬於賓也。

○注「迎於」至「門内」。○正義曰：「迎於大門外」，證敵者則主人自出。「聘禮云：君迎賓於大門内」者，證不敵者主人不出門也。使者是彼臣，故主君迎至門内而不出也。「客至於寢門，則主人請入爲席」，寢門，最内門也。謂客與主人入至主人内門也。「主人請入爲席」者，爲，猶敷也。客至於内門，而主人請先獨入敷席也。然主人嚮已應正席，今客至門乃請先入敷席者，其意有二：一則自謙，示不敢逆設席以招賢也；二則重慎，更宜視之[一]。

○注「雖君亦然」。○正義曰：知君迎臣，君亦先入者，案聘禮云「及廟門，公揖入于中庭」是也。若敵者則更出迎，其不敵則不出迎，故聘禮云「立於中庭」，注「不復出，

[一] 二則重慎更宜視之　閩、監本同，考文引宋板同，毛本「視」誤「親」。

如此得君行一臣行二」是也。聘禮君使卿歸饔餼於賓，賓迎於門外，及廟門，賓揖俱入。是敵體。不重出迎者，尊主君之命，不敢當也。聘禮賓見主國大夫，「及廟門，大夫揖入」，不出迎者，尊聘君之命，不敢當也。

○「然後出迎客」者[一]，入鋪席竟，後更出迎客也。

○「客固辭」者，固，如故也。禮有二辭[二]：初曰禮辭，再曰固辭，三曰終辭。主人入鋪席竟，出而迎，客再辭，不先入也。

○「主人肅客而入」者，肅，進也，謂先導之也。客以再辭，故主人進道客也，故公食大夫禮云「公揖入，賓從」是也。

○「客若降等，則就主人之階」者，降等，卑下之客也，不敢亢禮，故就主人階，是繼屬於主人。

○注「降下」至「自專」。○正義曰：「謂大夫於君，士於大夫」者，此「大夫於君」，大夫，謂他國大夫也。案聘禮云公迎賓，賓不就主人階。公食大夫禮「公迎賓，賓入門左」，注云：「左，西方。」此皆是降等不就主人階者。以聘禮及公食大夫禮並奉己君之命，不可苟下主人，故從客禮也。若君燕於臣，命宰夫爲主人，則主人與賓皆從西階升，

[一] 然後出迎客者　閩、監、毛本同，惠棟校宋本無「者」字。

[二] 禮有二辭　閩本同，監、毛本「二」作「三」。○按：當作「三」。

與此異也。案聘禮賓面，主國大夫、他國大夫是敵禮，賓亦入門右，鄭注：「見，私事，雖敵，賓猶謙入門右，爲若降等然。」

○「主人與客讓登」者，客主至其階，又各讓不先升也。

○「主人先登」者，讓必以三，三竟而客不從，故主人先登，亦肅客之義。不言「三」者，略可知也。

○「客從之」者，言主人前升至第二級，客乃升，中較一級，故云「從之」也。公食禮云「公升二等，賓升」是也。案燕禮、大射賓先升者，公以宰夫爲主人，賓尊也，故下注云：「賓每先升，尊也。」案聘禮君使卿歸饔餼於賓館，卿升一等，賓從。於時賓爲主人不先升者，卿銜主君之命，尊，故先升也。至於賓設禮擯卿，賓升一等，大夫從升者，以賓作主人故也。

「拾級聚足」者，此上階法也。拾，涉也。級，等也。聚足，謂每階先舉一足，而後足併之，不得後過前也。涉等聚足，謂前足躡一等，後足從而併之也。

○「連步以上」者，上，上堂也。在級未在堂，後足不相過，故云「連步」也。涉而升堂，故云「以上」。

【衛氏集說】凡與客入者，每門讓於客。客至於寢門，則主人請入爲席，然後出迎客。客固辭，主人肅客而入。主人入門而右，客入門而左。

鄭氏曰：每門讓，下賓也。敵者迎於大門外。聘禮曰：「君迎賓於大門内。」爲席，猶敷席。雖君亦然。固辭，又讓先入。肅，進也。進客，謂道之。右，就其右。左，就其左。

孔氏曰：自此至「左足」，明賓與主人送迎相讓及升堂行步之法。言「凡」者，通貴賤也。「每門」者，天子五門，諸侯三門，大夫二門。客敵者，主人出門外迎客，主人遜，不先入，自謙下，敬於賓也。此云「凡與客入」，謂燕也，故下文云「至寢門」，謂燕在寢也。若相朝，饗食皆在廟。寢門，最内門也。主人向已應正席，今客至内門方請先入敷席者，一則自謙，示不敢逆設席以招賢，一則重慎，更宜視之。禮有三辭，初曰禮辭，再曰固辭，三曰終辭。客已再辭，故主人進道客，公食大夫禮「公揖入，賓從」是也。

藍田吕氏曰：禮之於賓主無不答也，及門而遜入，及階而遜登，乃主人答客也。主遜而客辭也，客若降等，則就主人之階，主人固辭，然後客復就西階，乃客答主人也。客遜而主辭也，一入門，一登階，賓主更爲辭遜，而不以爲煩，此禮之所以養人之深也。每門遜於客者，門不一也。有大門，有寢門，若行禮於廟，則有廟門。敵者則迎於大門之外，士冠、士昏、聘禮、賓射、鄉飲皆行於廟，「主人迎賓于大門外」是也。敵以下則迎於大門之内，聘禮「公皮弁，迎賓于大門内」是也。肅客，謂俯手以揖之，周官大祝九拜，所謂肅拜也，春秋傳曰「敢肅使者」是也。

嚴陵方氏曰：寢門，在人君則稱路門。主人請爲席，將以行禮也。請，起事也，於主人之將有爲則曰請。辭，止事也，於客之不敢當則曰辭。

永嘉戴氏曰：盛哉，先王之禮也。洋洋乎宰制萬物，役使羣動，其端則起於辭遜之心而已。觀大賓大客之禮，周旋揖遜於其間，使之起敬起慕，何其盛哉！送迎之際，登降之節，一先一後，一左一右，爲主人者極其恭敬不敢慢之心，爲客者不勝其愧縮不敢當之意。交相辭遜，退避不皇，於此乎可以觀禮矣。

長樂陳氏曰：主人於賓，迎之，無不拜，每門每曲無不揖。此言迎而不言拜，則拜可知。言每門讓而不言每曲揖，則揖可知。

長樂劉氏曰：此經以下，雖曲碎之儀，然皆賓主之所常蹈，一失其義，於禮則違，三代聖賢莫不由是以成其德行也，故委曲記之，有足以見古昔禮義之行，皆以恭敬、揖遜、謙謹以爲本焉。子男以上，相爲賓之禮，則如諸公。司儀之職，皆以車迎車送，無主人先入爲席之事，此諸侯、大夫、士相爲賓之禮也。

廬陵胡氏曰：「然後出迎客」，不敵則不出，客固辭，不肯先入，主人肅客而入，成十六年左氏云：「三肅使者。」杜云：「肅，手至地。」

主人就東階，客就西階。客若降等，則就主人之階；主人固辭，然後客復就西階。

鄭氏曰：降，下也，謂大夫於君，士於大夫也。不敢輒由其階，卑統於尊，不敢自專。

就西階，復其正。

孔氏曰：降等，卑下之客也，不敢亢禮，故就主人階，繼屬於主人。鄭注「大夫於君」，謂他國大夫也。聘禮公迎賓，賓不就主人階，公食大夫禮「公迎賓，賓入門左」，注云：「左，西方。」此皆是降等不就主人階者，並奉己君之命，不可苟下主人，故從客禮也。

嚴陵方氏曰：與主共階，則以卑從尊，而於禮爲殺。與主異階，則以此敵彼，而於禮爲亢。客若降等，則爲殺矣，故就主人之階，與「大夫士出入君門，由闑右」同義。

主人與客讓登，主人先登，客從之，拾級聚足，連步以上，上於東階則先右足，上於西階則先左足。

鄭氏曰：拾，當爲「涉」，聲之誤也。級，等也。涉等聚足，謂前足躡一等，後足從之併。連步，謂足相隨，不相過。重蹉跌也。先右先左，近於相鄉敬也。

孔氏曰：客主至其階，又各讓不先升也。讓必以三，三竟而客不從，故主人先登，亦肅客之義。拾級聚足，上階法也。「連步以上」者，上，上堂也。在級未在堂，後足不相過，故云「連步」。涉而升堂，故云「以上」。

橫渠張氏曰：拾級聚足，此等事但敬事，自至如此，非著心安排而到。

藍田呂氏曰：拾，更也。射者拾發，投壺者拾投，哭踊者拾踊，皆更爲之也。拾級者，左右足更上也。上階以相鄉爲敬。

廬陵胡氏曰：拾級聚足，拾，掇也。拾物必俯，言躡等級必俯視地，若拾物然。

【吴氏纂言】凡與客入者，每門讓於客。客至於寢門，則主人請入爲席，然後出迎客。客固辭，主人肅客而入。主人入門而右，客入門而左。

鄭氏曰：每門讓，下賓也。敵者迎于大門外。聘禮云：「君迎賓於大門内。」爲席，爲，猶敷也。雖君亦然。固辭，又讓先入。肅，進也。進客，謂道之。右，就其右。左，就其左。

孔氏曰：言「凡」者，通貴賤也。「每門」者，天子五門、諸侯三門、大夫二門。客敵者，主人出門外迎客，主人遜，不先入，自謙下，敬於賓也。此云「凡與客入」，謂燕也，故下文云「至寢門」，謂燕在寢也。若相朝，饗食皆在廟。寢門，最内門也。主人嚮已應正席，今客至内門方請先入敷席者，一則自謙，示不敢逆設席以招賢；二則重謹，更宜視之。禮有三辭，初曰禮辭，再曰固辭，三曰終辭。客已再辭，故主人進道客，公食大夫禮「公揖入，賓從」是也。

方氏曰：請，起事也，於主人之將有爲則曰請。辭，止事也，於客之不敢當則曰辭。

陳氏曰：主人於賓，迎之，無不拜，每門每曲，無不揖。此言迎而不言拜，則拜可知。言每門讓而不言每曲揖，則揖可知。

主人就東階，客就西階。客若降等，則就主人之階，主人固辭，然後客復就西階。

鄭氏曰：降，下也。謂大夫於君，士於大夫也。不敢輒由其階，卑統於尊，不敢自專也。復就西階，復其正也。

孔氏曰：降等，卑下之客者不敢亢禮，故就主人階，繼屬於主人。聘禮公迎賓，賓不就主人階。公食大夫禮「公迎賓，賓入門左」，此皆是降等不就主人階者。奉己君之命，不可苟下主人，故從客禮也。

方氏曰：與主共階，則以卑從尊而於禮爲殺。與主異階，則以此敵彼而於禮爲亢。客降等則殺，故就主人之階。

主人與客讓登，主人先登，客從之，拾級聚足，連步以上，上於東階則先右足，上於西階則先左足。

鄭氏曰：拾，當作「涉」，聲之誤也。級，等也。涉等聚足，謂前足躡一等，後足從之併。連步，謂足相隨，不相過，重蹉跌也。先右、先左，近於相鄉敬。

孔氏曰：客主至其階，又各讓不先升也。讓必以三，三竟而客不從，故主人先登，亦肅客之義。主人前升至第二級，客乃升，中較一級，故云「從之」。「拾級聚足」者，上階法也。「連步以上」者，上，上堂也。在級未在堂，後足不相過，故云「連步」。涉而升堂，故云「以上」。

右足更上也。

呂氏曰：拾，更也。射者拾發，投壺者拾投，哭踊者拾踊，皆更爲之也。拾級者，左

澄按：呂氏讀拾爲「其劫反」。

【陳氏集説】凡與客入者，每門讓於客。客至於寢門，則主人請入爲席，然後出迎客。客固辭，主人肅客而入。讓於客，欲客先入也。爲，猶布也。疏曰：天子五門，諸侯三門，大夫二門。禮有三辭：初曰禮辭，再曰固辭，三曰終辭。呂氏曰：「肅客」者，俯手以揖之，所謂肅拜也。**主人入門而右，客入門而左。主人就東階，客就西階。客若降等，則就主人之階。主人固辭，然後客復就西階。**入右所以趨東階，入左所以趨西階。「降等」者，其等列卑於主人也。「主人固辭」者，不敢當客之尊己也。**主人與客讓登，主人先登，客從之，拾級聚足，連步以上，上於東階則先右足，上於西階則先左足。**讓登，欲客先升也。客不敢當，故主人先而客繼之。拾級，涉階之級也。聚足，後足與前足相合也。連步，步相繼也。先右先左，各順入門之左右也。

【郝氏通解】由外至内非一門，寢門最近内，而進則升寢堂矣。大門讓客先入，及寢門，主人先入設席，然後出迎客，致專敬也。客固辭，則主人止，而肅客入。肅，謂俯首揖而進之，即肅拜也。入門左右皆以身爲槩，自外入，東爲右，主趨東階也。西爲左，客趨西階也。客若降等，謂客分卑于主，主爲大夫，客爲士之類，則就主人之階，示隨行，不敢

當賓也，待主人固辭而後就西。再讓曰固辭。主人先登，分尊也。拾，更迭也。級，階梯也。兩足更迭升，前足俟後足至而前足更上也。猶雜記「拾踊」、射禮「拾取矢」之拾。聚足，謂兩足聚一級。連步，階梯非一也。東階先右足，西階先左足，順入門之左右，主賓相顧也。

【納喇補正】拾級聚足。

集説 拾級，涉階之級也。

竊案 此本鄭氏説也。鄭氏注投壺云「拾，更也」，此注又云「拾」當爲「涉」，一字不宜有二訓。呂氏曰：「拾，更也。射者拾發，投壺者拾投，踊者拾踊，皆更爲之也。拾級者，左右足更上也。」其説甚善，陳氏何舍之而取鄭乎？

【方氏析疑】客至於寢門，則主人請入爲席，然後出迎客。客固辭，主人肅客而入。

客已至門，俟拚除而後出迎，則比於慢矣。故至寢門，然後請入爲席。客固辭，不敢重煩主人出入也。主人必先入，或人有宜避，物有宜徹，必入視，然後無失禮也。「主人肅客而入」者，肅以爲禮，而自入爲席也。「主人請入爲席」，二句連讀，義始可通。

【江氏擇言】客至於寢門，則主人請入爲席，然後出迎客。客固辭，主人肅客而入。

鄭注：爲，猶敷也。固辭，又讓先入。肅，進也。進客，謂道之。

按：主人復出迎客，不言與客讓入，客何爲固辭？且主人道客亦宜也，何必待客固辭而後入？士相見禮主人出迎客，一揖即入，無讓入固辭之文。竊疑主人請入爲席，然後出迎客者，主人道其意於客也。其辭若曰「某當先入爲席，敬逆吾子」云爾。客固辭者，辭其請入爲席也。主人因客固辭而止，遂肅客入，實未嘗入爲席也。先儒以固辭爲又讓先入者，誤矣。然則士相見何以無請入爲席之禮？曰：彼是初見之客，授贄即出，堂上不坐，故不爲席。此是飲食或講説之客，故有請入爲席之儀節也。下章「主人跪正席」，正爲先時實未嘗入爲席，故又有此儀節也。

拾級聚足。

鄭注：拾，當作「涉」，聲之誤也。涉等聚足，謂前足躡一等，後足從之併。

吕氏讀「拾」其劫反，云：「拾，更也。拾級，左右足更上也。」

按：「拾級」當從舊説，吕氏謂左右足更上，如此則不得聚足矣。左右足更上者謂之歷階。栗階，有急事升降則爲之，喪禮略威儀，謂之散等。平時賓主升階，當不栗階散等，吕説誤矣。

【欽定義疏】凡與客入者，每門讓於客。客至於寢門，則主人請入爲席，然後出迎客。客固辭，主人肅客而入。

正義 鄭氏康成曰：每門讓，下賓也。敵者迎於大門外。聘禮曰：「君迎賓於大門内」。爲席，猶敷席。雖君亦然。固辭，又讓先入。孔疏：聘禮「及廟門，公揖入於中庭」是也。若敵則更出迎，不敵則不出迎，如此得君行一、臣行二也。肅，進也。進客，爲道之。

孔氏穎達曰：言「凡」者，通貴賤也。「每門」者，天子五門，諸侯三門，大夫二門。客敵者，主人出門外迎客，主人遜，不先入，自謙下，敬於賓也。此云「凡與客入」，謂燕也，故下文云「至寢門」，謂燕在寢也。若相朝，饗食皆在廟。寢門，最内門也。主人嚮已應正席，今客至内門方請先入敷席者，一則自謙，示不敢逆設席以招賢；二則重謹，更宜視之。禮有三辭：初曰禮辭，再曰固辭，三曰終辭。客已再辭，故主人進道客，公食大夫禮「公揖入，賓從」是也。

陳氏櫟曰：肅客而入，俯手揖客而入也。

通論 孔氏穎達曰：聘禮君使卿歸饔餼于賓，賓迎于門外，及廟門，賓揖俱入。是敵禮，不重出迎者，尊主君之命，不敢當也。聘禮賓見主國大夫，「及廟門，大夫揖入」，不出迎者，尊聘君之命，不敢當也。案：主尊，非賓敵，故主人爲席，賓即從入，主不出迎。此卿與大夫，賓主本敵而皆不出迎，非主自尊，正以尊兩君，不敢用敵禮也。

呂氏大臨曰：每門遜於客者，門不一也。有大門，有寢門，若行禮於廟，則有廟門。敵者則迎于大門之外，士冠、士昏、聘禮賓皆行於廟，「主人迎賓於大門外」是也。敵以下則迎於大門之内，聘禮「公皮弁，迎賓於大門内」是也。肅客，謂俯手以揖之，周官大祝九拜，所謂肅拜也，春秋傳曰「三肅使者」是也。杜預云：「肅，手至地。」

餘論　方氏慤曰：寢門，在人君則稱路門。主人請爲席，將以行禮也。請，起事也，於主人之將有爲則曰請。辭，止事也，於客之不敢當則曰辭。

陳氏祥道曰：主人於賓，迎之，無不拜，每門每曲無不揖。此言迎而不言拜，則拜可知。每門讓而不言每曲揖，則揖可知。

劉氏彝曰：子男以上，相爲賓之禮，則如諸公。司儀之職，皆以車迎車送，無主人先入爲席之事，此諸侯、大夫、士相爲賓之禮也。

存疑　孔氏穎達曰：入鋪席竟，後更出迎客。

案　請入爲席，只是請之之辭。客固辭，則即俯手肅拜，而偕入耳。孔疏「入鋪席竟，後更出迎客」，恐未然。

主人入門而右，客入門而左。主人就東階，客就西階。客若降等，則就主人之階；主人固辭，然後客復就西階。

正義　鄭氏康成曰：右，就其右。左，就其左。降，下也。謂大夫於君，孔疏：謂他國之大夫也。士於大夫也。不敢輒由其階，卑統於尊，不敢自專也。復就西階，復其正也。

孔氏穎達曰：降等，卑下之客也，不敢亢禮，故就主人階，繼屬於主人。

方氏慤曰：與主共階，則以卑從尊，而於禮爲殺。與主異階，則以此敵彼，而於禮爲亢。客若降等，則爲殺矣，故就主人之階。

陳氏櫟曰：東階在右，西階在左。客降等，則不敢抗禮就西階，而殺禮就主人之階，從主人後以登。卑統於尊，不敢以賓自居也。

通論 孔氏穎達曰：聘禮公迎賓，賓不就主人階。公食大夫禮「公迎賓，賓入門左」，此皆是降等不就主人階者。奉己君之命，不可苟下主人，故從客禮也。若君燕臣，命宰夫爲主人，則主人與賓皆從西階升，與此異。又聘禮賓面，主國大夫、賓亦入門右。見，私事，猶謙，若降等然。

方氏慤曰：就主人之階，與「大夫、士出入君門，由闑右」同義。

主人與客讓登，主人先登，客從之，拾級聚足，連步以上，上於東階則先右足，上於西階則先左足。

正義 鄭氏康成曰：拾，當爲「涉」，聲之誤也。級，等也。涉等聚足，謂前足躡一等，後足從之併。連步，謂足相隨，不相過，重蹉跌也。先右先左，近於相鄉敬也。

孔氏穎達曰：客主至其階，又各讓，不先升也。讓必以三，三竟而客不從，故主人先登，亦肅客之義。主人前升至第二級，客乃升，中較一級。故云「從之」。「拾級聚足」者，上階法也。「連步以上」者，上，上堂也。在級未在堂，後足不相過，故云「連步」。涉而升堂，故云「以上」。

張子曰：拾級聚足，此等事但敬事，自至如此，非著心安排而到。

【通論】孔氏穎達曰：公食大夫禮「公升二等，賓升」，是從之也。燕禮、大射禮賓先升者，公以宰夫爲主人，賓尊也。聘禮君使卿歸饔餼於賓館，卿升一等，賓從者，卿銜主君之命，尊也。至於賓設醴禮卿，賓升一等，卿從升者，以賓作主人，道之也。

【存異】吕氏大臨曰：拾，更也。射者拾發，投壺者拾投，哭踊者拾踊，皆更爲之也。拾級者，左右足更上也。

胡氏銓曰：拾級聚足，拾，掇也。拾物必俯，言躡等級必俯視地，若拾物然。

陳氏澔曰：先右先左，各順入門之左右也。

【案】拾級若如吕説，則不聚足矣，顯與經文背。胡謂俯視地，則東西階賓主不相顧，亦非。陳謂順其門，則不應有就東階諸禮。

【總論】孔氏穎達曰：「凡與客入」至「左足」，明賓與主送迎相讓及升堂行步之法。

【杭氏集説】凡與客入者，每門讓於客。客至於寢門，則主人請入爲席，然後出迎客。客固辭，主人肅客而入。

孔氏穎達曰：聘禮君使卿歸饔餼于賓，賓迎于門外，及廟門，賓揖俱入。是敵禮。不重出迎者，尊主君之命，不敢當也。聘禮賓見主國大夫，「及廟門，大夫揖入」，不出迎者，尊聘君之命，不敢當也。案主尊，非賓敵，故主入爲席，賓即從入，主不出迎。此卿與大夫，賓主本敵，而皆不出迎，非主自尊，正以尊兩君，不敢用敵禮也。　又曰：入鋪席竟，後更出迎客。

陳氏櫟曰：肅客而入，俯手揖客而入也。

姜氏兆錫曰：讓於客，令客先入也。爲，猶布也。疏曰：「天子五門，諸侯三門，大夫二門。禮有三辭，初曰禮辭，再曰固辭，三曰終辭。」呂氏曰：「俯手以揖曰肅，所謂肅拜也。」

方氏苞曰：客已至門，俟拚除而後出迎，則比于慢矣。故至寢門，然後請入爲席。客固辭，不敢重煩主人出入也。主人必先入，或人有宜避，物有宜徹，必入視，然後無失禮也。「主人肅客而入」者，肅以爲禮，而自入爲席也。「主人請入，爲席」二句連讀，義始可通。

主人入門而右，客入門而左。主人就東階，客就西階。客若降等，則就主人之階；主人固辭，然後客復就西階。

陳氏櫟曰：東階在右，西階在左，客降等則不敢抗禮就西階，而殺禮就主人之階，從主人後以登，卑統於尊，不敢以賓自居也。

朱氏軾曰：出迎又讓客，客固辭，乃前道。前道者，客由左，主人由右，左右肩隨，微差耳。後章「先登，從之」，亦然。

姜氏兆錫曰：入右以趨東階，入左以趨西階。若客爵齒降於主，則就主階，以尊主，故主不敢當而辭也。

任氏啟運曰：按聘禮公迎賓，賓不就東階。孔曰：以己奉君命，不敢苟下人也。若以私見彼國之君，則入門而右。鄭曰：「以私見，則雖敵猶謙。若降一等，不敢正賓主之禮也。」

主人與客讓登，主人先登，客從之，拾級聚足，連步以上，上於東階則先右足，上於西階則先左足。

孔氏穎達曰：公食大夫禮「公升二等，賓升」，是從之也。燕禮、大射禮賓先升者，公以宰夫爲主人，賓尊也。聘禮君使卿歸饔餼於賓館，卿升一等，賓從升者，卿銜主君之命，尊也。至於賓設禮醴卿，賓升一等，卿從升者，以賓作主人，道之也。

陳氏澔曰：先右先左，各順入門之左右也。

姚氏際恒曰：肅客，成十六年左傳云「三肅使者」，杜云：「肅，手至地，蓋猶今之俯手拱也。」拾級，拾，更也。主先登一級，然後客登一級，自此主客更迭皆然。射者拾發，投壺者拾投，踊者拾踊，皆同此義。鄭氏謂讀爲「涉」，非。

姜氏兆錫曰：登，謂升階也。主先而客繼，猶導之升也。拾，更也，一云「拾」當爲「涉」也。級，階級也。聚足者，後足與前足相合。連步者，後步與前步相繼。先右先左，各取相同也。又曰：此亦言賓主之禮也。前章言適舍上堂入户之節，而不言出入升降之儀者，蓋前章爲繼見，而此章爲始見與？

任氏啟運曰：按聘禮公迎賓，賓不就東階。孔曰：以己奉君命，不敢苟下人也。若以私見彼國之君，則公升二等，賓乃升，所謂君行一，臣行二也。升階之法，每級必聚足，上一等散曰歷階，二等散曰栗階，三等皆散曰走階，若越一等則曰躇階。

【孫氏集解】凡與客入者，每門讓於客。客至於寢門，則主人請入爲席，然後出迎客。客固辭，主人肅客而入。

鄭氏曰：每門讓於客，下賓也。敵者迎於大門外。聘禮曰：「君迎賓於大門內。」爲，猶敷也。客固辭，又讓先入。肅，進也。進客，謂道之。

孔氏曰：固，如故也。禮有三辭：初曰禮辭，再曰固辭，三曰終辭。肅，進也。公食大夫禮曰「公揖入，賓從」是也。

愚謂與客入者，客在大門外，主人出迎之，而與之入也。士相見禮：「賓奉贄入門左，主人再拜受，賓再拜，送贄，出。主人請見，賓反見。」此所言乃賓反見而主人與之入之禮也。蓋執贄相見者，主人受贄於門內，而賓遂出。禮雖已成，而情尚未洽，故主人復迎之而入，與之揖讓升堂，以盡賓主之歡也。「凡」者，凡大夫、士也。迎於大門外者，敵者之禮也。「每門」者，自大門至寢門也。案：儀禮凡主人與客入，皆主人先入，而客從，所以道之也。此乃云「每門讓於客」者，蓋主人雖當道客，必先以讓客，而客辭，然後主人先入而客從之也。寢門，正寢之門也。禮先設席而後迎賓，此客至於寢門，主人乃請爲席者，欲更正之，示謹重也。客固辭者，辭主人之先入爲席也。事同曰讓，事異曰辭。固辭，再辭也。肅客而入者，客既辭，主人遂道客以入也。○孔疏以朝、聘之禮解此經，然朝、聘皆在廟，聘禮歸饔餼、問卿，及公食大夫、冠禮、昏禮納采亦皆在廟，與此言「客至寢門」者不合。燕禮雖在寢，然君燕己之臣子，君不迎。燕、聘，賓迎於大門内，與此言「每門讓於客」者不合。若以爲兩君相見，又與下文言「客若降等」者不合，故知此爲士相見禮反見之禮無疑也。鄭氏云「請入爲席，雖君亦然」，非也。此反見，乃大夫、士之禮。若臣見於君，奠贄則退，無反見之禮也。又鄭氏云「客固辭，又讓先入」，孔疏云「主人鋪席竟，出而迎，客再辭，不先入也」，亦非也。客固辭，辭主人之先入爲席，非辭先入也。主人請入爲席，然後出迎客，客固辭，主人肅客而入，與下文「客若降等，則就主人之階，主人固辭，然後客復就西階」，文勢正同。所謂「請入爲席」者，特請而未嘗入也，客辭之則止矣。

主人入門而右，客入門而左。主人就東階，客就西階。客若降等，則就主人之階；主人固辭，然後客復就西階。

鄭氏曰：降，下也。謂大夫於君，士於大夫也。不敢輒由其階，卑統於尊，不敢自專。復就西階，復其正。

孔氏曰：降等，卑下之客也。不敢亢禮，故就主人階，是繼屬於主人。案：聘禮云公迎賓，賓不就主人階。公食大夫禮「公迎賓，賓入門左」，注：「左，西方。」此皆是降等不就主人階者。以聘禮及公食大夫禮並奉己君之命，不可苟下主人，故從客禮也。若君燕其臣，則宰夫爲主人，主人與賓皆從西階升，與此殊也。聘禮賓面主國大夫，是敵禮，賓亦入門右。鄭云：「見私事，雖敵賓猶謙。入門右，爲若降等然。」

愚謂客就主人之階，謂入門而右也。主人固辭，然後客復就西階，謂轉而向左也。主人與客之辭讓，皆在門内，乃以階言之者，指其將就是階之道也。

主人與客讓登，主人先登，客從之，拾級聚足，連步以上，上於東階則先右足，上於西階則先左足。

鄭氏曰：拾當爲「涉」，聲之誤也。級，等也。涉等聚足，謂前足躡一等，後足從之併。連步以上，重蹉跌也。連步，謂足相隨，不相過也。上東階先右足，上西階先左足，近於相鄉敬。

愚謂主人先登者，亦所以道客也。拾，更也，如投壺「拾投」、射者「拾發」之拾。級，等也。拾級，謂主人既升第一級，客乃發足升第一級。客既升第一級，主人乃發足升第二級，主人與客更拾而升也。鄉射禮云：「上射先升三等，下射從之中等。」中等，中間一級也。先升三等，而中僅間一級，則升階拾級之法可見矣。聚足，後足從前足而并，不栗階也。足聚則步連矣。○凡升階之法，賓尊於主，則賓升一等而主從之。聘禮歸饔餼，大夫先升一等，賓從，大夫銜主君之命，尊也。賓問卿，賓先升一等，大夫從，賓銜聘君之命，尊也。主尊於賓，則主升二等，而賓從之。聘禮及公食禮皆「公升二等而賓升」是也。賓主敵者，則主升一等，而賓從之。聘禮賓儐大夫，賓升一等，大夫從，賓面大夫，大夫先升一等，賓從是也。然主升二等而賓從，亦惟臣與君升則然，若主人爲大夫，賓爲士，亦不過主升一等而賓升耳。鄉飲酒禮鄉大夫尊於賓，但言「主人升，賓升」，不言主人升二等，可見矣。此云「主人先登，客從之」，謂主人升一等而客從之，雖降等之客亦然。疏謂「主人前升至第二級，客乃升，中較一級」，非是。

【朱氏訓纂】凡與客入者，每門讓於客。注：下賓也。敵者迎於大門外。聘禮曰：「君迎賓於大門内。」　正義：言「凡」者，通貴賤也。「每門」者，天子五門，諸侯三門，大夫二門。客敵者，主人出門外迎客，主人輒先讓，不先入。**客至於寢門，則主人請入爲席，**注：爲，猶敷也。**然後出迎客，客固辭，**注：又讓先入。**主人肅客而入。主人入門而右，客入門而左。**注：肅，進也。進客，謂道之。右，就其右。左，就其左。江氏永曰：主人復出迎客，不言與客讓入，客何爲固辭？且主人道客亦宜也，何必待客固辭而後入？士相見禮主人出迎客，一揖即入，無讓入、固辭之文。竊疑主人請入爲席，主人道其意於客也。若曰「某當先入爲席，敬逆吾子」。客固辭者，辭其請入爲席也。主人因客固辭而止，遂肅客入，實未嘗入爲席也。先儒以固辭爲又讓先入者，誤矣。然則士相見何以無請入爲席之禮？曰：彼是初見之客，授摯即出，堂上不坐，故不爲席。此是飲食或講説之客，故有請入爲席之儀。下「主人跪正席」，正爲先時未入爲席，故又有此儀節也。

趙氏良霌曰：禮，相見於堂，而燕於寢。客至寢門，而布席肅入，則非始之拜迎於門，受摯堂下，而客遂出之時矣。意儀禮所謂主人請見，賓反見，鄭注云：「反見，則燕者是與。」考司儀諸侯相爲賓、交擯，無請入爲席之文，聘禮、公食大夫禮無降就東階之事。此所云，其士相見之禮與？**主人就東階，客就西階。客若降等，則就主人之階；**注：降，下也。謂大夫於君，士於大夫也。不敢輒由其階，卑統於尊，不敢自專。**主人固辭，然後客復就西階。**注：復其正。正義：此大夫於君，大夫謂他國大夫也。案：聘禮公迎賓，賓不就主人階，公食大夫禮「公迎賓，賓入門左」，此皆是降等不就主人階者。以奉己君之命，不可苟下主人，故從客禮也。若君燕於臣，宰夫爲主人，則主人與賓皆從西階升，與此異也。案聘禮賓面，主國大夫、他國大夫是敵禮，賓亦入門右。鄭注：「見私事，雖敵賓猶謙，入門右，爲若降等然。」**主人與客讓登，主人先登，客從之，拾級聚足，連步以上。**注：拾，當爲涉，聲之誤也。級，等也。涉等聚足，謂前足躡一等，後足從之併。連步，謂足相隨，不相過也。正義：主人先登者，讓必以三，三竟而客不從，故主人先登，亦肅客之義。不言三者，略可知也。客從之者，公食禮「公升二等，賓升」是也。案燕禮、大射賓先升者，公以宰夫爲主人，賓尊也。聘禮君使卿歸饔餼於賓館，卿升一等，賓從。於時賓爲主人，不先升者，卿銜主君之命，尊，故先升也。至賓設禮擯卿，賓升一等，大夫從升者，以賓作主人故也。**上於東階則先右足，上於西階則先左足。**注：近於相鄉敬。

【郭氏質疑】客至於寢門，則主人請入爲席，然後出迎客。客固辭，主人肅客而入。

鄭注：爲，猶敷也。雖君亦然。固辭，又讓，先入。

嵩燾案：鄭注聘禮「公揖入，立於中庭」云：「公揖，先入，省内事也，既則立於中庭以俟賓，不復出，君行一，臣行二，於禮可矣。」其意以敵禮，爲席而出迎客，其非敵則不出迎。孔疏衍其義云：「聘禮君使卿歸饔餼，賓迎於門外，及廟門，賓揖俱入。是敵禮，不重出迎者，尊主君之命，不敢當也。」賓見主國大夫，及廟門，大夫揖入，不出迎者，尊聘君之命，不敢當也。據儀禮士冠云：「賓立於外門之外，主人迎，出門左，與賓揖，先入。」士相見云：「出，迎於門外，主人揖，入門右，賓奉贄，入門左。」鄉飲酒云：「迎於門外，主人揖，先入，賓入門左，介、衆賓皆入門左。」鄉射云：「主人出，迎於門外，以賓揖，先入。賓厭衆賓，衆賓皆入門左。」凡此皆敵禮也。聘禮：「公迎賓大門内，賓入門左，公揖入，每門每曲揖。及廟門，公揖入，立於中庭。賓襲，執圭，擯者入告，出，辭玉，納賓，賓入門左。」又云：「賓即館，君使卿歸饔餼賓，迎於外門外，揖入。」又云：「賓問，卿迎於外門外，揖，先入。」公食大夫云：「逆賓於大門内，賓入門左，公揖入，賓從。」

凡非敵禮，皆迎於門内，而揖先入，幷同。鄭據聘禮「立於中庭」一語申「不出迎」之義，蓋即沿此經以釋儀禮之文。不知儀禮凡言「先入」者，皆立於中庭以竢賓，爲有當陳、當碑之三揖耳，獨於聘禮言之，以聘禮既迎賓，而後上介授圭，賓執圭以入，爲時稍久，故及於廟門後申言公立之處以見義，鄭遂據以爲「不出迎」之證，誤矣。孔疏乃通聘禮之文以附會鄭義，尤爲無據。詳儀禮之文，聘禮、公食大夫禮皆於廟行之，故言「迎賓大門内」，士冠禮亦在廟，故言「外門之外」，外門即大門也。鄭注「外門，大門外」，亦欠分明。其士相見「迎賓門外」，則寢門也。鄉飲、鄉射「迎賓門外」者，庠門也，聘禮「迎賓大門内」，遂及每門每曲揖，而他不言，蓋自路門以外皆略之。禮記之文多補儀禮之未備，言「每門」，知凡迎賓皆於大門之外。言「及寢門，請入爲席」，則禮辭也，「客固辭」，主人即不入爲席，而「肅客入」，儀禮不言，略也。鄭氏泥於「然後迎客」之文，謂「及寢門先入而又出迎客」，於禮無徵，孔疏因之，而愈歧矣。

主人與客讓登，主人先登，客從之。

孔疏：燕禮、大射賓先升者，以宰夫爲主人，賓尊也。聘禮，君使卿歸饔餼於賓館，卿升一等，賓從。於時賓爲主人，不先升者，卿銜主君之命，尊也。至賓禮卿，賓升一等，大夫從升，以賓作主人故也。

嵩燾案：儀禮鄉射「主人升一等，賓升。」聘禮、公食大夫禮並云：「公升二等，賓升。」是敵禮，主人先升一等。其非敵，則先升二等。士冠、鄉飲酒但言「主人升，賓升」，不言「先升一等」，當以鄉射禮爲例，其燕禮、大射禮，公皆降階迎而升即席，然後賓升自西階，義繫乎公。宰夫爲主人，主獻酬之事，升賓非所事也。惟聘禮歸饔餼，大夫先升一等，賓從升。問卿，則賓升一等，大夫從升，獨爲異義。蓋凡入門升堂，必主人先者，入門而揖，升堂而拜，主人先以爲禮也，不當以尊卑論。君升先二等，則鄭注所謂「君行一，臣行二，升宜稍後」是也。歸饔餼，致主君之命於賓，則大夫先升，問卿致其君之命於大夫，則賓先升。兩段下皆有「東面致命」之文，足見儀禮先升、後升之序，皆有所事，因文可以見義。孔氏不達古人行禮之意，一以先升爲尊，然則儀禮入門、升堂並主人先，豈皆所以尊主人耶？賓禮卿於其私廟，而云賓爲主人，尤誤。鄭注燕禮云「賓每先升，尊也」，已先開其誤矣。

一·二四 ○**帷薄之外不趨**，不見尊者，行自由，不爲容也。入則容，行而張足曰趨。○帷，位悲反，帷幔也。薄，平博反，簾也。**堂上不趨**，爲其迫也。堂下則趨。○爲，于僞反，下並同。迫，音伯。**執玉不趨**。志重玉也。聘禮曰：「上介授賓玉於廟門外。」○介，音界。**堂上接武**，武，迹也。迹相接，謂每移足，半躡之。中人之迹尺二寸。**堂下布武**。武，謂每移足各自成迹，不相躐[一]。**室中不翔。**又爲其迫也。行而張拱曰翔。**並坐不橫肱。**爲害旁人。○並，如字，又步頂反，後放此。肱，古弘反。**授立不跪，授坐不立。**爲煩尊者俛仰受之。○跪，求委反，本又作「危」。授坐，本又作「俛仰」。

【疏】「帷薄」至「不立」[二]　正義曰：此一節言趨步授受之儀。帷，幔也。薄，簾也。趨謂行而張足。疾趨而行，敬也。貴賤各有臣吏，故其敬處亦各有遠近也。禮：「天子外屏，諸侯内屏，卿大夫以簾，士以帷。」外屏，門外爲之，内屏，門内爲之，「邦君樹塞門」是也。臣來朝君，至屏而加肅敬，屏外不敬，故不趨也。今言「帷薄」，謂大夫、士也。其外不趨，則内可趨，爲敬也。此「帷薄外不趨」，謂平常法也。若祭祀之禮，爾雅云：「室中謂之時，堂上謂之行，堂下謂之步，門外謂之趨，中庭謂之走，大路謂之奔。」知爾雅是祭祀者，以召誥云：「王朝步自周，則至于豐。」注云「告文王廟，告文王則告武王可知。出廟入廟，不以遠，爲文」是也。若迎賓，則樂師云：「行以肆夏，趨以采

[一] 武謂每移足各自成迹不相躐　閩、監、毛本同，嘉靖本同，岳本「武」上有「布」字。毛居正云：「注『武』字當作『布』，蓋上句注已云『武，迹也』，此注釋『布』字義，不當又云『武』。」按：此「武」上脱「布」字，當從岳本，衛氏集説亦作「布武」。○鍔按：「武謂」上，阮校有「帷薄之外不趨節」七字。

[二] 帷薄至不立　惠棟校宋本無此五字。

齊〔二〕。」行，謂大寢之庭至路門。趨，謂路門至應門。

「堂上不趨」者，亦謂不疾趨，堂上迫狹故也。下階則趨，故論語云：「沒階趨進，翼如也。」然論語云是孔子見於君也。

「執玉不趨」者，執玉須慎，不論堂之上下，皆不疾趨也。若張足疾趨，則或蹉跌失玉，故不趨。注云「聘禮曰：上介授賓玉於廟門外」者，引證賓有執玉於堂下時也。賓當進聘，故上介授賓玉於主人廟門外，賓執玉，進入門內，不疾趨而爲徐趨。徐趨者〔二〕，則玉藻云「圈豚行，不舉足，齊如流」，注云「孔子執圭則然」也。又云「執龜玉，舉前曳踵，蹜蹜如也」，注云：「著徐趨之事。」疾趨者，則玉藻云「疾趨則欲授，而手足毋移〔三〕」，注云「疾趨，謂直行也，疏數自若。毋移，欲其直且正」也。

「堂上接武」者，武，跡也。既不欲疾趨，故跡相接也。鄭云：「每移足，半躡之。」王云：「足相接也。」庾云：「謂接，則足連非半也。武跡相接，謂每移足，半躡之也。中人跡一尺二寸，半躡之，是每進六寸也。」

〔一〕趨以采齊　閩、監、毛本同，惠棟校宋本「齊」作「薺」。案：此引周禮樂師，當作「薺」。

〔二〕而爲徐趨徐趨者　監本同，毛本「徐趨」二字不重。

〔三〕疾趨則欲授而手足毋移　毛本同。閩、監本「授」作「發」，考文引宋板同。案：玉藻正作「發」，注云：「發，謂起屨也。」

○「堂下布武」者，鄭謂「每移足，各自成跡，不半相躡」。王云：「謂跡間容足。」若間容足則中武，王説非也。

○「授立不跪」者，謂尊者立之時，卑者以物授尊者，不得跪，煩尊者俯俛。若尊者形短，雖卑者得跪以授之。故少儀云：「受立授立，不坐，性之直者，則有之也。」注云「尊者短則跪，不敢以長臨之」是也。

【衛氏集説】鄭氏曰：帷薄之外，不見尊者，行自由，不爲容也。行而張足曰趨。堂上，爲其迫也。堂下則趨。執玉不趨，志重玉也。聘禮曰：「上介授賓玉於廟門外。」武，迹也。迹相接，謂每移足，半躡之。中人之迹尺二寸。布武，謂每移足各自成迹，不相躡。室中不翔，亦爲其迫也。行而張拱曰翔。横肱，爲害旁人。不跪、不立，爲煩尊者俛仰受之。

孔氏曰：此一節言趨步授受之儀。帷，幔也。薄，簾也。疾趨而行，敬也。貴賤各有臣吏，故其敬處亦各有遠近。禮：「天子外屏，諸侯内屏，卿大夫以簾，士以帷。」外屏，門外爲之，内屏，門内爲之，「邦君樹塞門」是也。今言「帷薄」，謂大夫、士也。堂上迫狹，下階則趨，故論語云：「没階趨進，翼如也。」執玉須謹，不論堂之上下，皆不疾趨。若張足疾趨，則或蹉跌失玉。鄭引聘禮，證賓有執玉於堂下時也。「授立不跪」者，謂尊者立之時，卑者以物授尊者，不得跪，煩尊者俯受。若尊者形短，雖卑者得跪以授之，故少儀云：「受立授立，不坐，性之直者，則有之矣。」

藍田呂氏曰：凡見尊者，以疾行爲敬。然有不必趨者，帷薄之外，非尊者所見，可以紓其敬也。有不可趨者，堂上地迫，不足以容步，執玉之重，或虞於失墜也。

長樂陳氏曰：文者，上之道。武者，下之道。故足在體下曰武，緌在冠下亦曰武。帷薄之外不趨，執玉不趨，不敢趨也。室中不翔，不可翔也。或言趨，或言武，蓋接武者不趨，趨者不接武，趨者或布武，布武者不趨也。少儀曰：「受立授立，不坐，性之直者，有之。」然則受立授立而坐，皆曲道也。公食大夫禮「贊者坐取黍，興以授賓」，授立不坐也。聘禮「賈人坐取圭，不起而授上介」，君子不以爲非禮者，賤不足與爲禮也。

嚴陵方氏曰：趨，足容也。翔，手容也。堂上不趨，未必不翔。室中不翔，則不趨可知矣。「授立不跪」者，爲煩尊者之俯也。「授坐不立」者，爲煩尊者之仰也。少儀言「受立授立，不坐」，則不特授尊者而然，雖受卑者亦然矣。

永嘉戴氏曰：進趨之禮，君子所以爲容也。有徐趨焉，有疾趨焉。徐趨者，大夫繼武，士中武。疾趨者，欲發而手足毋移。雖疾徐不同，而皆有翼如之勢焉。君子之動也，有行，有趨，有走。凡君召，二節以走，一節以趨。父母呼，走而不趨。常事則行，爲禮則趨，其不敢輕也。若此帷薄之外不趨，尊者不在，「逞顔色」之意也。堂上不趨，懼其迫隘，「室中不翔」之意也，堂下則趨矣。執玉不趨，懼其或墜，「執圭鞠躬」之意也。執龜筴，則亦不趨。玉藻曰：「執龜玉，舉前曳踵，蹜蹜如也。」有接武，有繼武，有中武，有布武。繼武者，足相及，舉後足以繼前足也。中武者，兩跡之間，復容一跡。接武者行速，布武者行緩。堂上不趨，故接武而行速。堂下必趨，故布武而行緩。一舉足之遲速，君子不敢輕焉，信乎禮之嚴也。

【吴氏纂言】鄭氏曰：帷薄之外，不見尊者，行自由，不爲容也。行而張足曰趨。堂上不趨，爲其迫也。堂下則趨。執玉不趨，志重玉也。武，迹也。迹相接，謂每移足，半躡之。中人之迹尺二寸。布武，謂每移足各自成迹，不相躡。行而張拱曰翔，室中不翔，亦爲其迫也。横肱，爲害傍人。不跪不立，爲煩尊者俛仰受之。

孔氏曰：帷，幔也。薄，簾也。張足疾趨而行，敬也。貴賤各有臣吏，故其敬處亦有遠近。禮：「天子外屏，諸侯内屏，卿大夫以簾，士以帷。」臣來朝君，至屏而加肅，屏外不趨也。帷薄外不趨，謂大夫、士外不趨，内趨爲敬也。堂上迫狹，故亦不疾趨，下階則趨，故論語云：「没階趨。」執玉須慎，疾趨則或蹉跌失玉，故不論堂之上下，皆不疾趨也。堂上不疾趨，故迹相接，每進六寸也。

吕氏曰：凡見尊者，以疾行爲敬。然有不必趨者，帷薄之外，非尊者所見，可以紓其敬也。有不可趨者，堂上地迫，不足以容步，執玉之重，或虞其失墜也。

陳氏曰：文者，上之道。武者，下之道。故足在體下曰武，綏在冠下亦曰武。執玉不趨，不敢趨也。室中不翔，不可翔也。

方氏曰：趨，足容也。翔，手容也。堂上不趨，則未必不翔。室中不翔，則不趨可知。授立不跪，爲煩尊者之俯也。授坐不立，爲煩尊者之仰也。

【陳氏集説】帷薄之外不趨，堂上不趨，執玉不趨。堂上接武，堂下布武。室中不翔。疏曰：帷，幔也。薄，簾也。接武，足迹相接也。陳氏曰：文者，上之道。武者，下之道。故足在體之下曰武，卷在冠之下亦曰武。執玉不趨，不敢趨也。室中不翔，不可翔也。行而張拱曰翔。朱氏曰：帷薄之外無人，不必趨以示敬。堂上地迫，室中地尤迫，故不趨不翔也。**並坐不横肱。授立不跪，授坐不立。**横肱，則妨並坐者。不跪不立，皆謂不便於受者。

【郝氏通解】帷，幔也。薄，簾也。趨，直前疾進也。見長之禮，以疾爲敬。帷薄之外，不見尊者，可自紓，則不必趨。堂上地迫，執玉恐墜，皆不可趨。武，足也，取强立意。凡上文下武，左文右武。冠下曰武，所以爲固也。足下曰武，所以爲壯也。堂上不趨，足跡相接，舉步狹也。堂下地稍寬，可開步布散其武也。張拱緩步曰翔，室中愈迫，非脩容之所。肱，手臂。横張兩肱，恐妨並坐者。凡授物，長者立，則己不必跪，恐勞長者俯也。長者坐，則己跪而授之，不敢俯臨長者。兩足並坐曰跪。

按：趨、翔、跪皆所以爲敬，然以趨爲敬亦有不必趨者，以翔爲敬亦有不必翔者，以跪爲敬亦有不必跪者，節文雖多，時中而已。故君子義以爲質，禮以行之，明于細而大可知。

【欽定義疏】帷薄之外不趨，堂上不趨，執玉不趨。堂上接武，堂下布武。室中不翔。

正義　鄭氏康成曰：帷薄之外，不見尊者，行自由，不爲容也。入則容，行而張足曰趨。堂上不趨，爲其迫也，堂下則趨。執玉不趨，志重玉也。聘禮曰：「上介授賓玉於廟門外。」孔疏：引此証賓於堂下有執玉時，不疾趨而爲徐趨。武，迹也。迹相接，謂每移足，半躡之。中人之迹尺二寸。布武，謂每移足各自成迹，不相躡。行而張拱曰翔，不翔，亦爲其迫也。

孔氏穎達曰：帷，幔也。薄，簾也。張足疾趨而行，敬也。貴賤各有臣吏，故其敬處亦有遠近。禮：「天子外屏，諸侯内屏，卿大夫以簾，士以帷。」臣來朝君，至屏而加肅，屏外不趨也。帷薄外不趨，謂大夫、士外不趨，則内可趨，爲敬也。堂上迫狹，故亦不疾趨。下階則趨，故論語云：「没階趨。」執玉須慎，疾趨則或蹉跌失玉，故不論堂之上下，皆不疾趨也。堂上不疾趨，故迹相接，每進六寸也。

吕氏大臨曰：凡見尊者，以疾行爲敬。然有不必趨者，帷薄之外，非尊者所見，可以紓其敬也。有不可趨者，堂上地迫，不足以容步，執玉之重，或虞於失墜也。

方氏慤曰：趨，足容也。翔，手容也。堂上不趨，則未必不翔。室中不翔，則不趨可知。

通論 孔氏穎達曰：爾雅「室中謂之時，堂上謂之行，堂下謂之步，門外謂之趨，中庭謂之走，大路謂之奔」。出廟入廟，不以趨爲文。若迎賓，則趨以采齊，行以肆夏。行，謂大寢之庭至路門。趨，謂路門至應門。

陳氏祥道曰：足在體下曰武，緌在冠下亦曰武。

並坐不橫肱。授立不跪，授坐不立。

正義 鄭氏康成曰：不橫肱，爲害旁人。不跪不立，爲煩尊者俛仰受之。

孔氏穎達曰：「授立不跪」者，謂尊者立之時，卑者以物授尊者，不得跪，煩尊者俯受。若尊者形短，雖卑者得跪以授之。

方氏慤曰：授立不跪者，爲煩尊者之俯也。授坐不立者，爲煩尊者之仰也。

陳氏澔曰：横肱則妨並坐者。不跪不立，皆爲不便於受者。

徐氏師曾曰：立與坐，皆謂尊者。不立，謂跪也。

通論 陳氏祥道曰：公食大夫禮「贊者坐取黍，興以授賓」，授立不坐也。聘禮「賈人坐取圭，不起而授上介」，君子不以爲非禮者，賤不足以爲禮也。

方氏慤曰：少儀言「受立」「授立不坐」，則不特授尊者而然，雖受卑者亦然矣。

姚氏舜牧曰：授立不跪，授坐不立，則在受者又可知。

案 並坐不横肱，謂敵體者。下二句則皆爲尊者言之。古人跪與坐皆兩膝著地，而有小異者，反蹠坐其上，而以股就足，謂之坐。伸腰及其服，而挺身直起，謂之跪。跪以致敬，而以物授尊者，則禮有不同。當尊者立之時，則不必跪。若當尊者坐之時，則又須跪，而不可立，皆以便於受者爲禮也。

總論 孔氏穎達曰：此二節明步趨授受之儀。

【杭氏集説】帷薄之外不趨，堂上不趨，執玉不趨。堂上接武，堂下布武。室中不翔。

孔氏穎達曰：爾雅：「室中謂之時，堂上謂之行，堂下謂之步，門外謂之趨，中庭謂之走，大路謂之奔。」出廟入廟，不以趨爲文。若迎賓，則趨以采齊，行以肆夏。行謂大寢之庭至路門，趨謂路門至應門。

姜氏兆錫曰：疏曰：「帷，幔。薄，簾也。武，足迹也。」陳氏曰：「文者，上之道。武者，下之道。故足在體下曰武，冠下亦曰武。接，連。布，舒也。翔，張拱也。帷薄之外不趨，不必趨也。執玉不趨，不敢趨也。堂上下不趨，室中不翔，不可趨、不可翔也。」朱子曰：「帷薄之外無人，無庸趨以示敬。堂上地迫，室中地尤迫，故不趨不翔也。」

並坐不橫肱。授立不跪，授坐不立。

陳氏澔曰：橫肱則妨並坐者。不跪不立，皆爲不便於受者。

徐氏師曾曰：立與坐，皆謂尊者。不立，謂跪也。

姚氏舜牧曰：授立不跪，授坐不立，則在受者又可知。

姚氏際恒曰：解禮不可執禮，如此云「堂上接武，堂下布武」。接武者，足相接也；布武者，布散其武，不相接也。玉藻云「君與尸行接武，大夫繼武，士中武」，則彼接武者，是每移足，半躡之；繼武者，是足相接，即此處之接武也；中武者，是跡間容足，即此處之布武也，蓋作者非一人。又武名，此處二，彼處三，所以不同，不得比合而言也。鄭氏于此處接武，解爲每移足，半躡之，以合于玉藻之接武；于此處布武，解爲每移足各自成迹，不半相躡，以合于玉藻之繼武。不知此處但言凡人行堂上堂下之禮，非指君與尸及大夫行之禮。凡人行堂上，既非君與尸，若每移足，半躡之，不亦緩乎？堂上不趨，則堂下宜趨可知。若僅以足相接，尤非所宜，而于「布」字義亦不協。至于玉藻之中武，又當施之何所乎？所謂不可執禮解禮者，如此類是矣。

姜氏兆錫曰：不横肱，恐妨於並坐。不跪不立，恐妨於相受。又曰：此章通言凡趨、翔、跪、立之禮也。

【孫氏集解】帷薄之外不趨，堂上不趨，執玉不趨。堂上接武，堂下布武。室中不翔。

鄭氏曰：帷薄之外不趨，不見尊者，行自由，不爲容也。入則容，行而張足曰趨。堂上不趨，爲其迫也。堂下則趨。執玉不趨，志重玉也。聘禮曰：「上介授賓玉於廟門外。」疏云：「引聘禮，證賓有執玉於堂下時。」武，迹也。迹相接，謂每移足，半躡之。中人之武尺二寸。布武，謂每移足各自成迹，不相躡。室中不翔，又爲其迫也，行而張拱曰翔。

孔氏曰：帷，幔也。薄，簾也。禮：「天子外屏，諸侯内屏，卿大夫以簾，士以帷。」禮緯文，見郊特牲疏。趨謂行而張足。疾趨，敬也。貴賤各有臣吏，臣來朝君，至屏而加肅，屏外不趨也。言帷薄，謂大夫士也，其外不趨，其内可趨，爲敬也。堂上不趨，亦謂不疾趨，堂上迫狹故也。下階則趨，故論語云：「没階趨。」執玉須慎，不論堂之上下，皆不疾趨也。賓執玉進入門内，不疾趨而爲徐趨。玉藻云「圈豚行，不舉足，齊如流」，注云「孔子執玉則然」。又云「執龜玉，舉前曳踵，蹜蹜如也」，注云「著徐趨之事」也。

愚謂玉藻趨有疾趨、徐趨二法。疾趨起屨離地，徐趨舉前曳踵。帷薄之外不趨，此以不爲容而不趨，非惟不疾趨，並不必徐趨矣。堂上地迫，不能趨也。執玉重慎，不敢趨也。此二者但不疾趨耳，當徐趨也。故聘禮記將授志趨，是執玉徐趨也。堂上接武，即徐趨。堂下布武，即疾趨也。疾趨張足，則布武矣。此云「堂上接武，堂下布武」者，常法也。玉藻「君與尸行接武，大夫繼武，士中武」，以疏數爲尊卑之差，乃君與臣相與行禮之法，所謂「君行一、臣行二」也。

並坐不横肱。授立不跪，授坐不立。

鄭氏曰：不横肱，爲害旁人。不跪不立，爲煩尊者俛仰受之。

愚謂坐與跪，皆以兩膝著地。直身而股不著於蹠則爲跪，以股就蹠則爲坐。坐所以爲安，跪所以爲敬。授立不跪，爲煩人之坐而受也。授坐不立，爲煩人之起而受也。

朱子曰：古人之坐者，兩膝著地，因反其蹠而坐於其上，故儀禮曰「坐取爵」，曰「坐奠爵」，禮記曰「坐而遷之」，曰「一坐再至」，曰「武坐致右軒左」，老子曰「坐進此道」之類，凡言坐者，皆謂跪也。然記又云「授立不跪，授坐不立」，莊子亦云「跪坐而進之」，則跪與坐又似有小異。疑跪有危義，故兩膝著地，伸腰及股而勢危者爲跪；兩膝著地，以尻著蹠而稍安者爲坐也。又詩云「不遑啓居」，而其傳以啓爲跪，爾雅以妥爲安坐。夫以「啓」對「居」，而訓啓爲跪，則居之爲坐可見。以妥爲安定之坐，則跪之爲危坐亦可知。蓋兩事相似，但一危一安爲小異耳。

愚謂跪即大祝九拜之「振動」也。跪或謂之長跪，亦曰長跽。史記「秦王跽而請」，索隱曰：「跽者，長跽。」古詩：「長跪問故夫。」蓋坐以尻就蹠稍短，跪則竦身直股而稍長矣。弟子職云：「亦有據膝，毋有隱肘。」此坐之節也，坐必先脱屨，蓋坐以尻就蹠，著屨則妨於坐故也。跪則不必脱屨，故拜不脱屨也。然跪亦或謂之坐，而坐不可謂之跪。故孔疏云：「坐名通跪，跪名不通坐。」

【朱氏訓纂】帷薄之外不趨。注：不見尊者，行自由，不爲容也，入則容。行而張足曰趨。說文：趣，疾也。釋文：帷，帷幔也。薄，簾也。**堂上不趨。**注：爲其迫也。堂下則趨。**執玉不趨。**注：志重玉也。正義：執玉須慎，不論堂之上下，皆不疾趨也。若張足疾趨，則或蹉跌失玉，故不趨。**堂上接武，堂下布武。**注：武，迹也。迹相接，謂每移足，半躡之。中人之迹尺二寸。布武，謂每移足，各自成迹，不相躡。**室中不翔。**注：又爲其迫也。行而張拱曰翔。

並坐不橫肱。注：爲害旁人。**授立不跪，授坐不立。**注：爲煩尊者俛仰受之。正義：謂尊者立之時，卑者以物授尊者，不得跪，煩尊者俯俛。若尊者形短，雖卑者得跪以授之。